北方民族史译丛

蒙古高原考古研究

[苏联] 普·巴·科诺瓦洛夫等／著　陈弘法／译

内蒙古出版集团

内蒙古人民出版社

图书在版编目(CIP)数据

蒙古高原考古研究 /(苏)普·巴·科诺瓦洛夫等著；
陈弘法译. —呼和浩特：内蒙古人民出版社，2015.12
（北方民族史译丛）
ISBN 978-7-204-13849-4

Ⅰ.①蒙…　Ⅱ.①普…②陈…　Ⅲ.①蒙古高原—
古代少数民族考古—中国—文集　Ⅳ.①K874.04-53

中国版本图书馆 CIP 数据核字(2016)第 001282 号

蒙古高原考古研究

作　者	【苏联】普·巴·科诺瓦洛夫等著	
译　者	陈弘法	
选题策划	王　静	
责任编辑	王　静	
封面设计	宋双成　李　琳	
出版发行	内蒙古人民出版社	
地　址	呼和浩特市新城区中山东路 8 号波士名人国际 B 座 5 楼	
网　址	http://www.nmgrmcbs.com	
印　刷	呼和浩特市达思特彩色印务有限公司	
开　本	720×1000　1/16	
印　张	24	
字　数	300 千	
版　次	2016 年 8 月第 1 版	
印　次	2016 年 8 月第 1 次印刷	
印　数	1—3000 册	
书　号	ISBN 978-7-204-13849-4/K·703	
定　价	45.00 元	

图书营销部联系电话：(0471)3946299　3946300
如发现印装质量问题，请与我社联系。联系电话：(0471)3946120　3946173

目 录

第一篇 综 述 ·································· 1

　蒙古历史文化遗存 ······················ 2

第二篇 鹿 石 ·································· 35

　关于蒙古和西伯利亚的鹿石 ··········· 36

　匈蒙考古队关于蒙古鹿石考察工作的若干总结 ······· 48

第三篇 方形墓 ·································· 59

　蒙古乌兰固木古墓群 ·················· 60

　蒙古昌德曼文化 ······················ 67

第四篇 匈奴墓和腰饰牌 ················· 77

　蒙古呼尼河畔诺音乌拉山匈奴墓发掘记 ······· 79

　蒙古达尔罕山匈奴墓发掘记 ··········· 90

　蒙古匈奴墓中发现的彩绘陶器 ········· 97

　苏联南乌拉尔山洞中的匈奴墓葬 ······· 99

　苏联和蒙古的匈奴墓葬结构 ··········· 104

　苏联西伯利亚匈奴腰饰牌 ············· 118

　苏联南西伯利亚匈奴青铜器收集品 ····· 150

　苏联匈奴文化研究的基本问题 ········· 157

第五篇　突厥石雕像、围墙、墓葬和碑铭 ‥‥‥‥‥‥‥‥‥‥ 167

　　苏联额尔齐斯河上游的石雕像 ‥‥‥‥‥‥‥‥‥‥‥‥ 169

　　关于苏联东阿尔泰地区古代突厥人"围墙"的新资料 ‥‥‥‥ 189

　　苏联中央图瓦的古代突厥武士墓 ‥‥‥‥‥‥‥‥‥‥‥ 216

　　中央亚古代突厥文和粟特文碑铭的发现和研究 ‥‥‥‥‥‥ 228

　　蒙古的碑铭学研究 ‥‥‥‥‥‥‥‥‥‥‥‥‥‥‥‥ 265

　　蒙古却林古代突厥碑铭 ‥‥‥‥‥‥‥‥‥‥‥‥‥‥ 284

　　蒙古阿尔哈纳纳的突厥铭文 ‥‥‥‥‥‥‥‥‥‥‥‥‥ 301

第六篇　古　城 ‥‥‥‥‥‥‥‥‥‥‥‥‥‥‥‥‥‥‥ 307

　　蒙古境内的契丹古城遗址 ‥‥‥‥‥‥‥‥‥‥‥‥‥ 309

　　苏蒙考察队研究蒙古境内中世纪遗存小分队

　　　　关于蒙古古城的考古调查 ‥‥‥‥‥‥‥‥‥‥‥‥ 320

　　内蒙古哈拉浩特西夏遗址 ‥‥‥‥‥‥‥‥‥‥‥‥‥ 331

　　苏联康堆元代宫殿遗址 ‥‥‥‥‥‥‥‥‥‥‥‥‥‥ 351

附录：蒙古人民共和国考古工作的若干情况 ‥‥‥‥‥‥‥‥ 366

文献书目 ‥‥‥‥‥‥‥‥‥‥‥‥‥‥‥‥‥‥‥‥‥‥ 371

译者后记 ‥‥‥‥‥‥‥‥‥‥‥‥‥‥‥‥‥‥‥‥‥‥ 375

第一篇 综 述

　　本篇含译文一篇,译自[蒙古]达·迈达尔《蒙古历史文化遗存》(1981 年,莫斯科)一书。

　　《蒙古历史文化遗存》全书共五章,其中第一、二章依次叙述了蒙古境内上起远古下迄成吉思汗时代的考古遗存。选入本篇的是第一章的后两节和第二章的前两节。这四节系统而概括地介绍了蒙古境内发现的鹿石、方形墓、匈奴墓、匈奴腰饰牌、突厥墓、突厥"围墙"、突厥石雕像、突厥碑铭和契丹、西夏、蒙古古代城址等文化遗存的有关情况。这一介绍也成为本书内容的编排顺序。

　　达·迈达尔(1916—1991),蒙古国历史学家,历史学博士,毕业于苏联伊尔库茨克农业技术学院,曾任蒙古国国家科技委员会主任,主要著述除《蒙古历史文化遗存》(1981,莫斯科)外,还有《蒙古建筑艺术与城市建筑》(1972,莫斯科)。

蒙古历史文化遗存

[蒙古] 达·迈达尔

鹿　石

　　现在谈谈蒙古所特有的另一类遗存。这类遗存是蒙古历史文化景观中颇具特色的部分,也是蒙古的骄傲之所在。

　　这类遗存中,第一组遗存就是所谓鹿石。鹿石值得专门作一番叙述。

　　凡是到蒙古和苏联后贝加尔地区进行旅行以研究亚洲大陆这一地域内文化历史遗存的人,都会看到那些令人惊异不止的鹿石。鹿石在蒙古非常之多。

　　大部分鹿石是一些横剖面为圆形或长方形的石柱,由两条横带分为三部分。上横带一般较窄,由一列小坑组成。下横带一般较宽,由小点、水平杉针花纹或平行交叉线组成。石柱上部刻着大小不同的圆盘形,研究人员认为,这是一种太阳镜。石柱两侧刻着五边形网状图形(盾),是鹿石一般必有的细节。

　　鹿石上凿刻的武器有短刀、刀、矛、斧、钺。至于动物,在鹿石上凿刻的一般是奔鹿,四腿弯曲成狂奔状,头后倾,巨角几乎触及背部,眼大眵。鹿头前部常呈喙状。

　　善良的扁角鹿形象占绝对多数,因此考古著作就将这种遗存称作"鹿石"。这说明,扁角鹿这种动物在后贝加尔地区和蒙古草原诸部的宗教、艺术和世界观中占有特殊位置。

上述观念至今仍有余音。在蒙古民族学方面,在游戏、歌曲和诗歌中,都有鹿的形象出现。

鹿被视为最善良的动物,是吉兆。蒙古西北部的达尔哈特部以及巴尔扈特部、察哈尔部、科尔沁部的萨满巫,直到不久前还在法衣上绣制鹿形,在举行宗教仪式时所戴的帽子上和萨满铃鼓上悬挂鹿角,达尔哈特人还用鹿皮缝制节日服装。蒙古人有一则传说将鹿和扁角鹿与天体联系在一起。这则传说讲:有3只扁角鹿和鹿带着小鹿飞向天上的猎户星座,后面有一个天上猎人在追赶。

蒙古草原上有一些鹿石上凿刻的不是鹿,而是其他动物图形。比如,库苏古勒省伊德日苏木的一些鹿石上,除了鹿形外,还有野猪图形。中央省额尔德尼桑图苏木一座山冈上有二十余方墓碑,上面除鹿形之外还有天鹅和鸨的图形。

库苏古勒省兴乃—伊德日苏木洪格尔地方有一方鹿石,上面刻有8个马形。这类遗存在后贝加尔地区、图瓦境内也有发现。

东方省色日格楞苏木中央地区有一块方形鹿石,上面凿着3只互相追逐的羚羊,下面刻着一个人形。鹿石上所以出现草原羚羊图形,其原因在于自古以来这个省内就有受到当地土著人崇拜的羚羊群在出没。当地居民认为,这方鹿石的下半部还刻着两只头对头站着的羚羊(这一部分,由于石头断裂而损去)。这种草原羚羊也叫作"天体畜群"。

鹿石还有一种变体。石柱上刻的不是鹿,而是大头长腿短尾马。这类图形的造型手段充满现实主义感,因此一望便知是野马("塔希")。它们至今仍在后阿尔泰草原上生存着。

还有一些石柱上既没有动物图形,也没有短刀图形和其他器物,但是有类人形。虽然少见,却很有趣。

库苏古勒省兴乃—伊德日地方的一方鹿石就是如此。这方鹿石显然属于早期时代。这方鹿石上的图形也分作三部分:上方是一个人头,眉眼齐全(鼻子、眼睛、胡子、左耳,左耳上戴着耳环);中间靠边缘部分刻着一只鹿和一只野猪;下方刻着腰带,腰带上挂着武器(短剑、斧和一件用途不明的青铜器物)。巴彦乌列盖省青格勒苏木登金—乌兰—乌祖尔地方查干郭勒队附近有一批鹿石。其中一块白色大粒花岗岩鹿石上粗糙地凿刻着一个人面,另一块暗灰色鹿石上凿刻着一幅比较清晰的奔鹿图形。

巴彦乌列盖省莫戈伊图地方有一方 3 米高的石柱,邻近的布赫—巴勒地方(诺贡诺尔苏木第一生产队附近)有两方较小的石柱,上面都刻着山羊图形。

刻有马、鹿和山羊图形的鹿石,在青格勒苏木境内沙拉—特里音—额赫地方也有。布嘎图苏木蒙杜什山崖上还发现一方鹿石,上面凿刻着射箭猎人、野山羊、马和其他动物的图形。

库苏古勒省的鹿石上除了用模拟风格凿刻的鹿形外,还有用现实主义风格凿刻的马、麋鹿、骞驴、野猪和猞猁。

对鹿形的特别关注,圆盘图形的出现(圆盘图形是太阳镜的象征),以及它们之间的相互关系,说明太阳以及与之相关的天鹿在当时的世界观和神话中占据中心位置:鹿奔向太阳! 至于说到鹿石本身的作用,那么最有可能的推测当为:鹿石代表了贵族杰出人物——多半是军事将领形象,并可使之永垂不朽。因此,鹿石上凿刻的祖先形象中,短剑、战斧、弓箭等武器占了重要地位。鹿石是青铜器时代结构特殊、风格奇特的一种拟人形象石雕。

鹿石上凿刻的短剑和刀的形状及其细节,对于断定鹿石的年代具有头等重要意义。短剑多半是卡拉苏克型的(后杭爱省的希维尔提音—阿姆,库苏古勒省的乃宗郭勒)。一些短剑柄首上雕刻着山羊—羚羊头或鹿头(库苏古勒省嘎尔图苏木的乃宗郭勒)。布尔根省(鄂尔浑国营农场)和伊赫—温都尔—乌兰苏木(后杭爱省)鹿石上凿刻的短剑带有猫科利齿猛兽头。

　　同样的动物题材,在蒙古各个博物馆收藏的青铜短剑上甚为常见。鹿石图形还跟一些武器上的装饰图案有直接相似之处,如透雕柄,柄侧的斜沟(乃宗郭勒),正方形花纹,互相连接在一起的三角形图案(鲁恩苏木)。

　　凿刻在鹿石上的刀,就其形制和图案而言,也与卡拉苏克时代环形柄首刀(乃宗郭勒)、菱形柄首刀(赫伯特格—道布)、羊头或马头柄首刀(库苏古勒省)相似。

　　如此看来,追根溯源,鹿石当与卡拉苏克文化有密切关系。既然鹿石与方形墓文化有关,那就可以得出如下结论:鹿石是蒙古人种诸部遗留下的。人类学家认为,方形墓中埋葬的是一些带有某些蒙古人种特征的人。蒙古鹿石上凿刻的卡拉苏克型图形,可使我们推测到,卡拉苏克畜牧业诸部是卡拉苏克时代,即公元前1300年—800年期间从中央亚来到南西伯利亚的。

　　与蒙古、图瓦鹿石和匈奴艺术问题密切联系的还有所谓"斯基泰野兽纹"问题。关于欧亚大陆草原地区这一艺术文化现象,斯基泰艺术研究家格·约·波罗夫卡当年曾有过著作。

　　野兽纹图形的中心题材是野兽相斗场面。确切点讲,是马和鹿这些食草动物与传说中的猛兽(多半是有翼猛兽)的相斗场面。构图的基本特征是动物成蜷曲状,即所谓"蜷曲构图"。

　　这种风格,以"阿尔泰斯基泰人"之公元前1000年左右的阿尔泰诸部艺术文化遗存为突出代表。"阿尔泰斯基泰人"艺术如谢·伊·鲁坚科教授著作所说,反映了与前东古典文明艺术的相互关系,反映了欧亚大陆各族与古典东方的交往。

　　这类奇特的艺术遗存在蒙古也存在。诺音乌拉山匈奴贵族墓保存下来的杰出的匈奴艺术品,首先当属此例。其中最著名的是带野兽相斗图案的壁毯,确切地讲是传说中的有翼猛兽进攻麋鹿图案的壁毯。在发掘乌兰固木地区土穴墓时,也发现过这类艺术品。

蒙古阿尔泰山区的支脉和山间盆地中，发现不少"野兽纹"岩画，与斯基泰时代的画面很相似。这很可能不是偶然现象。

苏联的戈尔诺阿尔泰，由于墓穴封土下结成永冻层，故使木头、皮肤和毡子上的雕刻、刺绣的野兽图案得以保存下来。这些图案的风格与斯基泰野兽纹甚为相近。从狩猎民和牧民制作野兽纹图案的传统经验以及这类图案的风格与斯基泰野兽纹相近这两点看来，可以说，这种艺术是公元前2000年中叶在蒙古产生的。其年代很可能要比斯基泰游牧民艺术早一些。

"历史之父"希罗多德曾于公元前五世纪时访问过黑海北岸。他证实说，斯基泰人是由东方来到欧洲的。《圣经》中的记载也证实了这一点。从中国古代史书中，可以找到斯基泰人从东方迁到西方之原因的间接材料。

居住在阿尔泰山区的诸部，希腊人给他们起了一个传奇式的名字，叫"守护黄金的斯基泰人"，而中国人则称他们为"月氏人"。他们的主要聚居地是蒙古阿尔泰以及南到北山的地区。这里十分重要的一点在于，中央亚诸部落和诸民族艺术中的"野兽纹"，在斯基泰时代之前和斯基泰时代之后都在发展着。古代"野兽纹"的成分，不仅是我们上面已经谈到的考古遗存中的主流，而且至今仍在民族学方面继续存在。比如，中央亚古代文化的卓越研究家尤·尼·廖里赫就曾谈到这一点。

这些特征可以在科布多省、戈壁阿尔泰省、库苏古勒省当代"阿拉特"（牧民）民族艺术中看到。从蒙古民间图案特别是蒙古西部诸省以及图瓦的民间图案中，可以看到一系列起源于野兽纹的题材。比如，"绵羊角"花纹的变体，西部蒙古人和图瓦人骨制模拟风格化怪兽头式的现代马鞍饰牌，就是如此。这些民间图案与2500年前萨彦阿尔泰"斯基泰世界"诸部的木制马具装饰物有惊人的相似之处。

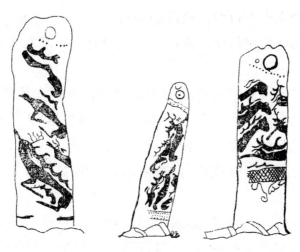

图一　蒙古的鹿石

　　至于谈到草原"野兽纹"的起源问题，那么可以说它产生于草原诸部的生活基础上，在草原诸部的生活方式和经济中有其深厚的根源。包括蒙古国在内的欧亚大陆草原艺术家数千年的经验，乃是创造出斯基泰—西伯利亚或曰中央亚浮雕金属工艺品的古代珠宝匠人艺术得以产生的土壤。

　　我们认为，蒙古阿尔泰匈奴艺术与斯基泰艺术相似，最初可能产生于狩猎野兽、驯化野生动物、使用家养动物原料如兽皮、毡子的基础之上。草原诸部自古以来就流传着用兽皮、毡子、布匹制作各种艺术品，制作野兽图案补花，在宝石和木头上刻制图画的技术。

　　在这种纯民间技艺的基础上，借助草原匠人加工木头、兽皮、毡子和金属的经验，随着时间的推移，逐渐产生了斯基泰—西伯利亚宝石工匠精湛的工艺。因此，证明以黑海沿海地区斯基泰人和帕米尔塞种人为一方，以包括蒙古在内的中亚和中央亚诸部为另一方，二者之间在经济、生活方式和文化方面存在着相似性的事实,应当值得注意。

斯基泰人也有过蒙古出现的那种毡帐——"格日"。而蒙古牧民在许多年之后则将住所设在车上,也如同"斯基泰人将住处设在车上"那样。

对斯基泰古冢进行考古调查时发现的玩具车辆模型,与现今东部蒙古仍在使用的大车"青格勒格""穆赫拉格"大体相仿。北部蒙古狩猎民至今所穿的轻便靴子在髁骨处有十字绣花,与斯基泰靴子相似。斯基泰时代流行的盛马奶酒用的皮囊,如今在蒙古国继续使用。

总而言之,为我们所熟知的在欧亚大陆草原诸部无数艺术创作典范中看到的这种古代"野兽纹",乃是世界文化史上的一个重要现象。它明显地表现出狩猎民和牧民们在人类艺术文化方面做出过重大贡献,并留下了深深的痕迹。

方 形 墓

蒙古古物中,各种规模的墓上建筑特别多。墓上建筑物,代表了许多世纪之前曾在这块土地上生活过的那些部落的物质文化和精神文化。其中,年代最为悠久的是所谓"方形墓"。这是一种由扁平片石构筑成的四方形建筑物,里面埋葬死者,上面再盖上同样的片石。其年代当在青铜器时代和铁器时代早期。

方形墓在蒙古国境内分布区域较广,包括中部各省、东部各省和西部的一部分省,此外还有后贝加尔地区。

与方形墓相近的墓葬建筑在内蒙古和西藏北部也有发现。

葬仪的基础,是对阴间生活和灵魂不灭的迷信。死者应当得到阴间生活所必需的一切东西。他的墓中放入衣服、自用武器和各种家什。除了死者外,墓中还葬有戴着马具的马头和家畜的部分尸体。对死者来说,坟墓就是他的住所。

方形墓常常与鹿石共存。其分布四界也如鹿石一样,东北部至后贝加尔地区,西北部至图瓦边境。但是,从维·瓦·沃尔科夫和道·纳旺的专著来看,鹿石常被用作方形墓的建筑材料,故鹿石与方形墓并无直接联系。

研究过后贝加尔地区方形墓主尸骨的人类学家认为,方形墓主是典型的蒙古人种,属蒙古人种北部部族。

方形墓建造者有着相同的葬仪,相似的经济和社会制度,相近的世界观。这些可使人得出如下推断:在方形墓时代,辽阔的后贝加尔地区和蒙古大草原上,居住着若干同源的蒙古人种部落群。

在这方面,建造方形墓的人常常给死者头下枕一块扁平石头一事,颇引人注意。为死者头下"垫枕头"这种葬仪成分,至今在蒙古人和布里亚特人中还流行:人们为死者头下垫上(象征性地)绿砖茶。比如,二十世纪初访问过柴达木的彼·库·科兹洛夫在描述柴达木蒙古人的葬礼时提到,他们流行一种为死者枕石块的风俗。蒙古诸民族广泛流行这种风俗,还可从民间谚语和俗语中得到证明。

1972 年,蒙苏历史文化考古队在乌兰固木市郊区进行了发掘,并持续数年对昌德曼乌拉地方大型古墓群进行了考察。

蒙古考古学家达·策温道尔吉写道:"在蒙古阿尔泰山北支脉的昌德曼山地区,由于发掘大型石冢,而发现了石箱葬、土穴葬和木椁葬,获得了大批各式各样的材料:武器、工具、扣环、镜子、装饰品和器皿。"这些墓葬与方形墓不同,出土大批各种器物——青铜或铁制的箭镞、刀、短剑、斧钺、青铜或石制装饰品、陶器、青铜镞、椴木碗和酒杯。这里还发现了有趣的"野兽纹"器物。下面试引述蒙古考古学家纳·色尔—奥德扎布、道·纳旺在其著作中对这类器物的描述:

一、陶器壁上雕塑的动物图形。这些图形有鹿和山羊。

二、单个鸟头和动物头图形:(一)柄首雕刻着鸟头的四棱形青铜锥;(二)正面刻着野猪图形的青铜箭袋;(三)猫头鹰头形的大型铸铜饰牌;(四)带虎头的青铜吊钩;(五)骆驼头形的铸铜饰牌。

三、双头(多半为怪兽头)图形:(一)把手为怪兽头的青铜镜;(二)柄首为怪兽头、格为蝴蝶形的青铜短剑(怪兽头相向而置。这把短剑是库苏古勒省昌德曼乌拉所有出土物中唯一的一把);(三)带有 4 个猫头鹰的大型铸铜饰牌,猫头鹰眼睛甚大,钩状喙成椭圆形。

四、扁平动物铸件,可能是驴图形。画面模拟风格化。

五、小山羊青铜铸件。

六、1973 年发现一枚大型骨制扣环。扣环上刻着一个鹿形。鹿角像麋鹿角,呈铲状。鹿作卧式,头仰起。扣环上除了尺寸较大的鹿形外,还刻着一只母鹿和一只小鹿的头部。

七、两枚青铜镜,其上带有鹿和山羊图形。一枚镜子上的鹿长着枝状角,长耳,半蜷曲的腿,头部刻画得甚为简略。另一枚镜子上的山羊四腿朝上。

墓葬类型和墓穴中的出土物在蒙古来说是罕见的。这一西部蒙古铁器时代早期文化此后被命名为"昌德曼文化"。发掘乌兰固木古墓群,获得了有关蒙古和整个中央亚古代诸部史以及这些部落与中央亚和南西伯利亚交往情况极为珍贵的材料。乌兰固木古墓群材料,与图瓦发现的公元前七世纪至三世纪的乌尤克文化遗存大体相近。

一般来说,这些墓葬与阿尔泰地区斯基泰式古代文化——其中包括阿尔泰帕兹雷克文化和帕米尔塞种诸部文化有许多共同点。因此,其中发现带有欧洲人种体态特征的骸骨是十分自然的。

匈 奴 墓

公元前三世纪至公元一世纪,现今蒙古境内居住过匈奴人。匈奴人的后裔从公元四世纪起以阿提拉匈奴人或曰西匈奴闻名于欧洲。他们在蒙古境内建立过庞大的游牧帝国。最丰富的考古发现物均与匈奴部落文化有关。

图二 蒙古出土的匈奴饰牌(一)

图三 蒙古出土的匈奴饰牌(二)

1924—1925 年,彼·库·科兹洛夫考察队在北部蒙古的诺音乌拉地方考察过 6 座大型匈奴贵族墓。在 9—11 米深处发现由外椁内棺组成的木室,木室中发现尸骸,虽遭过盗掘,但仍出土了极为丰富的匈奴贵族墓葬品。木椁由圆木构筑而成,木棺由刨好、配好的木板制成。木室顶部由木柱支撑,木柱上有柱头,下有基石。

墓葬中发现陶器、马具、饰牌、箭、布、红漆盘、黑漆盘、青铜器皿、马肚带铁扣环、铁套筒、马骨、羊骨、红漆车辆、镀金青铜轴盖、生铁轴盖、金圆筒、铁制品残断、银耳环、宝石珠、琉璃珠、青铜铃铛。

诺音乌拉古冢庞大的规模,豪华的葬仪,丰富的匈奴物质文化出土物,均使人惊叹不已。

后来到二十世纪五十年代和六十年代,考古学家又发现更多的匈奴时代遗存。1949 年,阿·帕·奥克拉德尼科夫在现今达尔罕城附近发现了大片匈奴古墓群。1969 年,蒙苏历史文化考察队对该古墓群进行过发掘,获得了一些有趣的发现物。

1954 年,考古学家朝·道尔吉苏荣考察过一批"普通石冢",石冢中发现了一些铁制品、骨骼和一件常见的陶器。

1956—1962 年,蒙古考古队在后杭爱省匈奴郭勒地方(从名字即可知道,匈奴人曾在这里居住过)以及中央省土拉河河泛地发掘过同类古冢。

不久前,在蒙古国的边境地区和苏联境内离恰克图市不远的伊尔莫夫河口,苏联科学院西伯利亚分院布里亚特支院考古队曾发现一座新的古冢。

掘开这座匈奴巨型墓葬后,出现了一座庞大的墓葬建筑。这座古冢的形制平面图呈长方形,四角略呈圆弧状,方位与子午线大体相合。

古冢封土中有稀疏的石块露出,封土四缘有微露地表的一圈石块作镶嵌。清理古冢时发现隔墙。隔墙将墓穴分作 10 个小间。

有关这种巨型古冢（显然也是匈奴古冢）结构的同类资料，朝·道尔吉苏荣也提到过。他在 1954—1957 年在北部蒙古进行过考察。在那里的某些古冢封土中，他发现石砌的隔墙将墓穴分成 6—8 个小间。伊尔莫夫河口墓的主要隔墙尺寸为 16×16 米。主要隔墙南侧有一道梯形状或曰平截头圆锥体状隔墙与之相接，该墙长 14 米，底宽 8 米，顶宽 2 米。在这圆锥状隔墙内，南侧有一条台阶式的通道。

这些遗存表明，匈奴人掌握建筑技术，这一点不但可从大型墓葬中看出，而且可从普通墓葬中看出，还可以从用木石结构构筑住所中看出。

匈奴人墓葬仪式的共同点，是为死者陪葬食物、炊事用具、日常生活用具、私人用品（或者娱乐用具或者象征性的用品）。无论男人墓葬或女人墓葬，均出土普通木柄刀，有时刀放在皮套中。同时还发现马和羊的距骨或髁骨。

匈奴帝国已出现了农耕的萌芽，有过领袖牙帐和设防居民点。考古学家呼·佩尔列在肯特省考察过一系列这样的匈奴定居地。

总之，匈奴人被中国汉朝打败和迁往西方之前，其文化程度已达到较高的水平。

突厥"围墙"

继匈奴之后，公元 1000 年在蒙古建立政权的突厥诸部也继续存在着为部落联盟领袖建立大型墓葬的传统。《周书》中说道，突厥人"取亡者所乘马及经服用之物，并尸俱焚之。收其余灰，待时而葬""葬讫，于墓所立石建标，其石多少，依平生所杀人数。又以祭之羊马头，尽悬挂于标上"。《隋书》中关于葬仪的记载比较简单,其中指出,杀马羊以祭死者,置尸马上而焚之。墓前立石,以志杀人之数。汉文史籍证实突厥有焚尸习俗,还说突厥人将阵亡兵士焚尸于战场上。

普通突厥人死后也要焚尸,而后将骨灰埋掉,并在葬处建石头封丘。但是蒙古境内大部分古突厥墓中却发现人和马的尸骸。匈奴古冢是封丘下为深墓穴,墓穴底部置木椁;而突厥古冢则是以石箱为棺,石箱置于古代地表水平面上。这是突厥墓与匈奴墓的不同之处。

规模最大的古代突厥墓葬综合体,是统治家族和氏族上层代表人物——阙特勤、毗伽可汗和暾欲谷的墓葬遗存。

这几处墓葬综合体的共同特点是有一大型祭祀场(20×30米,30×40米),四周环以沟墙。祭祀场上有巨石片构筑的石箱,还有石人、石兽、墓志铭和龟趺,以及小型纪念堂或铺瓦的庙堂。

在蒙古,数量最多且规模最大的墓葬建筑,当属以"赫列克苏尔"为名而载入著述者。赫列克苏尔是格·尼·波塔宁 1876—1877 年在蒙古国旅游时首先发现的,并作过详细描述。为广泛流行于中央亚的这种复杂的墓葬建筑命名的,也是格·尼·波塔宁。由于当时对这一源于当地说法的名称记载有误,故产生了后人对这一术语的种种考证。对赫列克苏尔这一术语正确无误的解释,至今尚无定论。

这类遗存在现代蒙语中,被称作"赫尔吉斯·胡尔"(意即吉尔吉兹人的墓葬)。

蒙古国的和其他外国的研究人员倾向于将这些遗存的年代定在五世纪至十世纪,即古代突厥国、回纥国和吉尔吉兹国(即"黠戛斯"国)在蒙古的立国时期。自然也不排除其中有些遗存的年代更为久远这种可能性。

关于这种封丘的起源问题,蒙古有如下传说。古代有些巨人,想生火,就将大树连根拔起。他们死后,就用石块将他们的尸体封起来。这些葬着巨人的封丘就是所谓"赫列克苏尔"。从此,人就越来越少。类似传说在中央亚和西伯利亚各族中早有广泛流传。

赫列克苏尔分布在戈壁以北,克鲁伦河上游以西直到蒙古国西部边境的地域,北到叶尼塞河上游和色楞格河中游。最北面的赫列克苏尔群在后贝加尔地区古欣湖附近一带。在色楞格河上游、杭爱山南支和北支一带,赫列克苏尔尤为集中。

继格·尼·波塔宁之后,德·阿·克列门茨于 1981—1985 年在蒙古国作过考察。他发现了大量的赫列克苏尔,作过描述,并在考古地图上作过标注。二十世纪二十年代至三十年代,蒙古人民共和国科学委员会的工作人员又继续对赫列克苏尔作过研究。

1925 年,考古学家格·约·鲍罗夫卡对土拉河中游的赫列克苏尔作过考察。

二十世纪五十年代至七十年代,蒙古学者呼·佩尔列、纳·色尔—奥德扎布、道·纳旺、朝·道尔吉苏荣、达·策温道尔吉,苏联学者维·瓦·沃尔科夫、弗·维·斯维宁等人,研究过赫列克苏尔。

赫列克苏尔成群分布或单独分布。它们常常位于山坡或山脚下,有时也位于山顶或山口。

就其规模、封丘形状和周围的围墙形状来看,赫列克苏尔各不相同。最普通的形状是无围墙的圆形封丘。这类封丘一般靠近形状更为复杂的赫列克苏尔,或者是后者的一部分。第二类赫列克苏尔是环以石墙的封丘,围墙平面图为圆形、方形或长方形。封丘的直径一般为 4—5 米到 10—20 米,高为 0.5—3 米。围墙周长40—200 米。圆形围墙或者是封闭圆形,或者是不封闭的螺旋形。围墙有时甚小,几乎与古冢底部连在一起。一般说来,古冢底部与围墙之间大约留有 5—10 米的空隙。砌围墙所用的石块不太大,呈圆形,互相挤靠在一起,高出地面 15—30 厘米,一般为一列,有时也呈两列。

圆形围墙中常常置 4 块巨石。有时,从封丘中心到这 4 块石头恰好指着东南西北,或者略微偏离方位若干度。长方形围墙的四角也常常各置一巨石。在多数情况下,长方形或正方形围墙的四角还各有一个小小的圆形封丘。四角巨石是一些未经加工的顽石或片状的岩石断块。这些巨石竖插在地里,从远处看起来十分显眼。四角的石块高为 0.5—1.5 米。

有一些赫列克苏尔,石块由封丘到围墙砌成光线四射状。这类赫列克苏尔旁边常常有一些不太大的封丘,直径为 2—3 米,位于大围墙的东侧或北侧,排成一列,有时也可能排成二列、三列或多列。这是一种坟场之类的建筑。

曾对伊赫—阿雷克地方一座巨型赫列克苏尔附近的小型古冢进行过发掘,结果发现是两匹马同葬的游牧民墓葬。墓葬中出土铁马衔、马镫、马肚带扣环、皮带饰牌、剑的残断、鸣镝、一些产自萨珊王朝(花剌子模)的丝绸残片和一些桦树皮残段。由此可以推测,墓葬断代当为公元六世纪至八世纪。由此又可以推断,赫列克苏尔的年代也当在同一时期。

至于赫列克苏尔中的主冢,经许多考察人员发掘探明,死者系置于石箱内,石箱置于古代地表上,墓葬中一般未发现任何日常用品。结果,墓葬的文化归属和断代问题自然无法判断。如此看来,只有对赫列克苏尔进行专门性的有计划的研究,将它们准确地全部标注在地图上,并对它们进行广泛地发掘,才有可能彻底揭开这类极为有趣的引人注目而且规模庞大的古代文化遗存的秘密。

突厥碑铭

在蒙古草原上，至今仍可看到刻有如尼文的石碑矗立在古墓旁。这些碑铭是历史事件的见证，是对死者业绩的赞颂，是对一个民族发出的呼唤。这些石碑是蒙古境内存在的早期封建国家留下的最为有趣的遗存。

具有文字这件事本身就证明，游牧在蒙古大草原上的古代各民族有过高度发达的文化。碑铭不但记载了过去年代中发生过的许多重大事件，而且也为研究中央亚突厥诸部的历史、生活、习俗以及他们的社会经济制度提供了最为丰富的资料。这些碑铭多半集中在鄂尔浑河、土拉河、色楞格河流域。其中最著名的是和硕柴达木地方的阙特勤碑和毗伽可汗碑（默棘连碑），纳莱哈一带的暾欲谷碑，伊赫胡硕特地方的阙利啜碑，翁金河一带的默啜可汗碑，等等。蒙古人民共和国境内共有碑铭二十件左右。

鄂尔浑河谷的突厥碑铭，在瓦·瓦·拉德洛夫院士于1892年出版的图册中占有重要位置。这些遥远时代重要历史事件的石头见证物，到底为何物呢？

兰突厥人（他们的自称）时代最重要的石碑，是为汗国杰出的统帅、以其对敌英勇善战而名扬四方的阙特勤建造的。阙特勤死于731年。他死后火化埋葬，而后在他的葬地——鄂尔浑河谷建造石像，并修建起一座宏伟的瓦顶白墙寺庙。寺庙内燃起祭灯，灯光辉映着墙壁上描绘征战场面的壁画。后来，人们在此地发现过大理石雕成的石像头部，头上有齿形王冠和一个类似草原苍鹰的鸟形图案。

这一寺庙遗址最初是由尼·米·雅德林采夫于1889年发现的。一年之后，阿·盖克尔考古队来过这里。再过一年，瓦·瓦·

拉德洛夫开始对该碑铭进行研究。该碑铭引起了国际学术界的兴趣。先有英国领事科·坎贝尔(1902 年)、法国旅行家德·勒—科斯特(1909 年),后有俄国学者弗·柳·科特维奇(1912 年)纷纷前来参观。鲁·伊斯勒领导的蒙捷考古队于 1958 年详细考察过该墓葬综合体。叶·伊·乌勃里亚托娃、弗·米·纳捷里亚耶夫和其他研究学者也在这里作过考察。

阙特勤碑和毗伽可汗碑,位于今后杭爱省境内乌吉淖尔湖以南 25 公里处。原先这里有一建筑物综合体,还有铺砌完好的道路,挖成的沟壕,大理石雕成的石兽。现在仅剩下刻有铭文的石碑和墓葬建筑遗址。

阙特勤碑呈平截头棱锥体,高 3.15 米(底部宽 1.24 米,厚 0.41 米)。棱锥体的顶端好似五角形盾牌,四周以龙形为边框。盾牌一侧刻有可汗钤记,另一侧刻有汉字,记载着石碑建立的时间(732 年 8 月 1 日)。汉字右边有两行如尼文。盾牌其他三面以及牌身三面也都刻满如尼文。

将汉文碑铭与如尼文碑铭进行一番对比是十分有趣的。汉文辞藻华丽,文风典雅,读后使人认为,突厥汗国是中国的一部分,突厥可汗是中国皇帝的"儿子"。突厥铭文却与此大相径庭。突厥文中谈道,"唐人(即中国人)言语阿谀,复多美锦,彼等以无限之金银粟帛相赠,……噫,吾突厥人民,为甘言美锦所惑而沦亡者,何可胜数……"碑文中,突厥可汗号召人民团结一致。

最先将阙特勤碑汉文和古代突厥文铭文译释并刊布出来的是瓦·瓦·拉德洛夫。而后还有谢·叶·马洛夫(1951 年),以及伊·瓦·斯捷勃列娃(1965 年)。后者证实铭文带有诗体性质。

毗伽可汗碑是为多次战胜外部敌人、极力维护汗国和平安宁的一位突厥首领建立的。734 年,他被敌人毒杀。毗伽可汗碑(高 3.45 米,宽 1.74 米,厚 0.72 米)也像阙特勤碑一样,上有五角形盾牌,四周以龙形为边框,四面琢平,刻有如尼文。由于年代久远,铭文只保留下两处。这两处铭文记述了公元八世纪出现的强盛的突厥汗国之建立、繁荣、衰落和灭亡过程。

阙特勤碑和毗伽可汗碑这两块碑的铭文,都是内容相当丰富的文学作品。这两通铭文以高度的艺术表现力历陈了在突厥族命运中起过重要作用的种种历史大事件。这些铭文是古代突厥史学的典范和古代突厥如尼文的最重要遗存。它们现在已成为判断其他所有如尼文的标尺。

可汗谋臣、著名的突厥亲王、英明的暾欲谷的碑铭,最初由德·阿·克列门茨于1897年作过描述;一年之后,瓦·瓦·拉德洛夫完成了铭文的译释工作。后来,古·兰司铁(1909年)、鲍·符拉基米尔佐夫(1925年)、彭·阿尔托(1654年)、叶·伊·乌勃里亚托娃和弗·米·纳捷里亚耶夫(1960年)相继对它进行过研究。铭文叙述了这位杰出的突厥人的一生,还叙述了他参与过的历史事件。有趣的是,铭文不仅叙述了历史事件,还试图对这些事件作出解释,并给予政治评价。

暾欲谷碑铭刻在两块长方形的石碑上。两块石碑立在现已毁坏的庙堂东面(正面),相向并立。研究学者们认为,这一碑铭包含着反对毗伽可汗之子药利特勤的言论,反映了汗国内部的内讧之争。

阙利啜碑铭是弗·科特维奇于1912年在乌兰巴托市西南的伊赫胡硕特山谷发现的,与暾欲谷碑一样,是墓葬综合体的一个组成部分。阿·尼·萨莫依洛维奇首先对铭文作了译释,谢·叶·马洛夫后来重新进行了译释。铭文刻在一块高约两米的花岗岩石碑上,石碑的宽面朝向东、西两面。铭文保存得不好。从得以释读出来的内容可以看到,铭文作者的目的在于使东突厥汗国最显赫的这位高官的征战史名垂千古。

矗立在蛮特山附近翁金河畔上一处墓葬综合体中达十多个世

纪之久的翁金碑铭,最先由尼·米·雅德林采夫作过描述(1891年)。他发现了 10 行极难释读的铭文,还有 8 行铭文刻在附近的一块石碑上。通过不久之前的考察(约·克劳松)得知,这方碑铭是毗伽可汗手下的一位军事将领阿利·颉跌利施的墓志铭。其内容与和硕柴达木碑铭相似。

1956 年,在后杭爱省布古特地方以西 10 公里处,考古学家朝·道尔吉苏荣发现了一方被称作布古特碑的碑铭。这方石碑位于石冢旁,是墓葬综合体的一部分。石碑为褐色砂岩(高 2 米),置于龟跌之上,四面皆有铭文。现在,该石碑及龟跌存于策策尔勒格博物馆。它虽然就造型和风格来看在许多方面与阙特勤碑、毗伽可汗碑相似,但也有重大不同之处,比如,碑上没有凿刻突厥王朝可汗族徽,也没有其他碑上常见的那种山羊简略图形。代替帝王龙形的是一个狼的图形。

考古学家纳·色尔—奥德扎布于 1970 年在后杭爱省塔里亚特苏木发现的一方碑铭甚为有趣。铭文中叙述了东西突厥人之间进行战争的情况。遗憾的是铭文残损厉害,致使年代的考订、作者和墓主的确定均感困难。

在同一地区的多伦毛都地方还发现一方碑铭,上面有如下内容的突厥铭文:

"……我在此处为自己建造了宫殿,

我在此处建造了城墙。

我在龟跌上立起了凿刻过的石碑,

在石碑上凿刻了铭文。

这铭文将千年万代,

使石碑永垂不朽。

根据永保大地之苍天的旨意,

国家和政权永远归我所有。"

　　龟趺是安置刻着铭文的石碑的底座。这种带有龟趺的石碑在蒙古各地均可发现。建造带有龟趺的石碑者不仅有突厥人,还有突厥之后的其他民族。它们是奉帝王之命而建造的。龟趺一般长42厘米,宽40厘米,高32厘米。龟趺顶部一般凿一方形坑,以备安置花岗岩石碑。

　　最大的龟趺位于哈剌和林(亦作哈拉和林)窝阔台宫遗址旁;另一个龟趺位于这座古城的东部废墟入口处,大小与前一个差不多;第三个位于古城遗址以南2公里处;第四个龟趺,当年也可能是为哈剌和林加工的,但是未来得及凿好,它现在还留在离额尔德尼召12公里处鄂尔浑特勒地方的采石场上。曾经有过这样一个情况:在中国军队摧毁哈剌和林时,这方龟趺曾被人头朝下埋入花岗岩石堆的土里,以便保存下来。但是,它的下半部分却露在地面上,一眼便可看到。

　　上述情况可使我们得知,这类艺术品是产自何处并由谁加工而成的。当年匠人们先找到宜于开采石头的地方,将石头加工之后,再运到相当遥远的地方。上面提到的这座尚未完成的龟趺,重在3吨以上。加工龟趺的匠人为了将龟趺运到安置地,需要翻越陡壁山坡,绕过沼泽地,通过几乎难以通行的石堆。对于他们的辛勤劳动,我们不能不感到惊奇。

　　石羊出现在1000多年以前的突厥汗国时代。这个结论是在研究了阙特勤墓前的石羊雕像之后得出的。看来,羊是突厥时代作为居民基本物质保证而最受崇敬的家畜之一。

　　石狮在突厥人和其他游牧民族观念中是力量、勇敢、威严的化身。狮像主要用石头凿成,在极少数情况下用木头刻成。狮子图案还可在刺绣和图画中看到。石狮摆在庙宇或宫廷门口,象征着威严的保护力。

突厥石雕像

在石冢上或石冢旁设置石雕像,也是游牧民墓葬礼仪的特征之一。石雕像呈站立人形,腰部挂短剑,手中执酒杯。这种石雕意在复原故去的贵族人士和军事将领。

墓葬所在地石雕像旁,还插有未经加工的石柱——"巴尔巴尔"。巴尔巴尔从石像起,朝东南方向一字排开。这很可能表示墓主所杀敌人数。

蒙古人民共和国境内有许多石雕像。然其年代现在尚未断定。据纳·色尔—奥德扎布掌握的材料看,仅巴彦乌列盖一个省石雕像就有 20 个之多。它们到底是什么东西呢?

下面是哈兰嘎特—必勒奇尔(青格勒苏木)地方石雕像情况。其中一个石雕右手执一器皿,右侧腰部挂一凿成方形的口袋;另一个石雕像头部完全损去,石人右手执杯,左手扶着悬在腰间的短剑柄首,左侧腰带处挂一口袋。这一石雕像比上一石雕像凿刻细致。其后有一长宽为 2.7×2.5 米的石冢。

青格勒苏木境内查干·胡达格地方也有一个石雕像。这一个雕像是一个凿刻在薄石片上的人面。其后有方形石冢,尺寸为 2.2×2.2米。

该地还有一个石雕像,浓髭,佩戴耳环,右手执杯,左手执挂在前面的短剑柄首上,腰带系用方形花纹石片凿成,右侧悬一口袋。

同类石雕像在巴格—图勒格河左岸萨日格勒山南坡青格勒苏木木柴加工厂旁萨日格勒—库勒拜的莫贵特地方也有发现。其特点是左手执一高脚椭圆形杯,右手扶在杯底。石雕像四侧围以片石,片石旁插有 40 个巴尔巴尔。

这里还有 4 个石雕像(两个已毁)。每个石雕像旁均有 60—65

个巴尔巴尔。保存完整的两个石雕像制作精细。其中一个系用灰色花岗岩凿成,石人穿着竖领大褂(德勒),留着八字胡子;右手拿一椭圆形器皿,左手握悬着腰带上的剑柄;腰部右侧挂一圆形口袋,腰带系用方形小石片制成。另一个石雕像也用灰色花岗岩凿成。

巴彦乌列盖省的石雕像与蒙古其他地方的大体相似。不同点只是石人均有腰带(阿格萨尔格),器皿均为长颈。

还有一种坐在太师椅中的石人雕像。蒙古人称之为"洪·楚鲁"——石人。苏赫巴特尔省达里岗嘎地方,这类遗存为数甚多。弗·阿·卡扎凯维奇曾对其作过详细描述(1933 年)。东方省哈拉欣河试验站附近也有这类石雕像。其中之一高为 170 厘米,宽 70厘米,系用灰色花岗岩凿成,呈坐式,左手执器皿,头戴宽边帽,帽顶有一圆球,脚穿前端上翘的鞋。另一个坐在太师椅中的石雕像系用砂岩凿成。其尺寸较小,高为 140 厘米,宽为 55 厘米。

东方省吉尔格朗图苏木有一石雕,外形与上述石雕相差无几。然而右手执杯,左手放在膝上,腰带两侧各挂一口袋,雕像高为 93厘米,肩宽 60 厘米。当地人称之为"喇嘛·楚鲁",意译即"石头僧人"之意(僧人即喇嘛)。

布尔迪河畔有一雕像,系用玄武岩雕成。其高为 130 厘米。石人头戴尖顶帽。该苏木以南 10 公里处还有一个类似的雕像,雕像置于石冢旁。

类似遗存还在巴彦乌列盖省达延湖畔(达延巴特尔)、前杭爱省乌延格苏木附近的特赫地方(乌布吉盖)、东方省固尔班—扎嘎勒、郭朝格—布拉格河上游发现。

显然,所有这些石雕像无论立式或坐式,都继承了突厥时代遗存的传统。

石雕像是一种宗教性质的遗存,不属于墓葬建筑之列。其年代较晚,当在佛教在蒙古大力传播时代。石雕像置于最显眼的地方,如大道旁、寺院旁,亦即人们的会聚之处和通行要津。至今这类石雕像还可在伯莱本—希德的扎音库伦寺旁山崖上见到。库苏古勒省、后杭爱省、扎布很省、布尔根省等地的大道旁,尤为多见。

1864 年,蒙古王公托王建造了一座大型石雕建筑"赞莱西格"像(伊赫·布日罕)。该建筑位于蒙古国东方省哈拉欣河左岸。该处建筑甚有学术价值,达·纳楚克道吉尔、阿·帕·奥克拉德尼科夫、呼·佩尔列等研究者曾有专著对其作过探讨。

"伊赫·布日罕"所在地为高 100 米的河谷台地。神像整个建筑长约二十米,由若干石雕组成,造型复杂,含有佛教故事情节。建筑中央是一千手坐佛。坐佛左侧有白象一,次等神若干,均坐在莲花座上。坐佛胸前有金箔贴成的项链。坐像两侧有花岗岩碎石片拼成的藏文铭文。整个建筑物上方,有三座对称排列的佛塔——"苏波尔盖"。从前,建筑物四周筑有高墙,现在只有墙基残留。

蒙古有大量尚未得到充分研究的古代石雕像。比如布尔根省恩和—陶勒盖地方有一大型雕像,为全身,高达 3 米。雕像前置一石碗——"祭钵"。这座雕像的年代目前尚不能考订。雕像嘴上涂有黄油,看来当是当地人为感谢它能保佑平安无事而向它进的贡。还有一些石雕像头部损去,这可能是后代人因遭遇天灾(干旱、雨涝、大雪等等)且认为是石雕像所致而为。

草原古城

著述中常有这样一种说法,认为古代蒙古人没有建立过城市。但是考古学调查和档案文献资料的研究成果却表明,蒙古居民具有构筑城市的悠久传统。本书想对我国的 200 余处古城古村的类型作一简单描述。

数千年以来,蒙古的居民基本上是游牧民。但是也有一部分居民过半游牧的和定居的生活。早期居民点有各种类型,有大小不同的规模,通常都分布在河畔湖边。古村中发现过半地穴遗址。这类半地穴住所在若干北方民族中均存在过。不过也有另一种情况,这就是再靠北部一些地区,还存在过一种由帐篷向半地穴过渡的住所形式。

在阿尔泰,人们过冬时,常常在帐篷外四周的下半部分砌几圈草坯。游牧在西藏的蒙古人以及打完仗留在西藏的蒙古人过冬时,为了保暖,先用草坯、石块砌好墙,再在墙顶上支起帐篷——"迈罕"。帐篷底座越靠下,帐篷就越像森林草原定居民族那种常见的住所。于是,这种平面图呈圆形的半地穴式帐篷也就变成了定居居民的住所。至于它们同帐篷(格日)的相同点,则在于形状为传统的圆形,炉灶建在中央,以及依然无大变化的墙壁和顶部。

经常性的居址——设防古城,始于匈奴时代。这类古城,考古学家在中央亚北部地区已有发现,呼·佩尔列对蒙古人民共和国境内带有长期定居生活痕迹的匈奴古城进行过研究。中世纪遗存(八世纪至九世纪)中,最令人感兴趣的是回纥古都巴剌哈孙。其遗址位于鄂尔浑河畔。该城由回纥可汗裴罗约建于715年,后被叶尼塞黠戛斯人攻破,毁于840年。结果,当初一座巨大的城市只剩下设防部分的废墟和住宅街坊的遗迹。城堡平面图几成正方形,有若干座城门和许多城楼。城楼系土坯和泥土筑成,虽厚然不牢固。为了结实起见,砌坯时,每四层坯加一捆平放的木棍。城墙下半部分用直径40—50厘米的圆木相连接,上半部分则用直径18—20厘米的圆木相连接。城墙里面有一些土丘,这可能是庙宇的遗址。

城中有突厥碑铭、回纥碑铭和石兽。城堡西南为商业手工业区。饮用水通过灌溉渠引入城市。沟渠遗迹至今可见。

该城曾于 1890 年、1933 年、1949 年分别由瓦·瓦·拉德洛夫、德·布金尼奇、谢·弗·基谢廖夫进行过考古发掘。

同一时期的另一座古城，就是位于布尔根省色楞格河畔的拜巴里克（富贵城）。磨延啜碑铭中曾写到，回纥"可汗于 757 年命建拜八里克于色楞格河畔"。古·约·兰司铁在 1922 年指出：粟特等外国商人到过这座城市；城中住过神职人员，他们曾将宗教书籍译成回纥文。

回纥时代，在现今图瓦境内也出现过建筑物——围以城墙的古城、城堡、要塞。这类古城，图瓦语一般称作"巴仁"，蒙古语则称作"板申"（即房子、建筑物之意）。

古城一般建在水泛地以上较高的地方，常常建在支流环绕的小岛上或被沼泽地将其与岸上水泛地以上台地隔开的小岛上。

图瓦古城一线排开，从恰达纳河谷上游开始，到阿姆—苏加河口，再到乌鲁格—赫马河与其支流恰—霍尔河和巴雷克河之间的左岸一带。回纥人在那里建立过要塞，城门朝北，通向山谷。

古代，有一条大道穿过萨彦岭，将蒙古及与之相邻的西北地区连接在一起，不仅具有军事价值，而且是若干世纪中游牧部落和民族迁徙的主要干线。关于古代人曾积极利用这条重要干线以进行迁徙的论点，现在经碑铭得以证实。铭文中叙述道，710—711 年冬，东突厥大军在暾欲谷的率领下，翻越萨彦岭，溯阿姆—苏加山谷（当时这条山谷叫作"阿克—特尔麦尔"）而上直到阿尼山谷，征讨黠戛斯人。在上述地方出土农业居民用过的石器残块、磨盘、手摇磨等，说明农业居民以自己的产品供应过游牧民和军队。

纺轮、纺锤的出土，使人产生这样一种想法，即已经出现了家庭纺织业；而陶器的出土——其中不仅有手工业制品，而且还有陶轮制品,说明古城中的手工业有了发展。

类似的要塞和城市,单独的墓葬,以及回纥长颈瓶式的陶器,在色楞格河、契科伊河和鄂嫩河流域,亦即古代回纥地也有发现。

在回纥故都斡耳朵巴里克废墟,在古城遗址哈剌巴剌哈孙,发现一方回纥保义可汗(808—821 年)碑。碑文有汉文、回纥文(鄂尔浑字母文字)和粟特文三种文字。这说明,回纥可汗在建筑城堡时使用过粟特建筑学家和建筑工人。因此,在建筑过程中自然也就采用了粟特人所特有的建筑手段和中亚建筑材料。很可能粟特人还参与过蒙古时代古城、要塞的修建工程。

契丹古城资料最为完整,这是因为蒙古学者呼·佩尔列多年来(1957 年,1958 年,1959 年,1962 年,1974 年)对此进行了目标明确的考查之缘故。他编制了古城卡片和地图,进行了测量,对一部分古城进行了发掘,此外还就搜集口头民间资料、地名资料和将这些资料与文字记载加以对照等方面,做了大量的工作。下面我们引证一些根据如上资料对现今蒙古境内最著名契丹古城所做的描述。

布尔根省达申其勒苏木境内有一座青—陶勒盖—巴勒嘎斯古城。平面图呈方形,城墙系由土坯筑成。据《蒙古游牧记》称,契丹时代蒙古境内众多古城中,最有名的当属镇州城(即青—陶勒盖—巴勒嘎斯)。该城系契丹皇太妃于 994 年建立。这一点可由该城废墟中与龟趺同时出土的石碑铭文得到证实。

史料记载称,镇州城(青—陶勒盖)曾驻有由两万西北土著部落士兵组成的部队,还住过从中国境内遣去的七百余户汉人和女真人。该城附设两个区。1013 年,鞑靼部(塔塔尔人)攻陷并摧毁了这座城。很可能,该城从此变成一片废墟,因为此后再也没有任何资料谈到过它。

布尔根省达申其勒苏木塔勒乌兰—海日罕山东坡有一座塔

勒—乌兰—巴勒嘎斯古城,其古代名称已不可考。该城呈方形,内有十字大街,通向东、南、西、北四座城门,将市区分作四部分。

布尔根省达申其勒苏木塔勒—乌兰—巴勒嘎斯古城附近,还有一座德日斯—赫雷姆古城。呼·佩尔列指出,它很可能是前者的经济基地。古城围墙内看不到建筑物遗址。这里发现有灌溉渠遗迹,证明古城居民当时从事农耕业。围墙内没有建筑物遗址说明,居民居住在帐篷式住所内,故没有遗址留下。

布尔根省达申其勒苏木境内有一条哈剌布和河流过。哈剌布和河北岸发现了一座额姆根特·赫雷姆古城。这座古城如上述各城那样,有大体相等的四面城墙,四个城门,两条交叉成十字的大街;亦如德日斯—赫雷姆古城那样,城中无建筑物。考古学家们在城墙内侧搜集到一批契丹陶器。

哈达桑·巴勒嘎斯古城或曰哈剌布和—巴勒嘎斯古城位于青—陶勒盖西边。看来,这当是一座要塞式古城。城墙由石片垒成。古城呈正方形,每边长 0.5 公里,有四座城门,城内有一条中央大街横贯东西,居民房舍区就分布在大街两旁。居民区有小巷,有空地。城墙遗址外留有灌溉渠遗迹。

上述后三处古城遗址可能属于同一个时代。《北京东正教成员著作集》中谈到的古城遗址,可能指的就是它们。

宗—赫雷姆(东赫雷姆)古城遗址位于肯特省木伦苏木。这是契丹国一座最北部城市,起着北部边境前哨阵地的作用。

该城遗址曾出土契丹货币。全城几呈正方形,四周筑有土围子,高 2 米,宽 4 米。城墙每边有一城门,其中西城门和南城门大于东城门和北城门。西城门和北城门外有护城河遗址,南城门和东城门外专筑有护墙。城墙上和城墙内筑有望楼,望楼总数有 30个之多。城市中央筑有瞭望塔。城内有宽阔的大街,将城市分作四个部分;每个部分又有内墙围绕。

某些建筑物上有琉璃瓦覆顶,内有火炕供暖。这里还发现煅铁炉遗迹,煅铁炉以木炭为燃料。城里有许多手工业作坊,制作陶瓷器、铁器,生产建筑材料。居民们在城外克鲁伦河流域和小河木伦河两岸种地。这一点由如下事实证明:从克鲁伦河引出的灌溉渠遗迹长约数公里,发现了许多农耕业工具,如手推磨杵、禾本科作物颗粒(蒙古黍)、石碾上用的轴衬、犁铧等。

这座城市的建筑时间可由如下记载推断出来:"胪朐河上之沙莫里、敌烈、于厥诸部起事反辽。辽丞相耶律世良统领重兵杀戮诸部之大部,压平起义,将残存者移居于1012年至1015年间建于胪朐河上游之两城。"(原文见《大辽史》,第五册)其中一城可能就是这座宗—赫雷姆(东赫雷姆),另一座则是现今犹存的巴隆—赫雷姆(西赫雷姆)。

巴隆—赫雷姆几乎与宗—赫雷姆毗邻而建。这座古城原名如何,现在不得而知。它与宗—赫雷姆一样,是一座设防城市,但规模比宗—赫雷姆要大。城门共有7座,其中南门2座,东门3座,北门、西门各1座。望楼数目如宗—赫雷姆古城一样多。城墙外掘有沟壕,一些市区有住房,一些市区是空地。空地上很可能架设过帐篷,其居民夏天则到草原上去过游牧生活。古城周围留有菜园遗址。

乌格勒格奇—赫雷姆古城位于肯特省宾德尔苏木宾德尔山南坡上。古城城墙采用花岗顽石垒成。北墙筑在山顶上,南墙、西墙的南半端、东墙的南半端却筑在山坡上。外墙内还有一道墙。古城的西南部筑有大门。这座要塞式古城的建立时间尚未确定。有些学者认为当在八世纪至九世纪,另一些学者根据这里出土的陶器认为应属于契丹时代。

东方省乔巴山市以西有三座古城,彼此相距不远。当地居民将这三座古城叫作巴尔斯浩特。但是为了不致混淆,呼·佩尔列为它们分别编了号:巴尔斯浩特－Ⅰ,巴尔斯浩特－Ⅱ,巴尔斯浩特－Ⅲ。这三座古城虽都建于契丹时代,但是直到蒙古帝国时代仍被使用着。

巴尔斯浩－Ⅰ古城是一座几近正方形的要塞,四周筑有土围子。城内有一些大大小小的建筑物。这里还发现一座石灰窑。

古城中有 4 座大型庙宇。中央的那座庙里有一个大祭坛,其余庙里有佛像。庙顶覆以瓦片。庙里有些图案带有蒙古风格。

庙宇附近有若干"苏波尔盖"。这些高高的塔里有彩绘佛像或雕塑佛像。显然,此处原是契丹国的一个宗教中心。1731 年游历过蒙古的中国旅行家龚子钥曾在其游记中写道,达赖贝子领地内有一城曰巴尔斯浩特。城内有一甚大废寺和二宝塔。一塔为七层,一塔为五层。宝塔内彩绘佛像保存甚好。七层塔内有一石桌,上有一木匣。木匣内存一画卷,画卷上绘有文殊、普贤以及四大天王像。后殿附近有一石碑,当是辽代亦即契丹遗物。

达希公所译满文《蒙古诸部地志》一书中的记载也可证实,这座古城是契丹古城,而且叫作东城。

文字材料提到,契丹国有许多寺庙,每个寺庙内有僧人上千人。

巴尔斯浩特－Ⅱ古城位于巴尔斯浩特－Ⅰ古城以东 1 公里处。从前当地居民有时称之为巴隆—杜罗格—赫雷姆。这座古城的某些考古出土物可使这座古城的年代断为匈奴时代。

巴尔斯浩特－Ⅲ古城位于巴尔斯浩特－Ⅰ古城以东 15 公里处。这是一座不太大的设防城市,后来又被称为妥欢帖睦尔汗营地。

如此看来,契丹古城均有自身的特征。

这类古城作为设防点和要塞是成组出现的。其中有些古城是纯军事型城市,另一些则是经济型城市。经济型城市中住有手工业匠人、商人、农民和僧人。

除了若干特例外,契丹古城一般呈正方形,筑有城墙,每边设有城门。城中有十字相交的大街,从而使城市分作四个部分。颇具特色的一点是城中有些部分没有建房。看来,居民冬天在这里住在装卸式帐篷住所内,春天一来就到城外去进行游牧。

到蒙古帝国时代,从一开始就设置了特殊的定居式移民城,将被俘的农民、手工业匠人迁入,让他们为蒙古大军供应粮食和各种手工业制品。比如,1211 年后,在东阿尔泰曾建立过一处住有一万名被掳掠来的汉族男女手工业匠人的移民城。这些俘虏构筑了一座名叫"镇海—巴勒嘎斯"的城市。因为坐镇这里的头目是客列亦惕人镇海。此人后来当过窝阔台汗的丞相。

最近若干年来,考古学家发现了一批古城古村遗址。考察结果为研究这些城市居民生活的各个侧面提供了珍贵资料。

蒙古时代以前的古城均有城墙;而蒙古时代的古城则无城墙,无城寨,无箭楼。

城市居民的住所遗址一般位于中央建筑物废墟的一侧。显然,中央建筑物中住的是显贵人物,旁边住的是平民。房屋四周有土院墙或木棍筑成的篱笆。住房旁边筑有栏圈、马棚。城中有铁匠铺、陶瓷作坊和其他手工业作坊。城市中心广场上有时竖有带龟趺的石碑,石碑上镌刻着诏令。

城市四周发现有灌溉渠的遗址。

考古发现物证明,蒙古城市同毗邻民族和远方国家有过积极的贸易交往关系。

最吸引考察家注意的是中世纪蒙古帝国都城哈剌和林。

很长一段时间,学者们无法确定哈剌和林的位置所在。直到1889 年,尼·米·雅德林采夫才在额尔德尼召附近发现了一处大型城址。一年之后,瓦·瓦·拉德洛夫考察召庙院墙时发现了若干块石碑，碑上镌刻着汉文诏令和哈剌和林发布的文书。这样，才将哈剌和林的位置确定下来。1912年，弗·柳·科托维奇在额尔德尼召内又发现了3块石碑残段，这些石碑如同瓦·瓦·拉德洛夫发现的那些石碑一样，碑文中提到了《蒙古秘史》。

哈剌和林前后共存在140年，其中32年曾是蒙古帝国的都城。该城遭过两次大火（1215年一次，1268年一次），被中国人破坏过若干次（1380年，1466年），然而每次过后又都复兴起来。十四世纪中叶，这里建成了佛教寺院额尔德尼召。

威·鲁不鲁克在其《东方国家行记》一书中提到，这里分作两个居住区。一个是萨拉沁区（穆斯林区），内设市场，各方商人云集于此。另一个是中国人区，内有手工业匠人居住。除这两个区外，还有12座分属不同民族的寺庙。城边有2座清真寺和1座耶稣教堂。

在哈剌和林城中，建于1238年的窝阔台汗宫占有特殊位置。它被称作"土绵—阿木嘎朗"或"万安宫"。七个世纪前访问过这里的威·鲁不鲁克曾写道："那里有一座大宫，汗每年在宫中设宴二次。"宫殿筑在高高的地基上——地基至今仍露在地面之上。大厅有64根柱子。大厅地上铺着绿色的着釉砖，壁上饰以壁画，顶上铺有红绿瓦。大厅旁有一银树，系法国人威廉·布彻所制。宫殿旁至今犹存一龟趺，乃是帝国强盛的证明。汗宫是窝阔台近亲、诸子、诸王豪华美丽的住房。

至于大部分蒙古居民，则住在传统的住所——草原和山谷的帐篷里，那里可以放牧畜群。只在寒冷的季节——冬春时节，蒙古人才搬进城里居住。

1950年，在哈剌和林南城门发现一个铁制品窖藏，出土铁犁铧18件，直径为3—21厘米的带六个突起的铁轴衬52件，矛头若干件，青铜铃铛2件，桶箍若干件，武器若干件，手工业匠人和农民工具若干件。所有这些发现物均可证明,哈剌和林当初曾是生产农业工具和武器的重要中心。

哈剌和林留有烧制蒙古时代所特有的绿釉瓷器和绿釉瓦的瓷窑和瓦窑遗址。绿釉瓦上留有匠人的手印痕迹,是一种检验质量的特有记号。

考古材料证明,蒙古人的建筑文化与其他民族的文化成果有着密切关系。比如,在蒙古各个时期的建筑装饰方面,石膏占有重要地位。这一点与中亚完全一样。石膏用作泥灰,可在上面绘制壁画,制作浮雕。发掘哈剌和林时,常可碰到这类带有壁画或浮雕残断的石膏泥灰块。壁画是彩绘的,以种种植物和几何图形为题材。彩绘时,匠人们用的是矿物颜料,溶入水中,加入黏性物质。石膏泥灰浮雕在数百年来被蒙古建筑业广泛用于宫殿庙宇的建筑和住室、正堂的装饰方面。建筑细部也是用石膏泥灰塑成的。

自古沿用的泥雕以及此后出现的泥雕焙烧,是建筑中出现浮雕焙烧的基础,并为浮雕焙烧这种装饰艺术的繁荣发展提供了条件。

繁华雄伟的哈剌和林,既在文献史料中有所记载,又通过考古资料得以反映。这自然会在某种程度上遮盖蒙古中世纪帝国其他村落本来应有的意义。尽管如此,其他村落的存在和发掘仍引起了一定的兴趣。

诚然,许多蒙古古代村落已不复存在。其原因不仅在于时间的摧毁力,在于许多世纪以来战争的摧毁力,而且也在于建筑材料的不坚固——这些村落是用泥土建成的。得以保留下来的只有那些石头建筑物及石头修砌部分:地基、石柱、建筑附件。

最近若干年来,作者对肯特省德乐格尔罕苏木著名的阿布拉格—托松湖附近的阿布拉格—巴勒嘎斯古城进行过一番研究。这里出土有铁铸器物,如大车铁轴衬、炭渣。这里还保存下了石柱和柱础。

将历史资料(帕·卡法罗夫、谢·科津、萨刚彻辰等人的著作)同地名学资料以及古城地理位置进行对照,可以得出如下结论:蒙古最早的村落出现于 1189 年。这一村落也如同哈剌和林一样,是蒙古大军的供应中心。

对这一古村进行更为详细的考古学调查,无疑将为学术界提供有关十三世纪蒙古人物质生产和文化水平的有趣资料。再将这些资料同发掘哈剌和林所得资料进行比较,将使我们弄清蒙古城市建筑和蒙古人精神文化的演变过程。

可以说,许多蒙古古城的研究工作还做得很不够,它们属于哪一时代,有何作用这类问题尚未弄清。

不过,由于苏联考古学家的发掘工作,现在已经获得了有关古城古村经济生活的有趣资料,以及以现今蒙古北部为其都城所在地的中央亚古代各国社会制度的有趣资料。当然,有关这类城市型古代村落的经济、文化状况,我们远未获得完整概念,但是通过对蒙古古代城市史的有关文字资料和考古材料的研究所获得的成果,足已使我们推翻蒙古是一个传统的游牧国家,游牧民没有定居中心,辽阔的蒙古境内毫无城市建筑文化的特征等等谬论。

由俄国考察家尼·米·雅德林采夫、德·阿·克列门茨、瓦·瓦·拉德洛夫于十九世纪开创的对像哈剌和林这类有名的中世纪城市中心以及一系列蒙古其他城市的研究工作,无疑将为世界文化史以及整个人类史的研究提供许许多多出人意料的重要资料。

第二篇 鹿 石

本篇含译文两篇。一篇是[苏联]纳·里·奇列诺娃的《关于蒙古和西伯利亚的鹿石》(原文载[苏联]论文集《蒙古考古论文集》[1962年,新西伯利亚城]),另一篇是[匈牙利]伊·额尔德伊的《匈蒙考古队关于蒙古鹿石考察工作的若干总结》(原文载[苏联]论文集《蒙古的考古学与民族学》[1978年,新西伯利亚城])。前一篇文章对1962年之前在蒙古、苏联后贝加尔和图瓦发现的鹿石进行了阐释,后一篇文章则对匈牙利—蒙古考古队1974年考察蒙古各地鹿石的过程作了介绍,并对截至1974年蒙古境内的鹿石发现地作了综述。

纳·里·奇列诺娃(1929—2009),女,苏联—俄罗斯考古学家,历史学博士,毕业于莫斯科国立大学历史系,苏联—俄罗斯科学院考古研究所研究员,主要著述有《卡拉苏克短刀》(1976年,莫斯科)、《作为历史资料的鹿石》(1984年,莫斯科)。伊·额尔德伊(1931—),匈牙利历史学家—考古学家,历史学博士,匈牙利科学院考古研究所中世纪考古部主任,匈牙利布达佩斯埃特维奥斯大学名誉教授,游牧民族历史学与考古学专家,多次赴蒙古参与考古发掘,主要著述有《匈牙利考古》(俄译本,1980,莫斯科)、《征服时期的遗存》(2008,布达佩斯)。

关于蒙古和西伯利亚的鹿石

［苏联］纳·里·奇列诺娃

所谓"鹿石"，是一些分布在蒙古人民共和国、后贝加尔地区和图瓦苏维埃社会主义自治共和国境内的著名遗存。这是一些琢平的四面体或圆形石柱或石板，上面凿有各种动物图形（多半是鹿形，鹿石即由此而得名）、古代武器图形和一些其他器物图形。关于鹿石及其分布情况和年代问题，有过许多著作①。目前可以肯定地认为，鹿石属于斯基泰时代，与蒙古和后贝加尔地区的"方形墓"文化联系在一起，其理由是：在某些场合下，鹿石充当墓墙中的角石；此外，凿刻在鹿石上的器物，可在方形墓中找到②。

本文要谈的内容是鹿石遗存与欧亚大陆草原地区"斯基泰文化圈"文化遗存的关系。首先，谈谈鹿石本身。鹿形一般都刻在鹿石的两个侧面，成蹲踞式（在少数情况下也成站立式），前后腿一上一下。人们常把蒙古和后贝加尔地区鹿石上的蹲踞式鹿形，同著名的塔加尔时代和斯基泰时代有着同样姿势的鹿形青铜饰牌和金饰牌相比较。这可以成为鹿石是斯基泰时代遗存的理由之一。而本文作者在对欧亚大陆境内的斯基泰时代的鹿形分类时所采用的

---

① 综合报告见如下著作：阿·帕·奥克拉德尼科夫：《伊沃尔加河畔的鹿石》，见《苏联考古学》，1954年，第19期，第215—216页；尼·尼·迪科夫：《后贝加尔地区的青铜器时代》，乌兰乌德，1958年，第43—45页。

② 尼·尼·迪科夫：著作同上，第44页；格·彼·索斯诺夫斯基：《后贝加尔地区的方形墓》，见《国立爱尔米塔日美术博物馆原始社会文化部著作集》，第1卷，列宁格勒，1941年，第300—307页。

方法①,则可以指明那些与鹿石上的鹿形最为相似的各种具体器物。蒙古和图瓦南部地区鹿石上的大部分鹿形,有如下特征:喙状头部前伸,嘴巴大张;两只枝状角仰向背部,一上一下(这说明与那种严整的动物侧影形不相一致);额部相应地有两处前突起;颈部和躯干前半部过长;前后腿相距甚近,一般都小而细得不合比例,有时仅有上半截,像被砍断一般,有时,当腿部全部画出时,则呈弯曲状,且前腿高于后腿,二者连接不严,中间留有空隙(图一 1,2)

　　所有这些特征,都使鹿石图形同米努辛斯克盆地塔加尔时代青铜饰牌在其存在的整个时期(公元前五至三世纪)有了显著区别。在塔加尔青铜饰牌(无论早期或晚期)上,从来没有过两处前突起,也没有两只枝状角,因为图形成严整的侧影形。两只角是另外一种样子:早期的呈融合在一起的 S 形圈套状,晚期的呈横杆状,横杆上带有竖突起(梳状角,图一 12)。由于某些不太显著的细节而与塔加尔系统有所区别的黑海沿岸地区斯基泰图形中的鹿角,也是如此。但是,在早期斯基泰饰牌上,有时也出现卷成小环状的两个前突起(图一 7)。米努辛斯克图形和斯基泰图形的鹿则比较匀称,从未有过这样长的颈部和躯干前半部,也没有张开大嘴伸向前方的喙状头部。只是在某些米努辛斯克饰牌上,嘴成长沟状(图一 13,14),这种表现手法很可能正是"喙状头部"的原型(图一 1,2)。然而,这一提法只有当这种表现手法在别的地区的鹿形中再有发现时,才能成为定论。蒙古鹿石上的图形不会来源于塔加尔时代鹿石,而是恰恰相反。最后,还有一点,塔加尔时代鹿形的腿部一般呈一直线(图一 12)。这种腿形在蒙古鹿石或塔加尔饰牌中,则颇为少见;在塔加尔饰牌中,腿部只有上半部,不仅呈"砍

---

① 纳·里·奇列诺娃:《斯基泰时代的鹿》,1961 年 1 月在苏联科学院考古研究所新石器时代和青铜器时代部所做报告。

图一　鹿形比较图

1.后贝加尔地区,伊伏尔加河(据阿·帕·奥克拉德尼科夫);2.图瓦,塔尔雷克河口(据瓦·瓦·拉德洛夫);3.哈萨克斯坦,塔姆加雷(据安·格·马克西莫娃);4.北高加索,科班(据普·谢·乌瓦罗娃);5.北高加索,里兹戈尔(据叶·帕阿列克谢耶娃);6.北高加索,大鲁赫塔(据叶·帕·阿列克谢耶娃);7.黑海沿岸地区,早期型(公元前六世纪),基辅州,西尼雅夫卡村(据阿·阿·鲍勃林斯基);8.黑海沿岸地区,较晚期型(公元前五世纪),基辅州,加鲁希诺(据阿·阿·鲍勃林斯基);9.东哈萨克斯坦,奇里克提(谢·谢·切尔尼科夫发掘,1960年);10.鄂尔多斯(据阿·萨尔莫尼);11.米努辛斯克盆地,早期型(公元前五世纪),小伊尼亚(阿·瓦·阿德利安诺夫发掘,1896年,国家历史博物馆,第40210号);12.米努辛斯克盆地,晚期型(公元前四世纪),考古学材料;13.米努辛斯克盆地,极早期型(国立爱尔米塔日美术博物馆,第3975/305号);14.米努辛斯克盆地,极晚期型(博物馆材料,第9125号),大苏艾图克。图形原大各不相同。

断状"。上述全部情形对黑海沿岸地区的斯基泰鹿形来说,也是一样的,只不过蒙古鹿形中那种特有的腿形在那里更为常见罢了。那里的典型腿形是前腿高于后腿,并且前后腿是连在一起的(图一7)。

就鹿形而言,蒙古鹿石与哈萨克斯坦及中亚的图形最为相似。

比如,在奇里克提(斋桑湖以南,属公元前四世纪)的金饰牌中,鹿角是 S 形的,而与实际鹿角相近,颇像蒙古鹿石中的鹿角(图一9)①。与蒙古鹿石更为相近的,是阿拉木图市西北 160 公里处的塔姆加雷地方岩画(图一 3)②。那里有三个鹿形上下排列,腿成蹲踞式,各有两只枝状角(一只高于另一只),颈部特别长,背峰成角状突起,腰部凹陷。奥什市(费尔干)以北 40 公里阿伊雷马奇—套山中的苏拉特—塔什岩画,也跟蒙古鹿石相像③。那里的鹿(腿成蹲踞式)角更加几何图形化,但还是两只,一上一下;颈部和躯干前半部也特别长。在已知的其他地区大量岩画中,这类与蒙古鹿石的相似情况尚未发现。看来,这并不奇怪。在蒙古和鄂尔多斯偶尔发现的但可根据相邻地区十分准确的类似物而推断为斯基泰时代的出土物(武器、马具、装饰品),同图瓦、阿尔泰、哈萨克斯坦出土物有很多相似之处(而与此同时,其他地区——米努辛斯克盆地、贝加尔湖沿海地区等地的出土物,则同蒙古出土物没有相似之处)。鹿石很有可能也当属于这类相似现象的范围。蒙古和图瓦以西,只有阿尔泰发现有鹿石④。在哈萨克斯坦,我们只发现有与之相似的岩画。但在蒙古,这种完全相同的鹿形既在鹿石上有,又在岩画中有(例如乌布勒—塔勒加提格岩画)⑤。

　　再往西,北高加索晚期科班文化中,有与上述蒙古鹿形相似的鹿形(青铜牌)。在从匈牙利到鄂尔多斯的广阔地域内流行的所谓"斯基泰"鹿形中,最跟蒙古和图瓦鹿石上的鹿形相近的是科班时

---

① 谢·谢·切尔尼科夫发掘,1960 年,第五号古冢。
② 安·格·马克西莫娃:《塔姆加雷山谷岩画》,见《哈萨克科学院通报》,阿拉木图,1958 年,第 9 期,第 108—110 页及插图 24。还可参见《哈萨克考古学地图》,目录,阿拉木图,1960 年,附图 8,插图 76。
③ 承蒙塔·格·奥鲍尔杜耶娃借给照片。
④ 楚河大道。见玛·拉·什维卓娃:《阿尔泰的卡尔梅克人》,见《俄罗斯地理学会西伯利亚分会会刊》,第 12 卷,鄂木斯克,1898 年,第 4 页,图 4,5。
⑤ 瓦·瓦·拉德洛夫:《蒙古古物图集》,第 3 集,圣彼得堡,1896 年,附图 97—4。

代青铜饰牌。在饰牌上通常也有过分伸长的喙状头部(图一5)[①];腿部有时似成"砍断状"[②];有时有两只枝状角,一上一下(图一6);最后,科班鹿形的通常姿势是头部扭向后面。有时,在鹿石上,带有伸长的喙状头部的鹿形也呈这种姿势(比如后贝加尔地区伊伏尔加河畔一块著名的鹿石上一幅小型侧面图形,见图一1)[③]。我们只有一点无法弄清楚,为什么鹿石上的鹿角不在头部两侧,就像科班饰牌上通常应有的那种样子。不过即使如此,其相似程度也是很大的。

蒙古与北高加索之间的距离当然很遥远。但是,如果注意到我们上面已经谈到的哈萨克斯坦岩画和费尔干岩画的位置大致正好在蒙古与高加索这一距离的中点上的话,那么,关于这两个地区之间存在着联系的假设就不会使人不可理解了。看来,蒙古鹿石上的这种鹿形不是一种地区性的特征,而是一种风格上的特征;其分布区域虽然比起"斯基泰"鹿形的一般分布区域要窄一些,但也是相当广的。除了科班型鹿形或蒙古型鹿形外,在这一区域还存在着一些风格上模拟一般"斯基泰"手法的鹿形。这些鹿形在哈萨克斯坦有(即上面提到的勃罗沃耶的奇里克提地方发现的金饰牌)[④],在科班也有(大鲁赫塔[⑤],图一6);这就使人有充分理由设想,它们在蒙古也有,何况在更东面的鄂尔多斯也有大量发现(该地鹿形据我所知的有33个,见图一10)。这两种鹿形都是赤鹿,只是模拟风格不同罢了。

---

① 普·谢·乌瓦罗娃:《北高加索的古墓群》,见《高加索考古资料》,之8,莫斯科,1960年,附图18—4。

② 叶·帕·阿列克谢耶娃:《北高加索的晚期科班文化》,见《国立列宁勒大学学报》,历史科学类,第13辑,列宁格勒,1949年,附图7—4。

③ 阿·帕·奥克拉德尼科夫:著作同上,第212页,图3—a。

④ 弗·哈·阿尔斯拉诺娃发掘,1960年。

⑤ 叶·帕·阿列克谢耶娃:著作同上,附图7—6。

使我们感兴趣的全部斯基泰时代遗存中,却没有发现一个驯鹿图形[1]。

鹿石有何用途呢? 可以满有把握地说,它们表现的(起码在当初)是人形[2]。通过对图瓦北部鹿石的分析,就可证明这一点[3]。那里的许多鹿石(譬如图兰的,皮伊—赫姆斯基州苏什村的)可以明显地分为三层:上层是头,下面两层是躯干。无论在图瓦鹿石上,还是在蒙古鹿石上,都可以清晰地看到刻有一条腰带,腰带上悬挂着各种武器:匕首、弓、战斧和弯成扁担状的青铜器物。这一器物上显然悬挂过什么东西。格·彼·索斯诺夫斯基在后贝加尔地区塔普哈尔山附近的第48号方形墓中,就曾发现过这类器物[4]。

图兰发现的一个鹿石(人形)雕像的"颈部"刻有新月形珠串;其他雕像上的珠串则常用圆形小坑表示,有时还刻有一圈细带,可能表示一种颈饰。图兰、苏什以及其他地方的鹿石雕像耳部戴有环状耳环,下端坠有小圆球[5]。阿·帕·奥克拉德尼科夫曾把伊伏尔加鹿石上的这种器物解释成为带柄青铜器;我认为把它看成耳环会更自然一些。这类带坠饰的环状金耳环,在公元前五至四世纪的图瓦墓葬中有,在阿尔泰和哈萨克斯坦墓葬中也有[6]。

---

[1] 生物学博士瓦·伊·查尔金所做的结论。

[2] 奥·阿彼尔戈林—基瓦洛:《阿尔泰艺术遗存》[德文],赫尔辛基,1931年,第33页。

[3] 谢·伊·瓦因施坦:《1956—1957年图瓦语言文学历史研究所考古队工作小结》,见《图瓦语言文学历史研究所丛刊》,第5卷,克兹尔,1958年,附图4—83。

[4] 格·彼·索斯诺夫斯基:《后贝加尔地区的方形墓》,第302页,图14—1。

[5] 图兰,第32(126)号古冢,谢·阿·杰普洛乌霍夫发掘,1929年,国立爱尔米塔日美术博物馆(据薇·尼·波尔托拉茨卡娅图);奥森—阿拉—彼里格,第14号古冢(谢·伊·瓦因施坦,薇·帕·吉雅科诺娃:《发掘古冢的唯一出土物》,见《图瓦语文学历史研究所丛刊》,第8卷,克兹尔,1960年,第193页,附图1—4,5)。

[6] 贝斯特里扬斯科耶,第8号古冢,谢·米·谢尔盖耶夫发掘,1930年;谢·弗·基谢廖夫:《南西伯利亚古代史》,见《苏联考古学资料与研究》,第9期,1949年,第181页;格·格·巴班斯卡娅:《彼尔卡林古墓群》,见《哈萨克科学院历史学考古学民族学研究所著作集》,第1卷,阿拉木图,1956年,第203页,附图7—2,4,10;库拉—朱尔加,斯拉维扬卡村,见《哈萨克考古学地图》,阿拉木图,1960年,目录,附图9(续完),238,241,242。

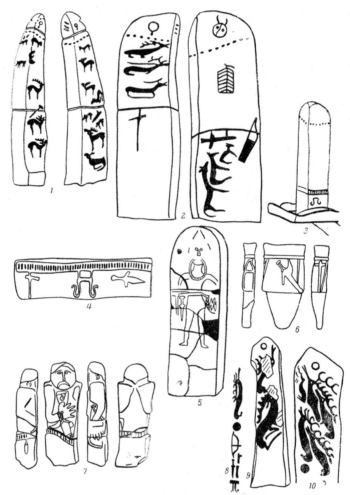

图二　图瓦和蒙古鹿石与其他地区斯基泰时代墓碑

1.第一类型鹿石,图瓦北部(乌尤克),图兰,据奥·阿彼尔戈林—基瓦洛;2.皮伊一赫姆斯基区,苏什村(据谢·伊·瓦因施坦);3.带腰带的鹿石,蒙古,乌盖淖尔(据瓦·瓦·拉德洛夫);4.鹿石上腰带展开图(据瓦·瓦·拉德洛夫);5.卡马河流域,阿南音诺(据安·瓦·兹勃鲁耶娃);6.黑海沿岸地区,日丹诺夫(据阿·伊·麦留科娃);7.黑海沿岸地区,捷尔诺夫卡,英古拉河口(据纳·格·叶拉吉娜);8.后贝加尔地区,伊伏尔加鹿石的一侧(据阿·帕·奥克拉德尼科夫);9.图瓦,萨马加尔台(据莉·阿·叶芙邱霍娃和谢·弗·基谢廖夫);10.蒙古,策策尔勒格(据瓦·瓦·拉德洛夫)。(8、9、10 为"第二类型"鹿石)图形原大各不相同。

鹿石（人形）雕像无手无足，也没有面孔。不过，在苏什村附近发现的那块鹿石的一个侧面的上部却发现有一个长角的古怪面孔（图二 2）。图兰型和苏什型鹿石上的鹿形和其他动物形状，可以理解为缀在衣服上的牌饰或缝饰物。阿尔泰巴泽雷克二号石冢里曾出土一件女式短外衣，在其侧面缀有一个鹿头①。图瓦北部鹿石上的鹿形多半与一般蒙古鹿石的鹿形有所不同，而具有与晚期塔加尔型相近的特征（有前部凸起的"麋鹿状"头部；梳状角；有时呈蹲踞式，腿部构成一条直线，有时不呈蹲踞式）。但是就在这一地区，也有一些蒙古类型的鹿形（塔尔雷克河口上的乌尤克）②。

图瓦南部和蒙古的大部分鹿石属于另一类型，在这类鹿石中不可能清晰地看出人形模样来。鹿形和武器图形也并不是刻在严格固定的地方，而是混杂在一起；鹿石本身不都是四方体的石柱；切面或多或少为正方形，有时为扁平石板（图二 6,8）。可以认为，这些石柱比起图兰型鹿石或苏什型鹿石来时代上要晚一些，起初那种要表现人形的打算到此时已被遗忘。不过这两种类型的鹿石在年代上的差别不会太大，它们同属于斯基泰时代。遗忘起初的打算，可能不是因年代造成的，而是由空间造成的——表现人物形象的石柱主要是在图瓦北部一带发现的。

然而，鹿石的用途看来随处皆同。我们已知的大部分鹿石都不是在原来的位置上找到的。而在许多情况下，只要其原来的位置不变，那么，后贝加尔地区的鹿石就会立在方形墓旁③，图瓦的鹿石就会立在斯基泰墓旁（比如上面提到的苏什村旁的那块鹿石），蒙古的鹿石就会立在各种墓葬建筑旁——墓墙旁、石头场地旁或

---

① 谢·伊·鲁金科：《戈尔诺阿尔泰出土物与斯基泰人》，莫斯科，1952 年，第 94 页，图 37。
② 瓦·瓦·拉德洛夫：《蒙古古物图集》，第 3 集，附图 96—4。
③ 弗·伊·吉雅科夫：《后贝加尔地区的青铜器时代》，乌兰乌德，1958 年，第 44 页。

古墓群附近①。鹿石是人——多半是领袖人物的墓碑。类似现象无论在此后时代(突厥人,波洛维茨人即钦察人),或是在斯基泰时代,都广为流行。

在黑海沿海地区,至今共发现有 13 个属于斯基泰时代的人形雕像。这些雕像系武士人形。它们也呈四方体石柱形,加工相当粗糙,但是石柱上刻有头部、面孔(有时还有胡须)和双手,只是也没有腿部。腰带就像鹿石那样挂在上面的武器(阿基纳克)、战钺、箭袋和箭,但加工细致,具有实体感;有时还刻有角形盛酒器。但是,它们与鹿石不同,上面没有鹿形和其他动物形。

大部分雕像已被挪动了位置,但是有几个是在斯基泰时代石冢上发现的②。多数考察家认为,这些雕像是表现皇帝形象的墓碑③。也有一种看法认为,这是战神阿瑞斯的形象④。我认为,第一种看法比较可信。黑海沿岸地区雕像的年代当在公元前五至三世纪⑤。应当说,断代比较可靠的图瓦北部鹿石,也不会早于公元前五世纪⑥。

我认为,把图瓦鹿石和蒙古鹿石同斯基泰时代的类人形雕像

① 阿·波兹德涅夫:《蒙古与蒙古人》,第 1 卷,1892 年,日记与旅行路线,圣彼得堡,1896 年,第 219,220,228—231 页。

② 尼·格·叶拉吉娜:《尼古拉耶夫斯克博物馆斯基泰时代类人形石碑》,见《苏联考古学》,1959 年,第 2 期,第 187 页。

③ 塔·帕谢克,沃·拉蒂宁:《论"石人"问题》[法文],见《欧亚北部的古代》,1929 年,第 4 期,第 299—300 页;鲍·尼·格拉科夫:《斯基泰人》[乌克兰文],基辅,1947 年,第 83 页;尼·格·叶拉吉娜:著作同上,第 195 页。

④ 阿·伊·麦留科娃:《斯基泰武士石人形》,见《苏联科学院物质文化史研究所报告与田野考察简报》,第 48 集,1952 年,第 128 页。

⑤ 同上;尼·格·叶拉吉娜:著作同上,第 192—193 页。

⑥ 断代根据如下:目前在图瓦发掘的任何一个斯基泰时代古冢均未提供出早于公元前五世纪的资料,而鹿石恰恰又与这些古冢联系在一起;图兰鹿石上的鹿形在某些特征,如前部凸起的"麋鹿状"头部,梳状角(见奥·阿彼尔戈林—巴瓦洛:著作同上,第 331 页),与鹿形的米努辛斯克变体相近,而"斯基泰鹿"在米努辛斯克盆地出现的年代又不早于公元前五世纪;最后,在墓碑上发现的带垂饰的耳环(也为石制的),其年代也不早于公元前五世纪(见第 41 页注⑤)。

进行一番对比是完全合理的,并认为,如下情况也是合理的:在西方和东方存在这些遗存就如同在同一地区存在形状相同的按"野兽风格"制成的武器、马具和器物一样,都是一种同类现象。但是为什么类似的雕像在"斯基泰文化圈"的其他地区——中亚、哈萨克斯坦、吉尔吉斯等地却没有发现呢?这个问题,现在还很难回答。这可能只是由于这些地区还没有得到充分研究的缘故。要知道,即便是这些地区的马具和"野兽风格"的情况,我们知道得也很少。但是,类似的墓上雕像在"斯基泰文化圈"的其他地区则可望发现,这一点可由阿南音诺古墓群中已经发现刻有武士图形的石板提供证明(图二 5)①。这个武士也刻有腰带,腰带右侧挂着战钺和"阿基纳克",左侧挂着一只口袋。武士的颈部刻有颈饰。我们可以看到,这类器物的组合情况与黑海沿岸地区石雕像以及图瓦鹿石是一样的。

在所有"斯基泰文化圈"的各个地区中,我们只能稍有把握地谈谈有关米努辛斯克盆地的情况。由于这里保存下了大量的青铜器时代"石人",所以上述墓碑没有得到流传;有过一些突厥时代的墓碑,但是在任何一个塔加尔时代石冢旁都没有发现黑海沿岸地区武士人形或鹿石武士人形。在这方面唯一可以指出的是,两块四方体石柱状、刻有粗劣人形的雕像。这两块雕像是根据格·斯帕斯基和伊·阿斯彼林提供的很不准确的图画而获知的。其原发现地在阿巴坎河上游(现在这两块石雕已遭损坏)②。不过,根据图画仍可对石雕获得一些印象。在这两块石雕上,一面刻有人形,另外两面刻有各种器物。基日—塔什石雕的一个侧面,在腰带所在

① 安·瓦·兹勃鲁耶娃:《阿南音诺时代卡马河流域居民史》,见《苏联考古学资料与研究》,1952 年,第 30 期,第 21 页,图 3;石板现存国立历史博物馆,陈列品,5 号厅。

② 米·彼·格里亚兹诺夫:《与一些新资料有关的米努辛斯克人》,见《苏联考古学》,1950 年,第 12 期,第 145—147 页及图 15,16。

高度,刻有装在箭袋中的箭(我们知道,这是斯基泰时代石雕的典型刻法)①,靠下一些地方刻有手握矛或旗的骑手。乌鲁—基斯—塔什石雕的一个侧面,刻有一些前后相随的动物,它们不是平行的,而是与地面垂直的,这种情况常常可以在鹿石上见到②。

米·彼·格里亚兹诺夫已经指出,这两块石雕的凿刻技术与鹿石的凿刻技术相近,只是鹿石为图形凹进,而石雕为背景凸出③。这样一来,这两块石雕似乎因其某些特点而与斯基泰时代墓碑以及鹿石相近;然而由于复制品是如此不清晰,又由于该地缺乏类似的其他墓碑,对其断代自然也就有些困难了。米·彼·格里亚兹诺夫把石雕的年代推断为"大约是公元初或稍晚一些时间",并认为是突厥石人的早期形式④。这两块石雕很可能晚于鹿石,虽然它们同样也继承了图瓦北部鹿石所固有的某些特点。

在塔加尔时代,米努辛斯克盆地不属于包括蒙古、图瓦、吉尔吉斯和哈萨克斯坦在内的那个区域(这由考古学和人类学资料可以看得出来)。这就完全可以说明这里之所以没有鹿石或其他类似遗存的原因了。

但是,为什么在图瓦和蒙古的武士雕像上却总有鹿形,而且又如此之多,以致当地人把这些石碑称作鹿石呢?我在一篇关于鹿形的分类学文章中,曾把鹿石在斯基泰时代的广泛流传与斯基泰人的自我称呼——"萨迦人"(或译"萨基人",在我国史书上称为"塞种人")作过对照。瓦·伊·阿巴耶夫指出,"萨迦"是"鹿"的意思⑤。缀饰用的蹲踞式鹿形饰牌,在我看来是一种起源于某个斯基

---

① 我在任何一个突厥雕像上均未发现有弓形。

② 图瓦,苏什村(图二);乌尤克河畔的阿尔善(见奥·阿彼尔戈林—基瓦洛:著作同上,第329页);乌尤克,塔尔雷克河口(见瓦·瓦·拉德洛夫:《蒙古古物图集》,第3集,1896年,附图96—4)。

③ 米·彼·格里亚兹诺夫:著作同上,第147页。

④ 同上,第148页。

⑤ 瓦·伊·阿巴耶夫:《奥谢梯语与民间口头文学》,第1卷,莫斯科—列宁格勒,1949年,第179,198页。

泰氏族原始图腾的护身符,这种图腾到了我们所考察的时代可能已转化为全部落乃至部落间的神灵了。鹿形在"斯基泰文化圈"任何一个地区的广泛传播,在我看来都不仅说明萨迦人或其同源部落的文化影响,而且还说明他们已渗入该地区。从这一点出发,可以把图瓦和蒙古的鹿石解释成渗入该地区的萨迦人或其同源部落(他们的衣服上都缀有带祖先图腾的饰牌或缀饰物)的军事领袖人物的墓碑。很有可能,在这种情况下,进入外族环境中的人需要特别强调自己的民族归属,因此鹿形比起刻在同一块碑上的武器图形来,要大得多,大得不成比例。这些外来人可能为数不多,后来还会融合在当地居民之中,会改变他们的体型,会忘却如何制作原始式样的墓碑,但是,为武士建立墓碑(上面刻有他的武器图形,强调他来自萨迦人或其同源部落)的想法本身却保留下来了。这样,就可以使已经与人形失去相似处的"第二类型"鹿石得到解释。

这里再指出如下一点是很有意义的,即吉尔吉斯和东哈萨克斯坦的萨迦人明显地具有蒙古人种成分;这种情况在"第二类型"鹿石流传的图瓦也存在。这样看来,图瓦、东哈萨克斯坦和吉尔吉斯在这一时代从人类学角度来看,是同源的[1]。后贝加尔地区方形墓墓主的体型特征中,蒙古人种气质颇为强烈。后贝加尔地区方形墓中出土的颅骨数量实在不多。由于方形墓中出土物贫乏,于是关于这一时期蒙古居民的类型也就无从谈起。

然而,倘若能把旁边立有鹿石的方形墓墓主的类型与不立鹿石的普通方形墓墓主的类型进行一番比较的话,想必当是很有意

---

① 格·弗·杰别茨:《苏联古人类学》,见《苏联科学院民族学研究所著作集》,1948 年,第 4 卷,第 137、145 页;乌·维·金兹堡:《从人类学资料看天山中段和帕米尔—阿尔泰的古代居民》,见《苏联科学院民族学研究所著作集》,1954 年,第 20 卷;同一作者:《从人类学资料看哈萨克共和国东部和中部地区的古代居民》,见《苏联科学院民族学研究所著作集》,1956 年,第 23 卷,第 245、264 页;阿·尼·阿列克谢耶夫:《图瓦自治州古人类学概要》,见《苏联科学院民族学研究所著作集》,1956 年,第 23 卷,第 378—383 页。

义的。假如立有鹿石的方形墓墓主比留下方形墓的基本居民更具有蒙古人种气质的话,那么,这将为已发表的阐述鹿石的著作提供出一个有力的证据。

匈蒙考古队关于蒙古鹿石考察工作的若干总结

[匈]伊·额尔德伊

1974 年,匈牙利科学院考古研究所研究人员第 6 次与蒙古学者合作,共同在蒙古人民共和国境内进行了考察。除了对匈奴墓葬继续进行发掘外,还对所谓"鹿石"的调查予以特别注意。考察队由蒙古考古学家道·策温道尔吉领导,参加这支考察队的匈牙利专家有:考古学家伊·额尔德伊,摄影家勒·舒加尔,绘图员额·额吉额德①。

1963 年,在北部蒙古呼尼河谷和塔米尔河畔进行发掘时,发现一批鹿石。这批鹿石不止一次吸引了考察人员的注意。但是,鹿石的全部图形至今尚未搜集完全。其原因是:这些神秘的石刻分布地域甚广,且地形崎岖不平,很难到达。应当指出,鹿石不但在蒙古有,在与之毗邻的北部地区——苏联的图瓦和后贝加尔地区也有。十九世纪末至二十世纪初,鹿石也引起了芬兰考察家的注意②,原因在于,从鹿石画面上很容易看出它们与斯基泰"野兽纹"之间有着密切关系。从现有资料来看,鹿石在蒙古境内约一半地区——从阿尔泰往东和东北,直到肯特山均有所发现。

---

① 本文发表的照片和图画系由勒·舒加尔和额·额吉额德所制。
② 约·加·格拉耐:《1909 年我在南西伯利亚和西北蒙古旅行时所做的考查调查》[德文],载《芬兰—乌戈尔学会会刊》,赫尔辛基,1912 年,第 28 卷,第 1—67 页。

苏联考察家对于鹿石的起源问题已经研究了 50 年之久。1925 年,在土拉河谷发现了一件用突厥时代鹿石雕刻而成的男子石雕像,由此出现了有关鹿石起源的一个论点:格·约·鲍罗夫卡认为,鹿石与所谓方形墓系同一时期遗存[1],即同属于斯基泰时代。(在蒙古,与西伯利亚卡拉苏克文化同源的文化,受到方形墓文化的排挤。这一情况发生在公元前八世纪至七世纪。而方形墓文化则一直存在到匈奴时代,换言之,即存在到铁器时代早期,亦即公元前四世纪至三世纪。)

1929 年,格·彼·索斯诺夫斯基在后贝加尔地区发掘了一批方形墓。他认为,这批方形墓的年代可定在公元前七世纪(或六世纪)至二世纪[2]。这一断代得到了尼·迪科夫的肯定:他认为方形墓的下限当在公元前三世纪[3]。大多数苏联考察家倾向于这样一种意见:刻着现实感很强的鹿形鹿石,比刻着模拟风格化且嘴部似鸟喙的鹿形鹿石在起源上要早一些[4]。在此之前发现的大部分鹿石,都刻着模拟风格化的鹿形。1974 年,在塔米尔河谷发现了一座遗存,其墓葬结构中再次用到了鹿石。这证明,我们发现的这批遗存要比方形墓葬的年代早得多。

1974 年,我们在北部蒙古塔米尔河支流巴彦查干(根金—布拉克)河河谷以及呼尼河畔,搜集到了新的资料。同年,我们在呼尼河畔进行了发掘,结果在一座亚洲匈奴人石冢墓葬出土的石块中,发现一块鹿石残断。这说明,鹿石的起源可能要更早一些。

---

[1] 格·约·鲍罗夫卡:《土拉河中游考古与调查记》,收入《北部蒙古》一书,第 2 卷,列宁格勒,1927 年。

[2] 格·彼·索斯诺夫斯基:《后贝加尔地区的方形墓》,原载《国立爱尔米塔日博物馆原始社会文化部著作集》,列宁格勒,第 1 卷,第 300—307 页。

[3] 尼·尼·迪科夫:《后贝加尔地区的青铜器时代》,乌兰乌德,1958 年,第 56 页。

[4] 维·瓦·沃尔科夫:《北部蒙古的青铜器时代早期》,载《考古研究》丛刊,乌兰巴托,1967 年,第 5 卷,第 1 辑,第 70 页、75 页、80 页;尼·尼·迪科夫,篇名同上,第 45—46 页。

让我们试对鹿石上发现的各种图形进行一番描述。迄今为止所发现的鹿石都是一些加工粗糙的岩石碎块,或是一些扁平的(通常顶端呈尖形)以及一些类似四方木柱的平整石柱。

蒙古发现的某些石碑即鹿石,一般都具有类人形性质。首次提到这类鹿石的是约·加·格拉耐。他于 1912 年在科布多附近发现了这样一方鹿石①。在鹿石较窄的一面刻着一个扁平的人脸。遗憾的是,刊布时印刷质量不好,鹿石较宽的一面人们只能看到刻着一个圆形和圆形上面的几个鹿形。尼·尼·迪科夫以格·彼·索斯诺夫斯基所绘草图为依据提出说,后贝加尔地区有一方鹿石上刻着一个戴着尖顶帽的人头。当初,这方鹿石立在古欣湖附近(大约已不是原来所在地),后来被移入恰克图博物馆②。主要得力于维·瓦·沃尔科夫和埃·阿·诺甫戈罗多娃的搜集,人们得知新发现的许多鹿石;但遗憾的是,多数发现物尚未刊布。这两位研究家也认为,人形鹿石年代较早。但是这类鹿石上还刻有模拟风格化的鹿形③,因此他们的这一结论与事实有矛盾。应当指出,雕刻不太清晰的人脸不是蒙古人种型。也许,这类遗存上刻的是在蒙古一直存在到公元前二世纪且为汉代史籍所提及的长着蓝眼睛、红胡子的乌孙人脸型吧?苏联考古学家纳·里·奇连诺娃认为,他们是从西方侵入现今蒙古领土的塞种诸部或是与之同源的诸部(确切点说,是他们的统治上层)④。值得注意的是,据汉文史籍记载,从公元前 2000 年中期起,还有一支民族进入蒙古境内,这就是丁零人。后来,在公元前五世纪时,丁零人被排挤到北方,最后提及他们的记载是在公元前四世纪。这一时期与卡拉苏克文化

---

① 约·加·格拉耐,篇名同上,附图 8 之 3。
② 尼·尼·迪科夫,篇名同上,附图 21 之 4。
③ 维·瓦·沃尔科夫:《北部蒙古……》,第 71 页。
④ 纳·里·奇连诺娃:《关于蒙古和西伯利亚的鹿石》,载《蒙古考古论文集》,莫斯科,1962 年,第 27 页。

存在的时期基本相合。从近年来考古研究取得的成果来看,可以这样认为:铁器时代初期,在现今蒙古境内存在过两个文化区。自然也就不排除这样的可能性,即这反映了有两个起源不同的民族群在这里存在过[①]。

对于鹿石有何用途这个问题,目前还不可能做出完整的回答。上面我们已经提及,鹿石在构筑方形墓时曾被再次使用过。某些考察家认为,鹿石是一种墓上建筑遗存。雕刻和运送这类沉重的石块,需要花费大量的劳动。所以,竖立这种墓上建筑物的墓主,很可能是一些就其社会地位而言拥有特权的人物,大约是一些部落领袖。1974年,在塔米尔河支流巴彦查干河附近的根金—布拉克地方,我们发现了一处墓葬综合体,在墓穴底部可以清晰地看到由石板砌成的大型墓室的构筑情形。显然,这一墓葬综合体当是一位有影响的人物的墓地、祭祀地和祭台。达申奇勒镇附近发现过一件加工粗糙、雕刻着模拟风格化鹿形的石片。这件鹿石被用作一座方形墓的角石[②]。

苏联考古学家列举种种证据,证明鹿石与太阳崇拜有关系。据某些考古学家认为,一些鹿石上方的圆圈就是太阳。1974年,我们在巴彦查干河谷发现了一方鹿石,这方鹿石上刻着月牙状的日食图形。有时,在大圆圈旁边还会发现小圆圈,这可能是满月。维·瓦·沃尔科夫认为,大圆圈是太阳,因为有一次在大圆圈外面发现饰有光线[③]。他提到的这方鹿石来自沙拉乌素。(但维·瓦·沃尔科夫没有肯定,主要图形的线条和图形中间绘制人脸的线条是否同一时期刻成[④])。鹿石上的鹿形之所以与太阳崇拜有着密切

[①] 维·瓦·沃尔科夫:《蒙古人民共和国青铜器时代之研究》,载《蒙古古代史研究》,第3卷,第8—10辑,乌兰巴托,1964年,第79页。

[②] 维·瓦·沃尔科夫:《北部蒙古……》,附图27,图形2。

[③] 同上,图29。

[④] 维·瓦·沃尔科夫:《蒙古人民共和国青铜器时代之研究》,第61页,图10,图形4。

关系,第一是因为在多数场合下鹿表示朝着太阳的圆圈奔去,第二是因为据神话学和民族学材料讲,鹿是与太阳崇拜有直接关系的动物(即图腾)。这些是不容怀疑的。关于后一点,在匈牙利民间信仰中至今还有所反映。(至于间接反映,可参阅阿·伊·马尔登诺夫和弗·瓦·鲍勃罗夫的著作[1]。)

蒙古鹿石上雕刻着种种画面,有用具,也有动物——多半是鹿。自然主义色彩比较浓厚的鹿形在某种程度上似与铁器上的鹿形相似——在匈牙利,这种铁器上的鹿形属斯基泰时代。与蒙古鹿石上的鹿形最为相似的,当是鄂尔多斯青铜器上的鹿形。看来,蒙古鹿石上雕刻的鹿只是 Cervus elaphus(赤鹿)这一种,或者是它的变种大角鹿。

鹿石上的鹿形呈模拟风格化的居多数。比如伊伏尔加鹿石就是这样。伊伏尔加鹿石大而美丽,上面雕刻着 15 个鹿形。(这方鹿石现在安置在伊尔库茨克博物馆入口处[2])。鹿石上呈现实主义风格的鹿形,则数量很少,只有 4—6 个;呈模拟风格化的鹿形除极少数外,都雕刻成朝鹿石上方的太阳圆圈奔跑的样子(塔里亚特鹿石是一个例外,这方鹿石上的鹿形奔向相反的方向,即朝下方奔去[3])。可以这样推测:那种方向相反的图形是根据胡德日河畔(色楞格省)发现的一方鹿石制成的。

除了鹿形外,在极少数情况下还可见到摩弗伦羊(如在根金—布拉克鹿石上)以及鸨(如在达申奇勒附近的鹿石上)的图形。有时,在鹿石基部还可见到鸟形(如蒙古的巴彦查干鹿石和图瓦的苏什鹿石)。研究家们认为,鹿石上的鹿形是人类衣服上的附件——

---

① 阿·伊·马尔登诺夫,弗·瓦·鲍勃罗夫:《塔加尔文化艺术中宇宙鹿的形象》,载《西伯利亚的青铜器时代和铁器时代》,新西伯利亚城,1974 年,第 65—73 页。

② 阿·帕·奥克拉德尼科夫:《伊伏尔加河鹿石》,载《苏联考古学》,1954 年,第 19 辑,第 207—220 页。

③ 伊·额尔德伊,道·纳旺:《1963 年蒙匈考古队调查》[匈牙利文],载《考古学报》,布达佩斯,1965 年,第 29 期,第 82—84 页。

刺绣上去的图案、骨制或布料制成的贴花或者青铜饰牌和金饰牌等等①。我们认为，还不排除这样一种可能性，即鹿形表示文身图案。众所周知，公元前五世纪的帕兹雷克（阿尔泰）古冢中曾出土几具干尸，干尸上发现有动物图形的文身图案。死者就其时代、地域，还可能包括民族归属上来看，很可能与设置鹿石的民族相近。

鹿石还象征着部落领袖和士兵。其重要的表征手段，是鹿石上刻有腰带和武具。腰带雕刻得很简单，没有带扣，但却可以看出经过装饰的（编织在一起的）皮带。皮带上悬挂着各种各样的武器：短剑、有銎战斧、箭和箭袋。腰带的典型表征手段还有口袋。迄今为止的所有专著中，都把口袋说成是一种类似房架的建筑物。巴彦查干河谷鹿石的上方，还刻有一面圆镜。

过去有人谈到过，研究家们认为口袋和多数情况下与之同时出现的镜子这类图形，当是房屋图形。1888年随同约·雷·阿斯佩林进行过阿尔泰考察的芬兰学者兼版画家亨·乌奥里绘制下来的一幅图画，可以证明这一点。奥·阿别尔格林—基瓦洛于1931年刊布过一方鹿石图形。这方鹿石是在乌尤格河和塔日拉克河汇流处发现的。这方尖顶鹿石上除了刻有腰带外，还有一个战斧图形②。值得注意的是，该鹿石旁的另一方鹿石上刻有两只口袋和两面镜子：一面镜子刻在口袋上，另一面镜子刻在口袋下。士兵们腰带上悬挂的物品，一般都刻在腰带所在部位，不一定与腰带连在一起。不止一次出现这样的情况，即腰带上悬挂着颇具特色的双重钩状挂环（比如蒙古的新乃伊德日苏木鹿石，以及它附近的敖吉努尔鹿石）。这类挂环，还在后贝加尔地区乌兰乌德附近塔普哈尔大道旁的一座方形墓中发现过一件③。其形状类似烙印。这种烙印

---

① 纳·里·奇连诺娃：篇名同上，第32页。
② 奥·阿别尔格林—基瓦格：《阿尔泰艺术遗存》［德文］，赫尔辛基，1931年，第327页。
③ 格·彼·索斯诺夫斯基：篇名同上，第302页，图14，图形1。

也雕刻在腰带所在部位。例外情况出现在策策尔勒格发现的一方鹿石上。这方鹿石上的烙印刻在武器下方,不过这很可能意味着它是一个悬挂东西所用的钩子,而不是烙印。根金—布拉克发现的 И 号鹿石上可以清楚地看到烙印图形,这是一种悬挂东西用的带有两个分叉的钩子。(其中样式最令人感兴趣的烙印之一,是阿尔泰地区最常见的那一种——带有马头的万字(卐)图形。这种图形在较晚的匈牙利阿瓦尔晚期时代,经常可在马具饰牌中见到。)

在匈蒙考察队考察期间,除了上面描述过的图形外,在鹿石上还发现了迄今为止尚未发现的武器图形。从这个意义上来看,根金—布拉克鹿石发现物甚有意义。在远离其他鹿石(И 号鹿石)的一方鹿石的边缘部位上,刻着一柄战斧,斧背如环。其样子很像公元前六至五世纪塔加尔文化那种斧背为摩弗伦羊形战斧的精致样品①。在上述图形中,有一类短剑,它带有下端较宽的剑鞘。这类短剑十分有趣,引人注目。这种短剑图形发现于属同一组鹿石群的两块鹿石上。在这些图形上,可以清楚地看到短剑把柄上带有柄首。两块鹿石上的箭形为斯基泰式(И 号鹿石上)。其中一块半截埋在巴彦查干河不远的一条河的左岸。经我们发掘后发现,它的上面也有武器图形,这是一个圆筒状的箭袋,它不同于斯基泰时代的“戈里特”,而是晚期游牧民使用的那种类型,换言之,除了箭袋外,还有弓和箭。腰带下方可以看到有銎战斧,斧背成套环状;口袋旁边有一直柄短剑,用环状柄首挂在腰带上。

在巴彦查干河右岸的一方精致的鹿石上,刻着一个小小的烙印,其形如字母 T,一只悬挂在士兵腰带上的不太清晰的(磨掉的)短剑(装在刀鞘中)或者有銎战斧的柄部。(这里提及一句,我们在呼尼河谷鲍姆邦山脚下的一方鹿石上,还见到过一幅宽刃战斧图

①《西伯利亚史》,第 1 卷,列宁格勒,1968 年,第 183—193 页。

形。这方鹿石是我们于 1963 年扶起放正的。)战斧宛若嵌入两鹿之间，结果斧柄遮住一只鹿的躯干，只剩下鹿头和鹿角。在此还应当指出，我们调查过的所有鹿石图形都凿刻得不太清晰。

鹿石上方的点状坑一般都认为是项链。同时还有一种见解，认为圆圈图形似乎是大圆耳环图形[1]。但是，为什么要凿刻这种装饰物呢？将圆圈解释成太阳似更正确一些[2]。

下面，我们再对鹿石的出现年代作一番探讨。鹿石上的武器图形对断代问题大有帮助。维·瓦·沃尔科夫认为鄂尔浑国营农场中部发现的一方鹿石上的短剑图形[3]，与塔加尔文化后半期出现的带兽头柄首的短剑图形是一致的。谢·弗·基谢廖夫认为，鹿石的年代可定在公元前五至四世纪[4]。尼·尼·迪科夫认为，不能排除某些鹿石出现于塔加尔文化较早阶段即公元前七世纪的可能性。他的结论是以楚河大道(阿尔泰)旁竖立的一方鹿石上的短剑图形照片为证据得出的[5]。维·瓦·沃尔科夫不同意他的结论，认为鹿石的出现时间不会早于公元前五世纪[6]。他也不同意模拟风格化鹿形与现实感很强的鹿形之间有较大时间间隔的意见。

以上就是我们试图对考察结果和关于鹿石种种推测所做的总结。至于最终的结论，则只能是在对目前发现的所有鹿石经过刊布和分类之后才能得出。

---

① 纳·里·奇连诺娃：篇名同上，第 32 页。
② 维·瓦·沃尔科夫：《北部蒙古……》。
③ 维·瓦·沃尔科夫：《蒙古人民共和国青铜器时代之研究》。
④ 谢·弗·基谢廖夫：《塔加尔文化》，列宁格勒，1928 年。
⑤ 尼·尼·迪科夫：篇名同上，第 45 页。
⑥ 维·瓦·沃尔科夫：《蒙古人民共和国青铜器时代之研究》，第 65 页。

附　录

上面已经谈到,蒙古鹿石准确数目尚未统计出来。维·瓦·沃尔科夫在其 1967 年的一部著作中说,约有六十个。匈蒙学者于 1963 年和 1974 年在蒙古进行的联合考察,使已知的鹿石数大为增加①,首先是策策尔勒格省额尔德尼曼达勒和伊赫塔米尔苏木发现了鹿石。我们对其中许多鹿石进行了详细研究。下面,对这批鹿石作一简要描述。

一、呼尼河谷右岸,巴日登舒都小河汇入处,鲍姆邦山脚(高250 米)下。鹿石三面雕刻着 12 个向上奔跑的鹿形。其中一面顶端刻着一个圆形,另一面底部有一个口袋图形,第三面是一个有銎战斧图形,第四面未经加工。

二、上述地址以北,乃玛—陶勒盖匈奴古墓群 5 号墓室中,1974 年发现一块刻有太阳图形的鹿石残块。

三、呼尼河谷上述两地以北,离乃玛—陶勒盖 23 公里处,乌日特—舒都小河汇入处右岸。这里发现一方高 290 厘米的鹿石。上面刻有圆圈、项链、11 个鹿形和用网状刻纹装饰而成的腰带图形②。附近有一处带围墙的大型石冢——赫列克苏尔。

四、用鹿石改制而成的突厥石雕像。发现于 1974 年。位于德尔吉阿姆地方,呼尼河右岸。原高达 170 厘米。鹿石旁边有两块雕刻着鹿形的石片。

五、上述地址以南,大道右侧。这里有用鹿石建筑的方形墓。包括碎块在内,至少发现有 3 方鹿石。

六、策策尔勒格省会附近,距朝乌兰巴托方向发现的第一方鹿

---

① 伊·额尔德伊,道·纳旺:篇名同上。
② 同上。

石所在地 10 公里处,大道附近,塔米尔河谷。发现一方立着的鹿石,其上有 11 个向上奔跑的鹿形。鹿石顶端附近有一圆圈和一用点状坑表示的项链①。

七、巴彦查干河左岸,名叫鲍通德的河谷中,突厥首领墓东北 800 米处,中伊恩布山脚下。1974 年发现一方风化严重、尺寸很大(高 404 厘米)的鹿石。当初,该鹿石竖立在一些小型石冢中央一个不带围墙的大型石冢的旁边。鹿石顶端刻有太阳、月亮、项链图形;下面是挂有短剑的宽腰带图形和刻有镜子的口袋图形,以及箭袋、镜和战斧图形。由于鹿石重量大,四面中有两面无法进行考察。

八、根金—布拉克。这里发现一方巨型鹿石和一处墓葬综合体。1974 年进行过测量。在完全毁坏的遗存中发现了 8 方鹿石。该遗址位于塔米尔河谷,由巴彦查干河向东南方向,距塔米尔河畔较远,而距巴彦查干河左岸较近。整个综合体在规模宏大的赫列克苏尔以南。下面对这些鹿石作一简单描述。

(一)高 252 厘米。图形为:太阳、月亮、项链、两只交叉在一起的有銎战斧、口袋和短剑(已遭磨损)。

(二)高 110 厘米。图形因鹿石遭损而辨认不清。

(三)只残剩顶部。高 80 厘米。图形为:太阳、月亮、项链。

(四)损坏严重。高 185 厘米。图形中可以识别出来的有腰带和一只鹿。

(五)残块。高 71 厘米。图形损去。

(六)扁平粗糙的黄色片面。残断。高 132 厘米。一面有 3 只鹿、口袋和镜子,另一面有几只鹿。两个侧面未经修饰。

(七)保存完整的一个柱状物。高 362 厘米。上部有太阳(带

---

① 伊・额尔德伊,道・纳旺:篇名同上。该鹿石早已有学术著作谈及。

柄),下部有曲线性腰带,腰带上有短剑。

(八)一侧有太阳图形,高 390 厘米,有平整的腰带,腰带上有武器,武器已遭磨损,鹿形很难辨认;另一侧有 3 只向上奔跑的鹿;第三侧是 5 只向上奔跑的鹿。

(九)扁平粗糙的鹿石,由两块黄色石块组成。现在平放在一个小型石头围墙附近,距上一组鹿石约 60 米处。高 258 厘米。鹿石各侧有如下图形:3 只大鹿,1 只小鹿,匕首,镜子,弓,烙印,上方有日食(或日、月同在一起)的图形,4 只摩弗伦羊,还有 9 只摩弗伦羊,口袋,4 只大鹿,2 只小鹿,战斧,太阳圆圈(带柄)。

在该组鹿石西北方,发现一件用鹿石雕成的突厥男子石雕像。石雕像底部明显可见有一太阳圆圈。

九、巴彦查干河右岸,赫列克苏尔(带围墙的石冢)旁,河对岸突厥墓东南 6 公里处,发现一平整的四棱形鹿石。1974 年对其进行了测量。高 220 厘米。鹿石上共刻有 20 个鹿形,顶端有 2 个太阳圆圈图形和 1 个月亮图形。日、月下面明显可以看到项链图形。腰带以曲线装饰而成,旁边有口袋和 T 形烙印等图形。

十、策策尔勒格附近,查干达瓦山脚下,稍西一些,在果木园境内。当初这里有一鹿石,现在已运走。高 210 厘米。鹿形为向下奔跑状。腰带以一勉强可见的窄条表示。腰带上挂有刀和斧柄或短剑柄。顶端有太阳图形,太阳图形下面有一曲线。鹿石两侧也有鹿形。另有一方鹿石至今仍留在果园围墙内。该鹿石表面(平放在地上)有腰带轮廓可见。高 115 厘米。

第三篇　方形墓

　　本篇含两篇文章。头一篇文章是［苏联］维·瓦·沃尔科夫的《蒙古乌兰固木古墓群》（原文载［苏联］论文集《蒙古的考古学与民族学》［1978 年,新西伯利亚城]），后一篇文章是［蒙古］达·策温道尔吉的《蒙古昌德曼文化》（原文载［苏联］论文集《蒙古的考古学与民族学》［1978 年,新西伯利亚城]）。这两篇文章对 1972 年在蒙古乌兰固木市郊昌德曼山发现的两处"方形墓"墓葬群类型和出土器物进行了描述,并对因后一处墓葬群而得名的"昌德曼文化"进行了讨论。

　　维·瓦·沃尔科夫(1933—2000),苏联—俄罗斯考古学家,历史学博士,毕业于莫斯科国立大学历史系,先在蒙古国立大学任教,后在苏联—俄罗斯科学院考古研究所任研究员,主要著述有《北部蒙古的青铜器和早期铁器时代》(1967 年,乌兰巴托)、《蒙古的鹿石》(1981 年,乌兰巴托)。达·策温道尔吉(1949—),蒙古国考古学家,历史学博士,教授,蒙古国科学院通讯院士,毕业于莫斯科国立大学考古系,先在蒙古国科学院历史研究所任研究员,后在考古研究所任研究员,现任考古研究所所长,主要著述有《蒙古原始艺术》(1983,乌兰巴托)、《蒙古古代艺术史》(1999,乌兰巴托)。

蒙古乌兰固木古墓群

［苏联］维·瓦·沃尔科夫

　　乌兰固木市是蒙古人民共和国最西北城市——与苏联图瓦接壤的库苏古勒省的行政中心。它位于一个宽阔的盆地里,盆地里有几条小河流过并注入蒙古人民共和国最大的湖泊——库苏泊。城市西南边缘紧靠着昌德曼山。昌德曼山是一个由红色花岗岩组成的孤零零的小石丘。它的西南坡上有泉水涌出,使周围一带变成了沼泽。其他几面坡上布满砂石,坡势平缓。古墓群主要就分布在这几面坡上。南坡和东坡上的遗存数量最多。还有一些单独的古墓分布在峡谷中、坡背处,甚至山丘顶上。

　　从外观上看来,古墓各不相同。有的是带圆形或方形围墙的赫列克苏尔,有的是平缓的长方形石冢,有的是带有石桩的四边形围墙,有的是小型圆形石冢。这里还可见到石块下露出的木棺残断。木棺得以保存下来这一点说明,墓葬构筑时间不会太久远。

　　1972年,建筑工人在昌德曼山东北坡的加油塔旁开始建造一处砂石场,顺山坡掘了几条深沟。在开掘其中一条深沟时,掘土机触动了圆木构筑的一处墓室,于是人骨残骸、完整的陶罐和陶罐碎片、徽章形镜子、青铜带扣和其他器物便一起翻到地表上。这些出土物立即引起地方博物馆工作人员的注意。他们向蒙古人民共和国科学院打了报告。同年秋季,苏蒙历史文化考察队的一支小分队来到这里,对已发现的墓葬进行了详细考察①。在对地形特别是深沟壁进行仔细观察时,又发现了几处被掘土机部分或全部破坏了的墓穴。这些墓穴的分布情况大致如下:

3个或4个木椁墓顺着山坡由北而南一字排开,墓与墓之间相隔数米。木椁墓以东和以西,有一些石箱墓。目前从地表来看,所有古墓均无任何特征,甚至连陷坑也看不到。不过不排除这样一种可能性,即当初古墓上曾有过一些石头建筑。理由在于:这些古墓封土中石块很多,可以用于建筑工程。

1972年,我们发掘过两个圆木木椁墓和几个石箱墓。

1号墓(图一1)。该墓是发掘的主要对象。如上所述,该墓的北半部分在建造砂石场时已遭损坏,有一些半朽的圆木从深沟中显露出来。对深沟壁进行清理后,可以清楚地看到墓穴轮廓。墓深1.6米,东西长4.7米。墓穴底部有用经过砍削的圆木构筑成的木椁,圆木直径为18—23厘米。木椁壁由4组木排组成,木排总高度为80厘米。东、西两壁互相朝里倾靠。木椁四壁保存下来的尺寸如下:南壁2.4—2.8米,东壁3.5米,西壁1.85米。墓室底部铺有紧排在一起的直径5—8厘米的木杆。木椁上面覆有粗圆木制成的盖板。粗圆木之间的缝隙均用细木杆填补好。木椁盖板圆木东西方向排成一排,也就是说,圆木两端搭在木椁和墓穴的东、西两壁上。盖板中央显系由于覆土过重而压坏,圆木几乎触到木椁底上。而圆木两端则相反,稍稍翘起,离地表只有45—50厘米。

墓穴填塞物有砂子和碎石块,几乎没有大石块。

在对盖板进行清理的过程中,发现有一青铜刀柄放在圆木上。其余器物是在清理墓底时发现的。这里有两具完整的人骨架。一具顺木椁西壁躺着(屈肢,左侧着地,头朝北),另一具也呈同样姿

---

① 参与小分队工作的,除了本文作者外,还有蒙古考古学家道·纳旺和达·策温道尔吉。

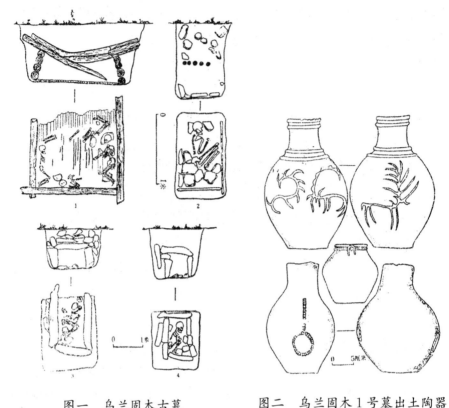

图一　乌兰固木古墓
1.1 号墓；2.3 号墓；3.4 号墓；
4.9 号墓（平面及剖面图）

图二　乌兰固木 1 号墓出土陶器

势,顺东壁躺着,身下垫着几块片石。第三具人骨架不完整,残骸（上半身）位于南壁附近,背朝上,头朝西。这具骨架旁,略靠上一点地方,发现一件人头骨。从颜色上看,这件头骨比其他骨架要浅得多,想必是晚期埋葬物。墓室北半部分,发现 4 个成人和 1 个10—12 岁儿童的几条腿骨（股骨、膝盖和零碎脚骨,后者似经解剖过）。骨架的上半部分连同木椁的北壁,都在挖掘深沟时遭到破坏。头骨和头骨旁的一些器物都是在砂石堆中发现的。只有那些留在死者腿部的器物,才保留下了原来的位置。腿骨旁有两堆箭镞,箭镞上覆盖着几块皮子——可能是箭袋残片。大部分箭镞是骨制的,横截面成菱形或三棱形。箭镞与箭杆的连接方式有的是将箭镞套在箭杆上,有的是将箭镞接在箭杆上,有的是将箭镞插在箭杆上。

青铜镞只有 2 枚。均呈三棱形,可接在箭杆上。这种连接方式可从以下发现看出:同时还出土一截箭杆,箭杆上缠着一根细皮筋。这里还发现两把刀:1 把为铁刀,平整而带有尖头三角形柄首;1 把为青铜刀,带有环状柄首(青铜刀的末端打掉刀刃,与环状物连接在一起,连接处密密麻麻地缠着细带)。

最为有趣、最有价值的出土物集中在木椁北半部分死者头部。这里出土的器物有:徽章形镜子、小型带眼锤子、青铜带扣和穿在上面的皮带、银戒指、类似纺锤的不太大的石制圆盘、没有装饰图案的器皿碎块(烧成红色的粗陶片)、带两只假耳的小陶器,以及一件罕见的出土物——腹部饰有捏制的山羊图形和鹿图形、颈部细高的陶罐(图二)。

2 号墓。发现于距 1 号墓约 30 米的一道邻近深沟内。在深70 厘米处,掘土机掘出若干木块。后来在发掘中查明,掘土机恰好掘到木椁圆木盖板处就停机工作了,因此墓葬未遭毁坏。盖板尺寸为 3.65×3.65 米,由直径 15—30 厘米的圆木组成,圆木东西方向放置,排成一排。中央部分被压坏,与墓底相触。

墓室由经过砍削的三组圆木木排组成,木排总高度为 80 厘米,与 1 号墓相同。墓室底部一半(西半部)由木杆铺成,一半由平整的片石铺成。底上散置着一些人骨和一件人头骨,只有两具人骨架保持着原来的样式——一具在墓穴中央,另一具在西北角。死者成屈肢葬,右侧着地,头朝西北。木椁南壁附近有一具大致完整的绵羊或山羊骨架。该墓的唯一出土物是一件长方形骨片,骨片上有几个小孔。给人的印象是,该墓葬遭过彻底盗掘;但是,椁盖又完整无损,而盗洞遗迹也没有发现。

3号墓(图一2)。发现于1号墓以东5—6米的深沟壁内。经过清理,可以清楚地看出墓穴轮廓和由粉红色花岗岩大片石构置成的石箱。墓穴宽(东西)2.8米,深1.4米。石箱尺寸1.25×1米,上面盖着几块大片石碎块。石箱底部铺有石头。石头上有一具成人骨架,屈肢(弯曲程度甚大),左侧着地,头朝北。头骨下有一扁平石枕。无其他发现物。

4号墓(图一3)。位于1号墓和3号墓所在深沟的边缘部位,但靠东一些,因此有一部分被掘土机毁坏。在沟壁,距地表1米深的地方,有石箱、骨头和陶罐显露出来。通过发掘查明,用当地所产的粉红色花岗岩大片石构筑而成的石箱北半部分已被毁坏。不过石箱的尺寸(在对石箱内部进行测量后)仍可确定下来:长1.6米,宽0.9米,高0.5米。石箱上方盖着几块花岗岩大石块。箱底铺有平整的片石和一些半剖圆木,但后者保存得很不好。石箱中有两具尸骨,一为成人尸骨,一为8—10岁的孩童尸骨。成人尸骨置于西壁下用石片铺成的箱底上。死者葬式如上面大部分墓中的一样,为屈肢葬,左侧着地,头朝北(头骨未保存下来)。成人骨架前面,靠近东箱壁,是孩童骨架,葬式如成年死者。几乎全部出土物都得自孩童骨架处。头骨附近有两件陶器(图三1,2):一件烧成淡红色,为陶罐;一件较小,成球形,腹部有乳头状突出物。

陶器旁有一件青铜带扣(带着一截皮带,图三7),形状与1号墓集体墓葬中的出土物相似。孩童骨架下有一粒白色玻璃串珠(图三6)和一枚贝壳。腿骨中间有一件青铜箍。成人骨架旁发现一枚空心骨头短管,一端切成倾斜状。还发现一枚骨针(图三3,5)。

5号墓,6号墓。均在开掘深沟时完全遭到破坏。只剩下了一些木头块和骨头块。这两座墓位于1号墓中央墓穴以北的地方。

7号墓。在1号墓西北20米处。该墓只保留下了南半部分,其中有石箱残存物和一具不完整的人骨架。墓穴总深度距现今地表为0.9米。石箱深度为0.5米。石箱不太大。石箱中葬有死者，屈肢，弯曲程度甚大，右侧着地，头朝北。石箱中发现一枚贝壳，一件烧成浅红色的无图案陶器的碎片。从构造和焙烧情况看，这件陶器与1号墓、4号基出土的陶器甚为相似。

8号墓。是所有被考察的古墓中最靠北的一座。只有一部分得以保存下米。墓穴底部距现今地表约1米。墓穴底部石箱的北半部分未被毁坏。

石箱中为双人葬。骨架上下相叠，在下的是一个无头大型骨架，在上的是一个较小的孩童或妇女骨架。他们的葬式完全相同，屈肢，右侧向下，头朝西北。石箱旁发现一件熏黑的陶罐碎片，其口沿略有收缩。

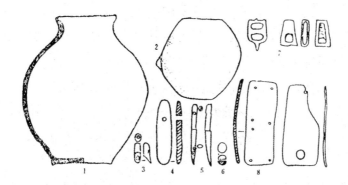

图三 乌兰固木古墓出土物

4号墓出土:1,2,陶器;3,5,骨器;6,玻璃串珠;

7,青铜扣环;9号墓出土:4,磨石;8,骨扣环。

9号墓(图一4)。位于3号墓与4号墓之间，在4号墓和5号墓以南5米处。地表上有几块勉强可见的花岗岩碎块为标志。花岗岩下面是墓穴。深60厘米处发现由5根木杆组成的木盖。墓穴总深度1.10米，长1米，宽0.70米。墓穴底部铺有片石。此外，南、东两面墓壁下有两根细圆棍,上面涂着颜料,有(此处原文不清——译者)色彩。死者亦如其他墓穴一样,成屈肢状,左侧向下,头朝北。脸前有两枚长方形带孔骨片和一块磨石(图一4)。头骨旁还有某一铁器的残断。骨片最为有趣,从形状及用途上看,大约与2号木椁墓中的骨片相仿。

由此看来,乌兰固木古墓群是由两种性质不同的墓葬综合体组成的。第一种是集体墓葬(不少于8—9人),圆木木椁墓室;第二种是单人墓葬或双人墓葬,石箱墓室。两种葬式原则上是相同的,死者成屈肢状,侧卧,头朝北或西北。随葬品也相同:青铜带扣、有孔长方形骨制片、铁器、烧成淡红色的无图案陶罐。根据所有这些情况可以得出如下结论:这两组墓属于同一种文化,想必也属于同一时期。

在蒙古,这类遗存尚属初次发现。然而与此同时,乌兰固木墓葬在相邻的图瓦却有不少相似的类型,如阿·达·格拉奇在萨格雷·别日[①]发掘的墓葬,以及谢·伊·瓦因施坦在苏特—霍尔和巴伊—泰加[②]发掘的墓葬。图瓦的这些墓葬属公元前五至三世纪。而且,墓穴结构、葬式、随葬物构成和形制都与之完全相同。这可使人得出这样的推测:斯基泰时代图瓦文化的分布南界已进入蒙古境内。

至于乌兰固木古墓群中的另外一些出土物,如徽章形的青铜镜、腰带带扣、圆环柄首刀、玻璃串珠、骨制箭镞和三棱形青铜箭镞,则不仅在图瓦发现过。这类器物还在阿尔泰、东哈萨克斯坦、米努辛斯克盆地和后贝加尔地区也发现过。也就是说,它们的分

---

① 阿·达·格拉奇:《萨格雷·别日2号古墓群与斯基泰时代图瓦考古学问题》,见《苏联考古学》,1967年,第3期,第215—227页。

② 谢·伊·瓦因施坦:《西部图瓦斯基泰时代遗存》,见《图瓦语言文学历史科学研究所学报》,克兹尔,1955年,第8辑,第78—102页;谢·伊·瓦因施坦,薇·帕·吉雅科诺娃:《发掘图瓦古冢时得到的罕见出土物》,见《图瓦语言文学历史科学研究所学报》,克兹尔,1960年,第8辑。

布地区相当广阔,而且各处都将它们的年代定在公元前五至三世纪。乌兰固木古墓群中比较特殊的出土物是那件饰有捏制山羊图形和鹿形的陶罐。就形制而言,这件陶罐当属萨彦—阿尔泰型。其特殊之处在于捏制的动物图形。这些图形十分简略,极为几何图形化。上述特点,使它们显得与公元前 1000 年其他中央亚装饰艺术遗存和"野兽纹"遗存大不相同。类似制作手法恐怕只有在岩画中才可见到。因此,乌兰固木的这件陶罐可以作为许多简略式山羊岩画和鹿形岩画断代的主要依据。后者一般都定为突厥时代。

　　这样,总的看来,乌兰固木古墓中获得的资料,对于鉴别从考古学角度很少得到研究的蒙古人民共和国西北部斯基泰文化是很有意义的。这些资料,可以比较直观和鲜明地显示出该地区文化的特点与蒙古东部和方形墓文化不同。这样,根据一系列考古指示物可以观察到,在蒙古境内,公元前 1000 年存在着的两种不同的文化区域、人类学区域,显然还有民族等区域,并且可以获得更具体而微的概念。这一事实无疑是重要的,在解决蒙古人民共和国最为重要的历史问题之一——蒙古民族的起源和形成道路问题的过程中,不能不考虑到它。

蒙古昌德曼文化

[蒙古]达·策温道尔吉

　　在 1972—1973 年期间,苏蒙历史文化考察队研究青铜器时代和铁器时代早期小分队在乌兰固木市郊外昌德曼山下考察了一处蒙古罕见的遗存——铁器时代早期古墓群。被考察的墓葬就结构来看,可分为四个类型。

一、带有锥体封土的大型石冢。属于这种类型的有第 14 号墓。封土尺寸为 10×10×1.5 米(图一 1)。封土下有两个墓葬。第一个墓葬距地表约 1 米,在封土下中央部位,为圆木木椁(尺寸为 1.4×1.9×0.8 米),由 3 个木排组成。木椁底部用平整的石块铺成,木椁上方覆盖着圆木制成的椁盖。木椁中有集体墓葬,早年为盗掘者扰乱。人骨架和动物骨骼抛得到处都是,因此死者放置方位无法确定。墓穴因盗掘严重,只剩下两件用藻煤制成的近似正方形的带扣。第二个墓葬发现于封土西角下方,为石箱葬。石箱中有一孩童骨架,成屈肢状,左侧向下,头朝西北。孩童头部附近有一黑色小型陶器,非陶轮所制。其他器物概未发现。

二、石箱葬。第 12 号墓,第 21 号墓,第 24—28 号墓(图一 2)。石箱壁片石的侧面露出地表。石箱呈正方形(第 21 号墓,第 24 号墓,第 26 号墓,第 27 号墓)或圆形(第 12 号墓,第 28 号墓),平均尺寸为 1.2×0.8×1.5 米。石箱中有单葬和集体葬。大部分墓葬古代即遭盗掘,但是根据未经扰动的某些骨架可以看出,死者或者左侧在下,或者右侧在下,屈肢状,弯曲程度甚大,头朝北或西北。石箱中发现一件青铜短剑、一些铁刀、青铜带扣、陶器等等。石箱中的出土物与圆木木椁石冢中的出土物毫无二致。

三、土穴葬。第 10 号墓,第 13 号墓。(图一 3)形状不定,带有封石。封石下,深

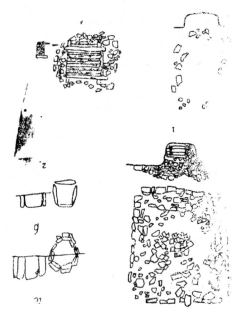

图一　乌兰固木古墓平面图

1.6—1.8 米处,发现男女合葬墓。骨架头朝北,左侧或右侧(第 10号墓)向下,或者仰卧。骨架成解剖式,头骨上均有伤痕,墓主可能因此而死。土穴墓中的出土物,与木椁墓、石箱墓的出土物相仿。

四、圆木木椁墓葬。第 11 号墓,第 15—18 号墓,第 22—23 号墓(图一 4)。墓葬地表无标志。在深 0.8—1 米处出现圆木构筑的木椁(平均尺寸 2.65×2.65×0.8 米),由 3—4 个木排组成,上面有圆木覆盖,椁盖四角与方位相合。令人感兴趣的是,第 16 号墓中的木椁东壁有一出口。该木椁中的陪葬物与上述各类墓葬相仿。各木椁墓中葬有 2—7 人或更多人。由此便产生了一个问题:这些死者是同时葬入还是葬入时间有先后? 木椁下面有木衬物(第 18号墓、第 22 号墓和第 23 号墓)或者石衬物(第 16 号墓、第 17 号墓);有的椁衬占满整个墓底(第 11 号墓,第 15 号墓),有的只占了一部分。第 2 号墓木椁椁衬有一部分是木头制成的,木头两端延伸至椁壁下面,其余部分由扁石充当,扁石没有衬进椁壁下面。这种椁底结构说明,木头椁底是先于木椁放入的,而石头椁底则是在放入木椁后砌入的。死者葬在椁底上(第 11 号墓,第 14—18 号墓,第 23 号墓),左侧或右侧向下,成屈肢状。死者大都头朝西北或朝西。从随葬品可以得知,在同一个木椁中埋葬的是一些贫富程度大体相似的普通平民。由此可以得出这样的结论:死者不是用暴力杀死而后为主人殉葬的奴隶。木椁的结构(椁底制作材料不同——有的用木头,有的用石块制成,而且制作时间不同),死者置于椁底的葬式,在同一木椁中死者的不同姿势,没有贫富区别——所有这些都使人想到,死者不是同时葬入,而是中间有一段间隔时间的。

发掘昌德曼古墓群,获得材料极为丰富。根据这些材料,可以断定昌德曼人生产力发展的水平和他们生产活动的性质,还可以断定他们与远近部落的交往关系。在对该墓群随葬物进行类型学分析的基础上,我们将全部材料分作如下几大类:武器、工具、带扣、镜子、装饰品和陶器。

武 器

短剑。(一)青铜短剑,柄首扁平,柄上带孔,格手成蝴蝶状(图二1)。(二)青铜短剑,柄首为双怪首头,刀柄有槽,格手成蝴蝶状(图二2)。(三)铁制短剑,柄首成环状,刀柄平滑,格手为翼状(图二3)。(四)铁制短剑,柄首扁平而带沿,刀柄有孔,格手不明显(图二4)。

戈。(一)青铜戈,带有不太突出的环状銎,援的切面成圆形,两端甚尖(图二5)。(二)有孔铁戈,援扁平(图二6—7)。

镞。(一)青铜三翼形有筒镞(图二11)。(二)青铜三翼形叶柄镞(图二12)。(三)骨制三棱形有筒镞(图二13)。(四)骨制三棱形有筒镞(图二14)。(五)骨制三棱形带分叉铤镞(图二15)。(六)骨制三棱形叶柄镞(图二16—17)。(七)木制圆形镞(图二18)。

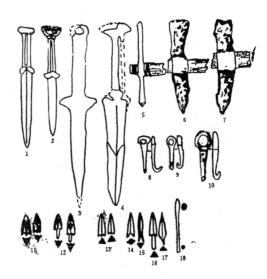

图二　武器和带钩

带钩。(一)带环青铜钩(图二8—9)。(二)带环铁钩(图二10)。

工　具

刀。(一)环状柄首青铜刀,刀柄不明显(图三 1—3)。(二)小型青铜刀,刀柄明显(图三 4)。(三)单眼青铜刀(图三 5)。(四)铁刀,刀柄扁平(图三 6)。古墓中出土铁刀甚多,但因保存不好,形制无法确定。

锥子和磨石。(一)四棱形青铜锥,顶端成蘑菇状(图三 8—9)。(二)四棱形青铜锥,顶端呈鸟头形(图三 7)。(三)骨锥(图三 10)。(四)磨石(图三 11)。

带扣、纽扣和其他出土物

(一)骨制腰带带扣,带有鹿形(图四 1)。(二)方形青铜带扣,钩舌固定不动(图三 15)。(三)青铜带扣,直钩舌固定不动(图三 13—15)。(四)青铜带扣,卷钩舌固定不动(图三 17)。(五)梯形扁平带扣,夹紧式(图三 18)。(六)带圆环的青铜带扣(图三 19)。(七)青铜箍(图三 20)。(八)铁箍。(九)骨制纽扣(图三 21—22)。(十)铁制纽扣(图三 23)。(十一)带近似方形孔的骨片(图三 24—26)。(十二)带近似方形孔的藻煤片(图三 27)。

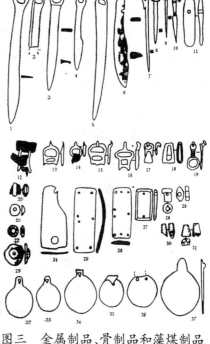

图三　金属制品、骨制品和藻煤制品

(十三)骨制穿孔器(图三28—31)。

镜

(一)徽章形镜(图三32—36)。(二)徽章形镜,带双鸟头形钮(图四2)。(三)徽章形镜,把手背面带钮(图三37)。

装 饰 品

(一)白膏泥串珠(图四13)。(二)西伯利亚鹿牙制成的坠饰(图四5)。(三)土拨鼠牙制成的坠饰(图四4)。(四)带圆斑的串珠(图四12)。(五)玻璃串珠(图四14)。(六)青铜坠饰(图四3)。(七)贝壳(图四6)。(八)青铜仿贝壳制品(图四7)。(九)马蹬形铅耳环(图四11)。(十)末端以螺线结尾的金耳环(图四10)。(十一)木梳(图四8)。(十二)浮雕鸮首青铜饰牌(图四9)。

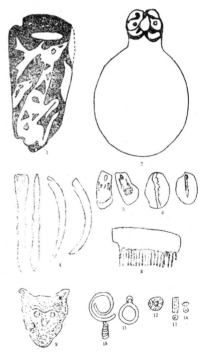

图四　金属制品、木制品、骨制品和玻璃制品

陶 器

考查昌德曼古墓群的两年之中,发现了大量的陶器。这些陶器均为手工制品,厚底。颜色大多为亮红色、灰色,经过细致擦磨。按形状可分为以下几类:

（一）细长颈球体腹罐状陶器（图五 1—11）。这类陶器常常在口沿、肩部，有时在腹部有黏烧上去的条状物。其中一件，在腹部有三组条状物。每一组又由三条条状物组成。第一组条状物在口沿部位，第二组斜黏在肩部，第三组黏在底部（图五 6）。另一件，在腹部和底部有黑颜料画成的符号（图五 11）。还有一件，在腹部用黏烧上去的条状物组成一只静立的山羊图形

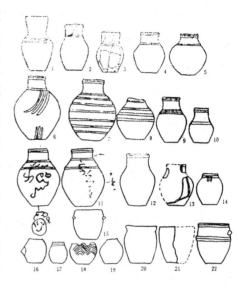

图五 陶器

和一只模拟风格化强烈的鹿形。（二）桶状陶器（图五 14，17）。（三）广口罐状陶器（图五 20）。（四）圆锥状陶器，有的带有黏烧上去的两耳（图五 15，22）。（五）圆球状陶器（图五 19）。（六）平底锅状陶器。（七）皮囊状陶器。这类陶器不像其他陶器那样呈圆形，而是像皮囊那样呈扁平状。更引人注目的是，双肩都黏烧着类似缝制皮囊留有的针脚式样。

各种陶器均有不同的经济用途。就形状而言，昌德曼古墓群中出土的七类陶器，大约有两类（陶器和皮囊状陶器）用来盛液体；其他五类用来烧饭，这一点可从因长期使用而积留下来的厚厚的炭渣看出。陶器中常常留有肉食残剩物——埋葬死者时放入的动物骨骼。

带有锥体封土的大型石冢木椁石箱葬，在相邻地区尚未发现完全相似的情况。类型上相近的石箱木椁葬在乌尤克时代——公

元前七至六世纪的图瓦境内,曾广泛流传①,也为阿尔泰②、哈萨克斯坦、吉尔吉斯和帕米尔③铁器时代早期文化所特有,不过那里的封土为圆形。

与昌德曼古墓群相似的墓葬在图瓦曾发现过。那里有断代为公元前四至三世纪的石箱墓④,断代为公元前七至六世纪的石冢土穴墓⑤(在公元前五至四世纪的阿尔泰遗存中也发现过⑥),断代为公元前七至三世纪的木椁土冢墓⑦(在额尔齐斯河谷中也有发现⑧)。从对昌德曼古墓群出土物进行比较分类分析所得的结果来看,大体上可将其年代定在铁器时代早期,亦即公元前七至三世纪⑨。要想使断代更为具体,并从遗存中划分出各个年代阶段,尚需要更多的材料。

由于对遗存研究得不够,我们有关昌德曼人的经济活动和物质文化的材料掌握得还不多。看来,昌德曼人的经济当与相邻的方形墓部落及乌尤克、帕兹雷克、塔加尔文化诸部的经济相似。这种经

---

① 蒙·胡·曼乃—乌拉:《斯基泰时代的图瓦》,莫斯科,1970 年,第 80—81 页;谢·伊·瓦因施坦:《帕兹雷克文化遗存》,见《吉尔吉斯考古学—民族学考察团著作集》,莫斯科—列宁格勒,1966 年,第 2 卷,第 173 页。

② 阿·瓦·安德里阿诺夫:《论西部阿尔泰考古》,见《帝国科学院通报》,1916 年,第 62 辑,第 9—25 页。

③ 阿·纳·柏恩施坦:《中央天山和帕米尔—阿尔泰历史考古概要》,见《苏联考古学资料与研究》,1952 年,第 26 期,第 35—40 页,第 186—294 页。

④ 蒙·胡·曼乃—乌拉:篇名同上,第 20 页。

⑤ 同上,第 15 页。

⑥ 玛·帕·扎维图欣娜:《贝斯特良斯科耶村附近的古冢》,见《国立爱尔米塔日博物馆考古文集》,列宁格勒,1966 年,第 8 辑,第 73—75 页。

⑦ 列·罗·基兹拉索夫:《图瓦古代史各阶段》,见《莫斯科大学学报历史语文丛刊》,1958 年,第 4 期,附图 2;薇·尼·波尔托拉茨卡娅:《图瓦早期游牧民阶段的遗存》,见《国立爱尔米塔日博物馆考古文集》,列宁格勒,1966 年,第 8 辑,图 1,第 97 页;蒙·胡·曼乃—乌拉:篇名同上,第 79 页,第 83 页;阿·达·格拉奇:《萨格雷·别日 2 号古墓群与斯基泰时代图瓦考古学问题》,见《苏联考古学》,1967 年,第 8 期,第 225—233 期。

⑧ 谢·谢·切尔尼科夫:《东哈萨克斯坦考古调查》,见《物质文化史研究所简报》,1951 年,第 37 辑。

⑨ 道·策温道尔吉:《公元前七至三世纪的古冢》[蒙古文],见《科学院通报》;同一作者:《昌德曼石冢》[蒙古文],见《科学院通报》,1974 年,第 5 期,第 20—30 页。

济大体以畜牧业、农耕业和狩猎业为基础。据墓葬中出土的动物骨骼判断,昌德曼人养殖过所有的主要家畜种类——绵羊、山羊、牛、马。但由于对骨骼学材料研究得不够,我们目前尚无可能对家畜品种做出断定。在昌德曼古墓群中还可见到狗骨。发掘过程中出土禾本科作物种籽,这完全能说明昌德曼人经营农耕业。狩猎业在昌德曼人的经济生活中起有重要作用,这一点可从许多用西伯利亚鹿牙和土拨鼠牙制成的坠饰、鹿角制成的带扣和箭镞以及稀有动物骨骼看出。骨制箭镞多半不用于战斗,而用于狩猎。在随葬物中的艺术品中,常常可以看到至今仍受人喜欢的狩猎对象,如鹿、山羊这类动物的图形。金属加工在昌德曼人的生活中具有重要意义。铁虽已在昌德曼人的生产过程中广为采用,但尚未完全取代青铜的位置。他们不但用铁制造武器和劳动工具,而且还制造各种各样的装饰品。青铜短剑柄首和青铜镜纽呈双鸟首对视式。青铜锥顶端也呈鸟首状。两件青铜饰牌铸造成鹗首形。有一件骨制带扣上(第 11号墓)雕刻着与蒙古鹿石上的鹿形画面相似的鹿形。在一件陶器上黏烧着一只山羊和两只鹿的轮廓。发掘昌德曼墓群时出土的许多器物,都具有当地制品的特点,还有若干制品则显然通过某种途径来自遥远的地方。比如,我们知道,贝壳只有在太平洋和印度洋沿岸才有。它们显然是稀有的外来品,这一点可由贝壳有青铜仿制品来说明。昌德曼墓中出土带圆斑的串珠。这类物品在古埃及遗存中有,在高加索也偶有发现,但在东哈萨克斯坦,作者尚未发现。因此便产生了一个问题:这些串珠是如何来到昌德曼墓中的? 是本地产的,还是外来的? 对于这个问题,目前尚难做出回答,因为材料不足。昌德曼墓出土物的某些成分在蒙古[①]和后贝加尔地区[②]方形

---

① 维·瓦·沃尔科夫:《北部蒙古的青铜器时代和铁器时代早期》,乌兰巴托,1967 年。
② 尼·尼·迪科夫:《后贝加尔地区的青铜器时代》,乌兰乌德,1958 年。

墓、米努辛斯克盆地①塔加尔文化、阿尔泰②以及哈萨克斯坦③的帕兹雷克文化中可以找到类似物。

昌德曼山墓葬结构和墓葬出土物——武器、劳动工具、镜、装饰品和陶器,都可在图瓦乌尤克文化遗存中找到直接相同的物品。

圆木木椁石冢葬、圆木木椁土冢葬、石箱葬、石箱石冢葬——所有这些墓葬对于西部蒙古来说全是新型墓葬,而对于中部蒙古和东部蒙古来说则又不典型。我们将这种西部蒙古铁器时代早期新的考古文化命名为"昌德曼文化"。蒙古昌德曼文化与图瓦乌尤克文化乃是同一个地域的两种同源考古文化,于公元前七至三世纪存在于中央亚的西北部,与蒙古的方形墓文化、米努辛斯克盆地的塔加尔文化和阿尔泰的帕兹雷克文化是近邻。

西部蒙古铁器时代早期的昌德曼文化,以前从未发现过。这一遗存的发现,为专门研究蒙古古代诸部史以及一般地研究中央亚古代诸部落,提供了珍贵资料。

---

① 谢·弗·基谢廖夫:《南西伯利亚古代史》,见《苏联考古学资料与研究》,莫斯科—列宁格勒,1949年,第9期,第108—166页;纳·里·奇连诺娃:《塔加尔文化诸部的起源与早期史》,莫斯科,1967年。

② 谢·伊·鲁坚科:《斯基泰时代戈尔诺阿尔泰居民的文化》,莫斯科—列宁格勒,1953年。

③ 谢·谢·切尔尼科夫:篇名同上。

第四篇　匈奴墓和腰饰牌

　　本篇含八篇文章。前五篇文章,即［蒙古］朝・道尔吉苏荣的
《蒙古呼尼河畔诺音乌拉山匈奴墓发掘记》(原文载［苏联］论文集
《蒙古考古论文集》［1962 年,新西伯利亚城］),［苏联］尤・谢・格
里申的《蒙古达尔罕山匈奴墓发掘记》(原文载［苏联］论文集《蒙
古考古论文集》［1962 年,新西伯利亚城］),［苏联］尤・谢・格里
申的《蒙古匈奴墓中发现的彩绘陶器》(原文载［苏联］杂志《苏联
考古学》［1982 年,第 3 期,莫斯科］),［苏联］弗・阿・加里亚伊诺
夫的《苏联南乌拉尔山洞中的匈奴墓葬》(原文载［苏联］杂志《苏
联考古学》［1980 年,第 4 期,莫斯科］),［苏联］普・巴・科诺瓦
洛夫的《苏联和蒙古的匈奴墓葬结构》(原文载［苏联］论文集《中
世纪的西伯利亚、中央亚和东亚》［1975 年,新西伯利亚城］),分别
介绍了二十世纪八十年代之前在蒙古和苏联南西伯利亚发现的
匈奴墓葬以及出土器物。第六篇文章［苏联］马・阿・戴甫列特
的《苏联西伯利亚匈奴腰饰牌》(原文载［苏联］马・阿・戴甫列特
专著《西伯利亚匈奴腰饰牌》［1979 年,莫斯科］),专门介绍了苏联
西伯利亚发现的匈奴腰饰牌的分类、用途和起源等问题。第七篇
文章［苏联］普・巴・科诺瓦洛夫的《苏联南西伯利亚匈奴青铜器
收集品》(原文载［苏联］杂志《苏联考古学》［1980 年,第 4 期,莫
斯科］),对在苏联布里亚特自治共和国恰克图市附近匈奴残墓中
收集到的青铜器制品作了通报。第八篇文章［苏联］安・弗・达
维多娃的《苏联匈奴文化研究的基本问题》(原文载［苏联］论文集
《考古学与民族学问题》［1976 年,列宁格勒］),对二十世纪八十年
代苏联匈奴考古和匈奴文化研究取得的成绩和面临的问题作了
梳理。

朝·道尔吉苏荣(1923—1994),蒙古国历史学家,考古学家,毕业于莫斯科国立大学考古系,蒙古科学院历史研究所研究员,主要著述有《北匈奴》(1961年,乌兰巴托)。尤·谢·格里申(1925—2015),苏联—俄罗斯考古学家,历史学博士,毕业于莫斯科国立大学历史系,苏联—俄罗斯科学院考古研究所研究员,主要著述有《东部后贝加尔地区的青铜器时代和铁器时代早期》(1975年,莫斯科)。弗·阿·加里亚伊诺夫(1928—1987),苏联古生物学家,萨拉托夫国立大学历史生物教研室研究员,教授,著述多涉及古生物学研究。普·巴·科诺瓦洛夫(1937—),苏联—俄罗斯考古学家,历史学博士,匈奴考古专家,毕业于伊尔库茨克国立大学历史系,苏联—俄罗斯科学院西伯利亚分院蒙古学佛学藏学研究所研究员,主要著述有《后贝加尔地区的匈奴人》(1976年,乌兰乌德)、《布里亚特和蒙古的中世纪考古遗存》(1992年,莫斯科)。马·阿·戴甫列特(1933—),女,苏联—俄罗斯考古学家,历史学博士,毕业于莫斯科国立大学历史系考古专业,苏联—俄罗斯科学院考古研究所研究员,主要著述有《叶尼塞河岩画》(1996年,莫斯科)、《俄罗斯岩画艺术世界》(2005年,莫斯科)。安·弗·达维多娃(1920—2000),女,苏联—俄罗斯考古学家,历史学副博士,匈奴考古专家,毕业于列宁格勒国立大学,圣彼得堡物质文化研究所研究员,主要著述有《伊沃尔加城址墓葬综合体:后贝加尔地区匈奴遗存》(1985年,列宁格勒)。

蒙古呼尼河畔诺音乌拉山匈奴墓发掘记
（1954—1957 年）

[蒙古]朝·道尔吉苏荣

彼·库·科兹洛夫蒙藏考察队对诺音乌拉山匈奴古冢的发掘（1924—1926 年），奠定了研究蒙古北部匈奴遗存的基础。

在中断了 30 年后，蒙古人民共和国科学与高教委员会又恢复了这方面的工作。1952 年和 1959 年，科学委员会研究员呼·佩尔列在克鲁伦河流域发现并考察了 4 座匈奴古城遗址：特尔勒德金柴登、包尔肯柴登、高瓦道布和西赫雷姆（巴尔斯浩特 I）①。

1954—1957 年，本文作者在中央省和后杭爱省考察和发掘了匈奴古冢。

1954—1955 年，在诺音乌拉山苏楚克图河上游，邻近彼·库·科兹洛夫考察团发掘过的"上游"（第 6 号）和"潮湿"（第 1 号）两座古冢的地方，还考察过 4 座普通墓，1 座带有墓道的中型墓和 8 个祭祀地。

普 通 墓

1 号墓。位于苏楚克图墓群中部墓群的西南部位（按彼·库·科兹洛夫考察队的编号，当为第 14 号墓）。这是一座直径为 15 米

---

① 呼·佩尔列：《三座匈奴古城遗址》[蒙古文]，见《科学》杂志，1957 年；同一作者：《克鲁伦河巴尔斯浩特遗址发掘记》[蒙古文]，见《科学委员会著作集》，1957 年，第 2 集，第 119—165 页；同一作者：《古代中世纪的蒙古古城》[蒙古文]。

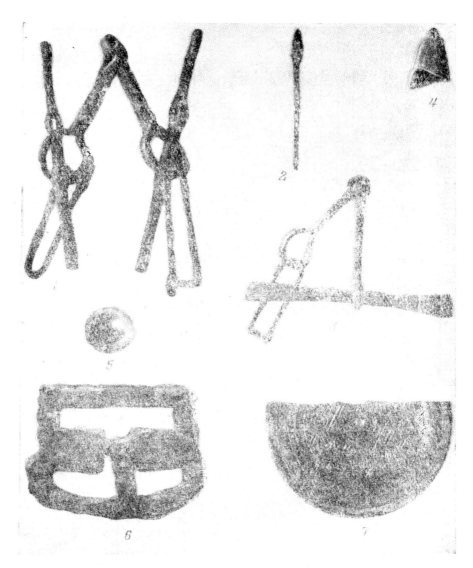

图一 呼尼河畔诺音乌拉山匈奴墓葬出土物(一)

1,2.马衔和马镳,箭镞(2号墓);3,4.铜铃、马衔和马镳(3号墓);5,6.青铜小
饰牌、铁扣环(4号墓);7.白铜镜(20号墓)。

图二　呼尼河畔诺音乌拉山匈奴墓葬出土物（二）

1—3.陶壶、铁油灯和烧饭锅（4 号墓）；4.一组陶器。

的大型古冢。封土中央有一凹地,凹地底部长有一株白桦。封土的南半部较高陡(达0.5米),北半部平缓。揭去草土层后,发现有石层和杂有炭块、灰烬的黏土层。在2.5米深处,发现一块深灰色划纹陶器残片。这是该墓中的唯一发现物。再往下4米深处,已出现生土。

2号墓。位于1号墓以西30米处。这是一处直径为21米的不很高的圆形封丘。南侧高0.5米,北侧高0.15米。封丘中央有一土坑(直径5米,深度0.5米)。在发掘封丘时,发现许多大石头、炭块,偶有松果可见。在1.3米深处,发现一件用淘澄粗劣的黏土制成并杂有大量沙质的陶器残片。再往下至2.5米处,又发现一块同样的陶器残片,但绘有旋涡纹饰和凹雕竖带状图案。

在同一深度,还发现一块长约1米的厚木板;木板稍下处有一层用木板铺成的地面,地面上置有若干件随葬品。

(一)一批黑陶残片。其中有一件侈唇陶罐的上部。沿陶罐肩部有一条不太深的横刻纹,由横刻纹到底部刻有一排凹纹,即凹槽。

(二)一批铁器。大小不同的挽具圆环,椭圆形笼头扣环,三瓣形或心形的带环眼的牌饰,带柄的三棱形箭镞(长13厘米),马衔,以及两头细中间稍粗的马镳——这些马镳中央均有两个椭圆孔,孔里留有皮带的残断部分。在插着马镳的马衔大环中,还穿有一枚四棱形把手。

3号墓。位于苏楚克图古墓群东部墓群的东南部位。圆冢直径13米,南侧高0.3米,封丘中央有一不太深的凹地。

在0.7米深的地方,发现有一边缘带孔的铁片,这当是匈奴人盔甲上的铁片,因为在其背面还可看出它与衣料连接的痕迹。再往下至1.7米深处,发现一枚小铜铃,其截面为菱形,顶端有一竖环孔。铜铃舌系用天然有孔的白石块做成。与铜铃同时出土的,还有一撮剪得整整齐齐的白马鬃。这里还发现一件插着两根螺旋状马镳的马衔，其状与 2 号墓中的出土物相似。此外，在发掘这座古冢的过程中，还发现一批漆器碎片和丝织品残片。

4 号墓。位于 3 号墓旁 20 米处（当为彼·库·科兹洛夫考察队编号的 9 号墓）。封丘北侧高 0.3 米，南侧高 0.3 米，直径 17 米。墓中央有直径为 5 米、深度为 0.5 米的凹坑。墓丘系用中型石块拌着黏土筑成。封土下面为石层，石层中可以清楚地看到有稀泥结成的灰斑，石层下面 2.3 米深处是一层薄薄的灰色黏土，杂有炭粒和灰烬。墓穴即由此开始（其长度为 2.7 米，宽为 1.6 米，深为 1.2 米）。墓壁专用黏土涂成，并稍稍经火烤过。黏土壁厚度不尽相等，其平均数为 0.2 米。墓穴西北角放着一件用杂有大量砂质的红黏土制成的大陶壶。陶壶表面平滑，稍具光泽。陶壶已被覆土压碎，准确地判定它的大小甚为困难。但是根据一部分最大的碎片来估计，这是一只容量颇大、唇部外侈的高颈壶。这件陶壶当为中国工匠所造，或者是一件很好的中国器皿复制品。陶壶前放一件由四根宽竹棍十字交叉而成的四角支架。支架上放一只椭圆形无把无彩绘红漆小茶碗，并排还放一只三足（足为镀金小半球形）黑漆盘。北墙（靠中间部位）放一件高支架浅盏铁油灯。

在墓穴东北角放一件高高的白铜制成的壶，其表面上涂有一层厚厚的稀有金属薄膜，铜壶两侧装有两片带怪兽嘴脸的薄片，怪兽鼻孔中似曾装有提环。同一地方还发现另一件青铜器皿，广口，口呈郁金香状，花冠部有两只提耳。底部甚小，几呈正方形。底部稍上方一侧有几个小环孔，环孔中穿有皮带，可以绑在马鞍上。器皿四壁可以看到匈奴人饭锅上特有的那种凸旋纹。看来，这一器皿正是一只烧饭锅。上述两件器皿旁还发现有几件马衔，形状与 2 号墓马衔相同。墓穴中央还发现有一块凸形青铜小牌饰，上面有两个凸起的环眼。此外，还发现了一枚马肚带的铁扣环。

带墓道的墓

该墓位于苏楚克图古墓群中央墓群的东南边缘(当为彼·库·科兹洛夫考察队编号的 46 号墓)。封土成复斗形,系用石块砌成,上面盖有覆土。墓道在南侧。复斗形封土底部的长宽各为 16×16 米,顶部的长宽各为 14×14 米,北侧高 0.7 米,南侧高 1.1 米。墓道封土长 10 米;墓道与墓穴连接部分的宽度为 8 米,另一端的宽度为 3 米;前者的高度为 1 米,后者的高度为 0.2 米。墓中央有一直径为 9.1 米、深度为 1.8 米的凹坑。封土南侧,即墓道前端的草土层下面,出土一件套在车轴末端的铁辋和几块画有菱形连续形图案的陶器碎片。

揭去封土,发现墓穴底部边缘的土中竖着几块大石头。墓穴四壁稍呈倾斜状,面积上阔下窄。墓壁似用泥涂过,呈微红色。墓穴 3.5 米深处发现:一批漆器残片,有红色的,黑色的,褐色的,以及红底黑波纹的;若干锈蚀变脆的铁底座(其中有的覆有金箔)和 3 张带鱼鳞状图的用作复面的金箔;若干带耳陶器碎片;若干马牙和马胛骨。墓穴 5.1 米深处发现一块马下颌骨,若干铁器和陶器残片。墓穴 7 米深处发现潮湿灰色土,其中杂有腐烂木头。这里还乱堆着一些腐烂的圆木,当是墓室遗物。经过清理,现出铺在墓穴底部的圆木地板。圆木地板上有:一只涂有黑漆的车轮,若干个车轴盖和车辕盖,若干陶器碎片,若干锈铁块,一枚三叶形铁箭镞,若干用以包在某些铁器(如三瓣形铁牌饰)上的小块金箔,若干用途不名的小型金柱和用在某些金镶嵌物上的碧绿小石子。

祭 祀 地

在发掘苏楚克图河上游过程中,我们注意到了几处凹地。这些凹地四周环有不高的土埂,对称地排列在几座大型古冢的左右两侧。譬如彼·库·科兹洛夫考察队发掘过的 1 号墓(潮湿)西南一侧,就有这样的凹地,其直径为 2.5 米,彼此间距离为 3 米,环形土埂高度不到 0.2—0.3 米;凹坑直径 1.3 米,深 0.2—0.4 米。在发掘过程中,发现灰烬、炭块、烧焦的木段和骨头。至 1.65—2.8 米深处,出现生土。这座古冢的东南面,还有两处凹地,彼此之间相距 3 米,被雨水严重浸坏。发掘过程中,只发现有炭块和灰烬。在 6 号墓相对的两侧也有 5 处这样的凹地,其中 3 处(第 5、6、7 号)在东侧,2 处(第 8、9 号)在西侧。每处凹地到古冢的距离为 24 米;凹地彼此间的距离为 3 米。这些凹地为圆形,直径为 2.5—4 米;圆形凹地的中央有一直径为 2—3 米的浅坑,坑深 0.2—0.5 米。

揭去表层土,每个凹地中均发现有石头铺成的平台。平台中心可以清楚地看到一个黑斑,黑斑周围砌有一个石块组成的菱形框。在清理这些四边形(2×1 米)平台时,发现各种出土物。

5 号凹地。在 0.8 米深处发现若干马腿骨,一块磨石;在 2.25 米深处发现一件末端有孔的铁皮。

6 号凹地。在其南边部位发现若干粗黑土制的陶器,若干铁器和漆器残片,若干羊腿骨。

7 号凹地。在 1.5 米深处发现若干插入马镳的马衔;在更深处(1.7 米)发现一枚以燧石为铃舌的生铁铃铛。

8 号凹地。发现若干粗黑色陶器碎片和铁器残片。

9 号凹地。在其西南角有一件黑色的大型陶器。

在发掘以上凹地的过程中,经常发现炭块、灰烬、烧焦的木头,但是从未发现过人骨。由这些情况可以推断出,上述凹地不是墓葬,而是位于墓地附近且与墓地连在一起的祭祀地。

除上述工作外,在诺音乌拉山还进行过考古调查。结果,在乌兰陶勒盖山附近苏楚克图山谷的河口处又新发现了一个墓群(有 4 座墓),在苏楚克图中部的阿茨地方新发现了一个墓群(有 11 座墓),在比阿茨地势更高的地方还发现过去从未知晓的 2 座墓。所有这些墓,都位于陡峭山坡的森林边缘,成凹地状,凹地南沿各有石块砌成的月牙形堤坝。

在 1955 年发现的这 17 座墓中,有 4 座(阿茨墓群)进行过发掘。这些墓呈圆形,用石块砌成,直径为 2.5—10 米。这些墓全遭到盗掘。当初封丘为圆形,用石块砌成。然而在盗掘过程中,石块被抛到一边,结果封丘由此而变成月牙形。

月牙形封丘下面出现一片栗灰色斑,说明以下是墓穴。在深 1.12—2 米处,发现若干家畜骨骼,若干粗黑陶器碎片,一件纺锤,若干铁器和漆器残片,还发现了一件用鹿角粗制成的用具。在一座墓(第 3 号)中发现一具人骨架,人骨架上面有 16 块绵羊和山羊颅骨,及一架完整的绵羊骨架。根据人骨架姿势判断,死者为仰卧葬,头朝北,手脚舒展。死者左臂附近发现一件骨制纺锤。墓中出土的器物及死者埋葬形式,都是匈奴人典型的普通墓葬形式。①

此外,通过近年来的调查,在如下一些地方又发现了几批匈奴墓:乌兰巴托市北面 10 公里的舍力布疗养院附近,森林覆盖的马鞍形山凹处,有一个匈奴古墓群,共有 11 座墓,其中有 4 座为带墓道的大型坟墓;后杭爱省汗诺颜图苏木和海颜勒很苏木境内,呼尼

---

① 有关诺音乌拉山的考古工作成果,作者发表在两篇论文中:朝·道尔吉苏荣:《1954 年诺音乌拉山考古发掘记》[蒙古文],见《科学》杂志,1954 年,第 4 期,第 33—43 页;同一作者:《1955 年在中央省份及西部省份进行考古发掘和考察的总结》[蒙古文],见《科学委员会著作集》,1957 年,第 2 集,第 99—119 页。

河流域的乌尔图·希伯尔太、穆哈尔·希伯尔太、德额德·希伯尔太、伊赫—哈拉沁、巴哈—哈拉沁和高勒毛都等地长满森林的山谷中,也发现了一批匈奴墓,共 300 余座。从外形看,它们可分为两组:一组是带墓道的平面图为方形的墓,一种是普通的圆形墓。带墓道的墓就其大小和结构来看,与普通墓迥然不同。其中的小型墓宽为 14 米,长为 16 米,高为 1.2 米。墓道长为 14 米,靠封丘的一端宽为 3 米,另一端宽为 1.5 米。大型墓的平均宽约为 24 米,长约 32 米,高约 4 米。墓道长为 32 米,宽分别为 6 米和 2.5 米。还有一些规模更大的墓(40×46 米),其墓道长为 38 米。封土顶上可以清楚地看到用石块砌成的隔墙。通常有一道隔墙为纵向的,由北墙顺着墓顶直到墓道末端。其余的隔墙均为横向的,其数量多寡取决于墓的大小,或两道或三道。在发掘过程中发现,这些隔墙是由墓底砌起的,结果就把墓穴隔成 6—8 个小间。所有的大墓都有凹陷——这是盗掘的痕迹。

普通墓呈环状,系石块砌成,直径 2—6 米。其封丘原来当是十分严密而平整的,但经盗掘,只留下边缘部分,故形成一种环状。在其封土下,一般均可看到盗掘者所做的通道痕迹。清理通道填土时,发现有炭块、灰烬、烧焦的木头。至 1.5—2.5 米深处时可以看到,墓壁下半部由天然方块石镶面。墓穴长 1.8—2.2 米,宽 1—1.5 米。在一些墓穴中发现有腐烂的木椁残断(有的是一排圆木,有的是两排圆木)。

1956—1957 年,我们在呼尼河流域高勒毛都地方调查过 26 座匈奴墓。[①]

第 1、2、3、4 号墓。墓壁下半部系用天然方块石镶面。墓穴中乱放着一些人骨,未发现其他物品。

---

① 朝·道尔吉苏荣:《1956—1957 年后杭爱省考古发掘记》[蒙古文],乌兰巴托,1958 年。

第 5 号墓。墓壁下半部也用未经加工过的石头镶面。墓底发现一些人骨：一块颅骨片断，若干盆骨、胫骨和指骨。

第 6、7 号墓。在用天然方块石铺成的墓底上，乱放着一些零星人骨，伴有炭块，灰烬、烧焦的木头和严重锈蚀的铁块。

第 8 号墓。有一具人骨，呈仰卧状，头朝北，手脚舒展。左手骨旁发现 1 只木柄铁匕首，右边有 1 块马胛骨。颈椎骨旁发现 2 块某种镶嵌装饰物上的小孔雀石，1 小块金箔和 2 枚淡黄色的串珠。

第 9 号墓。与上述各墓一样，该墓壁下半部系用未经加工过的石块镶面。墓穴中也乱放着一些零星的人骨。与人骨一起，还发现 1 块锈铁残片和几件用途不明的小铁圈。

第 10 号墓。同其他普通墓相比，规模略大一些。其直径为 6 米。清理封土时，发现 1 只中国汉代祭祀用的玻璃圆盘的一部分，2 枚生铁制的车轴盖。该墓曾遭盗掘者的严重破坏。

第 11 号墓。该墓也曾遭盗掘者的毁坏。墓底发现若干锈铁残断，一段木头，一些炭块；石块间有一些零散的人骨。

第 12 号墓。墓穴中有一用四根木头搭成的木椁，成"敖包"状。墓壁低矮，成南北走向。北面墓壁内侧，用梭形细钉钉着两件平滑金箔制成的物件，一为圆形，一为月牙形。就在这面北壁下，有一块保存完好的四十来岁的妇人颅骨（带有前面的两根颈椎骨）。颅骨旁发现 15 枚淡黄色软石制成的串珠，4 枚透明红宝石制成的串珠，2 枚黄红色宝石制成的椭圆形扁平串珠，1 枚黄绿玉石制成的模拟风格化蹲踞式野兽雕刻物。左盆骨旁发现若干漆器残片、碎青铜块、碎铁块、碎木块和炭块。在未受盗扰的腿骨旁发现一件破陶器。

第 13 号墓。亦为遭到严重盗毁的墓之一。唯一发现物是一些黑陶片。

第 14 号墓。封土以下现出深褐色圆斑痕。在 2 米深处发现一具四根圆木搭成的木椁，成"敖包"状。如 12 号墓一样，墓壁低矮，成南北走向。墓底有 1 具人骨架，头朝北。西北角有 1 件大陶器，系黑土制成。陶器中存有一些残剩的黍子。陶器旁，人颅骨附近有 4 块马颅骨。东北角发现 1 件青铜釜，釜顶有两只竖耳，釜下有一锥状铁釜架。釜中有一根马肋骨。釜外壁熏得很黑。旁边有 1 件黑色小陶器。右盆骨旁边发现 6 枚三棱形箭镞。

第 15 号墓。已被盗掘者所毁。墓底发现 1 具人颅骨，1 件黑陶器，1 件高脚杯状铜器，一些人的发辫，1 件字母状银耳环，6 枚天青石制的大串珠，1 枚天青石制的小串珠，1 枚黄色玻璃串珠，2 枚内含银夹层的玻璃串珠和 8 枚暗黄色玻璃串珠。

第 16、17 号墓。墓壁下半部用方块石镶面。墓底发现木头、铁块和人骨的残断。在人骨中（第 17 号墓中）只有 1 块下颌骨保存完好。根据保存下来的牙齿判断，死者不超过 20—25 岁。

第 18 号墓。在 1.8 米深处，发现 1 具人骨架，成仰卧状，头朝北，手脚舒展。在盆骨部位有许多某种铁制用具残断。颅骨附近发现 1 件灰陶壶，图案为：颈部有两条平行线，平行线间有一条波浪线。墓壁下半部复有轧光的竖条纹。

第 19 号墓。墓底当初用来镶嵌墓壁的石块间发现 1 件青铜铃铛，铃舌系珠状石块；还发现若干漆器残断，若干零散人骨。

第 20、21、22 号墓。均遭盗毁。发掘时这里发现若干铁制品残片和 1 枚绿松石串珠（第 20 号墓）。

第 23 号墓。发掘时，在 1.8 米深处发现 1 件玉圈带，1 枚灰黄色宝石制成的串珠。

第 24 号墓。墓壁下半部系用方石块镶面。墓底有 1 具人骨架，呈仰卧状，头朝北。颅骨左右两侧各有 1 件陶器。盆骨附近有 1 节铁马衔，马衔上插入 1 件螺旋状马镳。人骨架下面保存有一些丝织品残片和某种深蓝包纺织品残片。

第 25 号墓。为盗掘者严重毁坏。在墓的北半部发现 1 块人下颌骨,其旁有半块白铜镜,铜镜上有浮雕图案 TLV,还有 1 枚绿松石串珠,1 枚暗绿色石头制的椭圆形四棱形串珠,1 件带孔的弓的末端部分。

第 26 号墓。墓的北半部有 1 块人下骨。腿骨附近有 1 件黑色破陶器。此外,在墓穴的不同部位还发现几件铁制品。

综观匈奴普通墓发掘资料,我们可以发现,这些墓地表面一般呈不太高的扁平圆锥形。大多数情况下死者都安葬在简陋的土墓穴中,墓壁下半部都用未经加工的方石块镶面;少数情况下,墓穴中搭有专门由若干排圆木组成的木椁。出土物比较贫乏,再加上墓穴结构简陋,可使普通墓与埋葬匈奴贵族的有双重墓室的大型墓明显地区别开来。

在发掘过程出土的汉代器物——铜壶、铜灯、带浮雕图案 TLV 纹的铜镜、祭祀用的玻璃圆盘、漆器等,有助于我们把 1954—1957 年考察过的匈奴墓年代定到在公元前一世纪到公元后一世纪之间。①

蒙古达尔罕山匈奴墓葬发掘记

[苏联] 尤·谢·格里申

1969 年,苏蒙历史文化考察队北部蒙古早期游牧民研究小

---

① 朝·道尔吉苏荣:《北匈奴》[蒙古文],1961 年,乌兰巴托;玛·彼·拉甫罗娃:《汉代的中国镜》,见《民族学资料》,第 4 卷,第 1 期,列宁格勒,1929 年。

队[1]对阿·帕·奥克拉德尼科夫院士于 1949 年在达尔罕附近发现的一个匈奴古墓群[2]墓葬进行了发掘。

该墓群位于旧达尔罕城以南 126 公里的铁路线旁，一块伸入哈拉河谷的岬形岸上。岬形岸的西部被铁路线和沥青公路切去一块。墓群的大部分，特别是东部，也似遭到推土机的损坏。在经过翻动的地表上，可以看到许多人和动物的骨骼、陶器碎片和铁制品的零星残断。

在填充路堑的过程中，发现了墓群中的一些土墓穴。首先发现的是 4 个古墓穴，而后又发现了 2 个。岬形岸的沙土颜色较浅，而墓穴中的填土颜色较深，两相映衬，墓穴是很容易辨认出来的。

1 号墓。在填充路堑时发现于岬形岸南部的岸脚下。深色墓穴填土呈长方形，尺寸为 2.65×1.3 米，近似南北走向而略偏东北方向。填土中含有大量带沙腐殖质土。墓穴的北半部分在不同深度上发现如下物品：人骨骼（0.85 米深处）、小石片（1.2 米深处）、桦树皮残段（1.65 米深处），以及一件红土陶器的侈唇碎片和器壁碎片（1.75 米深处）。在 1.75 米深处出现一具半腐棺木，棺木呈长方形，尺寸为 2.5×0.65 米。

清理木棺时发现，棺盖为厚 4—5 厘米的木板 2 块，现在只有边缘部分得以保存下来。木棺内中央上层填土中，发现人颈骨和肱骨各一。其旁，西南部有桦皮残段若干。揭去棺盖后对木棺内主要空间进行清理时，南部发现人肱骨、人锁骨各一。棺盖内侧看到有一榫槽，当用以连接棺盖和棺壁。榫槽深 5 厘米、长 5 厘米、宽 2 厘米。北部发现桦皮圆圈残部一件，当是桦皮器皿的底部；发现已遭盗掘者破坏的棺盖残余一块和尸骨一块，棺内还发现许多

---

[1] 参与该分队考察工的，苏联方面有尤·谢·格里申、纳·尼·马蒙诺娃和谢·德·乌尼什科夫，蒙古方面有呼·佩尔列、那木斯来一乃登等。

[2] 阿·帕·奥克拉德尼科夫先前曾对该墓群的地点、性质作过介绍，趁此机会谨向他深表谢意。

炭粒。棺底系由两块厚 4—5 厘米的纵向表皮板充当。这两块棺底木都逾出木棺横壁,故框形棺壁可平置于棺底上。经过考察发现,棺壁之间系用榫卯相连:横向半圆木柱上的卯插入纵向半圆木柱上的榫内。榫槽成准正方形,其尺寸为 4×4 厘米或 4×5 厘米。除桦皮器皿残部外,木棺内再未发现任何陪葬品。

2 号墓。位于 1 号墓东北北 18 米处。距地表 1 米深时,开始出现模糊不清的深色填土印痕;至 2 米深时,填土轮廓才明显起来。进一步发掘表明,填土系带沙腐殖质土。距地表 2.8 米处,出现木椁顶部,木椁尺寸为 3.2×1.2 米;此时墓穴长宽为 3.5×1.5 米。为避免塌方,发掘面积(原已大于墓穴面)更行扩大,结果在西边,即岬形岸截面斜坡上,又发现一个墓穴——3 号墓。关于该墓情况,将在下面另述。

在清理 2 号墓木椁的过程中,对其结构进行了详细了解。木椁上方覆盖着厚为 2—3 厘米的横木板若干,在纵向上已被砸断,有的北端损去。这当是盗掘者所为。盗掘者还破坏了木椁的下部结构,以及木椁中的棺木结构。在已被弄折的一根上方半剖圆木柱上,发现有人颅骨碎块。木椁盖横木板下,纵放着两块厚 4—6 厘米的木板(用蝴蝶形的卯固定在相应的榫槽内),部分地方已有损坏。这两块木板置于横向木椁壁板之间。横向木椁壁板,以专门削制的突出部嵌入纵向木板的卯中。这些卯的尺寸如下:东南角的为 7×8 厘米,西南角的为 7×7 厘米,西北角的为 6×6 厘米,东北角的为 6×7 厘米。

揭开木椁横木盖后,可以看到放在木椁中的棺木。棺木的西、南、东三壁均紧贴木椁壁,而北壁与木椁北壁间形成一个隔间。棺木的构造与 1 号墓棺木的构造基本相同。其纵横棺壁同样用榫卯连接。值得指出的是,棺和椁的纵壁向内形成一个很大的弯度,看来当是受到墓土压力的缘故。棺木底部有两块纵木板构成,彼此间用蝴蝶状榫卯在内外两面固定起来。棺底与棺壁间也是用这种榫卯固定在一起的。

在清理木椁与木棺在北壁间形成的隔间时,发现两根边上带孔的薄木板条,其表面留有铜铁锈痕迹。此外,这里还发现一些零星的烧焦木块。在南部即木椁的基本部位中,发现有一正圆柱形,一表面稍稍突起的绿松石小串珠,一些光亮的小串珠(珠母的抑或珍珠的),一些略带浅绿色的扁平车轮形黑石串珠(玉石的?)[①],还有一枚带有凸纹的绿松石珠子,两枚分别制成梯形和截菱形的碧石坠饰物,一枚浅色石头制成的扁平指环的小碎块(图一 1—8)。

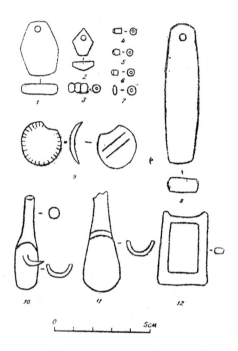

图一　达尔罕山匈奴墓出土物

南棺壁旁发现一些黍粒,当初很可能装在一只小口袋里,口袋保存得很不好。棺北部发现一些尸骨,一些已遭损坏而形状不明的铁器残断和金属箔碎片。整理木椁侧壁时发现,半剖圆木角柱上端南侧有烧焦痕迹。木椁结构连同其中的棺木,安放在专门装置于墓底的底座上。这一底座系由一排厚约 2—4 厘米的纵放木板组成,木板上有两根单放着的横向半剖圆木。此外,底座下还横放着两根半剖圆木。墓穴距地表深度(底座不算在内)为 3.4 米。

---

① 一些串珠孔里发现有丝线残段。

3号墓。前已指出,该墓是在扩大2号墓发掘范围时发现的。其位置在2号墓西侧,比2号墓高0.1米。呈南北走向。墓穴尺寸为2.9×1.2米,棺木尺寸为2.2×0.8米。棺木顶部距地表深度为2.6—2.7米,不过自2米以下墓穴中即可发现动物残骨和某些已遭损坏的铁器残断。棺木上方北侧发现有盗掘者抛出的零乱尸骨和颅骨。东北角有一堆大牲畜骨骼;稍下处,在棺内接近保存下来的棺盖残余的深度,发现一块带悬孔的扁平磨刀石(图一9)。棺木结构与前两个大体相仿。只是棺底置于两根横放的半剖圆木上,以及西棺壁略高于东棺壁而已。棺外边西北角处,靠近西棺壁的地方,发现3只一字排开的陶器。其外形彼此相仿,中腹甚广,细颈,至口部稍大。其中1只肩部刻有花纹带,花纹带由两条平行线组成,平行线中间刻一波浪线。此外,3只陶器外壁都留有用红颜料(赭石)画的斜网状交叉线。该角落还发现一段桦树皮。

揭去残留的2—3厘米厚的棺盖后,在清理棺内全部空间时,发现许多乱抛的人骨骼,一些形状不明的铁器残段和一些保存得不太好的纺织物碎片。

4号墓。发现于2号墓和3号墓东北北15米处,距地表4米深。墓穴填土轮廓呈不规则的椭圆形,边缘线不明显,砂层与土壤层相互混杂在一起。到3.2米深时,轮廓才清晰起来,墓穴呈东西向。4米深出现木椁,不过在此前已发现零星出土物。在深度为2.80米处发现一块马颌骨,两块绘有细线条的灰色陶器残片。再往下20厘米,发现某种动物的蹄一只。在深度为3.20米处,并排放着两块牛颅骨(其中一块颅骨下有一块石头)。在深度为3.30米处,发现一件典型的匈奴暗灰色陶器碎片,一块马或牛颌骨,以及一块较大的石头。再往下20厘米,有赭石痕迹和炭粒可见。

木椁及木棺的尺寸分别为3.4×1.2米和2.50×0.80米。其结构与2号墓的大体相似;其不同之处在于:木椁底座不是由两块纵向木板而是两块横向木板构成,在两块横木板下再垫两块纵木板。此外,4号墓的木椁和木棺在结构方面还有一些特殊之处。在木椁中段,两个相对的纵椁壁附近,椁盖两横木板端,发现两件大型铁套统,这显然是木椁上的零件;木棺北壁上,又发现一块铁。棺盖和棺底的木板系用蝴蝶状榫卯连在一起,此外,棺壁与棺底的连接处也使用了这种蝴蝶状榫卯,像2号墓那样。

该墓也遭过盗掘,大部分椁盖、棺盖以及棺底、底座均被凿穿。椁盖木板所在深度即已发现零星出土物。西南角的一块椁盖木板上发现人颅骨碎块。同一深度上,墓穴北壁附近有一块羊颅骨。在清理木椁与木棺之间的隔间时,在东隔间发现一些绘有黑线花纹的红漆皮残余,一些铁器残断,一些焦木块。在西隔间发现一些平淡无奇的纺织物碎片和大约是毡子的碎块,还有一些皮带残段——上面带着边缘刻有细碎刻纹的半球状铜饰牌,或带有连着管形小型套统或小扣环的勺状坠饰物,以及一只近似长方形的小铜耳环(图一10—12)。在这里的纺织品碎块中,发现有大量黍粒。在东隔间发现有某些铁器碎块。紧靠南椁壁下,有一只被椁壁挤碎的红漆管,上面饰以黑色花纹。其长度约1米。棺木四壁和木椁东半部底座下横衬着的半剖圆木残断,均带有烧焦的痕迹。

5号墓。发现于4号墓东南南方向20米处。距地表30—35厘米处,即可清晰地看到正椭圆形墓穴填土轮廓。墓穴呈南北走向。填土由砂与腐殖质土混合层组成,含有零星炭粒。棺木板也带有烧焦痕迹。棺木结构如同3号墓一样,位于1.60—1.65米深处,尺寸为2×0.60米。棺木上方仅存几块零星的棺盖板,棺内发现几块人骨(肋骨、肩胛骨等)。此外,棺内靠近东南角处,发现一件涂有烟子的灰色陶器碎片——带耳的口部、平底、器壁等。棺木南壁外发现有羊腿骨,带角的羊颅骨和一些白色粥状黏土团。

6号墓。该墓是在发掘5号墓过程中扩大发掘面时发现的,位于 5 号墓西北北方向 4—5 米处。距地表深 1.10 米处,出现棺木顶部,棺木及墓穴的走向为东北北。稍此以上,深 0.4 米处,在棺木东侧,发现一件人头颅残部。棺木尺寸为 2.10×0.8 米。揭去厚约 2—3 厘米的棺盖后,棺内发现有许多抛散的人骨,以及锈蚀严重的铁块。6 号墓棺木结构一般,但也与上述各棺有不同之处。比如,棺底系由厚约 2—3 厘米的表皮板制成,棺木横侧四壁各角之间不是用两个榫卯结构连接起来,而是只用一个,安在角柱内侧。

如此看来,达尔罕城古墓群中共有两种墓葬形式:一种只有棺,另一种有椁又有棺。第二种墓葬较深,出土物较丰富。这种情况,很可能反映了北部蒙古匈奴社会在财产和社会方面已出现分化过程。

墓穴中出现炭粒,棺椁壁发现烧焦痕迹,证明火在达尔罕墓群匈奴葬礼仪式中起有重要作用。陶器上发现用赭石绘制的斜网状葬礼花纹,是这次发掘中新发现的有趣情况。(显然,这类花纹是专门绘制在器壁上的,而且绘制在常见的图案——带波浪线的刻纹上面。)网状图案虽然各个民族在不同时代反映的可能是不同的思想,但是大部分考察家认为,这类图案是天体图形[1]。这一点对于匈奴人来说可能性最大,因为宇宙崇拜在其宗教观中占有重要位置。[2]

根据得到的出土物,可以将所发掘的这批墓葬的时代定在匈奴时代的早期阶段。大部分墓葬都与匈奴时代早期遗存——后贝加尔地区伊沃尔加古城遗址相类似(近似长方形的青铜扣环,带悬孔的磨刀石、石环)[3],与斯基泰—塔加尔时代之前的遗存相类似,

---

[1] 谢·瓦·伊万诺夫:《西伯利亚各民族的装饰图案是一种历史文献》,莫斯科—列宁格勒,1963 年,第 441—442 页。

[2] 列·尼·古米廖夫:《匈奴》,莫斯科,1960 年,第 98—100 页。

[3] 安·弗·达维科娃:《伊沃尔加古城遗址(论后贝加尔地区匈奴居址问题)》,见《苏联考古学》,1956 年,第 25 辑,插图 19—3,25—2,25—5。

与蒙古和后贝加尔地区的方形墓相类似(边缘带有刻痕,其状与绿松石串珠相近的半球状青铜牌饰①)。现在,伊沃尔加古城遗址的年代定在公元前二至一世纪,因此很难有什么别的理由可以把我们考察过的这批达尔罕古墓群墓葬的年代推到更晚的年代。

蒙古匈奴墓中发现的彩绘陶器

[苏联] 尤·谢·格里申

1949年,阿·帕·奥克拉德尼科夫曾在蒙古人民共和国哈拉河谷,旧达尔罕城以南126公里的铁路线上,发现过一个匈奴木棺(部分为木椁)土墓群。1969年,对这里的6个单独墓葬进行了发掘②。在其中一个墓穴中,发现有3只彩绘陶器。从已有资料看来,匈奴墓遗存中发现这类陶器尚属首次,故有特别研究之必要。

该墓葬所在墓穴呈南北走向,尺寸为2.90×1.20米;墓葬距地表深度为2.60—2.70米。地表以下2米处,开始有零散牲畜骨骼和铁器残断出土;到2.60—2.70米处,出现棺盖残余部分。掘到木棺附近,即刻在北侧发现盗墓者当年抛下的零散尸骨和颌骨。木棺东北角发现一堆大畜骨骼。再往下,约在棺盖残余部分所在深度的木棺内部,发现一块扁平椭圆形磨刀石;上有一悬孔,其状近似长方形,各边稍有凸出。木棺尺寸为2.20×0.80米,其构成部分

---

① 维·瓦·沃尔科夫:《北部蒙古青铜器时代与铁器时代早期》,乌兰巴托,1967年,插图12之2、3;尼·尼·迪科夫:《后贝加尔地区的青铜器时代》,乌兰乌德,1958年,附图I;莉·阿·叶芙秋霍娃、纳·尼·捷列霍娃:《康堆河谷的方形墓》,见《苏联考古新发现》,莫斯科,1965年,第244—248页,插图2(《考古资料与研究》,第130期)。

② 维·瓦·沃尔科夫、尤·谢·格里申:《在蒙古的考察与发掘》,载《档案馆》,1969年,莫斯科,1970年,第445页,446页。

除已损坏的棺盖外,尚有棺底木头两块(中间用几块蝴蝶结形木块相连);两侧横木两块,挡头纵木两块(均用榫卯连接)。木棺下衬有半剖圆木两块,位于棺底两头。木棺内部发现有许多散乱的尸骨,铁制品残段,以及保存很差的小块织物。

本文要谈到的陶器就是与一段桦树皮一起在木棺外面发现的。它们一字排列在西侧墓壁前,靠近西北角的地方。3只陶器均为常见的匈奴罐状器皿,广腹,细颈,厚唇(见图一)。它们彼此之间的不同之处仅在于腹部与颈部的扩收程度;此外还有一点,即有一只陶器肩部刻有一圈典型的匈奴图案花纹:两条平行线之间夹有一条波浪线。3只陶器外壁上,有些地方可以隐约看到用红颜料(赭石)绘成的斜格网状交叉线。更为重要的是,后一种图案与上面提到的刻纹相叠,而且显然晚于刻纹。根据整个情况判断,这3只陶器上的上述彩绘图案是在墓主埋葬前不久画上去的,应与葬礼仪式有关,并具有一定的含义。

关于其含义,可以推测,如下可能性最大。尽管斜格网状图案在不同民族不同时期可能表示不同的含义,但是应当指出,大部分

图一　彩绘陶器

研究家认为,这种图案是天体图形①。这种解释对于匈奴人来说更为确切,因为宇宙崇拜在他们的宗教观中占有重要位置。据文字史料记载,匈奴单于每日两拜——早拜日之始生,夕拜月。举事"而候星月"②。匈奴人还崇拜表示宇宙的偶像。在他们的世界观中,宇宙神的作用是很大的③。

如此看来,上述随葬彩绘陶器的发现,对于进一步研究古代匈奴世界观问题可具有一定作用。

苏联南乌拉尔山洞中的匈奴墓葬

[苏联]弗·阿·加里亚伊诺夫

1977 年 8 月,作者在乌拉尔河和伊列克河两河流域进行地质洞穴学考察时,发现了一座前所未见的墓葬。这座墓葬是在孔古尔白垩层④中被水冲刷成的一个不大的水平山洞中发现的。山洞位于奥伦堡州别里亚耶夫区和库万迪克区交界处的基兹尔—阿迪尔喀斯特分布区域边缘上⑤。这种具有典型喀斯特外形、成窄带状的喀斯特区域,在从基兹尔—阿迪尔村起往东南方向直至"乌拉尔"集体农庄的 2 号养畜场均可见到。

---

① 谢·瓦·伊万诺夫:《西伯利亚各民族的图案装饰画是一种历史文献》,莫斯科—列宁格勒,1963 年,第 441 页,442 页。

② 尼·雅·俾丘林(雅金夫):《古代中亚各族史料汇编》,第 1 卷,莫斯科—列宁格勒,1950 年,第 49 页,50 页[译者注:汉语原文见《史记·匈奴传》,原文为:"单于朝出营,拜日之始升,夕拜月","举事而候星月,月盛壮则攻战,月亏则退兵"]。

③ 列·尼·古米廖夫:《匈奴》,莫斯科,1960 年,第 98—100 页。

④ 属于二叠纪早世上层。

⑤ 在这一喀斯特分布区,作者与同事尤·伊·阿加宁、埃·马·吉里亚佐夫和瓦·阿·格拉佐夫共同发现十余处洞穴。

发现墓葬的这个山洞约在"乌拉尔"集体农庄 2 号养畜场西北方向 7 公里处。洞口开在一堵面向东南方向的白垩悬壁上,洞口所对的前方有一小片白杨树林(图一)。洞口到洞中开阔处有一条走廊。走廊的狭窄处挡着一些横放的砂岩片石。砂岩片石取自附近的石崖露头,挡在这里为的是封闭洞口。此后,片石偏向洞口的一边,于是在片石末端与山洞顶壁间露出一条缝隙,穿过缝隙可以进入相当开阔的山洞。

山洞开阔处的右壁和顶壁系颜色不同的白垩,洞底垫有一层湿土,其厚度有的地方可达 1 米。左壁系二叠纪上层泥板岩,在正断层平面上与自垩相连接。左壁附近的黏土地上可以清晰地看到有一个椭圆形的坑,坑边因塌陷而成倾斜状。坑的右边有一镬,几乎全部被沉积黏土层所覆盖。坑四周发现有一块马骨(?)和一把损去柄首的铁剑。铁剑锈蚀严重(图二,1)。其长度为 63 厘米,宽度最宽处为 6 厘米,最窄处为 4.5 厘米。从折损处可以看出,剑由于产生氢氧化物而分做三个金属层。

最令人感兴趣的是镬(图二,2)。镬为圆腹,下面略有收缩。侈唇。高 28.5 厘米(连同提手共高 34.5 厘米),顶端横截面直径为 24.5 厘

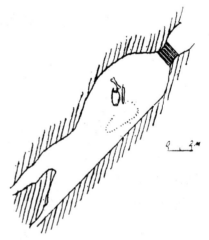

图一　发现墓葬的山洞
(上平面图,下剖面图)

1.石崖;2.黏土;3.砂岩片石;
4.墓坑;5.镬;6.剑;7.马骨(?)

米,底部直径为 13.5 厘米。底部有一部分损去。镬壁下半部分有两处小洞。同一高度的另一侧镬壁上有一处旧豁口,与底部的破损处相连。

镬的提手呈方形,均匀地向内弯曲。每一个提手的上边安着 3 个蘑菇状的突起。边上的两个突起高度相同,中间的一个比边上的高出 1 厘米。每个提手左右两侧的镬壁上还各有一个蘑菇状突起。每个提手柱的外壁上都有一道宽沟。

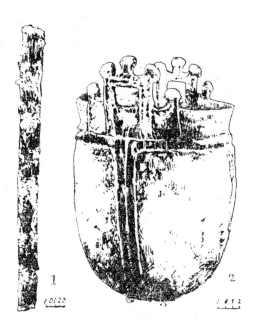

图二　1.铁剑;2.镬

镬的肩部饰有一条由两排水平棱组成的带,镬壁上正对提手的方向和与之相交的相反方向上边也各饰有一条带,不过这条带是由三排棱组成的。这些垂直的棱将镬壁分作四个相等的部分。其中水平带的下棱与垂直带的两条边棱相连接,垂直带的中棱与水平带的上棱相交成四个点。水平带的宽度为 1.8 厘米,垂直带的宽度为 2.8—3 厘米。

这只镬系由铜铸成,其中杂有少量的铅和银。现在,镬上覆盖着一层由于氧化和此后的不断反应而生成的次生铜矿物(主要是硫酸铜、辉铜和孔雀石)。镬着地的一侧内壁上,次生铜矿物厚度最大。这一侧内壁上形成了次生铜矿物泡和瘤。这说明,当初这里可能放有有机物(肉、骨头),当镬侧放在坑坡上以后,这些有机物就成了铜迁移途中的生物化学障碍。

　　在镬接触黏土作用物的这一侧外壁表面上,也可看到厚厚的一层铜锈和孔雀石。这里出现次生铜物及其与黏土的集合体说明,呈溶液状的铜出现迁移现象主要发生在镬被拿出葬坑之后。

　　从镬壁取样进行光谱分析[①]后,发现如下成分:

试样编号	试样抽取处	成分含量%(单位:10^{-3})							
		Cn	Ti	Pb	Sr	Ba	Ag	Ni	Sn
1	镬的外侧,上半部分,孔雀石瘤	1000	200	100	30	10	0.5	2	0.1
2	镬的内侧,斧壁的上半部分	1000	200	45	20	10	0.5	2	0.1
3	镬的外壁里	500	45	30	—	—	微	—	—

　　从镬内壁上附着着的瘤块取样进行化学分析,结果如下:

	SiO$_2$	Al$_2$O$_2$	TiO$_2$	Fe$_2$O$_2$	FeO	SO$_3$	Cao	MgO	N$_2$O	K$_2$O	CuO
24.81	13.48	3.59	0.27	2.52	0.57	11.96	—		0.40	0.92	40.81

　　将上述资料与乌拉尔南部地区含铜砂岩型铜矿石以及乌拉尔中部地区黄铜产地矿石的化学分析和光谱分析结果进行比较,可以看到,我们发现的这只镬是用当地矿石熔铸成而成的。当地矿石在前乌拉尔弯曲处的东部各区常常可以发现,就在发现这只铜镬的附近地方,也可看到含铜砂岩矿石露出地表的情况。

　　测量铜镬时所得的数据十分有趣。在很多情况下,铜镬基本参数和各零件的数据不是整数,而是带0.5的小数。据此可以推断,制造铸模的匠人所用的计量工具或仪器可以测出精确到5毫米的距离。

---

① 分析由萨拉托夫大学地质研究所实验室完成。光谱分析由莉·阿·尼基金娜完成;化学分析由瓦·阿·鲁谢科娃完成。

这只铜镬就其尺寸和形状而言,与顿河河口附近伊万诺夫斯卡亚镇出土的镬最为相似[①]。后者只是在一些不太重要的细节上与这只铜镬有些不同之处:高度多出 4.5 厘米,上口的直径少了 2.5 厘米。两只镬上蘑菇状突起的数目则是相同的——都是 10 个(提手上有 6 个,镬沿上有 4 个)。

至于与其他镬的相似问题,我们只能大致猜测而已,因为其他镬出土时只剩下一些碎片了。不过,基兹尔—阿迪尔出土的这只铜镬的提手构造细节,与瓦拉西亚南部(布加勒斯特县博什尼亚楚村——在罗马尼亚。译者注)出土的两只镬的碎片提手构造惊人地相似。后者的年代定在公元五世纪。宾尼什出土的一些铜镬碎片,看来形状也与基兹尔—阿迪尔铜镬相近(宾尼什在匈牙利境内——译者注)。

盗墓时被人扔到坑沿上的这只铜镬至今无扰动,这种情况可使我们计算出落在洞底上的山洞黏土的大致沉积速度。由于白垩溶解而沉积下来的黏土厚度经测量为 25 厘米厚,如果铜镬的断代为五世纪,那么黏土沉积平均速度约每年 0.16 毫米。

其他结论,只有等到发掘后得到补充材料时才能做出。铜镬出土地到目前为止依然是苏联奥伦堡前乌拉尔地区和苏联欧洲部分南部唯一的匈奴人洞穴墓葬。不过,南乌拉尔山前地带广泛分布着喀斯特地形,这可使我们对这里可能再发现匈奴人和其他部落和民族的物质文化遗存做出乐观的估计。就此而言,如上所述的坑道式白垩洞穴可为我们提供最大的可能性。

[①] 伊·维尔纳:《关于阿提拉王国的考古资料》[德文],慕尼黑,1956 年。

苏联和蒙古的匈奴墓葬结构

（据"普通墓"发掘材料写成）

[苏联]普·巴·科诺瓦洛夫

与匈奴文化有关的许多问题中，葬仪问题研究得最少，其中墓葬结构问题也研究得很不够。从尤·多·塔尔科—格林采维奇著作问世之日起，人们即已知道，后贝加尔地区古墓中存在着被他划分出来的两种墓葬类型：一种是苏吉型——木椁墓，一种是德列斯图伊型——木棺墓①。尤·多·塔尔科—格林采维奇认为，它们分属于不同的时代，彼此间没有联系。他倾向于认为，木椁墓葬与匈奴人有关，而木棺墓葬则与黠戛斯人或通古斯人有关②。但是，将苏吉墓、德列斯图伊墓与北部蒙古发现的诺音乌拉匈奴墓进行比较研究后，却可以看到它们之间也具有相似点，并使人提出它们属于同类文化的推测。首先提出这种猜测而后又加以论证的是格·彼·索斯诺夫斯基。1928—1929 年期间，他在恰克图附近的伊尔莫夫河口古墓中查明有双层墓室——"外椁内棺"存在，而在此之前，尤·多·塔尔科—格林采维奇则由于发掘方法不当，并未发现这一点，只认为是"木椁葬"。此外，格·彼·索斯诺夫斯基还发现了一种单层墓室——"石箱葬"③。他将伊尔莫夫河口的发现同德

---

① 尤·多·塔尔科—格林采维奇：《伊尔莫夫河口苏吉史前墓地》，见《俄国地理学会特罗伊茨萨夫斯克—恰克图分会著作集》，第 1 卷，第 2 辑，1898 年（以下简称《著作集》）；同一作者：《后贝加尔地区古民族学资料》，见《著作集》，第 3 卷，第 2—3 辑，1900 年；第 4 卷，第 2 辑，1901 年。

② 尤·多·塔尔科—格林采维奇：《与现代外国居民对比下的后贝加尔地区古代土著居民》，见《著作集》，第 3 卷，第 1 辑，1905 年；同一作者：《后贝加尔地区古墓的分布》，上乌丁斯克，1928 年。

③ 格·彼·索斯诺夫斯基：《伊尔莫夫河口发掘记》，见《苏联考古学》，第 8 卷，1946 年。

列斯图伊古墓群的材料进行了比较，并首先提出，这两种墓葬区别很小，共同点很多，它们无疑是同源墓葬①。根据研究结果，人们不禁会得出这样的结论：一，过去将苏吉墓说成是"木椁葬"，没有反映全部情况；二，将德列斯图伊墓葬说成是"木棺葬"，虽然还有效，但是除此之外还有一些墓葬可以称作"木椁葬"。

　　1924—1925 年期间诺音乌拉墓发掘之后，人们开始知道有将死者葬在三层墓室——"外椁中椁内棺"的匈奴贵族大型墓葬②。卡·瓦·特列维尔和谢·伊·鲁坚科对科兹洛夫考察队获得的材料进行了详细研究③。朝·道尔吉苏荣对北部蒙古的普通匈奴墓做了研究，并在研究这类遗存方面迈出了重要的一步④。他在诺音乌拉山和呼尼河畔查明有"石箱墓葬"存在，这对匈奴墓葬的类型问题是一个重要贡献⑤。尽管已发现的墓葬类型是各式各样的，有"木椁葬""木棺葬""石箱葬"，但是各种学术著作中对此论述得过于简单，有时甚至是错误的。尤为可惜的是，在各种刊布材料中通常未有附图。只有谢·伊·鲁坚科著作是一个例外。然而由于诺音乌拉古冢通常被认为是"贵族墓"，因此他的著作所阐述的只是问题的一个部分。况且，最新研究成果表明，诺音乌拉的发掘方法是很不完善的。最近 15—17 年来，在匈奴墓葬遗存方面积累了一批新资料。比如，首先应当指出的是 1980 年在伊沃尔加古城遗址附近发现一处古墓群。此后连续几年，在安·弗·达维多娃的领导下，对该处进行了发掘。她发掘了大量的古代匈奴居址、居民的

① 格·彼·索斯诺夫斯基：《德列斯图伊古墓群》，见《资本主义之前社会史问题》，1935 年，第 1—2 期。

② 彼·库·科兹洛夫，谢·阿·捷普洛乌霍夫：《彼·库·科兹洛夫蒙藏考察队考察北部蒙古简报》。

③ 卡·瓦·特列维尔：《1925 年—1929 年在蒙古进行发掘得到的发现物》，见《国立物质文化史研究院通报》，1931 年，第 9 期；卡·瓦·特列维尔：《1924 年—1925 年北部蒙古发掘记》［英文］，列宁格勒，1932 年；谢·伊·鲁坚科：《匈奴墓葬与诺彦乌拉古冢》，莫斯科—列宁格勒，1962 年。

④ 朝·道尔吉苏荣：《北匈奴》［蒙古文］，乌兰巴托，1965 年。

⑤ 朝·道尔吉苏荣：《呼尼河畔诺音乌拉山匈奴墓发掘记》，见《蒙古考古论文集》，莫斯科，1962 年。

土墓。遗存的考察工作在继续进行。目前发表的材料只是其中的一部分①。从 1965 年起,布里亚特社会科学研究所在布里亚特南部地区——吉达河、契科伊河、色楞格河和哈拉欣河流域之间,对匈奴墓葬进行了系统考察。在德列斯图伊·库勒图克、切廖穆霍夫河口也发现了古墓群。该墓群是阿·帕·奥克拉德尼科夫和罗·费·图古托夫于 1950 年发现的。1957 年,恰克图地志博物馆首先在这里进行了发掘②。1956—1966 年期间,布里亚特社会科学研究所继续对这处古墓群进行考察,发掘了 18 座墓葬。这样,在已发现的 82 座切廖穆霍夫河口墓葬中,共发掘了 20 座。伊尔莫夫河口是由于在尤·多·塔尔科—格林采维奇和格·彼·索斯诺夫斯基的著作中被提及而闻名的③。该地的最新发掘从 1967 年开始。这里总共有 300 多处墓葬,现在已发掘 60 处。德列斯图伊·库勒图克的发掘工作始于尤·多·塔尔科—格林采维奇,他于 1858 年发现了这处古墓地,并在该地发掘了 26 个墓葬④。而后,发掘工作由研究所继续进行。到 1968 年,墓葬发掘点数目达到 32 个。

切廖穆霍夫河口和伊尔莫夫河口位于色楞格河与契科伊河之间,彼此相邻,远离河水,分布在长满森林的大山中。这两处地方具有苏吉型墓的特点,看来它们反映的是匈奴人关于祖先灵魂住所的观念。发掘情况表明,切廖穆霍夫河口和伊尔莫夫河口大部分墓葬结构几乎完全相同,这为综合描述它们提供了条件。唯一例外的是伊尔莫夫河口有一些大型古冢,他们与多数普通墓的区

① 安·弗·达维多娃:《1956 年的布里亚特蒙古考古调查》,见《布里亚特蒙古文化研究所学报》,1957 年,第 24 期。

② 纳·尼·马蒙诺娃,罗·费·图古托夫:《切廖穆霍夫河口匈奴古墓群发掘记》,见《苏联科学院西伯利亚分院布里亚特文化研究所考古论文集》,第 1 卷,乌兰乌德。

③ 尤·多·塔尔科—格林采维奇:篇名同上,见《著作集》,第 1 卷,第 2 辑,1898 年;格·彼·索斯诺夫斯基,篇名同上,1946 年。

④ 尤·多·塔尔科—格林采维奇:篇名同上,见《著作集》,第 1 卷,第 2 辑,1898 年。

别不仅在于规模大,而且在于墓上建筑式样复杂。这类墓冢从表面上看来是一个大封丘,高约 1.5 米,中央有深深的陷坑。封丘南侧通常有一条长而且窄的封丘边线。墓冢和边线下面不很明显的杂有少量石块的封土下露出一圈石块,那样子像是一道石垄。尤·多·塔尔科—格林采维奇对伊尔莫夫河口的这样一座墓进行了试掘,可惜没有获得成功。他发掘时采用了"井式"发掘方法,结果不但未能查明墓室的外部结构,而且也未能查明其内部结构。况且,即使是这样的发掘,也因塌方而被迫中止[①]。1971 年,曾对这类古冢中保存最好的一座墓进行发掘。发掘该墓时,采用的是大规模清理被盗掘过的全部墓葬表面及墓葬外围的方法,这为全面揭示墓葬结构及其出土物提供了条件。不过,对此进行描述已超出本文的预定任务。

这类墓葬在切廖穆霍夫河口却未发现。切廖穆霍夫河口的全部墓葬都是小型墓葬或普通墓葬。就外表看来,这些墓都是一样的。通常是圆形陷坑,坑深 30—50 厘米,四周环以堤形封土。封土为 20—30 厘米,由土石构成。有些墓陷坑和环封形土不明显,而代之以少量的突出地表的石头,石块的排列无一定次序。墓葬所在地陷坑的直径为 2—5 米,封土的直径为 6—10 米[②]。在清理墓冢时,首先出现的是散乱的石块——墓上建筑的遗迹。在通常情况下,石头的排列没有一定次序,不过在一系列情况下,砌体形状又有所不同,从中可以猜测(而不是观察)到当初墓上建筑轮廓呈长方形,各边的方位不同。有时还会碰到圆形砌体,使人想起当初似为多边形砌体。尤·多·塔尔科—格林采维奇曾指出,伊尔墓夫河口的古墓葬大部分是正方形和四边形,小部分是圆形或形状不定的椭圆形。初看起来,切廖穆霍夫清理出来的多是椭圆形

①　尤·多·塔尔科—格林采维奇:篇名同上,见《著作集》,第 1 卷,第 2 辑,1898 年。
②　应当由此想到,这类墓的外形是因盗者掘入墓葬深处而造成的。

或者其平面图呈椭圆形的多边形砌体。由此看来,要恢复墓上建筑的最初面貌是一件十分困难的事。不过,尽管多数砌体形状不定,仍可以以极大的可能性认定多数是苏吉型,墓地上砌体为近似正方形。

这些砌体能够说明什么问题呢?对尤·多·塔尔科—格林采维奇和格·彼·索斯诺夫斯基所说的"石头砌成的墓"这样模棱两可的表达法又该当如何理解呢?朝·道尔吉苏荣认为,这是一种其"上面用石块垒成"的密实砌石或镶面的墓。这类情况确实在许多情况下可以看到,不过在墓穴四周常常可以看到堆积成环状的石块,这又会使人产生这样的想法,即这里堆积的多半是大型墓冢棺椁四周垒成的石墙。

墓穴是地上建筑与墓室之间的中介环节,但是由于遭到盗掘破坏,要想准确地复原它们的轮廓是不可能的。只有详细记录了墓穴的横剖面和纵剖面,才得出如下结论:较浅墓穴的墓壁是陡直的,较深墓穴的墓壁是倾斜的——如发掘伊尔莫夫河口第 46 号墓和第 48 号墓时所看到的那样。墓穴从平面图来看,永远呈长方形,长轴为经线走向,或程度不同地偏向两旁,多半偏左方即东方。其深度为 1.5—3.5 米,不过一般的深度为 2—2.5 米(尤·多·塔尔科—格林采维奇认为为 2.5—3 米)。其底部尺寸随着墓室大小的不同而不同,不过一般来说总有余头,以便竖置镶面石板。

有时会碰到盗掘者在盗墓过程中留下的大量石块,这表明要想有把握地不走样地描述墓内结构的真实细节是相当不容易的事。这些被盗掘者留在墓穴的石块,原是被他们抛到上面的,有的随着用土填住盗洞的过程而进入墓室,关于这一点很容易根据石块的埋藏性质判断出来。还有,墓室四壁常竖有石板镶面,这一点也是墓穴中出现石块的来源之一。当然,更不能排除另一种情形,即如伊尔莫夫河口未被盗掘过的一个墓穴所看到的那样——墓穴上面筑有某种石头建筑。根据一般传统看法,苏吉型墓最常见的最典型的墓室可以称作木椁墓。墓穴底部置有 2－3 根半剖落叶松圆木构成的木椁,少数情况下则是 4 根圆木构成的木排——圆木多寡取决于粗细程度。木椁显然是用事先准备的材料直接在墓穴中装制成的。圆木的内侧砍削得很平整,表皮面放在外侧。长圆木的两端砍成木槽,再嵌入短圆木,这样便构成了木椁四壁。

木椁覆盖物系匈奴墓葬所特有的半剖圆木,这种圆木不仅在内棺外椁型的双层墓室中可以看到。半剖圆木多半被盗掘者损坏,但是仔细清理其残段,还是可以看出它们具有铺板性质。这些半剖圆木是一些短而且直的木头,多半为表皮板,长短与墓室相等;它们搭在木椁两个侧壁上,与支柱成一排。尤·多·塔尔科—格林采维奇在其报告中称为"圆木盖板"。他对伊尔莫夫河口墓做过这样的描述:"木椁的底部是落叶松木板做成的;上边的盖板是粗圆木做成的,横搭在木椁上面,距木椁底部为 0.5 米"[①]。这一描述,与现在发掘时所见到的有些不同。不过,就连格·彼·索斯诺夫斯基也在伊尔莫夫河口两座墓中看到了"已损坏的用横搭着的粗树干构置成的盖板"[②],且其中一座墓在横盖板下还有一层纵半剖圆木,于是木椁盖就成了双层的了。

这样看来,特殊情况反映的只是盖木结构的某些不同之处,总的说来与多数墓葬中记录下来的情况并不矛盾,上面提到的在描述方面出现的不同之处应视作只是术语方面的不同而已。重要的倒是另一个问题:尤·多·塔尔科—格林采维奇关于"木椁的底部是落叶松木板做成的"看法显然与实际情况不相符合。根据此后得到的资料看来,恰恰没有这种情况:木椁无底部,直接安置在墓穴的土地上,木椁中间置有木棺;木棺倒是真的有底部。由于木椁

---

① 尤·多·塔尔科—格林采维奇:篇名同上,见《著作集》,第 1 卷,第 2 辑,1898 年,第 7 页。
② 见考古研究所列宁格勒分所档案,Ф42,Д11,14。

尺寸要比木棺尺寸大得多,而木棺一般又放在木椁内靠近后壁处,结果在前半部分即内室与外室壁间就出现了一块空闲地——"隔间"。隔间的用途是在里面放祭祀物。这里的底部铺有木板,而棺的后壁与椁的后壁之间形成的空间则不铺什么木板。

棺系用普通木板制成——四壁各用一块木板,底和盖各用两三块木板。棺壁四角的连接方式是:短木板端面专门刻出榫口,同时在侧面木板的相应之处挖出卯口。木椁四角的这种连接方式,在木棺中见不到,格·彼·索斯诺夫斯基提到的连接方式当是指内棺而言的。木棺上面盖有纵放着的既薄又窄的木板。此外,格·彼·索斯诺夫斯基在伊尔莫夫河口两个墓葬的棺底下面,还发现了几枚带针叶和花朵的松果(落地物)。这类情况看来在棺底也会常常看到,因为有时在棺底上会铺有一层掺着石灰的木头腐殖物。

双层墓室——外椁内棺,是匈奴墓葬的基本和典型特征,但不是唯一特征。格·彼·索斯诺夫斯基将伊尔莫夫河口第 41 号墓的墓室划入木棺类[1](他所发掘的 16 个墓中,只有这一个为木椁葬)。在最近的发掘中,该地共发现 10 个内棺外椁的墓室,3 个只有木椁的葬室,另有 2 个墓中任何建筑遗迹亦未找到。在切廖穆霍夫河口,不久前已发掘的 8 个墓中,有 4 个墓(第 12 号、37 号、39号、50 号墓)有墓葬建筑,可划入木棺类。间或还可以见到一些很难下准确定义的墓室。进行发掘的人们,曾将切廖穆霍夫河口第一个掘开的墓葬建筑称之为带有将墓室分为中间主要墓室和两端各有一个隔间的隔墙的石椁墓[2]。这种现象目前在清理第 13 号墓葬、第 59 号墓葬时也碰到过。但是在清理第 13 号墓的墓室时,不但发现其中有隔墙,而且还发现内棺中有前壁和后壁。尽管整个墓葬建筑严重压坏并变形,但是木椁圆木与木棺两侧棺壁靠得很

---

[1] 格·彼·索斯诺夫斯基:篇名同上,1946 年,第 5 页。
[2] 纳·尼·马蒙诺娃,罗·费·图古托夫:篇名同上,1959 年。

紧,那样子似乎像切入这堆挤碎物里一样,看起来像是木椁的隔墙,木棺的横壁。第 59 号墓中的情况也大体相仿,不过我们对此尚无十分把握。

然而,我们毕竟在切廖穆霍夫河口发现了无内室的薄壁木椁墓葬,而且其中一个(第 60 号墓葬)恰恰是用隔墙将其分作基本墓室和一个用于放置祭祀品的隔间的墓葬。另一个墓的墓室(第 58 号墓葬),就其尺寸和墓壁的厚度来说很像是木棺,虽然它的侧面都只由两块半圆木构成,且样子也像上面提到的伊尔莫夫河口第 41 号墓葬。此外,在切廖穆霍夫河口第 63 号墓葬发现了宽板木棺,中间由横隔墙一分为二。棺中有同时埋葬的两个年轻人的残骸。关于这些情况,我们读读尤·多·塔尔科—格林采维奇有关伊尔莫夫河口的论述是很有意义的:"在 30 个木椁中,有 5 个木椁发现有横隔墙,视木椁长度不同,有的是一个隔墙,有的是两个隔墙,这样就将墓室分作两个或三个。隔墙的两端成木楔状嵌入木椁两侧的长圆木中"[1]。如此看来,带隔墙的墓室也许并不那么少见,这类墓室应当看作是匈奴墓葬建筑的变体之一。

对清理墓室所获得的某些材料进行一番研究,也许并非是毫无意义的事。诺音乌拉匈奴富人用的豪华壁毯和带图案织物装饰墓室的习俗,格·彼·索斯诺夫斯基在伊尔莫夫河口第 38 号、40 号和 43 号普通墓中也看到了,不过没有发现壁毯。最近,在切廖穆霍夫河口第 14 号、38 号、40 号、49 号、50 号墓葬以及伊尔莫夫河口第 45 号、51 号、46 号、49 号、50 号、52 号、58 号墓葬进行发掘时,也发现了用织物包裹棺木的遗迹:在棺壁和棺盖上见到一些钉状或 Γ 形弯头状的小铁钉。在一些墓中,还发现有硬币式的圆平铁片,其中心带有钉腿状的小棍儿。这些铁片及其所带的木头残

─────────────

[1] 尤·多·塔尔科—格林采维奇:篇名同上,见《著作集》,第 1 卷,第 2 辑,1898 年,第 7 页。

段,使人想到它们是将织物钉在木棺上所用的垫片。其形状类似格·彼·索斯诺夫斯基第 38 号墓和第 40 号墓(伊尔莫夫河口)发现的那些样式好看的三瓣或四瓣铁扣环或青铜扣环。

此外,目前也发现了格·彼·索斯诺夫斯基发现过的那种包裹棺木的遗迹。第 80 号墓葬木棺的一侧外面保留下一块夹在圆木之间的针织物碎片。看来,这块织物在埋葬时是包在棺上的,也可能是衬在棺盖上的。这是一块丝织物,本色已很难确定;现在的颜色是单褐色,呈朽木色。在第 52 号墓中看到的残留包裹织品,其情况也与此完全相同。第 52 号墓木棺和木椁的两个侧壁挤得很紧,棺椁之间夹着一块丝织品,其边缘部分沿棺木两侧各下垂 20 厘米,因此棺椁侧壁显得很分明。由于这一发现,先前在同一棺木前后两壁看到的长达 1 厘米的 Γ 形弯头状平顶钉的用途,才算彻底搞清了。因此,即便在许多场合下墓葬中没有发现织物包裹棺木的直接证明材料,只要有与此相似又不能做它用的钉子存在,那么这就是织物包裹棺木的间接证据了。

将墓室涂成各种颜色,乃是美化墓室的最为自然的也可能是颇为流行的方式。最初,在切廖穆霍夫河口第 40 号墓发现棺板被涂成红颜色的痕迹,此后,又在伊尔莫夫河口两个墓葬中碰到了类似情形。其中一个墓葬在清理木椁时,于木椁两个侧壁上也发现了少量的红颜料。通过分析认为,这些颜料不是涂在木椁上的,而是涂在木棺外侧的。在将挤压在一起的木棺、木椁壁进行分离时,在其夹缝中也发现有碎裂的颜料粉粒。这种情况在木棺后壁外看得尤为清楚:在未经填土的内外室之间的夹空中下方的净沙地上,可以看到碎裂为鱼鳞堆的红颜料。

如此看来,除了格·彼·索斯诺夫斯基提供的材料外,我们通过墓室清理过程中所作的最新观察还发现,后贝加尔地区匈奴普通墓葬中发现的新资料,对于诺音乌拉山豪华的单个匈奴贵族墓室来说,乃是一个很好的补充:虽然二者之间就其豪华程度不可同日而语,但是就葬仪意义而言,无疑是相仿的。

德列斯图伊型墓葬则通常分布在河流附近的开阔山坡或平地上。德列斯图伊·库勒图克是色楞格河支流吉达河左岸的一个缓坡。在一个广阔而长满青草的因土壤吹走而造成的盆地里,可以看到一些散落的石块——这是过去发掘的痕迹。乍看上去,要在这里寻找发掘目标简直不可思议。但是,在根据稍微觉察到的特征进行寻找后,终于还是发现了 6 个墓,其中 3 个未遭盗扰。下面我们对这 3 个墓进行一番描述(这 3 个墓的地上建筑几乎全被吹走)。

第 28 号墓葬。外表看起来像一个小土堆,高近 50 厘米,表面上堆着若干小石块。墓穴成严整的长方形,南北走向,深 135 厘米处有一块平放的石板。石板下为墓室。根据墓室尺寸和木头结构来看,这当是木棺,木棺覆盖物由几块纵向木板和横搭在木板上的半剖圆木组成。棺壁系薄木板构成。由于保存不好,无法看清棺壁间的连接方式,但是有一点是清楚的:木棺侧壁的两端超出横壁。

第 32 号墓葬。在该墓葬中发现了上一墓葬所没有的东西。墓中的木棺也带有由纵木板和横半剖圆木构成的覆盖物。棺壁每侧均由一块木板构成。四壁相连时,在横壁端面上各开两个榫,再从纵壁两端的相应部位分别凿两个卯,借榫卯相连。墓葬走向为北北西—南南东。木棺四周围以竖插的扁平石板,石板上面横搭着大量的石块,塞满了墓穴的上半部分。墓穴长为 260 厘米,宽为 100 厘米。墓葬表面无石块,只在因土壤吹走而造成的盆地里,悬崖表面以下 2 米处,可以看到一个不太清晰的由压实的墓土残余堆成的小土丘,小土丘周围有大量的小砾石①。

---

① 正是依据这一特征才得以发现墓葬的。

第 33 号墓葬。其外部形状与内部构造与上两个墓葬相仿。只是墓穴内棺木上方填塞的石块较大而已。该墓的墓穴结构原则与上述墓葬一致，但较复杂——在建造时采用了迄今为止尚未发现的一些新的建筑方式。上面是由 6 块宽而且厚的半剖圆木构成的横铺板，其一般宽度为 75 厘米，每块长 210 厘米。这些巨型半剖圆木严严整整压在木棺上。木棺四侧壁上方，棺盖与横铺板之间，放置着一列平整而厚度相同的石板，总的看来，整个覆盖物似是一个由西倾向东的一出水房顶。木棺四壁从剖面图看来似乎很厚，虽然原本是很薄的。四壁在大型覆盖物的压力下已压碎，四壁的连接采用的是一般常用的榫卯方式。此外，横侧壁末端有榫，切成斜状；纵侧壁相应的部位有卯，挖成锐角式。这样，相接方式就更为完善化了。棺盖、棺底各由两块厚木板（半剖圆木）——每块厚约 5—6 厘米构成，木板间用蝴蝶状榫卯固定起来。在木棺两个侧壁上有起固定作用的榫，将棺底固定在最低部位上。棺底下面横放着三根板条，作为承座。

这样，我们对属于同一种文化的两类墓葬建筑进行了分析。新发现的材料，使我们有可能对它们做一番详细的比较研究。大体说来，在切廖穆霍夫河口和伊尔莫夫河口是双层墓室——外椁内棺居多数，在德列斯图伊·库勒图克则只有棺，亦即是说，其不同之处表现在建筑构思本身。这样，在德列斯图伊·库勒图克，就不可能看到可以划归到木椁类型的墓葬了。看来，德列斯图伊型墓就其结构而言当是定型的、单一化的，虽然如上所述，现在已知道它在结构细节上还有某些新的东西。

如果我们逾出上面所说材料的范围进行观察，还会发现，德列斯图伊型和苏吉型墓葬也有不同之处。这些不同之处，不但表现在出土物方面，而且表现在葬仪的某些细节上（金制品和青铜制品、牺牲动物、骨制品和陶器）。然而除了这些不同之处，更应该看到其共同点。它们的墓葬结构显然是相同的：早期墓室系采用同一种方式和个别结构成分建造的——横木板搭成的铺板，纵木板构成的棺盖，做承座用的木条，棺四周环插的石板，典型的棺壁连接方式等，均随处可见。

今人遗憾的是，由于墓上建筑被毁，因此对这一部分建筑情况既无法完全确定下来，又无法进行比较。不过，尤·多·塔尔科—格林采维奇和格·彼·索斯诺夫斯墓早已对某些德列斯图伊型墓和苏吉型普通墓外观上的相似问题有所注意。这种相似很可能是盗掘造成的。切廖穆霍夫河口和伊尔莫夫河口墓葬中的石头原来可能堆在外面，而德列斯图伊·库勒图克墓葬中的石头原来则可能填在穴中。无论石块的最初位置在何处，都由于盗掘而统统被掷到盗洞口四周的表面上。苏吉墓葬与德列斯图伊墓葬相仿，故不可排除这样的可能性，即苏吉墓葬的墓穴中木椁上方填塞过石块。此外，在伊尔莫夫河口还发现了一处墓葬（第 54 号之 5），其中不但简单地填塞过石块，而且石块是整整齐齐地砌在木棺上方的。这样看来，如果说现阶段考察研究中已出现了研究墓葬内部结构可能性的话，那么为揭示问题的本质即揭示地上建筑的结构而进行补充性探讨这个同样重要的工作，也就需要进行了。

上述比较分析，是就基本的、最典型的、数量最多的墓葬类型而言的。至于说到切廖穆霍夫河口和伊尔莫夫河口某些不同于一般结构标准的个别墓葬，那么它们很可能也属于同一种古墓群的范围，但反映的是社会生活某个局部时刻的情形。比如说，孩童就有可能埋葬在结构较为简单的墓穴中；但是由于材料缺乏，这一推测还只能是一种推测而已。无论如何，从出土物和其他葬仪特征来看，带有特殊结构特征的墓葬在整个墓葬综合体中并非什么异类现象。

在对匈奴墓葬进行比较时，不能不对伊沃尔加古墓群材料进行一番哪怕是概括的分析[①]。从概括尤·多·塔尔科—格林采维奇对德列图伊·库勒图克的描述和安·弗·达维多娃发掘伊沃尔加古墓群时所做的亲自观察而得到的印象看来,这些遗存的相似点过去并未引起争论。它们之间有着一系列有趣的相仿之处[②]。伊沃尔加河口共发掘 200 余个墓葬。在 188 个经过考察的墓葬中,有 79 个未保存下墓内建筑,有 21 个完全没有墓内建筑。两项相加几乎占墓葬总数的一半。而未被盗扰的墓葬有 13 个,其中 4 个无任何墓穴。如此看来,这种无墓室而有未经盗扰的器物出土的情况正可说明,无墓内建筑的土穴墓在墓葬中占有一定比例。安·弗·达维多娃从 97 个带有墓穴残余的墓中区分出 55 个木棺墓(占 57%),33 个大木棺墓(占 34%),1 个小木棺墓(占 1%),8 个陶罐墓(占 8%)。她的区分法令人为难之处,在于小木棺墓与大木棺墓的区别上。从大小特征来区分,其为难之处在于有的小木棺尺寸可达 3.00×0.75 米,而有的大棺尺寸则只有 1.80×0.52 米;从双层墓室特征来区分,其为难之处在于 33 个大小木棺墓中有 2 个有内室。显然,她的分类法是以别的特征为基础的,比如可能是考虑到构成墓室的半剖圆木或圆木的粗细程度吧。

伊沃尔加墓不同于伊尔莫夫河口墓和切廖穆霍夫河口墓,它保存得不好,这一点决定了我们无法从中看到墓室结构的更多细节。然而从清理过程看到的木头建筑性质得到的印象看来,与发掘上述遗存尤其是德列斯图伊古墓群过程中得到的印象是一致的。不过统计分析可使我们复原出如下景象:伊尔莫夫河口和切廖穆霍夫河口笨重的双层墓葬占绝对优势,而伊沃尔加古墓群中则是轻巧的薄壁木棺或大木棺墓葬居多数。大部分德列斯图伊墓

---

① 遗存的简要汇总材料承蒙安·弗·达维多娃提供。

② 普·巴·科诺瓦洛夫:《沿着尤·多·塔尔科—格林采维奇的足迹》,见《中央亚历史学与语文学资料》,乌兰乌德,1970 年,第 4 辑。

葬与伊沃尔加墓葬相似,其不同之处只在于德列斯图伊墓进行墓内装饰和墓上装饰时用到了石块。但是,即使如此也不能说,伊沃尔加人在修建坟墓时完全没有采用石块,因为至少在最近发掘的伊沃尔加墓葬中有一个墓室四周竖有石板。

这样,最近的发掘情况表明,匈奴葬仪中明显地存在着通过相同的建造方式表现出来的相似因素。这些因素可通过上述所有遗存看出来。然而与此同时,在各个地方又可看到构筑坟墓时所表现出来的属于那些偏离地方传统的少数倾向的独特风格。如果说同一种葬仪可以在很大程度上将伊尔莫夫河口和切廖穆霍夫河口联系在一起的话,那么德列斯图伊·库勒图克则是一种十分独特的综合体,至于伊沃尔加古墓群则由于其具有墓葬的某些多样性,显然也应占有独特的一席之地。

匈奴墓葬的多样性表明社会内部相互关系的复杂性,可能还有民族间相互关系的复杂性。此外,还存在着从年代学方面解释古墓群研究中出现不同点的可能性。

本文描述的墓葬,无疑是那些相当复杂的和大型的墓葬。这些墓葬只能在具有高度的文化和发达的生产力,掌握了各种建筑手段,十分熟悉手工业和商业的民族中出现。这一点从墓葬出土物中可以充分地看出。有关匈奴社会的发展水平及其性质,还可从不少专著中读到。当然,匈奴文化和游牧面貌总的来说还不应受到怀疑。但是,如果说先前描述匈奴的资料主要得之于中国编年史的话,那么近年来积累起来的新的考古材料则在颇大程度上丰富了关于这个民族的概念,从各个侧面展现了它的独特性、复杂性和明显地表现出来的独特的民族习俗。

苏联西伯利亚匈奴腰饰牌
（公元前二世纪至公元一世纪）

[苏联]马·阿·戴甫列特

饰牌研究小史

青铜透花腰饰牌见之于西西伯利亚至鄂尔多斯广大地域。其分布区域基本上与公元前后交替时期匈奴人控制地区相吻合。

早从十九世纪末起，西伯利亚饰牌就以其制作精巧、形式完美而引起了学者们的注意。这些饰牌，与其他偶然发现的米努辛斯克艺术青铜器一起，在十九世纪末已为一系列俄国和外国的博物馆或私人收藏家所收藏。有几枚饰牌，于 1893 年在斯德哥尔摩由弗一罗·马丁在《米努辛斯克博物馆藏古代艺术青铜器图册》中发表[①]。

二十世纪初，尤·多·塔尔科—格林采维奇在后贝加尔地区吉达河左岸德列斯图伊·兀鲁思附近考察了一处古墓群，该墓群中出土斗兽图案艺术青铜饰牌[②]。

二十世纪二十年代至三十年代，由于在长城以北草原上发现一批类似的青铜饰牌，西伯利亚透花饰牌引起了国外人士的极大注意。第一次世界大战后，鄂尔多斯青铜器首次在巴明顿俱乐部展览会上展出。不过当时研究家们尚未对它产生兴趣。

鄂尔多斯地区偶然发现的和盗掘古墓群得到的艺术青铜器，

---

① 弗一罗·马丁，1893 年。
② 尤·多·塔尔科—格林采维奇，1902 年。

在二十世纪二十年代进入欧洲古董市场。搜集这类古代艺术制品的活动变成了一种时髦的事情。用卡·杰特玛的话来说，就是出现了一场"考古学上的大灾难"——古董商们把各个综合体出土的器物搅和在一起，还冒出了冒牌货。

首先收买这些器物的是不列颠博物院。巴黎切尔奴斯基博物馆展出之后，艺术青铜器获得了广泛的声誉，售价猛增，盗掘这类古代艺术制品以供应古董市场的活动也更趋猖獗①。约·干·安德森的收藏物甚多（后由斯德哥尔摩博物馆收藏），但凭据材料不足②。日本、英国、丹麦也有少量收藏。最大的古董商是巴黎的卢芹斋。他的收藏品曾由阿·萨尔莫尼于 1933 年刊布过③。这批收藏品曾由转卖商转卖给几位收藏者：布哈德、斯托克莱特、大卫—维尔、海特等人④。埃·海特买到卢芹斋收藏的这批珍贵藏品之后，于 1934—1935 年期间在维也纳"游牧民艺术与野兽纹"展览会上展出过。这批展品主要是一批艺术青铜器，其中大多在专著中介绍过。展览会后，海特将它们暂时交给维也纳艺术品工艺品博物馆收藏。据卡·杰特玛说，后来这批收藏品放在柏林一家银行保险柜中被盗，再也无法凑全了。

现在，全世界许多大型博物馆都藏有鄂尔多斯艺术青铜器。最近以来，几家私人收藏的鄂尔多斯青铜器集中在哥伦比亚大学阿·谢克莱手中⑤。阿·谢克莱不但收购到了卢芹斋当年那批著名的收藏品残余，而且还收购到了从前很少刊布过的迈耶尔、达·卡特等人的收藏品⑥。

---

① 卡·杰特玛，1964 年。
② 约·干·安德森，1932 年，1933 年。
③ 阿·萨尔莫尼，1933 年。
④ 奥·詹思，1935 年；维·格里斯麦尔，1936 年。
⑤ 威·萨莫林，伊·德留，1965 年，第 2 页。
⑥ 维·格里斯麦尔，1937 年；达·卡特，1957 年。

　　约·干·安德森将长城以北草原上发现的艺术青铜器的分布区域称为绥远。1929 年伊·明兹提出"鄂尔多斯青铜器"这一命名,为约·干·安德森所接受①。这一命名后来为考古学著作所采纳。早在二十世纪二十年代末,鄂尔多斯艺术制品与南西伯利亚艺术制品的相似问题就引起了东方学者兼考古学家们的注意。外国学者了解米努辛斯克青铜器,主要借重于弗-罗·马丁所刊布的图谱。这部图谱的画面,至今还为国外出版物一再采用。

　　1929 年,科隆东方艺术博物馆助理工作人员阿·萨尔莫尼访问了苏联中部和西伯利亚各博物馆。这次访问后,他写成《米努辛斯克青铜饰牌》一文,并于 1934 年发表在巴黎的《美术杂志》上②。阿·萨尔莫尼强调了米努辛斯克资料对于解决西伯利亚诸部与鄂尔多斯诸部相互关系问题所具有的重要意义,同时还指出:"将其(饰牌——戴甫列特原注)搜集在一起当是很有益处的,然而这样做很不容易,因为在数十年中,许多单位都已经得到了米努辛斯克资料。我知道的收藏西伯利亚资料的西伯利亚博物馆很不完全,……因此,下面提供的综述材料也将是很不全面的"③。

　　谢·弗·基谢廖夫在其专著《南西伯利亚古代史》中对北亚和中央亚青铜饰牌、金饰牌和木饰牌上的浮雕图案综合体进行了研究,将它们分为两组④。第一组年代较早,图案为写实风格,均匀地分布着椭圆形或螺丝形的沟纹,沟纹中镶有各色珐琅质。第二组年代较晚,图案过分模拟风格化,形状幻想化,装饰意味很浓,上面布满了扁桃状小坑,坑内镶有珐琅质。谢·弗·基谢廖夫刊布过几枚米努辛斯克饰牌⑤。他将四边形饰牌归为第一组,归为第二组

①　约·干·安德森,1932 年,第 223 页。
②　阿·萨尔莫尼,1934 年。
③　阿·萨尔莫尼,1934 年,第 1 页。
④　谢·弗·基谢廖夫,1951 年,第 270—273 页。
⑤　同上,附图 13,16,17,18;附图 22 之 1。

的只有一枚龙形饰牌。米·伊·阿尔塔莫诺夫分析了谢·弗·基谢廖夫关于腰饰牌的分类法之后指出,这种分类法不尽恰当,且饰牌的年代也概括不了其流行的全部时期①。谢·弗·基谢廖夫正确地指出,大巴兰达特古冢出土的长方形青铜饰牌残片,对西伯利亚、蒙古和鄂尔多斯偶然发现的浮雕饰牌的断代具有极端重要意义②。大巴兰达特古冢饰牌是当时南西伯利亚综合体中唯一发现的透花饰牌③。

近几十年来,由于对西伯利亚地区进行了广泛而有计划的发掘,博物馆饰牌收藏量有所增加。科索哥尔窖藏中、米奴辛斯克盆地、图瓦和后贝加尔墓葬综合体中发现透花饰牌④,激起考察家对饰牌的更大兴趣⑤。

最近以来,国外出现了一系列刊布和解释鄂尔多斯饰牌的著作,其主要注意力集中在探明饰牌制造中心这方面。哥伦比亚大学谢克莱基金会实验室编辑了一部饰牌专著。阿·萨莫林和伊·德留对收集到的资料进行了研究⑥。

我国叶尼塞河和后贝加尔地区墓葬综合体中所发现的青铜饰牌,促使人们重新转到对这类器物的研究上。

本文试图全面提供我国目前各博物馆收藏的全部饰牌,根据著述弄清国外博物馆收藏的西伯利亚饰牌的情况,对这些饰牌进行系统整理和断代,并确定其在整个分布区类似古物或同类古物中的地位。本文共用到包括国外在内的 14 家博物馆和学术机构

---

① 米·伊·阿尔塔莫诺夫,1973 年,第 116 页。

② 谢·弗·基谢廖夫,1920 年,插图 59。

③ 谢·弗·基谢廖夫,1951 年,第 270 页。

④ 尼·弗·纳晓金,1967 年,第 163—165 页;德·格·萨维诺夫,1969 年,第 105—108 页;安·弗·达维多娃,1971 年,第 93—105 页、弗·瓦·鲍勃罗,1979 年,第 254—256 页。

⑤ 米·伊·阿尔塔莫诺夫,1973 年;格·阿·费多罗夫—达维多夫,1976 年;马·阿·戴甫列特,1975 年,1976 年。

⑥ 威·萨莫林,伊·德留,1965 年。

收藏的 120 件西伯利亚透花饰牌。

作者借此机会对提供资料的研究家弗·瓦·鲍勃罗夫、埃·鲍·瓦杰茨卡娅、米·彼·格里亚兹诺夫、安·弗·达维多娃、普·巴·科诺瓦洛夫、尼·弗·列昂契耶夫、格·阿·马克西蒙科夫、尼·弗·纳晓金、玛·尼·普舍尼琴娜表示感谢。

饰牌的分类

早在斯基泰时代,用贵重金属制作的带彩色镶添物而无嵌饰物的透花腰饰牌,就在亚洲游民中得到了广泛流传。这些灿烂的原始创作典范,因彼得一世那套有名的西伯利亚搜集品而广为人知[1]。不久前,在发掘哈萨克斯坦公元前五世纪至四世纪伊塞克王冢时,出土一对金饰牌[2]。1975 年,在萨格雷河谷斯基泰时代古冢中出土一对腰饰牌,其上有口咬山羊头的猫科猛兽,成伫立形[3]。这类艺术青铜器,在叶尼塞河中游零星发现物中也常可见到。

诚如米·伊·阿尔塔莫诺夫所论证的那样,虽然 B 形和 P 形腰带扣环与长方形腰带扣环曾在某个时期共存过,但是从类型学角度看来,前者要比后者更古老一些[4]。彼得一世西伯利亚搜集品中的饰牌很有特色,这些特色不仅表现在材料方面,还表现在题材和形状方面。如果说上述大多数金扣环为 B 形和 P 形的话,那么收入本书的 120 枚匈奴青铜饰牌中,只有 3 枚为 P 形饰牌。

经我们研究过的透花艺术青铜饰牌,根据其形状可分为三组:长方形饰牌,圆边饰牌(或圆饰牌),P 形饰牌。

---

① 谢·伊·鲁坚科,1926 年 6;玛·帕·扎维图欣娜,1977 年。
② 基·阿·阿基舍夫,1971 年,1974 年。
③ 阿·达·格拉奇,1976 年,第 228—229 页。
④ 米·伊·阿尔塔莫诺夫,1973 年,第 128 页,第 163 页。

第一组——长方形饰牌。

第一小组——对立双兽饰牌：(1)牛形(牦牛形)；(2)普尔热瓦尔斯基马形；(3)骆驼形。

第二小组——斗兽饰牌：(1)骞驴形或马形；(2)猫科猛兽形和有蹄类动物形；(3)虎形和龙形；(4)幻想动物形。

第三小组——网状花纹饰牌：(1)波纹形(蛇形)；(2)几何图形(网状)。

第二组——圆边饰牌(或圆饰牌)。

第一小组——网状饰牌。

第二小组——身体盘曲在头部四周的长角龙形饰牌。

第三小组——动物头形饰牌：(1)牛头形；(2)猫头形。

第四小组——仁立动物饰牌：(1)写实动物形；(2)幻想动物形。

第三组——P形饰牌。怪兽与虎争斗场面饰牌。

下面我们对各组饰牌逐一进行研究。

第一组 长方形饰牌

按题材分组,长方形透花饰牌可分为：对立双兽饰牌(牛,普尔热瓦尔斯基马,骆驼)；斗兽饰牌(写实的和幻想的)；网状花纹饰牌(波纹——盘蛇,或几何图形——镶入边缘不完整的框内)。

第一小组为对立双兽牌(23 枚)：牛,普尔热瓦尔斯基马,骆驼。所有这些饰牌见之于叶尼塞河中游和克麦罗沃州,不见于后贝加尔地区。这组饰牌的特点是构图成徽章形。双兽对称而立,姿势呈前倾式,双兽之间有一棵圣树。某些饰牌的动物头顶上,还有制作粗糙的树干和枝叶。

双牛饰牌出土于南西伯利亚,共 19 枚[1],其中 17 枚来自叶尼

---

[1] 伊·伊·托尔斯泰,尼·帕·康达科夫,1890 年,图 77；弗一罗·马丁,1893 年,第 25 图之 16；约·斯特里戈夫斯基,1917 年,第 178 页；格·约·波罗夫卡,1928 年,附图 53；米·伊·罗斯托夫采夫,1929 年,原文 28 页之 7；南·费提赫,1929 年,附图 11 之 8；阿·萨尔莫尼,(转下页)

塞河,2 枚来自克麦罗沃州:米努辛斯克博物馆(以下简称为米博)5 枚,克拉斯诺雅尔斯克博物馆(以下简称克博)4 枚,国立爱尔米塔日博物馆(以下简称国爱)3 枚,国立托木斯克大学考古博物馆(以下简称国托大)2 枚,哈卡斯州地志博物馆 1 枚,国家历史博物馆(以下简称国历博)1 枚,伊尔库茨克博物馆(以下简称伊博)1 枚,国立克麦罗沃大学 1 枚,考古研究所列宁格勒分所徽章研究实验室(以下简称列分)1 枚[②]。

大部分饰牌系偶然得到的,还有 4 枚是在科索哥尔窖藏中出土的,2 枚残件是在苏联科学院考古研究所列宁格勒分所克拉斯诺雅尔斯克考察队进行发掘时发现的,1 枚是克麦罗沃师范学院(现为国立克麦罗沃大学)在克麦罗沃州发掘乌卡湖畔的 5 号古冢时发现的。

牛形饰牌带长方形框,框上有几排椭圆形的坑。框内是两头对立牦牛,低着头。牦牛成复杂的缩绘图形。牛头和躯干的前半部分朝向观众,其余部分成侧影形。两牛的牛耳和威武地伸向两旁的牛角挨在一起。画面成静态。某些饰牌的牛形上有刻痕,表示牛特有的耆甲。牛尾扬在牛背上,尾梢以逗号状的小孔来表示。牛肚上的毛也用同样的方法来显示。

鄂尔多斯饰牌中也有类似这样的饰牌,还有一些饰牌模拟风格强烈,特征被过分夸张。

(接上页)1934 年,图 5;瓦·帕·列瓦舍娃,1939 年,附图 10 之 3;谢·弗·基谢廖夫,1951 年,附图 22 之 1(图被倒置);达·卡特,1957 年,第 10 页;尤·谢·格里申,1960 年,图 15;尼·弗·纳晓金,1967 年,第 164 页,插图;《列宁格勒爱尔米塔日收藏品中的斯基泰、波斯和中央亚亚术品》,1969 年,图 71;米·彼·格里亚兹诺夫,1969 年,图 47;米·伊·阿尔塔莫诺夫,1973 年,图 153;马·阿·戴甫列特,1978 年,图 1 之 2,3。

② 阿·萨尔莫尼,1933 年,第 26 图之 3;维·格里斯麦尔,1936 年,图 7;谢·弗·基谢廖夫,1951 年,附图 21 之 14;卡·杰特马,1964 年,第 167 页;威·萨莫林,伊·德留,1965 年,第 8 图 A;《从东方到西方的"野兽风格"艺术》,1970 年,第 127 图;米·伊·阿尔塔莫诺夫,1973 年,图 212;马·阿·戴甫列特,1976 年,图 1 之 1。

徽章化的对立双马(普尔热瓦尔斯基马)饰牌共有 3 枚(国爱 2 枚,岗堡民族学博物馆 1 枚)①,均系偶然得到。双马对立,成侧影形,头低至地。饰牌围以边框,边框内的普尔热瓦尔斯基马形似乎站在边框的下缘上,臀部和耆甲靠在边框的上缘上,尾巴与边框的两个侧缘相接。这给人一种印象:双马正平静地放牧在牧场上。

鄂尔多斯青铜饰牌中也有这样的饰牌②。

对立双驼饰牌只有 1 枚(米博)③,系偶然获得。边框内侧饰有带椭圆形小坑的内框。双驼相对而立,头低至边框下缘,颜部相接,画面成严整的侧影形。双驼各有两腿画有蹄子,臀部微微隆起,尾巴与边框的两个侧缘相接,驼峰与上缘相接。下述细节十分有趣:双驼头部之间有一树干,树干上长出两根树枝,树枝上长有用椭圆形的孔表示的树叶,树枝与边框的上缘相接。

鄂尔多斯青铜饰牌中也有几枚对立双驼饰牌变体④。

第二小组为斗兽饰牌。其中有马或骞驴相斗画面,猫科有蹄类猛兽相争场面,幻想中的动物以及虎与蛇或龙争斗的情景。

马或骞驴相斗饰牌共 18 枚:11 枚来自叶尼塞河中游⑤,7 枚来

---

① 卡·杰特马,1964 年,第 76 页;马·阿·戴甫列特,1976 年,图 2 之 6,7,8。

② 米·伊·罗斯拉夫采夫,1929 年,图 281 之 5;《亚洲艺术》,附图 49 之 2;阿·萨尔莫尼,1933 年,第 25 图之 6;奥·詹斯,1935 年,附图 10;维·格里斯麦尔,1936 年,图 8;卡·杰特马,1964 年,第 161 页;威·萨莫林,伊·德留,1965 年,图 11 之 A;《从东方到西方的"野兽风格"艺术》,1970 年,图 126;马·阿·戴甫列特,1976 年,图 2 之 5。

③ 伊·伊·托尔斯泰,尼·帕·康达科夫,1890 年,图 78;弗·一罗·马丁,1893 年,第 29 图之 15;约·斯特里戈夫斯基,1917 年,图 178 之 15;阿·萨尔莫尼,1934 年,图 9;谢·弗·基谢廖夫,1951 年,附图 21 之 16;达·卡特,1957 年,图 10;马·阿·戴甫列特,1976 年,图 2 之 4。

④ 米·伊·罗斯托夫采夫,1929 年,图 28 之 4;阿·萨尔莫尼,1933 年,图 28 之 1,2,3;谢·弗·基谢廖夫,1951 年,附图 21 之 14;威·萨莫林,伊·德留,1965 年,图 7 之 C,图 10 之 C;米·伊·阿尔塔莫诺夫,1973 年,图 207;马·阿·戴甫列特,1976 年,图 2 之 1,2,3。

⑤ 《1915 年莫斯科俄罗斯帝国博物馆总结》,图 46;格·约·波罗夫卡,1928 年,附图 53 之 B;南·费提赫,1929 年,附图 12 之 4;米·伊·罗斯托夫采夫,1929 年,附图 3 之 8;阿·萨尔莫尼,1931 年,图 1,图 15;谢·弗·基谢廖夫,1950 年,附图 21 之 13,17;米·彼·格里亚兹诺夫,1964 年,图 4(上图);米·彼·格里亚兹诺夫,1969 年,图 47;米·伊·阿尔塔莫诺夫,1973 年,图 152;马·阿·戴甫列特,1976 年,图 3 之 2,3,4,5,6。

自后贝加尔地区[1][国爱 3 枚,米博 5 枚,国立博 1 枚,国托大 1 枚,伊博 1 枚,恰克图博物馆(以下简称恰博)6 枚,1 枚下落不明]。

得自叶尼塞河中游的饰牌,除了 1 枚残件出土于捷普谢依 7 号古墓群外,其余均为偶然获得。得自后贝加尔地区的饰牌出土于墓葬综合体。

这类饰牌共有四种变体。其中两种都各只有 1 枚,还有一种只有 2 枚。在所有这些透花饰牌上,古代艺术家都以灵活的手法表现了野兽相斗的激烈时刻:"它们(骞驴)大张着口,缩着耳朵,瞪着眼,相扑上去,极力想咬住对方的跗关节"[2]。

在数量最多的那种变体中,左边有一马蹻起前腿;牙齿咬住右边一马的马鬃,而右边一马则咬住左边一马前腿的膝盖部。

第二种变体的 2 枚饰牌中,右边的马一腿跪下,口中咬住左边那匹马一条膝盖弯曲的前腿。第三种变体(只有 1 枚饰牌)婉若第一种变体的镜像图。最后一种变体的两枚饰牌来自后贝加尔地区,这是一种特殊的变体:左边马不自然地伸出头来,从下面咬住右边马颈。这两匹马有长长的披鬃。

两马相斗的各种饰牌在鄂尔多斯地区也可见到[3]。

猫科有蹄类猛兽相斗饰牌只有 1 枚,出自科索哥尔窖藏(克拉斯诺雅尔斯克博物馆)[4]。该饰牌为残件,只剩左半部分。鄂尔多

---

[1] 尤·多·塔尔科—格林采维奇,1902 年,附图 3;同一作者,1905 年,第 497 页,图 64;格·彼·索斯诺夫斯基,1935 年,第 174 页,图 6 之 3;谢·伊·鲁坚科,1962 年 a,附图 38 之 1。

[2]《动物的生活》,第 6 卷,第 427 页。

[3] 哈·库恩,1929 年,附图 7 之 a,b;米·罗斯托夫采夫,1929 年,附图 26 之 3;约·干·安德森,附图 31 之 1;阿·萨尔莫尼,1933 年,附图 27 之 1;《亚洲艺术》,附图 49 之 1;奥·詹斯,1935 年,图 10;维·格里斯麦尔,1936 年,图 6;谢·弗·基谢廖夫,1951 年,附图 12 之 15;米·彼·格里亚兹诺夫,1961 年,图 4(上图);谢·伊·鲁坚科,1962 年,图 55 之Ⅱ,威·萨莫林,伊·德留,1965 年,附图 6 之 B,C,附图 17 之 D;《从东方到西方的"野兽风格"艺术》,1970 年,图 120;米·伊·阿尔塔莫诺夫,1976 年,图 3 之 1,4。

[4] 尼·弗·纳晓金,1973 年,第 164 页。

斯同类饰牌,有助于"释读"出这枚残件原本的整个构图情况①。在鄂尔多斯同类饰牌上,反映的是猫科长耳有蹄类动物相斗场面。其牺牲品用前腿跪着,双耳摊向两边,颜面转向正面。猛兽位于右边,牙齿咬进牺牲动物的颈中。

关于两只猫科猛兽(可能是虎)同蛇(或龙)相斗饰牌。1枚饰牌偶然发现于米努辛斯克盆地,为残件;另2枚出自后贝加尔地区的一个墓葬综合体(国爱)②。边框上布有长网眼图案,框内相斗野兽为下列形状:一条长蛇蜷曲成环状,缠绕在两只虎身上。左边那只虎站在边框上,牙齿咬入这只怪蛇的前爪和身体中。而头上长角、长着四爪的怪蛇则咬住对手的背。另一只虎站在右侧边框上,扭回头来,伸长脖子,咬住蛇尾。

这种饰牌在鄂尔多斯地区也有发现③。

幻想动物相争饰牌来自后贝加尔地区。这枚饰牌系偶然获得,为残件。从残件上很难看出原来整个画面的构图情况。

第三小组为网状花纹饰牌。这一小组又可以分为:(1)波纹网状花纹饰牌;(2)折线网状花纹饰牌。

波纹网状花纹饰牌共16枚。其中15枚来自叶尼塞河流域④,1枚来自后贝加尔地区⑤(国爱3枚,米博4枚,国立博1枚,克博7

---

① 米·罗斯托夫采夫,1929年,附图28之1;阿·萨尔莫尼,1933年,附图22之2;维·格里斯麦尔,1936年,图4;达·卡特,1957年,图22之g;卡·杰特马,1964年,第167页;威·萨莫林,伊·德留,1965年,图5之B,图6之A。

② 南·费提赫,1929年,附图12之3;安·弗·达维多娃,1956年,图18之3;安·弗·达维多娃,1971年,图2;米·伊·阿尔塔莫诺夫,1973年,图213;马·阿·戴甫列特,1976年,图3之8。

③ 阿·萨尔莫尼,1933年,附图22之3;马·阿·戴甫列特,1976年,图3之7。

④ 德·阿·克列门茨,1886年,附图7之3;弗·一罗·马丁,1893年,图30之17,19;约·斯特里戈夫斯基,1917年,图106;阿·萨尔莫尼,1934年,图14;江上波夫,水野清一,1935年,图76之1,2;尼·弗·纳晓金,1967年,第164页插图;马·阿·戴甫列特,1975年,图1之a,b;同一作者,1976年,图4之2,3。

⑤ 格·彼·索斯诺夫斯基,1934年,第155页,图6;谢·伊·鲁坚科,1962年6,图56;卡·杰特马,1964年,图111;米·伊·阿尔塔莫诺夫,1973年,图214;格·阿·费多罗夫—达维多夫,1976年,图41。

枚,1 枚可能遗失)。2 枚残件是在叶尼塞河进行发掘时出土的。

这类饰牌四周有长方形的边框,框内有四条均匀弯曲的蛇身,上下排列,构成波纹图案。蛇头与边框一侧相连,蛇尾与边框另一侧连接。在若即若离的波状蛇身之间为孔洞,孔洞星星点点。在边框与蛇身之间有近似三角形的孔。蛇身上贯有一条或几条细沟纹。边框上也有这种细沟纹。

鄂尔多斯也出土过这样的饰牌,不过写实手法更浓一些罢了[①]。

长方形几何纹饰牌共有 15 枚。其西伯利亚分布区域为叶尼塞河中流一带——这里发现 14 枚[②],托木斯克省——这里发现 1 枚(国爱 1 枚,列分 2 枚,米博 5 枚,国托大 1 枚,克博 2 枚,布达佩斯 3 枚,柏林 1 枚)。还有 2 枚残件在克拉斯诺雅尔斯克考古队发掘叶尼塞河时发现。

几何网纹饰牌四周带有边框,边框中饰有由直线和折线构成的几何花纹。一般横线为一条,居中,借助阶梯式纵线与边框相连。阶梯式纵线每边为四至六条。边框通常是平整的,有时饰以树叶形图案或大耳怪兽头和动物头。

这类饰牌在鄂尔多斯青铜器中也有[③]。据维·叶·拉里切夫报道,他在蒙古的达尔罕地方进行发掘时,也曾出土这样 1 枚饰牌。

---

① 奥·詹斯,1935 年,图 10;马·阿·戴甫列特,1975 年,图 4;马·阿·戴甫列特,1976 年,图 4 之 1。

② 弗·一罗·马丁,1893 年,图 30,件 18,20;约·斯特里戈夫斯基,1917 年,图 106;南·费提赫,1929 年,附图 12,图 1,2;阿·萨尔莫尼,1934 年,图 13;江上波夫,水野清一,1935 年,图 76 之 3;尼·弗·纳晓金,1967 年,第 164 页;马·阿·戴甫列特,1975 年,图 2 之 a,6;同一作者,1976 年,图 5 之 2,3。

③ 约·干·安德森,1932 年,图 34 之 2;阿·萨尔莫尼,1933 年,图 23 之 6;江上波夫,水野清一,1935 年,图 75 之 1;奥·詹斯,1935 年,图 10;维·格里斯麦尔,1936 年,图 9;谢·伊·鲁坚科,1962 年 a,图 55 之 r;米·伊·阿尔塔莫诺夫,1973 年,图 215;格·阿·费多罗夫—达维多夫,1976 年,图 40;马·阿·戴甫列特,1976 年,图 5 之 1。

1974 年,在伏尔加河下游一座公元前二世纪的古冢中曾出土
1 枚网纹青铜饰牌,其样式与西伯利亚饰牌相似,不过表面镀金,且
装有铁扣针①。

第二组　圆边饰牌(或圆饰牌)

介于长方形网纹饰牌与其中一边为弧形饰牌之间的过渡形
式,或者说这二者之间的联系环节,得自叶尼塞河,共 2 枚饰牌。
这 2 枚饰牌的纵向边框为阶梯形②。其中 1 枚出土于墓葬综合体,
另 1 枚系偶然获得。网状花纹图案格式与长方形饰牌内的花纹相
合,故可说明它们在起源方面有联系。

一边为弧形的饰牌可分为三小组。

第一小组为一个窄边为弧形的网纹饰牌。这些饰牌可以说是
长方形网纹饰牌的派生形式(米博 2 枚,系偶然所得)③。这类饰牌
边框中的网纹要比长方形饰牌复杂奇特一些。

带弧形边或阶梯形边的饰牌,其边框比较平整,无树叶形装饰
或沟纹。

第二小组为幻想动物画面,很可能是长角龙形饰牌。这种动
物有蛇一样的身子,在头周围盘成一圈,再盘成绳索状,继而变成
尾巴④。脚缩成不十分自然的小突起,很难令人辨认。左前腿与耳
朵相连,右前腿与该动物的身子围成的边框相连。左后腿与左耳
相连,右后腿与尾巴梢相连。这类饰牌有时成简化形式:没有尾

---

① 格·阿·费多罗夫—达维多夫、弗·瓦·德沃尔尼琴科、纳·维·马利诺夫斯卡娅的发掘材料,乔
尔尼·雅尔,斜弯山沟;第 8 组,5 号古冢,1974 年(《关于 1974 年发掘阿斯特拉罕州乔尼·雅尔
区"斜弯"地方古冢的报告》,见《苏联科学院考古研究所档案》,P1,Д5315,页 62)。

② 米·伊·阿尔塔莫诺夫,1973 年,图 157;马·阿·戴甫列特,1975 年,图 3。

③ 弗·一罗·马丁,1893 年,图 30 之 16;约·斯特里戈夫斯基,1977 年,图 106;马·阿·戴甫列特,
1976 年,图 6 之 3。

④ 弗·一罗·马丁,1893 年,图 29 之 13;约·斯特里戈夫斯基,1917 年,图 178 之 13;阿·萨尔莫
尼,1934 年,图 16;谢·弗·基谢廖夫,1951 年,附图 21 之 11;达·卡特,1957 年,图 10;米·伊·
阿尔塔莫诺夫,1973 年,图 155;马·阿·戴甫列特,1976 年,图 6 之 1。

巴,整个构图只有圆圈中的一个头。动物口中含着一个意义不明的物体。饰牌构图十分复杂古怪,有些细节意义不明。这类饰牌在叶尼塞河大量出土,而且只有该地出土。现有的23枚饰牌(国爱1枚,米博6枚,伊博1枚,克博15枚)中,14枚得自科索哥尔窖藏,其余为偶然发现。

我不知道鄂尔多斯饰牌中是否有这类饰牌。

第三小组为动物头形饰牌。

牛头饰牌(牛角伸出头顶)共4枚,均系偶然得自于叶尼塞河中游和后贝加尔地区[①]。其中3枚为发掘所得,1枚来自科索哥尔窖藏(列分1枚,克博1枚,恰博2枚)。

猫科猛兽头饰牌(正面图形,饰以树叶花边)共3枚,均系偶然获得(米博1枚,克博1枚,恰博1枚)。

鄂尔多斯亦有这种饰牌,然而与西伯利亚饰牌略有不同,无树叶花边。[②]

第四小组为伫立动物形饰牌。所有伫立动物形饰牌全系偶然发现于叶尼塞河中游。有2枚饰牌描绘的动物为真实动物,成复杂的缩绘图形:躯干成侧影形,头为正面图(米博1枚,克博1枚)。龙形饰牌只有1枚(米博)[③],龙龇牙咧嘴,尾巴搭在背上,与边框上缘相连。鄂尔多斯也有这种饰牌,但是制作技术更为完善[④]。有2枚饰牌当是上一饰牌画面的晚期仿制品:其一,画面为猫科猛兽,

---

① 尤·多·塔尔科—格林采维奇,1902年,附图2;同一作者,1905年,第497页,图62;格·彼·索斯诺夫斯基,1935年,第174页,图6之1;谢·伊·鲁坚科,1962年,附图32之4。

② 阿·萨尔莫尼,1933年,图25之2。

③ 弗·一罗·马丁,1893年,图29之12;约·斯特里戈夫斯基,1917年,图178之15;阿·萨尔莫尼,1934年,图7;谢·弗·基谢廖夫,1951年,附图21之18;达·卡特,1957年,图10;马·阿·戴甫列特,1976年,图6之2。

④ 米·罗斯托夫采夫,1929年,图25之4;奥·詹斯,1935年,图11之1;《从东方到西方的"野兽风格"艺术》,1970年,图15。

低着头,尾巴扬在背上,四周饰以一排小突起,牌上无孔[①];另一,野兽扬头,尾巴弯成绳索状,牌上有孔。

第三组 P形饰牌

这组饰牌数量不多,只有3枚(列分1枚,恰博2枚)。画面为典型的斯基泰野兽风格,如怪兽与猫科猛兽相斗,怪兽和狮子袭击山羊。这类饰牌由于多次翻造而变形,表现出一种模式化和有点退化的味道。这3枚饰牌全是在叶尼塞河中游地区(1枚来自图瓦[②],2枚来自后贝加尔地区[③])发现的,系出土于发掘中。从风格上来看,猛兽相斗P形饰牌与彼得一世收集的西伯利亚收藏品中的金质原型相去甚远,而与诺音乌拉墓毡毯上的贴花相近。

除青铜饰牌外,后贝加尔地区匈奴人还用过木质镶金饰牌。带有彩色镶件的复合式组装带扣也很引人注目[④]。叶尼塞河畔卡敏卡5号古墓群(雅·阿·舍尔发掘)还出土过饰以光玉髓和白泥膏的石带扣。这些饰牌很可能是西方匈奴人色彩鲜艳的装饰物前身[⑤]。

饰牌的年代和分布

如果说二十世纪上半叶由于只有一枚意义不大的小型饰牌残件在叶尼塞河中游的一个墓葬综合体出土,因而在断定米努辛斯克透花饰牌的年代方面尚有很大困难的话,那么现在则由于克拉

---

① 德·阿·克列门茨,1886年,附图8之29;弗·一罗·马丁,1893年,图29之11;约·斯特里戈夫斯基,1917年,图178;阿·萨尔莫尼,1934年,图8;达·卡特,1957年,图10。

② 德·格·萨维诺夫,1969年,插图。

③ 尤·多·塔尔利—格林采维奇,1905年,第497页,图63;格·彼·索斯诺夫斯基,1935年,第174页,图6之2;谢·伊·鲁坚科,1962年6,附图38之1。

④ 普·巴·科诺瓦洛夫,1976年,第185页—187页。

⑤ 伊·彼·扎谢茨卡娅,1975年。

斯诺雅尔斯克考古队的工作而发现一系列饰牌,情况就发生了质的变化。偶然发现的同类饰牌和相似饰牌的断代问题,有可能得到解决。最近几年得到的全部饰牌,均出土于塔加尔—塔什提克过渡时代的墓葬综合体中。只有一枚蛇形饰牌残件是例外,该残件出土于早期塔什提克遗存(新乔尔尼5号古墓群,5号墓)[①]。

克拉斯诺雅尔斯克考古队在叶尼塞河中游墓葬综合体中发现了8枚透花饰牌:1枚对立牦牛饰牌(残件)发现于拉兹里夫3号古冢墓穴[②];1枚同类饰牌残件发现于格里什金·洛格1号古墓群的5号古冢[③];1枚双马或双骞驴相斗饰牌发现于捷普谢依7号古墓群25号古冢[④];1枚带边框成阶梯式角椎形饰牌发现于克拉斯尼·雅尔3号古墓群1号古冢[⑤];1枚镶金青铜盘蛇头饰牌残件发现于克拉斯尼·雅尔3号古墓群1号古冢[⑥];2枚网状几何图形饰牌残件发现于捷普谢依7号古墓群39号古冢和59号古冢[⑦];1枚牛头饰牌发现于捷普谢依7号古墓群39号古冢[⑧]。十月革命前发现的,则只有1件长方形青铜饰牌残件,出土于大巴兰达特古冢(戈·奥·奥索夫斯基于1895年发掘)。

这一时代的叶尼塞中游墓葬遗存是大型古冢——大墓群和大型墓穴。这类墓葬遗存或者是由单个古墓群构成的,或者是存在

---

① 埃·鲍·瓦捷茨卡娅:《关于塔什提克小分队1967年的工作汇报》,见《苏联科学院考古研究所档案》,Р—1,Д3603,Л21;《塔什提克小分队1967年工作汇报附图》,见《苏联科学院考古研究所档案》,Р—1,Д3603,Л65,图60。

② 玛·尼·普舍尼琴娜,弗·阿·扎维亚洛夫,鲍·尼·彼亚特金,1975年,第229页—230页。

③ 米·彼·格里亚兹诺夫:《关于克拉斯诺雅尔斯克考古队1958年发掘工作的报告》,见《苏联科学院考古研究所档案》,Р—1,Д1814,Л12。墓葬建筑(5号古冢)是一"围墙"体系,研究家们尚不明其用途。

④ 米·彼·格里亚兹诺夫,1971年,第204页。

⑤ 格·阿·马克西敏科夫:《克拉斯诺雅尔斯克考古队勘探小分队1971年的工作情况》,见《苏联科学院考古研究所档案》,Р—1,Д4639,Л8,图25。

⑥ 同上,Л8,图24。

⑦ 米·彼·格里亚兹诺夫,1976年,第230页;同一作者,1977年,第199页。

⑧ 米·彼·格里亚兹诺夫,1976年,第230页。

于更为古老的"围墙"或墓穴之中①。饰牌既出土于古冢,又出土于单个墓穴。

研究科索哥尔窖藏材料②,对于解决同确定饰牌年代相关的问题有重大意义。这一窖藏于 1960 年发现于科索哥尔湖附近的乌茹尔区。窖藏共出土约 200 件器物,其中约 130 件为饰物和艺术品,其余的为青铜铸锭和青铜刨屑块。还发现了两只镬;除了两件青铜铸鹅外,所有窖藏品都发现于其中一只倒扣着的镬中。28 枚饰牌和大部分器物都具有塔加尔—塔什提克过渡时代墓葬物的特点。这些器物有:带有固定而突出的扣针的青铜扣环,带有浮雕式的模拟风格化兽头画面的皮带末梢饰件,青铜小锅,长方形或圆形透花饰牌,带有浮雕式花结或浮雕逗号状装饰图案的半球纽扣。

科索哥尔窖藏物中出土的饰牌,有如下几种:对立牦牛饰牌,两种,4 枚;猫科有蹄类猛兽相斗饰牌,1 枚;盘蛇饰牌,5 枚;身子盘在头四周的长角龙饰牌,13 枚;呈正面形的山羊饰牌,1 枚;牛头饰牌,2 枚;躯干成侧影形、头成正面形的山羊饰牌,1 枚。从器物总的情况看来,科索哥尔窖藏的年代可定在塔加尔—塔什提克过渡时代。塔加尔—塔什提克过渡时代(列·罗·基兹拉索夫的叫法),或曰捷辛阶段(米·彼·格里亚兹诺夫的叫法),一般研究家们定在公元前二至一世纪③。显然,叶尼塞河中游各种类型的青铜饰牌正流行于这一时代。科索哥尔窖藏的特殊意义,就在于它集中了流行于同一时期的器物这一点上④。

在叶尼塞河上游,在图瓦,带虎与大耳怪兽相斗画面的青铜透花饰牌于 1965 年在乌尔宾 3 号古墓群一个石箱墓葬中发现。这

① 玛·尼·普舍尼琴娜,1975 年。

② 尼·弗·纳晓金,1967 年,第 163 页—165 页。

③ 列·罗·基兹拉索夫,1960 年;玛·尼·普舍尼琴娜,1975 年。

④ 米·伊·阿尔塔莫诺夫,1973 年,第 116 页。

一墓葬位于公元前五至三世纪的集体墓葬之中,研究家德·格·萨维诺夫将其年代定在公元前二世纪至公元一世纪[①]。谢·伊·瓦因什坦以墓葬中出土带斜刺儿的三棱青铜箭镞为理由,将这一墓葬的年代定在公元前三至一世纪[②]。

在克麦罗沃州,带对牛画面的饰牌发现于乌丁卡湖附近提苏尔区的5号古冢中(由库兹巴斯考古队于1972年发掘)。饰牌发现于墓穴盗洞中。该古冢的封丘下有4个墓穴,均遭盗掘,遗留下的墓葬器物是一些小型器物。弗·瓦·鲍勃罗夫认为该古冢的时代当在公元前四至三世纪[③]。

在后贝加尔地区,饰牌也发现于已经断代的墓葬综体中:马或骞驴相斗饰牌发现于德列斯图伊古墓群9号墓和10号墓中,凡4枚;三兽相斗饰牌发现于德列斯图伊古墓群7号墓中,凡2枚;牛头饰牌发现于德列斯图伊古墓群14号墓中,凡2枚(由尤·多·塔尔科—格林采维奇1900年发掘[④]);猫科双猛兽与蛇、龙相斗饰牌发现于伊沃尔加古墓群100号古墓中,凡2枚(由安·弗·达维多娃于1963年发掘[⑤])。安·弗·达维多娃先将后贝加尔地区匈奴遗存的年代定在公元前三世纪至公元初[⑥]。后来,她又将其年代定在公元前二世纪至公元一世纪[⑦]。

从以上情况看来,在叶尼塞河中上游和后贝加尔地区墓葬综合体中以及在科索哥尔窖藏中出土的饰牌,其年代多半可定在公元前二至一世纪,个别饰牌为公元一世纪。

[①] 德·格·萨维诺夫,1969年,第104页—108页。

[②] 谢·伊·瓦因施坦,1971年,第35页—36页,57页之注释135。

[③] 弗·瓦·鲍勃罗夫,1979年,第254页—256页。

[④] 尤·多·塔尔科—格林采维奇,1900年。

[⑤] 安·弗·达维多娃,1971年。

[⑥] 同上,第105页。

[⑦] 安·弗·达维多娃,1975年a。

　　将叶尼塞河中游地区透花饰牌分布图描绘出来,就可使人十分清楚地看到其分布区域。它们大多分布在叶尼塞河左岸和科伊巴尔草原,分布在哈卡斯地区,乌留帕河与楚雷玛河之间地区。透花饰牌明显地集中在叶尼塞河以西,特别是乌留帕河与楚雷玛河之间地区这一情况,由于下述情况而更令人感兴趣:这一地区一般说来偶然发现的饰牌数目甚少。

　　公元前一千年末的长方框透花腰饰牌,在中亚①和哈萨克斯坦②一带也有发现。那里的饰牌相当特殊,就其题材来看与西伯利亚饰牌不同;然而这类饰牌在风格上来说并没有显著的特点。

　　从公元前三世纪开始,带有幻想题材画面的大型正方形腰扣环在高加索得到流传③。这些腰扣环从风格上看,与西伯利亚饰牌不同(这一点与哈萨克斯坦和中亚的腰饰牌不一致)。高加索腰扣环的流传可以证明,公元前一千年末,腰饰牌作为一种时髦现象,曾在欧亚大陆广大地区广为流传过。

　　有趣的是,从早期游牧民时代开始到现代为止,亚洲各游牧民族历经 2500 年而始终保存着用扣环、坠饰物和饰牌装饰腰带的习俗。古代突厥人系带配有金属饰物的腰带,就是一例。

饰牌的用途

　　透花饰牌的用途问题,长期以来一直是一个悬案。对于彼得一世西伯利亚搜集品中大型成对金饰牌的用途,各研究家发表了种种的推测意见。比如,伊·伊·托尔斯泰和尼·帕·康达科夫认为,这些金饰牌是马具上的用物。他们写道:"由于它们份量重,

① 安·米·曼德尔什坦,1975 年,附图 28 之 8,附图 36 之 7,8。
② 纳·别·努尔穆哈默多夫,1970 年,图 24;米·伊·阿尔塔莫诺夫,1973 年,图 34。
③ 巴·维·捷霍夫,1969 年,第 49 页—61 页。

至少可以排除装饰衣服的设想;而由于他们是成对的,且在背后装有穿皮带用的既大且粗的挂针,故有可能推测它们也当是马具装饰用物①。"

南·费提赫将一边为弧形的饰牌形状同斯基泰短剑剑鞘金镶边进行了对比,提出推测说,成对饰牌可能是剑鞘两边的镶边②。

米·尼·罗斯托夫采夫、格·约·鲍罗夫卡、阿·萨尔莫尼认为,成对饰牌当是腰带扣环③。

谢·伊·鲁坚科先认为西伯利亚搜集品中的透花饰牌是扣环,后认为还可能是上衣的饰牌。谢·伊·鲁坚科写道:"大部分成对的饰牌中,总是左边的一枚上有穿皮带用的扣棍儿。但要说它们是腰带扣环,却似太大了一些。另外,背面有高出饰牌表面5—10毫米的挂针。由此看来,这些挂针需穿进质地很厚的衣物中,而这种衣服只能是皮衣。"④谢·伊·鲁坚科认为,无挂针的成对饰牌不是扣环,而是固定在衣服上做装饰品用的。

至于谈到本文提到的这些青铜饰牌的用途,长期以来也弄不清楚。直到后贝加尔地区墓葬综合体出土饰牌时,其用途依然不明。尤·多·塔尔科—格林采维奇在发掘德列斯图伊古墓群时,在三个墓穴中各出土 2 枚透花饰牌。这些饰牌"位于木棺长木板内侧中间部位,正是死者骨盆所在位置,似乎钉上去的一般"⑤。格·彼·索斯诺夫斯基以这段描述为根据,得出结论说,这些饰牌是木棺的装饰物。米·伊·阿尔塔莫诺夫在其 1973 年的著作中写道,这些饰牌原在腰带上,之所以落入棺木之下,是由于尸体腐

---

① 伊·伊·托尔斯泰,尼·帕·康达科夫,1890 年,第 50 页。
② 南·费提赫,1952 年。
③ 米·罗斯托夫采夫,1929 年;格·约·鲍罗夫卡,1928 年;阿·萨尔莫尼,1947 年—1952 年。
④ 谢·伊·鲁坚科,1962 年,第 13 页。
⑤ 尤·多·塔尔科—格林采维奇,1902 年,第 23 页。

烂而饰牌下沉的结果①。

米·伊·阿尔塔莫诺夫对德列斯图伊古墓群饰牌状况的解释是正确的。他之所以能够做出正确解释，是由于安·弗·达维多娃在伊沃尔加古墓群未经盗扰的墓葬中又发现了饰牌，此后，成对的饰牌用途问题才告解决②。在伊沃尔加第 100 号土穴墓木棺中，埋葬着一个衣着阔气且系有两条腰带的女人。内衣腰带上别着一枚小型青铜扣环。外衣（短大衣或厚长衫）腰带上饰有一对二虎一龙相斗青铜饰牌。安·弗·达维多娃写道："饰牌的用途是相当清楚的。它们是腰饰牌，这一点可由其在尸体骨架上的位置确凿无误地提供证明。"③

弗·瓦·鲍勃罗夫 1972 年在克麦罗沃州乌丁卡湖附近 5 号古冢的发现物，对上述结论又一次给予补证。一枚双牛饰牌置于皮带上，且用细皮条系在皮带上。下面留有保存完好的丝织物碎片。上面有马皮碎片，显然死者外衣就是用马皮缝制的。

1974 年，在伏尔加河下游一座未经盗扰的墓葬中，发现一枚西伯利亚式青铜网纹图案腰饰牌。饰牌上镶着一层薄金箔，带有铁别棍儿。这枚饰牌位于死者的荐骨上④。

米·彼·格里亚兹诺夫曾对一部分匈奴腰饰牌的图案内容做过分析。他认为，饰牌的题材和形象来自英雄传说⑤。他推测，饰牌上二马相斗的形象，应视作古代英雄史诗中的骏马相争场面。这种争斗，很可能是古代传说中的主要题材之一，且流传至今，在

---

① 米·伊·阿尔塔莫诺夫，1973 年。

② 安·弗·达维多娃，1971 年，第 93 页—105 页。

③ 安·弗·达维多娃，1971 年，第 101 页。

④ 乔尔尼·雅尔，"斜弯"山沟，第 8 组，第 5 号古冢（格·阿·费多罗夫—达维多夫，弗·瓦·德沃尔尼琴科，纳·维·马利诺夫斯卡娅：《关于 1974 年发掘阿斯特拉罕州切尔尼·雅尔斯克区"斜弯"地方古冢的报告》，第 1 卷，见《苏联科学院考古研究所档案》，Р—1，Д5315，Л62。

⑤ 米·彼·格里亚兹诺夫，1961 年。

今天阿尔泰人和蒙古—卫拉特人某些长诗中还保存着。米·彼·格里亚兹诺夫为了将他的推测同青铜腰饰牌上的二马相争场面进行比较,还引用了一位现代阿尔泰说书人的说书片断:

> "它们跪下前腿,
>
> 它们互相撕咬,
>
> 它们想咬断对方的脖子[1]。"

叶·叶·库兹明娜也对二马相争的场面作了有趣的解释。她认为,这一场面是古代伊朗关于水神提什特里亚传说的图解[2]。为了论证自己的观点,叶·叶·库兹明娜引述了萨满巫师在领袖人物举行叫战仪式时唱的一段咒文:"一段白檀香木可以雕出几幅图,那几幅图就像木牌上的图一样。要像木牌一样,雕出这样的图:骆驼与骆驼相斗,马与马相斗,驴与驴相斗,牛与牛相斗,羊与羊相斗,狗与狗相斗,鸟与鸟相斗,人与人相斗。要命令手艺高强的匠人,在木牌上完完整整雕出这样的图来。"[3]

很可能,当初雕刻在檀香木板上而未能保留到今天的这类题材,同时为中央亚各部落所借用,并在此后雕刻在其他东西上,其中包括以二兽相对为其画面的青铜腰牌上。

饰牌的起源

斯基泰—西伯利亚野兽风格对匈奴文化影响甚大。野兽风格遗存在东方一直流行到鄂尔多斯一带。米·伊·阿尔塔莫诺夫认为,这一风格的流传与塞种人的最东支——月氏部落早在公元前

---

① 米·彼·格里亚兹诺夫,1961 年,第 16 页。
② 叶·叶·库兹明娜,1977 年,第 107 页—108 页。
③ 弗·阿·里弗希茨,1977 年。

一千年中叶向中央亚的迁徙有关①。在斯基泰—西伯利亚野兽风格的影响下，一种奇特而独立的艺术在亚洲腹地形成了。虽然这种艺术的范例如普·巴·科诺瓦洛夫所正确指出的那样，也是动物图形，然而要把它们划入野兽风格作品的范围却毫无把握②。

到公元前一千年末，出现了一种反方向的文化影响潮流，即鄂尔多斯艺术青铜器成了欧亚草原和山前地带古代居民模仿和借鉴的对象。

大部分所谓鄂尔多斯青铜器都来源于匈奴人，所以研究家们认为，地位特殊的人物所拥有的透花饰牌流行的中心问题，当与匈奴政治史各个重要时刻密切联系在一起。

阿·萨尔莫尼认为，除了龙形饰牌外，透花饰牌都是鄂尔多斯诸部向米努辛断克盆地居民借鉴而来的③。对于这种观点，我们不能表示同意。在塔加尔文化早期和中期的遗存中，我们还找不到透花饰牌的雏形；从起源上看，它们也与塔加尔野兽风格毫无联系。

无论米努辛斯克饰牌，无论后贝加尔地区饰牌，它们的原样当是从鄂尔多斯地区或者某个我们从考古学方面尚未知晓的中间地带流传开来的一种饰牌。大批与西伯利亚饰牌相似但细节上加工更为细致的饰牌，其中包括带有古色古香叶状边框的饰牌，正是由此地产生的。西伯利亚饰牌上的某些细节，只有在与画面通常更为准确清晰的鄂尔多斯饰牌进行比较，才能分辨清楚。

鄂尔多斯某些饰牌在传到叶尼塞河畔时，已经变形。比如，大卫—维尔搜集的 1 枚鄂尔多斯饰牌，就可以说是铸制西伯利亚四条盘蛇青铜饰牌的样品，不过后者已经过重大的改造，失却了原样

---

① 米·伊·阿尔塔莫诺夫，1973 年，第 122—123 页。

② 普·巴·科诺瓦洛夫，1976 年，第 216 页。

③ 阿·萨尔莫尼，1934 年。

品当初的写实风格①。从总的轮廓来看,西伯利亚饰牌与鄂尔多斯饰牌相仿。但也有不同,其不同之处在于,鄂尔多斯饰牌上的四条蛇两两盘在一起,而西伯利亚饰牌上的四条蛇则分作四行盘蜷在边框内;鄂尔多斯饰牌上的蛇两两头尾相对,而米努辛斯克饰牌样品上的蛇,或蛇头不清晰,或全部朝向一个方向;西伯利亚饰牌上的蛇形程度不同地模拟风格化或图案化了,而鄂尔多斯饰牌上的蛇形却是写实主义的,甚至可以说是自然主义的。每条蛇的头、眼、尾、皮纹都刻画得十分细致。

动物学家认为,鄂尔多斯饰牌上刻画的是东南亚蝮蛇科中的一种,这种蛇如同饰牌上刻画的其他动物——牦牛、蹇驴、野驼一样,乃是内蒙古和鄂尔多斯荒原上动物界的典型代表。因此,自然就可推测出,青铜饰牌上的动物画面当初是在这些动物栖息地,由古代艺术家们直接在可以看到它们的地方被制作出来的。

与题材多样的中央亚饰牌相比,西伯利亚饰牌在题材上比较单调。鄂尔多斯饰牌有种种变体,风格上、题材上种类繁多。比如仅对立双驼饰牌,鄂尔多斯地区就有风格不尽相同的三种变体,其中两种驼头高扬。几何图形饰牌也种类很多,数量不小。

鄂尔多斯拥有的整整一系列题材和构图,在叶尼塞河却没有。鄂尔多斯有一系列兽头朝向两侧边框的对兽饰牌,还有长颈缠绕、头扬在背上或爪子衔在口中的对鸟饰牌等等。最引人注目的鄂尔多斯饰牌是两个徒步角斗士相搏的饰牌。此外,野兽相斗的蒙古饰牌,在西伯利亚腰饰牌中也找不到相似的情况②。

西伯利亚匠人从匈奴人手中得到饰牌样品后,便在当地模仿铸造起来。其明显的例证,就是乌茹尔区大科索哥尔湖附近发现

---

① 奥·詹斯,1935 年,图 10。
② 维·瓦·沃尔科夫,1967 年,图 21 之 2。

的窖藏。窖藏当属铸造匠人所有,这一点是毫无疑义的,因为窖藏物中除了像饰牌这样艺术性很高的艺术品外,还同时发现有青铜铸锭、刨屑和废件。

尤·谢·格里申从铸造技术角度对米努辛斯克饰牌做了详细研究。他以双牛对立饰牌为例指出,米努辛斯克饰牌是以现成的铸件为模型翻砂铸造的,即第一个铸件为第二个铸件的模型,第二个铸件为第三个铸件的模型,等等。由于多次翻造,模型越来越"模糊"。尤·谢·格里申写道:"所有在米努辛斯克盆地发现的加以研究过的对牛伫立饰牌,最终说来必定来自一个模型。"[①]正因为如此,即使在最为细小相似细节上,每个饰牌的清晰程度也不尽相同,一部分饰牌细节比较清晰,另一部分则不太清晰,第三部分看起来却十分"模糊"。我们对一系列制品,特别是对科索哥尔窖藏出土的饰牌进行过研究,结果表明,在同类饰牌中图案越清晰越突出的,尺寸越大。制件尺寸变小的原因,在于多次翻造中,砂模因烧烤变干而缩小的缘故。

更为有趣的是,米努辛斯克博物馆藏品有一枚铅制几何网状图案饰牌的翻版,看来这一饰牌当制于十九世纪八十年代,因为其原版是 1889 年存入托木斯克大学博物馆的。

谢·斯·米尼亚耶夫对叶尼塞河及其以西地区发现的某些饰牌的金属成分进行了研究,并指出,这些饰牌是外来品。值得注意的是,这些饰牌大部分是细节部分十分清晰的样品,或甚为罕见的变体。

鄂尔多斯、后贝加尔地区和蒙古的饰牌,在制作材料上相似。这说明,这些地方都受到了匈奴的影响。很明显,公元前一千年最后的若干世纪,与后贝加尔地区匈奴遗存十分相似的装饰物和武

---

① 尤·谢·格里申 1960 年,第 165 页。

器,在叶尼塞河一带得到过流传①。武器和装饰品受到时髦趋向的影响,便要产生新的东西,这就导致腰饰牌的问世。而腰饰牌,又是当时所有新东西中最能引起叶尼塞居民注意的东西。叶尼塞居民当时正处在匈奴人的管辖之下,而匈奴人在其鼎盛时期占据过西起天山山脉东到大兴安岭的广大地区。

本文引用文献

基·阿·阿基舍夫,1971年。[基·阿·阿基舍夫:《伊塞克古墓发掘记》,见《1970年考古发现》,莫斯科,1971年。]

基·阿·阿基舍夫,1974年。[基·阿·阿基舍夫:《伊塞克古墓(发掘初步总结)》,见《世纪深处》,阿拉木图,1974年。]

米·伊·阿尔塔莫诺夫,1971年。[米·伊·阿尔塔莫诺夫:《斯基泰—西伯利亚艺术》,见《苏联考古学》,1971年,第1期。]

米·伊·阿尔塔莫诺夫,1973年。[米·伊·阿尔塔莫诺夫:《塞种人的宝库》,莫斯科,1973年。]

弗·瓦·鲍勃罗夫,1979年。[弗·瓦·鲍勃罗夫:《塔加尔古墓中出土的青铜腰饰牌》,见《苏联考古学》,1979年,第1期。]

谢·伊·瓦因施坦,1971年。[谢·伊·瓦因施坦:《图瓦民间艺术史》,莫斯科,1971年。]

维·瓦·沃尔科夫,1967年。[维·瓦·沃尔科夫:《北部蒙古青铜器时代和铁器时代早期》,乌兰乌德,1967年。]

阿·达·格拉奇,1976年。[阿·达·格拉奇:《在萨格雷恩河谷进行的新考察》,见《1975年考古发现》,莫斯科,1976年。]

尤·谢·格里申,1960年。[尤·谢·格里申:《塔加尔时代的生产活动》,见《苏联考古学资料和研究》,第90期。]

---

① 玛·尼·普舍尼琴娜,1975年。

米·彼·格里亚兹诺夫,1958 年。[米·彼·格里亚兹诺夫：《阿尔泰古代艺术》,列宁格勒,1958 年]

米·彼·格里亚兹诺夫,1961 年。[米·彼·格里亚兹诺夫：《南西伯利亚各族英雄史诗的最古老遗存》,见《考古论文集》,列宁格勒,第 3 辑,1961 年。]

米·彼·格里亚兹诺夫,1971 年。[米·彼·格里亚兹诺夫：《捷普谢伊山塔什提克墓葬遗存综合体》,见《1970 年考古发现》,莫斯科,1971 年。]

米·彼·格里亚兹诺夫,1976 年。[米·彼·格里亚兹诺夫：《叶尼塞河畔捷普谢伊山的考古发掘》,见《1975 年考古发现》,莫斯科,1976 年。]

米·彼·格里亚兹诺夫,1977 年。[米·彼·格里亚兹诺夫：《捷普谢伊山的考古发掘》,见《1976 年考古发现》,莫斯科,1977 年。]

列·尼·古米廖夫,1960 年。[列·尼·古米廖夫:《匈奴》,莫斯科,1960 年。]

安·弗·达维多娃,1956 年。[安·弗·达维多娃:《伊沃尔加古城遗址》,见《苏联考古学》,第 XXV 期,1956 年。]

安·弗·达维多娃,1971 年。[安·弗·达维多娃:《匈奴艺术青铜器问题》,见《苏联考古学》,1971 年,第 1 期。]

安·弗·达维多娃,1975 年 a。[安·弗·达维多娃:《关于匈奴遗存的分类问题》,见《中亚和哈萨克斯坦的早期游牧民。学术讨论会报告提纲》,1975 年 11 月,列宁格勒。]

安·弗·达维多娃,1975 年 6。[安·弗·达维多娃:《论匈奴的社会制度》,见《西伯利亚原始社会考古》,列宁格勒,1975 年。

马·阿·戴甫列特,1972 年。[马·阿·戴甫列特:《米努辛斯克方形腰饰牌的起源问题》,见《全苏第三届斯基泰—萨尔马特考古问题学术讨论会报告提纲》,莫斯科,1972 年。]

马·阿·戴甫列特,1973 年。[马·阿·戴甫列特:《关于中央亚和西伯利亚出土的动物图案方形腰饰牌》,见《西伯利亚和远东各族起源问题。报告提纲》,新西伯利亚城,1973 年。]

马·阿·戴甫列特,1975 年。[马·阿·戴甫列特:《西伯利亚镂空青铜饰牌》,见《北亚和中央亚考古》,新西伯利亚城,1975 年。]

马·阿·戴甫列特,1976 年。[马·阿·戴甫列特:《关于米努辛斯克腰饰牌起源问题》,见《欧亚大陆各族艺术中的斯基泰—西伯利亚野兽风格》,莫斯科,1976 年。]

《动物的生活》,莫斯科,1971 年,第 6 卷。

玛·帕·扎维图欣娜,1977 年。[玛·帕·扎维图欣娜:《关于彼得一世西伯利亚收藏品的时间和地点问题》,见《彼得一世时代的文化和艺术》,列宁格勒,1977 年。]

伊·彼·扎谢茨卡娅,1975 年。[伊·彼·扎谢茨卡娅:《匈奴时代的金饰物》,列宁格勒,1975 年。]

谢·弗·基谢廖夫,1920 年。[谢·弗·基谢廖夫:《塔加尔文化》,见《俄罗斯社会科学研究所联合会考古专业著作集》,1920 年。]

谢·弗·基谢廖夫,1951 年。[谢·弗·基谢廖夫:《南西伯利亚古代史》,莫斯科,1951 年。]

德·阿·克列门茨,1886 年。[德·阿·克列门茨:《米努辛斯克博物馆的古物》,托木斯克,1886 年。]

普·巴·科诺瓦洛夫,1976 年。[普·巴·科诺瓦洛夫:《后贝加尔地区的匈奴人》,乌兰乌德,1976 年。]

叶·叶·库兹明娜,1977 年。[叶·叶·库兹明娜:《在卡瓦塔和阿弗拉希阿巴地方》,莫斯科,1977 年。]

列·罗·基兹拉索夫,1960 年。[列·罗·基兹拉索夫:《哈卡斯—米努辛斯克盆地历史上的塔什提克时代》,莫斯科,1960 年。]

瓦·帕·列瓦舍娃,1939 年。[瓦·帕·列瓦舍娃:《克拉斯诺雅尔斯克边区南部遥远的过去》,克拉斯诺雅尔斯克,1939 年。]

弗·阿·里甫希茨,1977 年。[弗·阿·里甫希茨:《七河流域的粟特碑铭》,莫斯科,1977 年。]

阿·米·曼德尔什坦,1975 年。[阿·米·曼德尔什坦:《巴克特里亚北部贵霜时代的游牧民遗存》,列宁格勒,1975 年。]

谢·斯·米尼亚叶夫,1975 年。[谢·斯·米尼亚叶夫:《后贝加尔地区匈奴遗存的年代学问题》,见《中亚和哈萨克斯坦的早期游牧民。学术讨论会报告提纲》,1975 年 11 月,列宁格勒。]

谢·斯·米尼亚叶夫,1977 年。[谢·斯·米尼亚叶夫:《德雷斯图伊古墓群出土青铜器分析材料》,见《全苏"苏联考古学最新成就"科学讨论会报告提纲》,基辅,1977 年。]

[此处应有尼·弗·纳晓金和纳·别·努尔穆哈默多夫的著作,原文阙漏,无法查补。]

《莫斯科帝国俄罗斯历史博物馆 1915 年工作总结》,莫斯科,1916 年。

玛·尼·普舍尼琴娜,1964 年。[玛·尼·普舍尼琴娜:《叶尼塞河公元前三世纪至二世纪遗存的新类型》,见《考古研究所简报》,第 102 辑,1964 年。]

玛·尼·普舍尼琴娜,1975 年。[玛·尼·普舍尼琴娜:《公元前二世纪至一世纪(捷新阶段)叶尼塞中游诸部文化》,历史学副博士学位论文摘要,列宁格勒,1975 年。]

玛·尼·普舍尼琴娜,弗·阿·扎维亚罗夫,鲍·尼·皮亚特金,1975 年。[玛·尼·普舍尼琴娜,弗·阿·扎维亚罗夫,鲍·尼·皮亚特金:《克拉斯诺雅尔斯克水库领域的考古发掘》,见《1974 年考古发现》,莫斯科,1975 年。]

米·伊·罗斯托夫采夫,1929年。[米·伊·罗斯托夫采夫:《中亚、俄罗斯、中国和野兽风格》,布拉格,1929年。]

谢·伊·鲁坚科,1953年。[谢·伊·鲁坚科:《斯基泰时代戈尔诺阿尔泰居民的文化》,莫斯科—列宁格勒,1953年。]

谢·伊·鲁坚科,1960年。[谢·伊·鲁坚科:《斯基泰时代中央阿尔泰居民的文化》,莫斯科—列宁格勒,1960年。]

谢·伊·鲁坚科,1962年a。[谢·伊·鲁坚科:《彼得一世的西伯利亚收藏品》,见《考古文献汇编》,第д3—9辑,1962年。]

谢·伊·鲁坚科,1962年б。[谢·伊·鲁坚科:《诺音乌拉古冢的匈奴文化》,莫斯科—列宁格勒,1962年。]

德·格·萨维诺夫,1969年。[德·格·萨维诺夫:《中央图瓦带有青铜饰牌的墓葬》,见《考古研究所简报》,第119辑,1969年。]

格·彼·索斯诺夫斯基,1934年。[格·彼·索斯诺夫斯基:《下伊沃尔加古城遗址》,见《资本主义前社会史问题》,第7—8期,1934年,第150—156页。]

格·彼·索斯诺夫斯基,1935年。[格·彼·索斯诺夫斯基:《德雷斯图伊古墓群》,见《资本主义前社会史问题》,第1—2期,1935年,第168—176页。]

雅·伊·松丘加舍夫,1975年。[雅·伊·松丘加舍夫:《哈卡斯—米努辛斯克盆地古代冶炼业和矿业遗存(最古老的矿场和早期冶炼业遗存)》,莫斯科,1975年。]

尤·多·塔尔科—格林采维奇,1902年。[尤·多·塔尔科—格林采维奇:《后贝加尔地区古民族学资料》,见《俄罗斯地理学会阿穆尔河流域分会特罗伊茨克—恰克图支会著作集》,1902年,第3卷,第2—3辑,第9—32页]

尤·多·塔尔科—格林采维奇,1905年。[尤·多·塔尔科—格林采维奇:《后贝加尔地区西部的古代遗存》,见《第7届考古大会论文集》,第1册,莫斯科,1905年,第492—505页。]

巴·维·捷霍夫,1969年。[巴·维·捷霍夫:《关于南奥塞梯出土的腰饰牌》,见《苏联考古学》,1969年,第4期。]

伊·伊·托尔斯泰,尼·帕·康达科夫,1890年。[伊·伊·托尔斯泰,尼·帕·康达科夫:《艺术遗存中的俄罗斯古物》,圣彼得堡,第3辑,1890年。]

格·阿·费奥多罗夫—达维多夫,1976年。[格·阿·费奥多罗夫—达维多夫:《游牧民和金帐汗国的艺术》,莫斯科,1976年。]

瓦·马·弗洛林斯基,1897年。[瓦·马·弗洛林斯基:《据史前生活遗存看原始斯拉夫人》,托木斯克,第2部,第2辑,1897年。]

叶·尼·切尔尼赫,1970年。[叶·尼·切尔尼赫:《乌拉尔和伏尔加河流域最古老的冶炼业》,莫斯科,1970年。]

叶·尼·切尔尼赫,塔·鲍·巴尔采娃,1972年。[叶·尼·切尔尼赫,塔·鲍·巴尔采娃:《有色金属合金》,见《切尔尼亚霍夫文化中的金属》,莫斯科,1972年。]

约·干·安德森,1932年。[约·干·安德森:《"野兽风格"中的狩猎魔法》[英文],见《远东古物博物馆通讯》,斯德哥尔摩,第4期,1932年。]

约·干·安德森,1933年。[约·干·安德森:《鄂尔多斯青铜器收集品》[英文],见《远东古物博物馆通讯》,斯德哥尔摩,第5期,1933年。]

《从东方到西方的"野兽风格"艺术》[英文],纽约,1970年。

《亚洲艺术》[德文],慕尼黑,1926年。

格·约·波罗夫卡,1928年。[格·约·波罗夫卡:《斯基泰艺术》[英文],伦敦,1928年。]

达·卡特,1957年。[达·卡特:《野兽的象征》[英文],见《欧亚的"野兽风格"》,纽约,1957年。]

安·弗·达维多娃,1968年。[安·弗·达维多娃:《伊沃尔加古城遗址》[英文],见《考古学报》,第20卷,布达佩斯,1968年。]

江上波夫,水野清一:《内蒙古和长城地带》[日文],见《东方考古》,B类,东京—京都,1935年,第1卷(35—36辑)。

南·费提赫,1929年。[南·费提赫:《青铜器与游牧民艺术》[德文],见《斯基泰研究》,第2卷,布拉格,1929年。]

南·费提赫,1952年。[南·费提赫:《爱尔米塔日西伯利亚金饰品收藏物的断代问题》[德文],见《匈牙利科学院考古学报》,布达佩斯,1952年,第2卷,第4期。]

维·格里斯麦尔,1936年。[维·格里斯麦尔:《爱德华·冯·海德男爵藏品》[德文],维也纳,1936年。]

维·格里斯麦尔,1937年。[维·格里斯麦尔:《鄂尔多斯艺术起源问题》[法文],见《亚洲艺术周刊》,第3卷,第1—4期,阿斯科纳,1937年。]

米·彼·格里亚兹诺夫,1965年。[米·彼·格里亚兹诺夫:《南西伯利亚》[法文],见《世界考古》,巴黎,1965年。]

奥·詹思,1935年。[奥·詹思:《草原帝国》[法文],见《亚洲艺术杂志》,巴黎,1935年,第4卷,第1期。]

卡·杰特马,1964年。[卡·杰特马:《早期草原民族》[德文],巴登—巴登,1964年。]

哈·库恩,1929年。[哈·库恩:《两件雕塑艺术品》[德文],见《史前史和民族学艺术年鉴》,1929年,柏林—莱比锡。]

哈·库恩,1938年。[哈·库恩:《中国—西伯利亚青铜器的断代问题》[德文],见《史前史和民族学艺术年鉴》,第12卷,柏林,1938年。]

弗·一罗·马丁,1893年。[弗·一罗·马丁:《米努辛斯克博物馆藏青铜器图册》[法文],斯德哥尔摩,1893。]

　　米·罗斯托夫采夫,1929 年。[米·罗斯托夫采夫:《南俄和中国的"野兽风格"》[英文],莱比锡—伦敦,1929 年。]

　　谢·伊·鲁坚科,1958 年。[谢·伊·鲁坚科:《神话鹰、半狮半鹰兽、翼狮和北方游牧民艺术中的狼》[英文],见《亚洲艺术周刊》,第 21(2)卷,阿斯科纳,1958 年。]

　　阿·萨尔莫尼,1933 年。[阿·萨尔莫尼:《卢芹斋藏品中的中国—西伯利亚艺术品》[英文],巴黎,1933 年。]

　　阿·萨尔莫尼,1934 年。[阿·萨尔莫尼:《米努辛斯克的青铜饰牌》[法文],见《美术杂志》,第 40 卷,巴黎,1934 年。]

　　阿·萨尔莫尼,1947 年—1952 年。[阿·萨尔莫尼:《彼得大帝收藏的萨尔马提亚金制品》[法文],见《美术杂志》,巴黎,第 31—40 卷,1947 年—1952 年。]

　　威·萨莫林,伊·德留,1965 年。[威·萨莫林,伊·德留:《欧亚"野兽风格"流行地域》[英文],见《华裔学志》,第 24 卷,纽约,1965 年。]

　　《列宁格勒爱尔米塔日馆藏斯基泰、波斯和中央亚艺术品》[英文],东京—京都,1969 年。

　　约·斯特里戈夫斯基,1917 年。[约·斯特里戈夫斯基:《阿尔泰—伊朗与民族迁徙》[德文],莱比锡,1917 年。]

　　卡·瓦·特列维尔,1932 年。[卡·瓦·特列维尔:《北部蒙古的考古发掘》[英文],列宁格勒,1932 年。]

　　威·沃特森,1971 年。[威·沃特森:《古代东亚的文化边界》[英文],爱丁堡,1971 年。]

苏联南西伯利亚匈奴青铜器收集品

［苏联］普·巴·科诺瓦洛夫

匈奴人在装饰适用艺术中广泛采用青铜器制品。除了比较少量的发现物来自后贝加尔地区和蒙古北部的匈奴综合体（墓群和居址）外，还有大量的完全证明是属于匈奴人所有的大大小小的青铜艺术搜集品，多半来自鄂尔多斯和内蒙古以及南西伯利亚。这类搜集品是一些装饰性的透雕和浮雕片、扣环、牌、扣、纽扣、缝饰物、垫饰物、箭箙、柄首、动物形，以及其他艺术制作品。它们很久以来引起考察家们的注意是很自然的，其中最突出的——主要是野兽风格制品——还为研究欧亚大陆草原部落艺术的学术著作所广泛引用①。

最近以来，在布里亚特（后外贝加尔地区）境内发现了一系列新的匈奴人青铜艺术制品。其中有：图案为两个怪兽头动物组成相对 S 形，形状为截椭圆形的扣环一件；图案为侧影透雕马形，形状为长方形的透雕网格扣环（?）或缝饰物一件。这两件制品均无

---

① 格·鲍罗夫卡：《斯基泰艺术》[英文]，伦敦，1928 年；米·罗斯托夫采夫：《南俄和中国的野兽风格》[英文]，见《艺术与考古学普林斯顿专著》，第 14 卷，莱比锡—伦敦，1929 年；米·伊·罗斯托夫采夫：《中亚、俄国、中国与野兽风格》，布拉格，1929 年；约·干·安德森：《野兽风格中的狩猎魔法》，见《远东古物博物馆通讯》[英文]，简报第 4 期，斯德哥尔摩 1932 年；阿·萨里莫尼：《卢芹斋藏品中的中国—西伯利亚艺术品》[英文]，巴黎，1933 年；同一作者：《米努辛斯克的青铜饰牌》[法文]，见《美术杂志》，1934 年，第 1 期，巴黎，1934 年；谢·弗·基谢廖夫：《南西伯利亚古代史》，见《古代史通报》，1951 年，第 9 期；米·伊·阿尔塔莫诺夫：《塞种人的宝藏》，莫斯科，1973 年；马·阿·戴甫列特：《关于米奴辛斯克腰饰牌的起源问题》，见文集《欧亚大陆各族艺术中的斯基泰—西伯利亚野兽风格》，莫斯科，1976 年。

扣纽[①]。

　　在本文中,我们准备介绍几件新发现的匈奴艺术青铜器样品。

　　一、1972 年,一群学生在恰克图市东南部 80 公里的沙拉郭勒镇附近契科依河中游,发现一些被损坏的墓葬遗迹,在河右岸悬崖下的斜坡上,搜集到如下器物。长方形透雕青铜饰牌一件(图一)。其左边约三分之一损去,牌宽 5.9 厘米,厚 0.3—0.4 厘米,残留长度 8.5—9 厘米。正面镀金。背面边缘上有一小小的横向角形弧状突起,正确地讲,当是一个扣环。看来,青铜片当利用两个这样的扣环挂在腰带上。多数研究家认为,这类青铜牌是挂在腰带上的,这一论点还可由安·弗·达维多娃在伊沃尔加古墓中发现的器物证实。[②]

图一　铜饰牌

　　青铜牌上的图形很奇特,其含义至今尚未全部弄清。比较肯定的一点是,图案上有一条身为盘蛇状的龙,龙头很大,扭向后方,

---

① 普·巴·科诺瓦洛夫:《后贝加尔地区的匈奴人》,乌兰乌德,1976 年,第 189 页,彩图 XⅫ、4、5,第 192 页,彩图 XIX,18。

② 安·弗·达维多娃:《论匈奴人的青铜器艺术问题》,见《苏联考古学》,1971 年,第 1 期,第 93—105 页。

有双耳双角,口大张,伸出细长的龙舌。这条龙似乎有一只前足,细若鸟腿,爪长且直,另一只前足置于后方,不太明显,无爪。旁边另有一只足,这只足却造型生动,类似鸟腿,弯曲度大,伸向与头相反的方向,看来当是另一个由于铜牌损坏而无法辨认的某种动物的一只足。整个图案置于一浮雕框中。这个浮雕框由一列镀金长方眼组成。不过镀金层只存留在长方眼的凹处,凸出部分已被磨去,露出铜氧化物。使人感兴趣的是,青铜牌虽是铸成的,但是某些浮雕图案却经雕刻修正过。与青铜牌一起发现的还有一件青铜镶的若干残段和一只把手,一件造型极为简单、无装饰图案的青铜鎏斧,两件石片装饰物(?)——一件成弧形,为黄灰玉石制品;另一件亦成弧形,然而尺寸较大,为灰绿蛇纹岩制品。此外,还发现一些铁刀刃以及2—3只陶罐的小碎片。最后,与上述发现物一起出土的,还有一些人颅骨碎片——顶门骨、基骨和面骨碎块各1件。

我们已无法进一步查清上述各种器物原来所在位置的情况。但是根据周围地面特征看来,不排除这样一种可能性,即这里曾经是一块古代墓地,甚至还有居址,即如我们在乌兰乌德市附近色楞格河畔(伊沃尔加古城古墓遗址)见到的那种古迹综合体一样。

下述情况,可使我们将这批发现物与匈奴人联系在一起:弧形石片装饰物——与诺音乌拉古冢的发现物相似(据推测,这当是上衣上的胸饰物)[①];青铜镶把手(图二,1),其形状和装饰图案与后贝加尔地区、蒙古和鄂尔多斯发现的匈奴青铜镶相似[②],陶器——从某些碎片上可以看到是典型的匈奴制作技术:表面平滑,颜色较暗,有带亮光的条纹。

青铜鎏斧(图二,2)很引人注目。这种斧是后贝加尔地区和蒙

① 谢·伊·鲁坚科《匈奴人的文化与诺音乌拉古冢》,莫斯科—列宁格勒,1962年,第48页。
② 谢·伊·鲁坚科,书名同上,第36页,37页,还看参阅格·彼·索斯诺夫斯基:《关于契科依河谷匈奴时代的居址》,见《物质文化史研究所报告和田野考察简报》,第14期,1947年,第38页。

古青铜器时代和铁器早期时代综合体中的典型器物①。我们认为，伊沃尔加古城遗址的匈奴人就是以这种青铜錛斧为样品而造出铁制錛斧的，这种看法想必不会错②。由此看来，这件青铜錛斧就可成为将这批契科依河畔墓葬出土物年代提前（在匈奴时代范围内）的间接证据了。

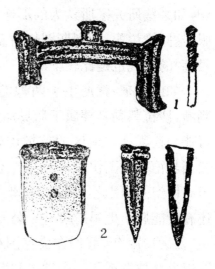

图二　1.铜镤把手；2.铜斧（原大）

　　至于谈到青铜饰牌，那么就其形状和用途而言，无疑应划入所谓匈奴人腰带悬挂牌饰之列，但就其图案的风格和构图而言，则是这类制品中的一种新样品。不过，它的所谓"新"，也只是与伊沃尔加古墓群第 100 号墓葬中出土的两件青铜牌——其图案均为一龙二虎相斗场面相比较而言的③。新发现的这件青铜牌上，龙形的造型依旧，但风格和含义上略有不同。两类青铜牌的框饰也不同：伊沃尔加青铜牌框饰为一列叶状眼，而新发现的青铜牌框饰则为长方眼。有一种观点认为，从类型学角度看，长方眼框饰要比叶状眼框饰年代久远一些④。如果这种观点不谬的话，那么沙拉郭勒青铜牌就比伊沃尔加青铜片古老，而这一点恰好与上面提出的沙拉郭勒青铜牌所在墓葬年代在前的推测相吻合。这里顺便提一句，德列斯图伊二马（或二骞

① 尼·尼·迪科夫：《后贝加尔地区的青铜器时代》，乌兰乌德，1958 年，第 49—53 页，60 页，61 页，彩图 I，IX，XXX—XXXI1。
② 安·弗·达维多娃：《关于伊沃尔加古城遗址的新资料》，见《布里亚特综合科学研究所著作》，第 3 辑，东方学类，乌兰乌德，1960 年，第 163 页，插图 8 之 3、4。
③ 安·弗·达维多娃：《论匈奴人的青铜器艺术问题》，第 96 页，插图 2。
④ 米·伊·阿尔塔莫诺夫：《塞种人的宝藏》，莫斯科，1973 年，第 164 页。

驴,如某些研究家所认为的那样)相斗青铜牌的框饰是一种类椭圆眼,这同样说明,德列斯图伊古墓群某些综合体(包括 9 号墓和 10 号墓)的年代也是比较早的。

如此一来,就产生了两种类型学特征。按这两种类型学特征判断,沙拉郭勒墓葬属于后贝加尔地区匈奴史的早期阶段,而且还可能与迁入这一地区的首批匈奴人有关。从年代学上看,这一阶段当与德列斯图伊阶段早期综合体一致,其年代可定在公元前二至一世纪[①]。因此,沙拉郭勒葬墓当属于接近这一年代域的下层,还有可能属于更早阶段——公元前三世纪末。

二、1977 年,我们在恰克图市西北 50 公里的吉达河畔德列斯图伊古墓群发现了一个被风刮毁的墓葬。被风扬弃在沙坡上的人骨架(无颅骨)残余已完全腐坏,以至无法识别出被葬者的性别。同时发现的铁马衔、马镳、陶器碎片和各种串珠,也无助于这一问题的解决,因为这类器物无论在匈奴男人或女人墓葬中都会遇到。只有这里发现的一件铁箭镞使我们有理由推测,上述遗留物当从男性墓葬出土。

这样,就有必要对其他墓葬品——青铜制品做一番详细研究。这类制品有:带有狮子图案或熊图案的马具饰牌若干,半椭圆或弧形扣环 1 枚,勺状皮带梢 1 枚。

皮带梢(或者确切地讲,皮绳梢)在匈奴墓中过去曾屡有发现[②],但由于保存不好和图案不清晰,而无法从其艺术特点的角度

[①] 列·罗·基兹拉索夫:《论早期匈奴人遗存》,见文集《东欧古代》,莫斯科,1969 年,第 115—124 页;安·弗·达维多娃:《论匈奴遗存的分类问题》,见文集《中亚和哈萨克斯坦的早期游牧民。1975 年 11 月学术讨论会报告提纲》,列宁格勒,1975 年,第 34 页、35 页。

[②] 尤·多·塔尔科—格林采维奇:《后贝加尔地区古民族学资料》,见《俄国地理学会阿穆尔分会恰克图支会著作》,第 4 卷,第 2 辑,伊尔库茨克,1902 年,第 40 页,彩图 Ⅱ(a,a′);安·弗·达维多娃:《伊沃尔加古城遗址——后贝加尔地区匈奴文化的遗存》[英文],见《匈牙利科学院考古学报》,第 20 卷,1968 年,第 237 页,图 20、21。

对这类制品进行描述(图三,7)。

底边为直线、顶端为弧线的扣环是匈奴人所特有的。带有牛头图案的透花扣环,在后贝加尔地区也很常见①。不久前,发现一枚形状与此相似、图案为两个长耳怪兽头相对呈 S 形的扣环②,也当属于这一类。我们新发现的这枚扣环(图三,8),则没有动物图案,其外形似为匈奴人传统的所谓骨制块形扣环的青铜器变体③。不过,这枚扣环对于伊沃尔加墓葬综合体中出土的一套无动物图案的青铜扣环④,倒是一个很好的补充。

最有意思的是几枚在上面谈到的被风吹散的遗留物中发现的青铜饰牌(图三,1—6)。这些饰件呈圆形,表面凸起。其中两枚的图案为熊头浮雕(图三,5、6)。熊头虽造型粗糙,但很逼真:额头突出而宽阔;圆圆的耳朵微微竖起,很有特色;鼻子很窄;眼睛未仔细雕出。两侧和下面有一些凸起(其高度与熊头浮雕相同),圆形轮廓就以此收边。饰件背面有不太高的弧形环,可穿过皮绳或很窄的皮带。

伊沃尔加古墓群中有 3 枚类似的制品,安·弗·达维多娃认为是纽扣。其中 1 枚与我们发现的相同,另外 2 枚尺寸稍大,图案也比较细致一些⑤。安·弗·达维多娃断定,第 138 号墓葬中出土的图案粗略的那枚纽扣与第 100 号墓葬中出土的图案细致的那两枚纽扣相比,年代要晚一些。从这一情况以及我们所发现的熊头

① 尤·多·塔尔科—格林采维奇,书名同上,第 3 卷,第 2、3 辑,彩图Ⅱ(m,m′);安·弗·达维多娃:《伊沃尔加古城遗址》,见《苏联考古学》,第 25 卷,1956 年,第 288 页,插图 19 之 2。
② 普·巴·科诺瓦洛夫:书名同上,第 189 页,彩图ⅩⅪ,5。
③ 尤·多·塔尔科—戈格林采维奇,书名同上,第 3 卷,第 1 辑,彩图Ⅰ(m,1);普·巴·科诺瓦洛夫:书名同上,彩图Ⅲ,16,17。
④ 安·弗·达维多娃:《1956 年布里亚特蒙古考古》,见《布里亚特蒙古文化科学研究所学报》,乌兰乌德,第 24 卷,1957 年,第 254 页,插图 7 之 7;安·弗·达维多娃,书名同上,第 237 页,图 8,图 9,图 11,图 12。
⑤ 安·弗·达维多娃:《论匈奴人的青铜器艺术问题》,第 105 页,插图 9 之 1—3。

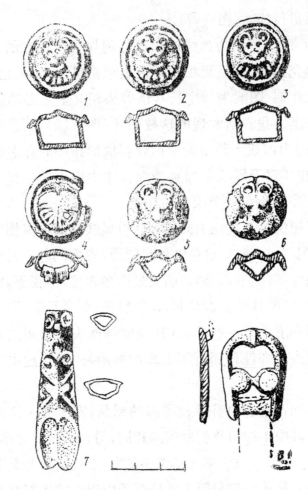

图三　1—6.皮带的饰件;7.皮带稍;8.扣环

饰件与第100号墓葬的纽扣完全相同这一点看来,我们可以将新发现的德列斯图伊墓葬的年代定在略晚于伊沃尔加第100号墓葬的时期。这一结论以及德列斯图伊9号和10号墓葬时代比较早的推断,可使我们对德列斯图伊阶段的一般时代做出详细区分获得一些判别标准。

从题材新颖这一角度来看,3件大同小异的饰件(图三,1—3)令人感兴趣。这3件饰件上的图案是猫科动物头形。图案浮雕而成,虽然相当粗略,但很生动。下面有一排椭圆形凸起,显然用来表示伸出的爪子。饰件背面有很大的方形环,用以将饰件固定在笼头皮带或鞍鞯皮带的交叉处。

类似器物(但无动物图案),在匈奴墓中经常出土[①]。这次发现的带有动物图案的,还属首次出土。现在,纽扣饰件,有熊头图案的和无图案的一起构成了一类特殊的艺术品。如果说,一般考察家认为熊是匈奴人生态学中十分常见的"泰加"森林(西伯利亚原始森林)题材的话,那么现在又出现了一种新的题材——属于另一类自然环境中的野兽——狮子。龙形图案的饰牌(图一),以及上面谈到的怪兽头扣环、马形[②]等等,都可以纳入这一行列,结果我们就得到了一类通过青铜器表现的新的动物题材了。

匈奴青铜器艺术搜集品的扩大,有助于我们对某些后贝加尔地区遗存的年代学问题的探讨。我们希望,这一点将来会有助于深入研究这些部落的精神世界和文化交流。

苏联匈奴文化研究的基本问题

[苏联]安·弗·达维多娃

匈奴人是公元前最后几个世纪征服过中央亚广大地域的游牧民。他们的历史和文化问题早已引起了学者们的注意。不过,应当承认,这个民族历史上的许多主要问题远未得到彻底解决。

---

① 普·巴·科诺瓦洛夫,书名同上,第 187 页,182 页。

② 普·巴·科诺瓦洛夫,书名同上,第 189 页,192 页。类似的马形可参阅列·罗·索斯诺夫斯基:《伊尔莫瓦雅河口的发掘》,见《苏联考古学》,第 8 卷,1946 年,第 56 页,插图 6 之 2,同一作者:《关于契科依河谷匈奴时代的居址》,见《物质文化史研究所报告和田野考察简报》,第 14 期,1947 年,第 38 页,插图 27 之 2。

二十世纪初之前,学术界所拥有的仅只是古代历史学家的一批著述而已。这批著述固然具有很高价值,但并不能因此而掩盖其所含有关匈奴材料的不足和明显的偏颇,正是这些不足和偏颇成了研究家们在论述匈奴文化的著作中产生各执一词且常常互相排斥的根源。弄清匈奴政治史上的主要事件,只是第一阶段的学术成果,而匈奴社会基本发展进程目前尚不清楚。对于这一点,文字史料似乎已经无济于事了;不过对文字史料作一番重新考察,出版一些新的译文,也许还是会有一定的收获[①]。

匈奴研究的第二阶段,与考古资料联系在一起。从上一世纪末恰克图医生、古物爱好者尤·多·塔尔科—格林采维奇对匈奴遗存进行首次考古发掘起至今,已经过去几十年了。看来,对这些考古研究工作性质本身,以及这些研究工作为了解匈奴文化所提供的东西,都应该进行某些总结。

首先,作为全面研究整个匈奴文化可靠基础的遗存分布范围,正在查明。遗存构成本身即可说明,匈奴文化是一种结构多样的复杂现象。确实,其中有居址(既有设防的,又有不设防的),还有各种古墓群(有冢墓和无冢墓等)。古墓群中既有像诺音乌拉山和伊尔莫夫河口那样包括数百座各种各样古冢的大型墓群,又有小于它们的像切廖穆霍夫河口、乌日贡—洪都依等等这类由小型墓冢组成的不太大的闭合式墓群。

发掘这些遗存获得的考古资料,为推翻把匈奴文化说成是一种缺乏个性的单一粗糙的野蛮游牧民文化的陈旧观点,提供了可能性。使匈奴文化得到重新评价,将匈奴文化看作是一种成分多样、起源和产生复杂的文化,其水平大大高于人们从前的估计——这就是随着考古资料的出现而开展的匈奴研究史上第二阶段的主

[①] 弗·谢·塔斯金:《匈奴史资料》,弗·谢·塔斯金撰前言,翻译并注释。莫斯科,1968 年。

要成果。

考古资料的发现，使人们得以将从前认为是纯游牧性质的匈奴社会分成游牧成分和定居成分两部分。定居和农业，是匈奴文化构成中具有一定意义的因素。区分出这两种成分，对于解决不久前还被认为完全由游牧业统治的中央亚地区各民族历史上最为重要的问题，有着极为重要的意义。正因为如此，发掘匈奴居址仍是研究匈奴文化的主要线索之一。

目前，作为定居匈奴人文化独特标准的，还只有伊沃尔加古城遗址一个①，再无一处可与它进行比较。现在已知的其他匈奴居址尚未进行过调查；此外，严格说来，伊沃尔加古城遗址很可能只是纯地域性的资料标准，因为它离匈奴文化主要分布中心甚远。虽然，伊沃尔加古城遗址资料的极端重要性是公认的，苏联以及国外学者对这处目前依然是唯一的遗存所产生的兴趣是共知的，而且许多与认识匈奴文化有关系的原则问题正是在伊沃尔加古城遗址发掘后才进一步明确起来，然而它的独一无二性毕竟是对其他遗存研究甚少而造成的。

至于伊沃尔加资料所展现的前景，却是不小的——现在以此为基础不仅可以提出，而且可以解决一系列与经济、农业、手工业、商业发展，与其发展水平及其在经济的共同结构和生产技术中的地位等有关的综合问题。

研究与匈奴艺术（图案化的骨制品和角制品，以及艺术化的青铜器）有关题目的巨大可能性出现了。这种艺术就其基础来说是一种十分奇特的现象，它与西伯利亚游牧民族艺术的普遍发展联系在一起。

回答学术界早已重视的问题即匈奴社会制度问题的可能性也

---

① 安·弗·达维多娃：《伊沃尔加古城遗址》[英文]，见《匈牙利科学院考古学通报》，第 20 卷，1968年，第 209 页—245 页。

大大增加了。众所周知,匈奴社会或者被说成是原始公社制的,或者被说成是奴隶制的,甚至被说成是封建制的。考古新资料则表明,总的看来匈奴社会具有高度的物质水平,这不但明显地表现在该社会可以分作若干个层次,而且还表现在该社会可以分作若干个等级。从考古资料看来,当有理由认为匈奴社会是一个处于带有氏族制残余传统的原始国家阶段的社会。[①]

如此看来,即使只得到了一处居址——伊沃尔加居址的资料,研究者们的研究条件也无疑大有改观,而且大量发掘这种类型遗存的前景也肯定更为明显。

最近若干年来,由于国立列宁格勒大学考古教研室于 1972 年至 1975 年间的考察而发现了契科伊河畔杜列纳村旁(布里亚特自治共和国)不设防的匈奴居址[②],由于在蒙古境内发现了大量(约 20 处)匈奴居址,结果出现了解决匈奴经济中形成的两种经济——游牧的畜牧业经济和定居的农业手工业经济的数量关系这一最为复杂的问题的可能性[③]。不过,要使匈奴整个文化中这一基本问题得以解决,不仅需要研究匈奴居址,而且需要得到质量全新的古冢墓葬材料。

古冢的发掘,过去是将来也是匈奴考古学的传统方向;通过发掘,可以获得有可能解决一系列问题的大批材料。我们认为,有两个问题必须解决:一、游牧经济的发展水平;二、游牧匈奴人的墓葬

[①] 安·弗·达维多娃:《论匈奴的社会制度》,见《西伯利亚原始社会考古学》,列宁格勒,1975 年,第 141 页—145 页。

[②] 安·弗·达维多娃,谢·斯·米尼亚耶夫:《杜列纳村附近的匈奴居址》,见《1972 年考古发现》,莫斯科,1973 年,第 209 页;安·弗·达维多娃:《杜列纳村附近居址的发掘》,见《1973 年考古发现》,莫斯科,1974 年,第 195 页;安·弗·达维多娃,谢·斯·米尼亚耶夫:《后贝加尔地区匈奴居址的发掘》,见《1974 年考古发现》,莫斯科,1975 年,第 198 页;安·弗·达维多娃,谢·斯·米尼亚耶夫:《杜列纳村附近匈奴居址的发掘》,见《1975 年考古发现》,莫斯科,1976 年,第 232 页。

[③] 这种相互关系是以已公布材料为基础而确定下来的;我们知道,最近几年来蒙古学者在继续对诺彦乌拉山进行发掘,不过我们还没有掌握到新材料。

性质和整个葬仪性质。然而对于这两点，我们至今尚无清晰的概念。

　　大家知道，考古学界已掌握了一大批匈奴古冢墓葬。遗憾的是，对这些遗存进行考古研究的可能性太少了。事实上，即使久已闻名的大型墓群，如诺音乌拉山，只发掘了不到十分之一的古冢；伊尔莫夫河口，只发掘了不到五分之一的古冢；切廖姆霍夫河口，只发掘了大约四分之一的古冢。况且，问题不在于发掘数量的多寡上。除了极个别情况下，所有这些古冢都是采用旧方法发掘的，结果就不可能详尽地、客观地弄清遗存的情况。正因为如此，虽然从第一批匈奴古冢的发掘至今已有八十余年历史了，我们实际上对游牧匈奴人的葬仪尚无完整的概念；葬仪中最为重要的具有决定性意义的问题之一——墓上建筑物问题，依然情况不明。在最好的情况下，也只能记录下封丘石块堆积结构的平面图[①]，而光凭这一点是无法弄清墓上建筑结构的。然而，只要用肉眼观察一下便可确信，匈奴墓上建筑是各式各样的（长方形的、正方形的、圆形的，且大小也不同），所谓匈奴古冢就是指被土掩埋住的墓上建筑堆积物。至今为止，由于墓上建筑尚未弄清，我们对于整个墓葬建筑就不可能获得真实的概念。而确定墓葬建筑的性质和构造，则会提供一系列有关社会学性质以及民族学性质方面的区别。有了这方面的知识，就可大致对匈奴社会做出判断来了。

　　始于 1970—1971 年的由安·弗·达维多娃和普·巴·科诺瓦洛夫领导的由国立列宁格勒大学考古教研室和苏联科学院西伯利亚分院布里亚特社会科学研究所共同进行的考古发掘（该发掘工作后由普·巴·科诺瓦洛夫领导，并于 1975 年结束）表明，伊尔莫

---

① 普·巴·科诺瓦洛夫：《匈奴墓葬建筑。亚洲东部的历史与文化》，第 3 卷，新西伯利亚城，1975 年，第 17 页—46 页；伊·额尔德伊：《诺音乌拉山发掘记》，见《考古学通报》[匈牙利文]，第 14 卷，第 3—4 期，布达佩斯，1962 年，第 242 页、235 页、240 页、第 13 页、第 4 页、第 5 页、第 11 页。

夫河口 54 号古冢墓上建筑的结构相当复杂①。墓穴尺寸为 16.5×16 米,四边砌有石墙,内部分做十个隔间。墓穴南侧带有墓道,墓道两边及纵轴线均砌有石块。这个古冢建筑的庞大规模及其复杂情况,不仅向人们提出了游牧匈奴人存在着新的前所未知的许多内容丰富的葬仪,而且促使人们就究竟是谁以及在怎样的情况下将许多吨石板运来构筑如此大型遗存的问题做出答案。很明显,这个答案将与在一定程度上重新审议我们有关匈奴社会的社会结构问题联系在一起。然而不幸的是,匈奴古冢中为我们提供的这些充分条件,恰恰通过伊尔莫夫河口第 54 号古冢才首先为我们所发现,虽则发掘该墓所采用的方法早在 1960 年就已经由米·彼·格里亚兹诺夫提出来了②。

结果,我们至今既不了解诺音乌拉山匈奴墓的墓上建筑,也不了解伊尔莫夫河口匈奴墓的墓上建筑,更不必说其他不太著名的古墓群的墓上建筑了。我们就连墓穴本身的确切构造及其性质也不甚了了,因为通常只把注意力放到墓穴中的棺椁和棺椁中的墓主上,而且只记录出土物显然是不够的,这主要是指对墓中保存得很不好的有关材料(铁器、木头、玻璃等等)和骨骼学资料的记录。

详细记载匈奴古冢中骨骼学材料的初次尝试,就预示了会提供很多情况③,但是要做到这一点还必须补充进行专门性的古动物学方面的研究工作,因为迄今为止就匈奴古冢遗存的动物骨骼研究问题尚未进行过任何一项专门性的工作,而没有专家对这些材料进行详细的专门性研究,则很难判断畜牧业经济的发展水平和

① 普·巴·科诺瓦洛夫:《伊尔莫夫河口匈奴贵族墓发掘记》,见《民族学论文集》,第 6 辑,乌兰乌德,1974 年,第 220 页—232 页。

② 米·彼·格里亚兹诺夫:《古冢:建筑学遗存。1960 年田野考察总结会报告提纲》,莫斯科,1961 年,第 20 页—22 页。

③ 普·巴·科诺瓦洛夫:《论匈奴的葬仪》,见《民族学论文集》,第 6 辑。乌兰乌德,1974 年,第 209 页—219 页。

性质,不得不照旧一般性地说明和简单地历数一番墓穴中发现其骨骼的动物种类。

为了使发掘获得客观效果,还有一个匈奴遗存特点不能不注意。除了极少数例外,几乎所有匈奴墓均被盗掘过。考古学家所能得到的,只是当初墓中葬物的很少一部分。为了弥补被盗去的那一部分,就不能像通常那样对遗存进行部分发掘,而必须进行最全面的发掘。伊沃尔加古墓群的研究工作,就是一个明显例证。该处发掘过 216 个墓,其中有 200 个被盗掘过。只有对古墓群作过彻底而系统的研究之后,才能在一定程度上弥补盗掘者造成的空白,并或多或少获得有关葬仪的全面概念。

由此可见,通过大大扩充发掘范围和采用完全符合现代科学标准的方式进行田野研究工作,方可得到有关游牧匈奴人葬仪的必要且详尽而不是部分的概念。这方面的工作已经开始[1],还应当继续进行下去。

还必须提及若干迫切需要解决的,然而我们认为目前由于资料缺乏暂时又不能获得解决的问题。我们认为,这类问题有三个:弄清匈奴的起源;确定考古资料的年代;查明、寻找晚期遗存。

从德几涅时代起,学术界就试图弄清匈奴的起源问题。这个问题所引起的猜测和导出的理论数量之多,胜过其他任何一个问题,但是,我们依然无法对此做出详细的答案。原因是多方面的:匈奴人在历史舞台上以"完备状态"出现在民族繁杂的地区,显然正是这一点导致文字史料中出现不准确的记载;缺乏语文学资料,人类学资料也十分罕见[2]。而已有的资料,目前也只可做出将匈奴

---

[1] 普·巴·科诺瓦洛夫:(1)《伊尔莫夫河口匈奴贵族墓发掘记》,第 220 页—232 页;(2)《论匈奴的葬仪》,第 209 页—219 页;(3)《匈奴墓葬建筑》。

[2] 从上一世纪末至今,从全部已发掘的匈奴墓中大约得到了 70 余件头颅骨(据苏联搜集的材料统计)。

人划归到庞大的蒙古人种西伯利分支之中这样一个一般性结论。在缺乏人类学资料的情况下,考古学资料无法对这一问题做出答案;况且有苗头看出,答案并不是单一的,匈奴人的族属可能比较复杂。这一推测,主要以伊沃尔加古墓群资料为基础得出。在伊沃尔加,发掘过216个土墓。从中可以看出,这个古城遗址居民埋葬死者的方式是各式各样的。成年人的葬俗有9种,孩童的葬俗有4种。造成这种区别的原因,从其他表征如财富分化,是无法找到答案的。

如此看来,匈奴起源问题目前依然得不到解决,而且看来在很长时间内也不会解决。这是因为要解决这个问题,就需要许多新的材料,而这些新材料的积累过程却是很缓慢的。

当然,匈奴遗存的年代问题也不是说完全不可能解决,而是说这里有一定的困难,这些困难目前还不可能克服。最早期的材料(青铜镜残片)只在伊沃尔加古城遗址中有所发现,其年代可定在公元前三世纪末,而该遗址的整个基本材料的年代则可定在公元前二至一世纪。德列斯图伊古墓群的年代也当在这一时期。该处发现过"野兽风格"的青铜透花牌饰,格·彼·索斯诺夫斯基根据伊尔莫夫河口古冢与诺音乌拉山古冢相似这一点,而将其年代定在公元前后的交替时代至公元一世纪之间[1]。但是由于该处发现有伊沃尔加古墓群以及德列斯图伊古墓群出土过的铁扣环,因此看来该处遗存的最早年代是可以推后的[2]。

这样看来,后贝加尔地区匈奴遗存的上下限可以定在公元前三世纪末至公元一世纪,不过微年代学的确定,亦即这一上下限之间具体各组考古遗存的确定,仍是主要困难之所在。这一点目前

---

[1] 格·彼·索斯诺夫斯基:《伊尔莫夫河口发掘记》,见《苏联考古学》,1946年,第8卷。
[2] 安·弗·达维多娃:《论匈奴遗存的分类》,见《中央亚和哈萨克斯坦的早期游牧民》(提纲),列宁格勒,1975年,第34页—35页。

无法做到,原因是:现有考古搜集物单一化,对这些搜集物进行分析不会导致这种结果;地层学资料不明显[这里是指伊沃尔加古城遗址中出现的墓穴互切的若干现象;在早期墓穴(被切墓穴)和晚期墓穴(切入墓穴)中都发现有相同的考古材料]。

　　无疑,古钱学材料对于确定微年代学具有一定的意义,虽然利用这类材料还有一定的困难。古钱可以提供准确的 terminus post quem(时段)[1],它与其他材料相结合将有助于年代问题的解决。

　　还有一个目前尚未完成但与弄清公元一世纪遗存有关的重要任务。众所周知,匈奴历史于公元 98 年告终,其时他们为鲜卑人所击败,并接受鲜卑人部落名称;但是,即使此后他们也没有从这一地区消失,至少文字史料直到公元二世纪还提到过他们。

　　我们现在所掌握的最晚考古材料属于公元一世纪初,而公元一世纪下半叶和一世纪末的可靠材料暂时还没有掌握;诚然,也应当考虑到整个后贝加尔地区的匈奴遗存远未得到彻底研究,故不能排除这些遗存中会含有这类材料。蒙古遗存(奈玛—陶勒盖)中则含有公元一世纪的材料,这类材料还在蒙古学者最近的发掘材料中含有,至少可以从纳·色尔—奥德扎布的博士论文摘要中看到[2]。不过,后贝加尔地区的研究家们仍需解决这项任务。看来,这项任务既可以通过继续发掘已知的遗存来解决,又可以通过寻找新的遗存来解决。

　　关于这一点,从 1972 年至 1975 年在对杜列纳村附近居址所进行的调查工作初步总结可以清楚地看到。在遗存的文化层中,除了发现有公元前二至一世纪的典型匈奴材料外,还发现有更晚的

---

[1] 谢·斯·米尼亚耶夫:《论后贝加尔地区匈奴遗存的年代》,载《中央亚和哈萨克斯坦的早期游牧民》(提纲),列宁格勒,1975 年,第 47 页。

[2] 纳·色尔—奥德扎布:《蒙古古代史(公元前十四世纪——公元十二世纪)》,博士论文摘要,新西伯利亚城,1971 年。

材料①。这些材料从现有著作的看法来断代,可以断代在回纥时代。

最后,近几年来,由于克拉斯诺雅尔斯克考察队在米努辛斯克盆地、莫斯科大学考察队和苏联科学院萨彦—图瓦考察队在图瓦加紧进行考古发掘,已经获得了不少年代当定在公元前二世纪至公元前后交替时期的材料②,亦即匈奴征服米努辛斯克盆地和图瓦时期的材料。由于进行了这项工作,于是就出现了以下可能性:开始就匈奴与被征服领土相互关系最有趣的问题和这种相互关系的形式和性质进行研究。而弄清这一问题,将对我们有关匈奴知识的积累做出重要贡献。

---

① 安·弗·达维多娃,谢·斯·米尼亚耶夫:《杜列纳村附近的匈奴居址》,见《1972 年考古发现》,莫斯科,1973 年,第 209 页。

② 列·罗·基兹拉索夫:《论早期匈人遗存》,见《东欧的古物》,莫斯科,1969 年,第 115 页—124 页;阿·米·曼德尔施坦:《白达格 2 号古墓群和恰斯卡尔 2 号古墓群考察记》,见《1966 年考古发现》,莫斯科,1967 年,第 128 页;玛·尼·普舍尼琴娜:《叶尼塞河畔公元前三世纪至二世纪一种新的遗存类型》,见《考古学研究所简报》,1964 年,第 102 辑,第 127 页—134 页;德·格·萨维诺夫:《中央图瓦出土青铜牌饰的墓葬》,见《考古学研究所简报》,1969 年,第 119 辑,第 104 页—108 页。

第五篇　突厥石雕像、围墙、墓葬和碑铭

本篇含七篇文章。第一篇文章[苏联]费·哈·阿尔斯拉诺娃的《苏联额尔齐斯河上游的石雕像》(原文载[苏联]杂志《苏联考古学》[1974年，第3期，莫斯科])，对哈萨克斯坦额尔齐斯河畔古代突厥人遗留下的石雕像即我国考古界统称的"石人"进行了考释和断代。第二篇文章[苏联]弗·德·库巴列夫的《关于苏联东阿尔泰地区古代突厥人"围墙"的新资料》(原文载[苏联]论文集《西伯利亚与远东考古新发现》[1979年，新西伯利亚城])，对苏联阿尔泰地区东部发现的古代突厥人祭祀"围墙"即我国考古界统称的"石圈"进行了分类研究。第三篇文章[苏联]博·鲍·奥甫琴尼科娃的《苏联中央图瓦的古代突厥武士墓》(原文载[苏联]杂志《苏联考古学》[1982年，第3期，莫斯科])，对苏联图瓦中部发现的一座突厥武士墓及其出土器物进行了描述，并对该墓的年代和墓主进行了考释。第四篇至第七篇文章，即[苏联]谢·格·克里亚什托尔内依·弗·阿·里弗希茨的《中央亚古代突厥文和粟特文碑铭的发现和研究》(原文载[苏联]论文集《蒙古的考古学与民族学》[1978年，新西伯利亚城])、《蒙古的碑铭学研究》(原文载[蒙古]论文集《考古文集》[1980年，乌兰巴托])、《蒙古却林古代突厥碑铭》(原文载[苏联]论文集《东方国家与东方民族》[1980年，莫斯科])和[蒙古]萨·卡尔扎乌拜的《蒙古阿尔哈纳纳的突厥铭文》(原文载[蒙古]杂志《语言文学研究》[1980年，乌兰巴托])，分别对包括蒙古在内的中央亚古代突厥文和粟特文碑铭的发现和研究史作了回顾，对二十世纪中期在蒙古新发现的布古特突厥碑铭、塞布赖突厥碑铭、却林突厥铭文、阿尔哈纳纳突厥铭文作了考释。

费·哈·阿尔斯拉诺娃(1934—1995)，女，原苏联现哈萨克斯坦考古学家，历史学博士，毕业于哈萨克国立大学历史系，先在

哈萨克斯坦科学院历史学考古学民族学研究所任研究员,后在特维尔国立大学任教授,主要著述有《东哈萨克斯坦突厥时代墓葬》(1969年,阿拉木图),《额尔齐斯河上游地区中世纪考古概述》(2013年,阿斯塔纳)。弗·德·库巴列夫(1946—2001),苏联—俄罗斯考古学家,历史学博士,毕业于戈尔诺—阿尔泰国立大学历史系,苏联—俄罗斯科学院西伯利亚分院考古学和民族学研究所研究员,主要著述有《阿尔泰古代石雕像》(1984年,新西伯利亚城),《戈尔诺—阿尔泰石雕像》(1997年,新西伯利亚城,戈尔诺—阿尔泰)。博·鲍·奥甫琴尼科娃(1934—),女,苏联—俄罗斯考古学家,历史学博士,教授,毕业于乌拉尔国立大学,后在该大学任教,主要著述有《萨彦—阿尔泰的突厥古物(六世纪至十世纪)》(1990年,斯维尔德洛夫斯克)。谢·格·克里亚什托尔内依(1928—2001),苏联—俄罗斯突厥学家,历史学博士,毕业于列宁格勒国立大学东方系,苏联—俄罗斯科学院东方学研究所列宁格勒分所突厥学蒙古学部主任,列宁格勒大学教授,苏联—俄罗斯科学院通讯院士,常设国际阿尔泰学大会金牌获得者,主要著述有《古代突厥如尼碑铭:中央亚史料来源》(1964年,莫斯科),《古代突厥文字遗存与中央亚民族文化史》(2006年,莫斯科)。弗·阿·里弗希茨(1923—),苏联—俄罗斯语文学家,波斯语教授,粟特语专家,毕业于列宁格勒国立大学东方系,苏联—俄罗斯科学院东方学研究所列宁格勒分所高级研究员,主要著述有《穆格山所得粟特文献》(1962年,莫斯科),《中亚和七河流域的粟特碑铭》(2008年,圣彼得堡),《古代突厥人如尼文的起源》(载[苏联]杂志《苏联突厥学》,1978年,第4期)。萨·卡尔扎乌拜(1947—),蒙古生人,蒙古—哈萨克斯坦突厥史专家,考古学家,语文学博士,毕业于蒙古国立大学,在苏联科学院东方学研究所列宁格勒分所获硕士学位,二十世纪七十年代中至八十年代末任蒙古科学院历史研究所碑铭研究室研究员,九十年代转哈萨克斯坦任欧亚民族大学突厥学—阿尔泰学研究中心主任,教授。主要著述有:《统一的突厥汗国》(2001年,阿斯塔纳),《鄂尔浑碑铭分布图》(1—2册,2003年—2011年,阿斯塔纳)。

苏联额尔齐斯河上游的石雕像

[苏联]费·哈·阿尔斯拉诺娃

在古代部落遗留下的大量物质文化遗存中,一批属于七至十二世纪突厥联盟时代的石雕类人形(通常也称作"石人")占有特殊地位。早在十九世纪,西伯利亚、哈萨克斯坦和阿尔泰的古代突厥人雕像便引起了人们的兴趣,围绕这一现象出现过大批论著。

二十世纪初,随着尼·雅·孔申[①]、鲍·格·格拉西莫夫[②]、阿·尼·别洛斯留多夫[③]和阿·瓦·阿德里阿诺夫[④]等人著作的发表,出现了有关额尔齐斯河上游石人的第一批学术报道文章。至于苏联学者,则应指出谢·谢·切尔尼科夫[⑤],他在参与苏联科学院东哈萨克斯坦考古队工作期间(1935—1937 年及 1947 年),曾对这里的 7 件石雕像进行过研究。1960 年出版的《哈萨克斯坦考古地图集》中,在东哈萨克斯坦地区共标示出二十余件石雕像。遗憾的是,绝大多数石雕像的出土地点现在已弄不清楚了。

---

① 尼·雅·孔申:《论谢米巴拉廷斯克州的古代遗存》,见《俄国地理学会西西伯利亚分会谢米巴拉廷斯克支会会刊》,1903 年,第 1 辑,第 1—32 页。

② 鲍·格·格拉西莫夫:《来自传说和不久前的世界》,见《俄国地理学会西西伯利亚分会谢米巴拉廷斯克支会会刊》,1909 年,第 4 辑,第 2—12 页。

③ 阿·尼·别洛斯留多夫:《1910 年乌斯特—卡缅诺戈尔斯克郊区考古队工作总结》,见《俄国地理学会西西伯利亚分会会刊》,1912 年,第 6 辑,第 1—4 页。

④ 阿·瓦·阿德里阿诺夫:《1911 年夏旅行报告》,见《俄国研究中亚东亚历史学考古学语文学民族学委员会通报》,第 2 卷,1912 年,第 1 期,第 105—111 页;同一作者:《关于西阿尔泰考古学问题(1911 年谢米巴拉廷斯克州旅行)》,见《帝国考古委员会通报》,第 62 辑,彼得堡,1916 年,第 79—91 页。

⑤ 谢·谢·切尔尼科夫:《1947 年东哈萨克斯坦考察队工作总结》,见《哈萨克斯坦科学院通报考古学集刊》,第 2 集,第 37—58 页。

由于最近若干年来在发掘和考察方面采取了专门措施,我们得以弄清从前所不知道的 19 件(总数为 21 件)石雕像。这些石雕像几乎全是碑状人形,以该类遗存所特有的假约—写实性风格刻成。凿刻面主要限于正面,背面和侧面则凿刻粗糙或者根本未经凿刻。其中 19 件石雕像的材料是红色大粒花岗岩,用深灰和浅绿硅页岩刻成的只有 2 件。我们下面谈到的石雕像均为东哈萨克斯坦地区博物馆的收藏品;除 7 件而外,都是在已被移动的地方发现的,因此要把它们看作墓葬建筑综合体或祭祀综合体的一个组成部分,已是不可能了。这些石雕像从年代方面看来,可分做两组:一组是公元七至八世纪的石雕像,一组是公元九至十世纪的石雕像。属于第一组的有 8 件(图一至三)。

石雕像 1。发现于卡通—卡拉盖区成吉斯台村西北 4 公里处。在发现地点有若干为耕作所破坏的石冢。石雕像损坏明显(头部碰落,下半身损去)。残留部分长 90 厘米,宽 30—40 厘米,厚 20—26 厘米。头部系用整块石头凿成。扁桃形的双眼以及鼻子和眉毛均用一条浮雕线刻成。嘴呈半椭圆形,同短胡连接,胡须末梢微微上翘。圆形帽子凿刻明显,很像饰有毛皮的哈萨克帽。双耳及上方带有凸起、下方带有水珠形坠饰的环状耳环,也为浮雕式。右臂肘部弯曲成 45°,大拇指与中指间夹着一只高脚杯。在腕部可以看到用浅沟刻成的袖口,在胸部有一角状刻纹来表示的上衣。左臂下垂,肘部略略弯曲。手部位于腰带以下,残留在已损坏的整块石头上。

石雕像 2。高 190 厘米,宽 42—46 厘米,厚 22—30 厘米。1950 年由大纳雷姆区特鲁什尼科沃村移入博物馆,并两次在学术刊物上刊布过[①]。但是刊布时,在具有重要意义的一些细节上,出

[①]《哈萨克斯坦考古地图集》,阿拉木图,1960 年,附图 9 之 287;雅·阿·舍尔:《谢米列契石雕像》,莫斯科—列宁格勒,1966 年,附图 1,7,第 75 页。

现了某些不准确之处。两次刊布的都不是石雕像的全部高度,没有印出头部右侧以及四条浮雕线表示的头发,歪曲了脸型以及器具和军刀的形状,没有标出呈长方形的胸部和由两条水平线(凹沟)表示的衣服下端。此外,也没有再现出肩部原有的一条水平线——正是这条由背部开始凿刻的水平线,得以把帽子的下缘部分表示出来,并对确定帽子的形状有着重要意义。

石雕像 3。高 190 厘米,宽 32 厘米,厚 20—23 厘米。发现于乌兰区尼基廷卡村旁 7 公里处,即通往阿尔加巴斯(在现今哈萨克人公墓旁)的公路左侧。据当地居民讲,这件石雕像的原来位置在现在发现地以东 200—300 米的一个小型石冢旁,这座石冢由于耕种土地已遭破坏。头部系由整个石块凿成,其正面和两侧刻有宽沟。扁桃状双眼用线条刻成,线条通向鼻子两旁,并勾画出肥胖的两颊。嘴和短须呈简略式样。额上有一道突起,表示头发梳向后面。两鬓和脑后有一些浮雕线,表示头发下垂。右臂肘部弯曲成45°,手掌伸开(无大拇指),手指挨着一件器皿。器皿成罐状,广腹,颈部下窄上宽。左臂腕部有一马蹄状突起,这当表示手镯之类的装饰品。该处还刻有一个横突起,表示袖口。手部没有表示出来。自下颏起,有一里一外套在一起的两个用深槽线刻成的菱形,这是胸部的标志。

石雕像 4。位于塔尔巴哈台区捷尔赛雷克河左岸阿克扎尔村以南 70 公里处一个带围墙(4×4 米)的方形场地东侧(脸朝东)。拉斯廷八年制学校学生曾于 1968 年对该场地进行过发掘。据该校教导主任尼·蒙热诺夫讲,在发掘过程中曾有一些木炭碎块和灰烬出土。石雕像地表以上高 108 厘米,宽 40—45 厘米,厚 23 厘米。石雕像上凿刻有冬季帽子,类似特鲁什尼科沃石雕像上的帽子(图一 2)。胸部似有不明显的菱形装饰物轮廓和下垂的左臂轮廓。

图一　额尔齐斯河石雕像

1.石雕像 1(卡通—卡拉盖区成吉思台村);2.石雕像 2(大纳雷姆区特鲁什尼科沃村);3.石雕像 3(乌兰区尼基廷卡村);4.石雕像 4(塔尔巴哈台区捷尔赛雷克村);5.石雕像 5(同上)

石雕像 5。位于石雕像 4 以东 3 米处，脸朝东。地表以上高 130 厘米，宽 38 厘米，厚 20 厘米。眉毛和鼻子用同一条浮雕线刻成。帽子的轮廓明显可见，其形状与石雕像 2、4 相似。肘部稍显弯曲的右臂轮廓和左臂的上半部隐约可见。

石雕像 6。高 218 厘米，宽 32—40 厘米，厚 15—26 厘米。位于马尔卡科尔区别连泽克河左岸，在乔勃提科尔湖以南 3 公里处的一个废弃的冬营地上。附近散乱着许多石块，看来当是由于建造羊圈而遭破坏的石冢石。卵形头部从前面和两侧与躯干分开。由肩部披到胸部的宽领轮廓明显可见。袖口用一条突起表示。右臂肘部弯曲成直角。凿刻不太清晰的手指末梢与一件平底卷唇罐状器皿相接。左手放在一件略略弯曲的军刀手柄上。军刀上方可以看到一件不太清晰的器物轮廓，当是一件箭袋；军刀下方是一件匕首的模糊轮廓。左臂手部位置刻有一条带有圆扣环的腰带。右耳（左耳未刻出）"挂着"一件巨型球状耳环。

石雕像 7。在石雕像 6 旁发现。头部和下半身未见。残留部分高（由肩至腰带）63 厘米，宽 40 厘米，厚 15—20 厘米。胸部刻有由肩部披下的角形领口。领口以下是一件圆形杯，夹在右手的大拇指与食指之间。左臂半弯曲在用一道突起表示的腰带附近。左手保留在石雕的残剩线以外。右手腕部位有用一道突出表示的袖口。

石雕像 8。高 255 厘米，宽 38—55 厘米，厚 30—42 厘米。1971 年发现于斋桑泊以西 5 公里的斋桑区米秋林国营农庄果木园中[①]。发现地点以东 1.5 公里处有一古冢群，这件石雕很可能就来自那里。这一雕像系男人肖像，用灰色大粒花岗岩凿成。双臂和各种器物由高高的浮雕表现出来。左臂肘部弯曲成 45°，手中举着一件不太高的薄底阔颈高脚杯。左臂下垂，手握出鞘的匕首柄。

---

① 这件石雕像曾由雅·阿·舍尔刊布过，但他错误地把石雕像发现地说成是塔尔迪—库尔干州。参阅：雅·阿·舍尔：著作同上，附图 4，插图 17。某些不太清晰的装饰物在他刊布时被歪曲。

军刀用两根皮带"挂"在腰带(左侧)上,皮带连在两块环状牌饰上,环状牌饰分别刻在腰带的交叉处和中央。右侧刻着两件"каптаргак"(卡普塔尔加克),一件刀鞘,一件磨刀石,这些物件都挂在腰带上;左侧刻着一件梯形挂包。由头顶分开的缕缕头发清晰可见,从脑后一直垂到腰带附近。发缕末梢扭结成螺旋状。面孔的细部未能很好地保存下来,只能看清胡须微微向上卷曲,左眼呈观看状(即睁眼状)。正面刻有一条深深的垂线,右侧刻有一条深深的横线,这表示上衣的右襟。衣领敞开,由肩部披下,胸部饰有一枚鸡心形扣环牌饰。背部腰带上两件装饰性扣环间,挂有一枚月牙形牌饰。

上面这组遗存的首要特点是风格一致,构图相同。它们的各个侧面一般都经凿刻过,右手握有器皿(在胸部位置),左手握有军刀(在腰带附近)。这组雕像的另一个特点是刻出衣服式样,而且表现细腻;此外还刻有其他物件。为了确定其年代,还须对各个雕像详加考证。

衣服。7件石雕像(图一 1,2,4,5;图二 6—8)上刻的是穿着冬装的男子。衣领的典型式样(图二 6—8),皮大衣和皮袄的下摆和衣袖上的毛皮沿边(图一 1,6,7),以及皮大衣和皮袄的式样,都很像哈萨克人的"ишик"(依希克)或 тоц(托茨)[1]。7件石雕像上都只凿刻出上衣的右襟,这一点十分有趣。它显然说明,右襟是压着左襟的。这与蒙古北部发现的石雕像上的突厥人衣服式样是一致的[2]。

这些石雕像上的帽子很引人注目。有3件石雕像的帽子完全相同(图一 2,4,5)。特鲁什尼科沃石雕像(图一 2)上的右翼部位,

---

[1] 伊·维·萨哈罗娃,鲁·迪·霍扎耶娃:《哈萨克民族服装(十九世纪至二十世纪初期)》,阿拉木图,1964年,第54页,插图10之1,2。

[2] 刘茂才:《东突厥汉文史料集》[德文],第Ⅰ卷。威斯巴登,1958年,第469页,图2。

图二 额尔齐斯河石雕像

6.石雕像 6(马尔卡科尔区别连泽克上游);7.石雕像 7(同上);

8.石雕像 8(斋桑区米丘林国营农庄)

凿有几缕头发,就像刻在帽子上一样,这一点很令人惊异。看来,古代雕刻家认为,透过所"戴"的帽子,在此处刻上几缕头发,是很重要的。

这种头盔很大的带有护耳的棉皮帽,很像哈萨克男子冬帽"提马克"的式样。顺便提及一句,其他民族不戴提马克,提马克是典型的哈萨克民族服装①。

成吉斯台石雕像(图一 1)上凿刻的圆形帽子很像"берик"(别里克)——哈萨克人皮毛镶边帽②。

发型。见之于两件石雕像上。其中一件(图一 3)为细缕头发,披至肩头。另一件(图二 8)有 8 缕头发,披在背上,末梢扭结成螺旋状。这种发型在一件吉尔吉斯石雕像上(公元六至八世纪)也出

---

① 伊·维·萨哈罗娃,鲁·迪·霍扎耶娃:《哈萨克民族服装》,第 70 页,插图 14—Ⅱ。

② 同上,第 70 页,插图 14—Ⅰ。

现过①。不过那件石雕像上不是 8 缕头发,而是 7 缕。

耳环。见之于两件石雕像上。一件成弧形,下有坠珠(图二6),另一件下有水珠形坠饰(图一1)。类似耳环,于公元七至八世纪在阿尔泰和图瓦一带流行过②。

项链。为挂在宽带子(?)上的鸡心状牌饰(图二8)。这种形状为公元六至八世纪所特有。

腰带。只有一件石雕像上的腰带装饰物值得注意(图二8)。这些装饰物有:主干皮带扣环 1 件,悬挂皮带 7 件,镶嵌牌饰 5 件(使悬挂皮带固定在腰带上),装饰性扣环 2 件(不跟皮带上的方形牌饰在一起)。有两根皮带不通过牌饰而直接缝制在腰带上。悬挂在皮带上的有:右侧——圆形和近似直角形的"卡普塔尔加克"各一件,刀鞘(或磨刀石?)一件;左侧——梯形的卡普塔尔加克一件,军刀一件;背部——月牙形牌饰一件,位于两枚装饰性扣环之间。左侧还有两根悬挂皮带,未挂物品(图三)。

几种不同形状的卡普塔尔加克挂在同一条腰带上,这种情况在伊塞克湖畔发现的公元六至八世纪石雕像上可以看到③。类似的装饰性扣环和月牙形牌饰,曾在捷敏科沃古墓群中出土,弗·费·根宁认为它们属于公元七至八世纪④。类似的扣环,还在公元七世纪下半叶的匈牙利腰带上⑤以及彼列谢皮诺宝藏中发

---

① 雅·阿·舍尔:《谢米列契石雕像》,附图 6,插图 26。

② 莉·阿·叶芙秋霍娃:《南西伯利亚和蒙古的石雕像》,见《苏联考古学资料与研究》,第 24 期,1952年,第 106 页,插图 62,2—3。

③ 雅·阿·舍尔:《谢米列契石雕像》,附图 8 之 37,附图 11 之 47。

④ 弗·费·根宁:《捷敏科沃古墓群:洛莫瓦托沃文化遗存》,见《乌拉尔考古学问题》,第 6 期,斯维尔德洛夫斯克,1964 年,第 110 页,插图 8,附图 4 之 14.15;里·德·戈尔迪斯:《卡马河上游七至九世纪古墓群》,见《乌拉尔考古学问题》,第 9 期,斯维尔德洛夫斯克,1970 年,附图 6,9,51。

⑤ 阿·萨拉蒙:《从科尔内墓地(公元六世纪)看民族和历史交流》[德文],见《考古学报》,第 21 期,第 3—4 页,布达佩斯,1969 年。承蒙阿·康·阿姆勃罗兹指出这一点,本文作者为此表示深深的谢意。

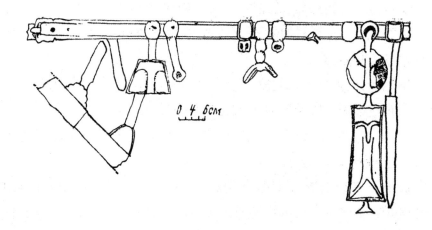

图三　额尔齐斯河石雕像

石雕像腰带展开图

现过①。

　　石雕像6的腰带上带有圆形扣环。其他腰带上(图一1,图二7)不带扣环和牌饰。

　　器皿。见之于6件石雕像上。根据其形状,可分为四组。

　　第一组为圆底碗(图二7)。这种碗在图瓦②、东哈萨克斯坦和中哈萨克斯坦③石雕像上发现过,其年代定在公元七至八世纪。

　　第二组为高脚杯(图一1,图二8)。这种杯在谢米列契(亦译七河地区——译者注)④、图瓦⑤、蒙古⑥的石雕像都曾发现过。

　　第三组为圆腹卷唇罐(图二6)或阔颈罐(图一3)。

　　圆腹罐在帕甫洛达尔的额尔齐斯河流域公元七至九世纪墓葬

① 鲍·伊·马尔沙克,卡·马·斯卡伦:《彼列谢皮诺宝藏》,列宁格勒,1972年,第6页插图。

② 阿·达·格拉奇:《图瓦的古代突厥人石雕像》,莫斯科,1961年,附图1之24,附图2之15,24。

③ 雅·阿·舍尔:《谢米列契石雕像》,附图1之4,附图14之56。

④ 雅·阿·舍尔:《谢米列契石雕像》,附图1之2,附图10之46,附图15之62,63,附图16之64。

⑤ 列·罗·基兹拉索夫:《图瓦中世纪史》,莫斯科大学出版社,1969年,第28页,插图3之4。

⑥ 莉·阿·叶英秋霍娃:著作同上,插图46之2。

中有所发现①。类似器皿在图瓦的石雕像上也有②。莉·阿·叶芙秋霍娃认为,这类器皿在公元七至八世纪非常广泛地流行于萨彦阿尔泰高原居民中③。

第四组为颈部明显的罐头状器皿(图1—2)。类似器皿在公元六至八世纪墓葬④以及图瓦石雕上⑤发现过。

这样,通过对比分析,可以把上述石雕像上凿刻的器皿年代定在公元七至八世纪之间。

武器。三件石雕像上凿有武器,为军刀、匕首。其中两件军刀挂在腰带的悬挂皮带上,皮带穿过几何形状的环(图二8),另一件军刀握在(下垂的)左手里(图一2)。在斋桑石雕像(图二6,8)上刀柄饰有十字状牌饰,末端有环状柄首,与彼列谢皮诺宝藏中的军刀柄首相似⑥。十分有趣的是,腰带装饰物细节也与彼列谢皮诺宝藏中的资料十分相似。斋桑石雕像上的某些器物还跟第聂伯河流域阿瓦尔人的制品具有相似之处,这显然与这些器物于公元六世纪在阿尔泰地区的出现以及额尔齐斯河诸部落跟毗邻部落进行过文化交流有关⑦。

这样,上面列举的类似各点就可证明,第一组石雕像与阿尔泰、图瓦、南西伯利亚、谢米列契突厥石雕像属于同一时期。额尔齐斯河流域存在着同一时期的墓葬综合体⑧,这可以使人认为,公

---

① 费·哈·阿尔斯拉诺姓:《帕甫洛达尔的额尔齐斯河流域遗存(七至八世纪)》,见《哈萨克斯坦考古新发现》,阿拉木图,1968年,附图 1 之 118。
② 莉·阿·叶芙秋霍娃:著作同上,插图 14,33;阿·达·格拉奇:著作同上,附图 22 之 1,插图 1,19。
③ 莉·阿·叶芙秋霍娃:著作同上,第 107 页。
④ 列·罗·基兹拉索夫:《图瓦中世纪史》,第 20 页,附图 1 之 32。
⑤ 阿·达·格拉奇:著作同上,附图 1 之 10。
⑥ 鲍·伊·马尔沙克,卡·马·斯卡伦:《彼列谢皮诺宝藏》,第 6 页。
⑦ 莉·阿·叶芙秋霍娃:著作同上,插图 67 之 10;阿·达·格拉奇:著作同上,附图 1 之 13。
⑧ 费·哈·阿尔斯拉诺姓:《东哈萨克斯坦突厥时代墓葬》,见《哈萨克斯坦古代牧民和农民的文化》,阿拉木图,1969 年,第 43 页。

元七至八世纪东哈萨克斯坦曾居住过突厥部落,他们是西突厥汗国的一个组成部分。

从年代学上划分出的第二组石雕像多数是一些类人形石碑。

石雕像9。呈端坐姿势的立体人形,系由灰色大粒花岗岩凿成。头部损去。右臂手部有缺口。残存部分高72厘米,宽35—60厘米,厚18—50厘米。在1970年发现于马尔卡科尔区奥尔洛夫卡村以北2公里处卡拉卡布河的一条小支流河底。左手放在左膝盖上。右臂肘部弯曲成45°,贴在胸前。背部和两侧可以清晰地看到有一条细腰带。

图四　额尔齐斯河石雕像

9.石雕像9(马尔卡科尔区奥洛夫卡村);10.石雕像10(塔尔巴哈台区库依干村);11.石雕像11(马尔卡科尔区鲍勃罗夫卡村);12.石雕像12(乌兰区迪里热勃尔村);13.石雕像13(乌兰区托奇卡村以西9公里处的石冢旁);14.石雕像14(同上);15.石雕像15(乌兰区托奇卡村);16.石雕像16(库尔丘姆区布加乔沃村)

石雕像 10。高 170 厘米,宽 32—48 厘米,厚 10—12 厘米。塔尔巴哈台区库依干村居民莫尔加日达尔·达伊拉巴耶夫于 1961年在一座带有椭圆形石砌封丘(长轴呈南北方向)的石冢东侧发现了这件石雕像,并把它保存在自己的院子里。石冢位于库依干村以南 6 公里处,在通向萨西克—巴斯套(离阿克塔姆 2 公里)大道的右侧。头部微向右倾,系用整块石头凿成,颏下有一波浪状深沟,身体两侧略有收缩。眉毛呈弯曲突起状。双眼呈扁桃状,似乎闭着,胡须相当大,两梢微翘。

石雕像 11[①]。高 190 厘米,宽 24—30 厘米,厚 25—28 厘米。用四棱形硅页岩石块凿成,凿刻部分只限于正面和两侧的一部分。颏下有一条凿沟,把头部从整个石块中区分出来。两鬓和囟门上有几缕梳成直式分头的头发。呈观看状(刻有瞳仁)的两眼、眉毛、衣服细部、双臂、器皿,均用清晰的深线条刻画出来。鼻子、丰满的嘴唇和向上卷曲的大胡子,则用高高的浮雕表现出来。颈部刻有一件项链,项链由两枚五角形坠饰、一枚半椭圆形坠饰和一枚长方形坠饰组成。胸部可以看到上衣翻领的轮廓。右手握着一件颈部和底部微阔的罐状器皿,左手握着一件军刀的刀柄。双耳上可以看到带有小坠球的半椭圆形耳环。

石雕像 12。高 145 厘米,宽 32—34 厘米,厚 10—18 厘米。发现于离乌兰区迪里热勃尔村 4.5 公里远的一座用片页岩筑成的哥萨克人坟墓旁,即通向叶卡捷林诺夫卡村的大道右侧 200 米处。发现地以东 0.5 公里处(在耕地里),有一座直径 15 米、高 4.5 米的石冢。头部用截面为菱形的整块页岩凿成,两侧刻有沟纹,表现出特殊的尖顶状帽子式样。用椭圆形封闭式突起凿刻成的"睁眼状"

---

① 1911 年由阿·瓦·阿德里阿诺夫于马尔卡科尔区鲍勃罗夫卡村附近发现,并在 1916 年由他刊布过,参阅阿·瓦·阿德阿里诺夫:《关于西阿尔泰考古学问题》,见《帝国考古学委员会通报》,第 62 期,彼得堡,1916 年,第 80—81 页,插图 34—35。

双眼颇具特色,小巧而突出的鼻子和小小的嘴巴使这件石雕像具有与这组雕像中的其余各件完全不同的特点。正面和两侧有一道横沟,显然表现的是短上衣的下缘。

1972 年我们对乌兰区托奇卡村以西 9 公里、西宾卡河支流伊西河左岸上的一座立有 2 件石雕像的石冢进行过考察。这座石冢的直径为 6 米。封丘用灰色碎辉长岩石块筑成。两件石雕像立在石冢东侧,面朝东,向南倾斜 25°①。

石雕像 13(南面的)。 高 114 厘米,宽 22—28 厘米,厚 12 厘米。整个石块上的两侧各刻有一道沟纹,颏下刻有一道弯沟,使头部区分出来。在尖顶帽子下面可以看到双眼、扁平而下端肥大的长鼻子和大嘴。所用石料为浅红灰色的中粒花岗岩。

石雕像 14(北面的)。 高 130 厘米,宽 30—40 厘米。颏下刻有一道弯沟,肩部成宽阔的直角形,从而使头部跟整个石块区分开来。两臂下垂,右臂略略弯曲,双手未凿出。正面遭受强烈风化。不过,两只圆眼和浮雕而成的十分显眼的鼻子,仍可相当清晰地辨认出来。面孔的下半部轮廓看不太清,然而可以看清尖下颏。该石雕像系用灰色大粒花岗岩方石凿成。

经过清理,露出由碎岩石筑成的圆形基座轮廓;其直径为 6 米,厚 30 厘米(边缘)至 80 厘米(中心)。基座中心深 75 厘米处,发现一些动物骨骼(马牙,羊腿骨碎块)。

石雕像 15。 高 152 厘米,宽 22—24 厘米,厚 17—20 厘米。发现于乌兰区托奇卡村以东 6 公里处,通往麦德维特卡村大道左侧的一座哈萨克人墓旁。从眼睛、鼻子的凿刻风格来看,与石雕像 12 相似。原为相当高大的四角形帽子,因在上方凿有两个斜宽缺口而被"修正"。鼻子和微翘的双眉用一条浮雕线凿成。胸部由两个

---

① 当地居民证明,不久前这里还有过一件石雕像,但我们未能找到。

小椭圆突起表示;两颊也用同样手法表示。

石雕像 16。全身高约 20 厘米,肩部宽 24 厘米,厚 24 厘米。1968 年由地球物理学家叶·谢·舒里科夫运到州博物馆。发现于库尔丘姆区布加乔沃村东北 2 公里处库尔丘姆河右岸的一座石冢旁,发现时已断成三截。最下截仍旧留在发现处。头部成卵形,与整个石块区分开来。双眉和鼻子由同一条浮雕线凿成。两只相距甚近的"睁眼状"(带瞳仁)双眼清晰可见。一张小嘴和上翘 45°的直式胡须造型简略。宽阔的双肩使躯干和放在腰带上的双臂具有立体感。双手间隐约可见有一器皿轮廓(石雕像该部有的地方遭到损坏)。

谢米巴拉廷斯克州热尔马区一座遭到损坏的石冢旁(其东侧)[1]发现 5 件石雕像(图五),单成一组。这 5 件雕像由东北而西南排成一线,面朝东(图六 1)。石冢平面图呈正方形(6×6 米),石冢上方呈扁圆状,由石头砌成;东侧留有竖插在地中的石板,体积(平均)为 18×70×215 厘米。有计划地进行发掘后,未能获得补充资料。全部石雕像保存得很不好。材料为当地产的略带粉红色的灰色大粒花岗岩,岩面略有风化。风化程度最大的是石雕像 19(3)[2],保存最好的是石雕像 20(4)。

这些石雕像的共同特点是帽子高大,有的为直角形(图五 17、18、21),有的为尖顶形(图五 19、20)。

石雕像 17(1)。高 216 厘米,最宽处 35 厘米,厚 18 厘米。正面额下有两条相交刻线,表现出脸部的下半部,并使头部跟整个石块区分开来。鼻子和靠近鼻梁处的两道直眉,系由一道浮雕线凿成。嘴呈椭圆形深坑状,上方有一马蹄状突起(胡须?)。

石雕像 18(2)。高 172 厘米,宽 30 厘米,厚 15 厘米。正面额

---

[1] 乌什—比伊克车站北北东 12 公里处。
[2] 括弧里的数字表示石冢旁的石雕像由北而南的顺序号。

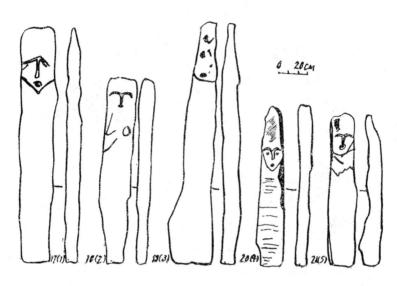

图五　额尔齐斯河石雕像

石雕像 17—21（谢米巴拉廷斯克州热尔马区）

下有两条刻线,表现出脸部的下半部,并使头部跟整个石块区分开来。鼻子和微微弯曲的双眉,系由一道浮雕线凿成。嘴部紧靠鼻子,呈一椭圆形深坑状。胸部位置上可隐约看到肘部弯曲的右臂轮廓,手部位置有一圆形器物(?)轮廓。

石雕像 19(3)。高 225 厘米,宽 18—45 厘米,厚 6—8 厘米。下半部突出,使头部与整个石块区分开来。面部细节由于风化而完全毁去。只残剩一个成浅坑形的嘴和一只右眼的一部分。

石雕像 20(4)。高 150 厘米,宽 18—20 厘米,厚 12—15 厘米。面部突出,使头部与整个石块区分开来。鼻子和微微弯曲的双眉,用一条不太高然而很明显的浮雕线凿成。两只不太大的眼睛和一张圆形的嘴,也用同样方式凿成。

石雕像 21(5)。高 142 厘米,宽 25—30 厘米,厚 15—18 厘米。颔下有两条相交深刻线,表现出脸部的下半部,并使头部与整个石块区分开来。鼻子和两道微微弯曲的眉毛用一条浮雕线凿成。椭

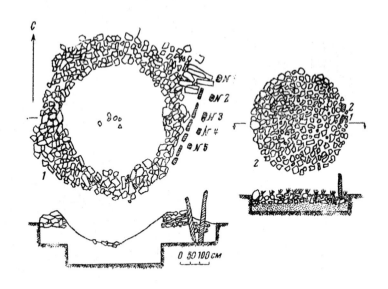

图六 额尔齐斯河石雕像

1.竖有5件石雕像的石冢平面图和剖面图(谢米巴拉廷斯克州热尔敏
区乌什—比伊克车站东北北12公里处);2.竖有2件石雕像的石冢平
面图和剖面图(乌兰区托奇卡村以西9公里处)

圆形嘴部轮廓由一封闭式突起表示。胸部位置上可以隐隐约约地
看到右手轮廓。

这样,外形的概括性——无论服饰,或者整个石雕,就成了第
二组石雕像的特点。实际上,除却石雕像9和石雕像16(其凿刻风
格与立体石雕相近)而外,其他石雕像的详细凿刻部分只限于
正面。

以上两组石雕像立在带有祭祀品遗迹(马骨、羊骨)的基地旁,
可以认为(就像图瓦石雕像[1]和阿尔泰石雕像[2]那样)是一些祭祀
建筑。热尔敏区(谢米巴拉廷斯克州)的一座石冢上,在石雕像背
后竖着6块花岗岩石板。这座古冢的东北面也竖着几块同样的石

---

[1] 列·罗·基兹拉索夫:著作同上,第23—32页。
[2] 莉·阿·叶芙秋霍娃:著作同上,第118页。

板。石冢旁竖立石板这一现象,看来反映了突厥部落在祭祀建筑旁留下"巴尔巴尔"的风俗习惯。可惜这座石冢在盗掘时被毁,结果要想恢复它的本来面目已很困难。在这种情况下,我们只想强调指出,威·鲁不鲁克在描写科曼(钦察人)人习俗时,提到过在铺有石块的四边形墓场四角竖立石板的情节[①]。

这样一来,两个各有5件(图六1)和2件(图六2)雕像组成的综合体,看来当是祭祀建筑的一个组成部分。这类祭祀建筑在谢米列契、中哈萨克斯坦、伏尔加河流域和南俄罗斯都有发现。带有祭祀遗迹的墓地旁发现的石雕像中女性占优势,这证实了早先提出的一个假设,即钦察人存在女神崇拜[②]。这种女神崇拜在哈萨克人的风俗习惯中也长期存在过。据文字史料证明,钦察人把石雕像称作"森—塔什",即石像的意思。这种称呼至今仍保留在哈萨克斯坦的历史地名中(森—塔斯)[③]。

第二组石雕像的断代特征很少。鲍勃罗夫卡石雕像(图四11)上雕刻的一些衣服细节(毛皮袖口,上衣翻领),可为确定上层游牧民军士的上衣式样提供明确概念。帽子中值得指出的是哈萨克人中流行的男子尖顶帽(当是夏帽,图四10,14,6),各种女子锥形帽(图四12,13;图五20)和近似方形(图四15;图五18)的披巾[④]。石雕像20的帽子,很像哈萨克新娘子和年轻妇人在婚后一年内所戴的"萨乌凯拉"[⑤]。类似的帽子,我们在额尔齐斯河流域的基马克—

---

① 威·鲁不鲁克:《东方国家行记》,莫斯科,1957年,第102页。

② 格·阿·费多罗夫—达维多夫:《金帐汗国政权下的东欧游牧民》,莫斯科大学出版社,1966年,第191页。

③《哈萨克共和国史》,第1卷,阿拉木图,1957年,第94页。

④ 伊·维·萨哈罗娃,鲁·迪·霍扎耶娃:著作同上,第66页,插图13—3;第120页,插图35;第127页,插图37。

⑤ 同上,第113页,插图33。

基普恰克人石冢(公元七至八世纪)中也发现过①。

大家知道,帽子是服装中最保守的一个组成部分,它能够在相当长的时间内保持民族、社会和意识形态要素的传流特征②。因此,东哈萨克斯坦石雕像综合体中帽子的各种形状,显然既与遗留下这些遗存的居民们一定的民族归属有关,也与凿刻这些遗存的人们的社会地位有关。

石雕像 11(图四 11)的两鬓和前囟门上刻有直式发缕。这种发型在圈瓦的一件古突厥人石雕像上看到过③。在这件鲍勃罗夫卡石雕像上还刻有耳环和项链。耳环成括弧状,带有类似耳环形状的小球状坠饰,这在蒙古石雕像上看到过,并在斯罗斯特金诺古墓群中发现过,其年代定在公元九至十一世纪④。项链由一枚半圆形坠饰、一枚长方形坠饰和两枚五角形坠饰组成,其形状宛似萨尔凯拉—别洛依·维日古墓群中出土的各种装饰品变体⑤。胸部位置上凿刻的一件带底器皿(其形状见之于公元九世纪⑥)和一件形制较晚的军刀(据刀柄弯向刀刃程度很大这一点判断),以及表现眼、眉、双臂时所用的刻线—凿孔技术(这种凿刻技术在此之前不常采用),都为将鲍勃罗夫卡石雕像定在晚于公元八世纪提供了证据。与相邻地区和南俄罗斯草原同类遗存相比,第二组石雕像综合体在表现头部和面孔时具有的统一风格,可使我们将其年代定

---

① 费·哈·阿尔斯拉诺娃:《帕甫洛达尔的额尔齐斯河流域遗存(公元七至八世纪)》,见《哈萨克斯坦考古新发现》,阿拉木图,1968 年,附图 1 之 155,156。

② 奥·阿·苏哈列娃:《中亚各民族帽子式样中的古代特征》,见《中亚民族学论文集。之一。苏联科学院民族学研究所著作集》,苏联集刊,第 21 集,莫斯科,1954 年,第 300 页。

③ 列·罗·基兹拉索夫:《论古代突厥人形石雕像的意义》,见《苏联考古学》,1964 年,第 2 期,插图 3。

④ 莉·阿·叶芙秋霍娃:著作同上,插图 62 之 7—9。

⑤ 费·哈·阿尔塔莫诺娃:《斯尔凯拉—别洛依·维日古墓群》,见《苏联考古学资料与研究》,第 129 期,1963 年,第 67 页,插图 53 之 7,11;第 87 页,插图 66;第 93 页,插图 69;第 95 页,插图 70;第 98 页,插图 71。

⑥ 列·罗·基兹拉索夫:《图瓦史》,第 64 页,附图 2 之 65。

在公元九至十世纪。这样,用两条相交在颏下尖角处的深刻线把头部与整个石块区分开来的手法(图四 15、图五 17,21),凿刻眉毛和鼻子(图四 10,12,16、图五 17、18、20、21)及高高的圆锥状帽子(图五 19、20)的技术,以及表现女子乳房和两颊的独特风格(图四 15),就与八至十世纪谢米列契石雕像有了类似之处①,从而可以把它们划归到基马克—钦察人造型艺术并存遗存的统一范围之内。十分有趣的是,东哈萨克斯坦综合体中的某些石雕像(图四 12,15、图五 13,16)就其表现手法来看,与顿涅茨博物馆、日丹诺夫博物馆展出的波洛维茨(钦察)石雕像②,以及萨拉托夫州出土的石雕像(图四 14)十分相似③。

双手合捧器皿并交于腹部的人形,是波洛维茨石雕像的传统特征之一。类似的姿势在库尔丘姆石雕像(图四 16)上可以看到。东欧石雕像的考察家们(斯·阿·普列特涅娃、格·阿·费多罗夫—达维多夫)把这些石雕像的起源,与十至十四世纪迁徙到西方的东波洛维茨人——基马克人和钦察人的历史联在一起④。东哈萨克斯坦的类似现象就是这一假设的有力证明。

在上述石雕像中,马尔卡科尔区出土的盘腿而坐的立体人形(图四 9)占有特殊地位。这件石雕像的姿势当是位于墓葬建筑旁的图瓦石雕像的再现⑤,而考察家们认为,后者应是鄂尔浑突厥贵族的肖像⑥。由于暾欲谷墓志铭和毗伽可汗墓志铭中都曾说到,中

---

① 雅·阿·舍尔:《谢米列契石雕像》,附图 18 之 80,附图 19 之 84,附图 24 之 115,附图 25 之 119,附图 26 之 124—125,127—128。

② 这几件石雕像照片系由斯·阿·普列特涅娃提供,我谨向她表示谢意。

③ 阿·阿·斯皮琴:《萨拉托夫博物馆的若干新收藏品》,见《考古委员会通报》,第 53 辑,彼得堡,1914 年,第 166 页,插图 38。

④ 斯·阿·普列特涅娃:《南俄罗斯草原上的别切涅格人、托尔克人和波洛维茨人》,见《苏联考古学资料与研究》,第 62 期之 1,1958 年,第 207 页之后;格·阿·费多罗夫—达维多夫:著作同上,第 186 页。

⑤ 列·费·基兹拉索夫:《图瓦史》,第 30—31 页,插图 5—6。

⑥ 莉·阿·叶芙秋霍娃:著作同上,第 88 页,插图 27—28。

央亚突厥人在进行远征时到过额尔齐斯河流域一带,比如,其中一篇墓志铭中有这样的话:"暾欲谷率大军渡额尔齐斯河,清晨抵达波尔丘"①;史官描述毗伽可汗征讨突尔盖什人所经路线时谈到,"……经阿尔通……"和"渡额尔齐斯河"②。那么,由此可以推测到,额尔齐斯河流域的这件石雕像也当是中央亚突厥人的一个后裔供祭祀用的肖像。

这件石雕造型风格特殊,表现外形具有概括性,表现特征具有简略性,从而应被划入第二组石雕像。

根据上面谈到的相似现象看来,第二组石雕像的年代要比第一组石雕像晚,当是公元八世纪至十三世纪居住在额尔齐斯河流域的基马克人—基普恰克人的遗存。关于基马克人在石头上留下肖像的风俗习惯,有威·鲁不鲁克在十三世纪时写下的一段话可以为证:"……科曼人(对基马克人和钦察的另一种称呼)在死者遗体上堆起一座高丘,并为他立一块雕像,雕像面朝东,肚脐前端着一只杯"③。就像突厥语族的其他民族一样,哈萨克人有这样一种风俗习惯:在祭祀仪式上用一个木头人代替死者④。这个穿着死者衣服的木头人栽在地上,供以饭酒。不能排除这样一种可能性,即这种仪式是哈萨克人从想必是举行同样祭祀仪式的基马克人和钦察人那里继承下来的,只是基马克人代替死者的不是木头人,而是石雕像而已。顺便说一句,石雕像的手中端的也是杯子。

研究石雕像的起源和用途问题时,不能不考虑其具有地区局限性这一特点。古代突厥人社会中流行的在领袖人物墓上竖立石雕像的风俗习惯,到了基马克人环境中,由于固有的传统和当地的

① 阿·纳·柏恩施坦:《鄂尔浑—叶尼塞突厥人的社会经济制度》,1946年,第44页。

② 谢·叶·马洛夫:《蒙古和吉尔吉斯古代突厥人碑铭遗存》,1959年,第11—12页。

③ 威·鲁不鲁克:著作同上,第102页。

④ 阿·阿·列夫申:《吉尔吉斯—凯萨茨或曰吉尔吉斯—哥萨克汗国和草原志》,第3卷,圣彼得堡,1832年,第110页。

条件而演变成了自己的一套。这一点是完全合乎规律的。作为基马克部落宗教观的一种反映，大部分石雕像都是十分珍贵的艺术品。每件石雕像都各不相同，它们都只具有具体人物的个性特征。我们认为，从肖像学角度出发，对照并存墓葬中出土的当地人类学资料，对石雕像进行类型学方面的研究，可使我们进一步在一定范围内弄清哈萨克斯坦早期中世纪史中的个别乃至全部问题。

关于苏联东阿尔泰地区
古代突厥人"围墙"的新资料

［苏联］弗·德·库巴列夫

在从图瓦到天山，从蒙古东部边界到里海的广大的地域内，常可见到在学术著作中被称作"古代突厥人祭祀围墙"的古代突厥人祭祀建筑。这类建筑是古代突厥人石雕像的有机补充，并常常与石雕像联系在一起。最近几年，古代突厥人石雕像和围墙在图瓦①、蒙古②得到了深入研究，在新疆西北部③、哈萨克斯坦④和吉尔

---

① 莉·阿·叶芙秋霍娃：《南西伯利亚和蒙古的石雕像》，莫斯科，1952年（《考古资料与研究》，第24集）；阿·达·格拉奇：《图瓦的古代突厥人石雕像》，莫斯科，1961年，列·罗·基兹拉索夫：《中世纪图瓦史》，莫斯科大学出版社，1969年，等等。
② 弗·阿·卡扎凯维奇：《达里岗嘎的墓雕》，列宁格勒，1930年；莉·阿·叶芙秋霍娃：篇名同上；卡·瓦·维亚特金娜：《蒙古人民共和国的考古遗存》，见《苏联考古学》，1959年，第1期。
③ 鲁·费·伊特斯：《关于新疆的石雕》，见《苏联考古学》，1958年，第2期；李征：《阿尔泰地区石人墓发掘简报》，见《文物》，1962年，第7—8期。
④ 列·罗·基兹拉索夫：《中央哈萨克斯坦晚期游牧民遗存》，见《哈萨克加盟共和国科学院通报》，1951年，第108期，第3辑，等等。

吉斯[1]也有所发现。

早在上一世纪末,瓦·瓦·拉德洛夫就在戈尔诺阿尔泰首先发现了第一批古代突厥人祭祀围墙[2]。而后,著名的戈尔诺阿尔泰考古研究工作人员——阿·瓦·阿德里阿诺夫[3]、谢·伊·鲁坚科[4]、阿·尼·格鲁霍夫[5]、米·彼·格里亚兹诺夫[6]、莉·阿·叶芙秋霍娃和谢·弗·基谢廖夫[7]、阿·阿·加甫里洛娃[8]、谢·谢·索罗金[9]、德·格·萨维诺夫[10]——都对古代突厥人石雕像和祭祀围墙的研究工作做出了贡献。

目前,对古代厥人祭祀围墙进行综合研究,乃是研究这类建筑所面临的迫切问题。许多古代突厥人祭祀石雕已被描述过,介绍过,并运往全国许多博物馆展出过,而古代突厥人围墙却并未得到发掘,常常在农业耕作中被犁平,被损坏。

---

① 雅·阿·舍尔:《谢米列契石雕像》,莫斯科—列宁格勒,1960 年,等等。

② 瓦·瓦·拉德洛夫:《西伯利亚》[德文],第 2 册,莱比锡,1893 年,第 72 页。

③ 阿·瓦·阿德里阿诺夫:《论西阿尔秦考古》,见《考古委员会通报》,圣彼得堡,1916 年,第 2 辑,第 45—48 页。

④ 谢·伊·鲁坚科:《论南阿尔泰的古人类学》,见《哈萨克人》,列宁格勒,1930 年,第 138—139 页。

⑤ 谢·伊·鲁坚科,阿·尼·格鲁霍夫:《阿尔秦的库迪尔加古冢》,见《民族学资料》,1927 年,第 3 卷,第 2 期。

⑥ 米·彼·格里亚兹诺夫:《阿尔泰考古发掘记》,见《国立爱尔米塔日通报》,列宁格勒,1940 年,第 1 辑,第 20 页。

⑦ 莉·阿·叶芙秋霍娃,谢·弗·基谢廖夫:《1935 年萨彦阿尔泰考古队工作总结》,见《国家历史博物馆著集》,1941 年,第 16 辑,第 92 页,93 页,114—117 页。

⑧ 阿·阿·加甫里洛娃:《库迪尔加古冢:阿尔泰各部落的历史资料》,莫斯科—列宁格勒,1965 年,第 14—15 页。

⑨ 谢·谢·索罗金:《戈尔诺阿尔泰考古材料》,见《戈尔诺阿尔泰历史语言文学科学研究所学报》,巴尔垴尔,1969 年,第 8 辑,第 84—86 页。

⑩ 德·格·萨温诺夫:《契哈切瓦山地考古遗存》,见《1971 年考古发现》,莫斯科,1972 年,第 287 页。

一

最近几年，东阿尔泰考古队在戈尔诺阿尔泰境内发现了一百多件古代石雕像，数百处祭祀围墙，调查了如下若干处古代突厥人祭祀地：乌宗塔尔草原德耶尔—捷别山冈"阿克塔什"石雕像附近（4 处围墙）[①]，恰迪尔峡谷（1 处围墙）[②]，尤斯提德河畔（4 处围墙）[③]，乌兰德雷克地方（1 处围墙）[④]，巴尔—布尔加兹河畔（1 处围墙），叶兰加什河畔（1 处围墙），波罗塔尔山谷（7 处围墙、祭祀场和古冢）。

尽管发掘数量不多（19 处），但所得资料（如尤斯提德围墙）对研究古代突厥时期这类十分有趣而特殊遗存的题材内容，无疑是一个贡献。

乌宗塔尔。对位于科科尔村东北部 10—15 公里的德耶尔—捷别山冈上的祭祀综合体中的 4 处古代突厥人围墙进行了考察[⑤]。

其中 2 号围墙东侧有一块名为"阿克塔什"的古代突厥人石雕像。该石雕像最初为谢·伊·鲁金科所发现，而后在莉·阿·叶芙秋霍娃著作中被介绍过[⑥]。石雕像以东 172 米的长度上，栽着 11 个石头"巴尔巴尔"（突厥语，碑。见岑仲勉：《突厥集史》。——译者），呈一字排列。在南北线上，有四处围墙，两大两小，其整个

----

① 弗·德·库巴列夫：《德耶尔—捷别古代突厥人祭祀综合体》，见《阿尔泰和西西伯利亚古代文化》，新西伯利亚城，1978 年，第 86 页。

② 弗·德·库巴列夫，费·鲍·巴克什特：《巴尔—布尔加兹和尤斯提德两河流域考古新遗存》，见《苏联科学院西伯利亚分院通报》，1976 年，第 1 期，社会科学类，第 1 辑，第 94 页。

③ 弗·德·库巴列夫：《尤斯提德河谷的首次发掘工作》，见《1976 年考古发现》，莫斯科，1977 年，第 211 页。

④ 弗·德·库巴列夫：《戈尔诺阿尔泰的发掘工作》，见《1975 年考古发现》，莫斯科，1976 年，第 253 页。

⑤ 弗·德·库巴列夫：《德耶尔—捷别古代突厥人祭礼综合体》。

⑥ 莉·阿·叶芙秋霍娃：篇名同上，第 77 页，第 15 号石雕。

发掘面积为 128 平方米。在围墙之间的空地上及围墙附近一带，发现有火堆痕迹和各种发现物，这些都是构拟古代突厥人祭祀仪式的重要资料。

这 4 处围墙中央，都有一个既深且窄的坑，坑中发现有带主根的落叶松下半段树干，主根的树须都被砍去。这是祭祀围墙内新发现的细节，这可使我们提出这样的推测：围墙内放置的是特殊的圣树。乌宗塔尔围墙还提供了大量的骨骼学资料。这些骨骼多半是马骨，其出土地点在围墙中央的落叶松树干四周。这说明，当初围墙内曾举行过为一些文献资料所描述过的这样一种古代突厥人祭祀仪式：将牺牲动物的头部悬挂在专门树起的树干或木杆上。

围墙内外有一些不太大的石头祭祀箱的残留物。清理这些残留物时，发现其中有炭块和烧焦的动物骨骼。唯一的出土物是一把单刃刀，发现于竖有石雕的 2 号围墙中央。我们试图用 C^{-14} 来断定这些围墙的年代。经测定，取自 4 号围墙 5 号火堆遗迹的炭块试样 COAH－1136 的年代当为 945±25 年[1]。

恰迪尔。对位于巴尔－布尔加兹河尤斯提德河之间的恰迪尔峡谷的 3 处古代突厥人围墙中的一处进行了考察。这 3 处围墙顺南北线排在一起。我们所考察的这处围墙位于其他两处围墙的中间，其规模较大（5×5 米），其他两处模规较小（3×4 米）。

这些围墙的建造地点选在一个潮湿低凹沼泽地上，因此墙内铺砌物几乎全部沉入地下。围墙石板依稀可见，围墙中铺砌的碎石和页岩石片变得如同一般地表一样，有的地方还长起草来。我们所考察的这处围墙共由 16 块页岩石片组成。围墙中铺砌物的厚度约 30—40 厘米。在铺砌物中，多半在原来地表上，发现有各种动物的骨骼残断。围墙西南角发现一块铁渣。原来地表上还发

---

[1] 测定工作是由阿·弗·费尔索夫在苏联科学院西伯利亚分院地质学和地球物理学研究所地质年代学实验室进行的。

现一块由中央延到西边的浅灰色火堆印痕。这块印痕为两块大页岩片石所覆盖。火堆遗迹中发现几块木炭、烧焦的树枝、一些烧焦的纤维结构的木炭遗迹——这可能是未烧尽的灌木树枝遗迹。在这类发现物中,发现了如下物品:半球状带缝缀孔的金牌3件,边缘带孔的金箔碎片2件,边缘带四个对称孔的圆形金箔牌1件。在发现这类物品地点的北边,即火堆遗迹的边上,还发现带银舌的小金扣环1件(图一)。除上述发现物外,还发现若干块烧焦的动物碎骨骼以及3块牡绵羊椎骨。

此后虽对该围墙内的填土和原来地表一再进行详细清理,然而除去上述火堆遗迹外,再未发现任何土坑、木柱等等遗存。

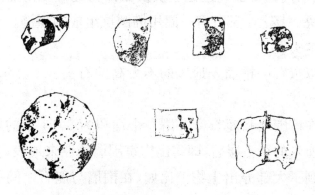

图一　恰迪尔峡谷围墙中的出土物

图二　尤斯提德1号围墙

尤斯提德。1 号围墙（图二）。该围墙位于尤斯提德河（楚雅河南支流）右岸尤斯提德早期游牧民 XII 号古墓群以北 1 公里处①。就平面图看来，其四边恰好与东南西北四个方位相吻合，由 4 块巨石片围成，呈近似正方形。巨石片大小相似，其长度为 1.4—1.5 米，厚度为 8—10 厘米，高出原来地面 50—60 厘米。这四块石片微向外倾。据外倾边缘测量，围墙尺寸南北为 2.8 米，东西为 2.3 米。据围墙内部测量，其尺寸南北为 1.9 米，东西为 1.6 米，看来这当是构筑围墙时的原来尺寸。围墙内部稀稀疏疏地铺着一些河卵石和小页岩片石。东侧片石外 1.5 米处，有一块不太高（115 厘米）的鹿石，用以代替石雕。这是一块横截面为近似三角形的浅灰色花岗岩石块。其上半部分有一圈用椭圆坑组成的项链。正面项链上方有三绺头发。

鹿石以东有一排插入地里的不太高的石头——巴尔巴尔（共 30 个）。

我们在该围墙和鹿石旁开凿一个面积为 5×4 米的探方。揭去 8—10 厘米的草土层后，即露出构筑围墙的原来地表，在原来地表上搜集到了大部分出土物。比如，在围墙与鹿石之间的草土层下面平放着一些大块页岩片石。其中最大的一块下面，有一个由插入地里的高约 5—10 厘米的碎页岩片石围成的石箱。在这个被巨石片压坏的石箱内发现一些零碎的木炭块和一块带装饰图案的陶片，这块陶片略似梳状花纹陶器碎片。在探方东南角，即鹿石右边，另有一堆页岩片石碎片。这可能也是一个石头祭祀箱，因为在这堆石片下也发现有木炭块和一段烧焦的木头。探方东北角，即鹿石左边，还有第三个祭祀地。这可能是一个两边用炉灶石头垒成的在举行宗教仪式时用的火堆遗迹。清理这处遗迹时，发现有

① 弗·德·库巴列夫:《尤斯提德河谷的首次发掘工作》，第 209—211 页。

木炭块和灰烬；还发现，地面由于火烤而成棕红色。两块炉灶石头置于火堆上方，其中一块石头下面有一个不大的坑，其直径为10—20厘米。这个坑为一田鼠窝所破坏。坑底（10—15厘米深处）发现有大马牙一枚，马颌骨残片一块。

该围墙外面东北角处，还有一个小坑，其直径为15—18厘米，深为62厘米。这个坑的坑壁上下垂直。坑中保存着一段落叶松树干，直径为10—12厘米，长为52厘米。树干下端离坑底还有10厘米。树干周围的填土中发现一些零星木炭块和一枚马牙。坑边还发现两枚马牙，马牙旁发现一个不大的碎容器，呈近似长方形，系用河卵石制成，尺寸为24×14×8厘米。

2号坑位于探方的另一边，与1号坑相对称的地方，即在围墙的东南角。该坑的直径为40厘米，深为87厘米。如同1号坑那样，该坑中保存有一段落叶松树干，直径为15厘米，长度为63厘米。树干下端砍成椭圆形，长约10—12厘米。2号坑附近发现一块马骨盆碎片和一枚马牙。探方内的围墙四周，围墙内，每个坑边，以及鹿石近旁，均有马牙出土。在探方东南角，恰与2号坑相对的方向上，于原来地表上发现一块牡绵羊颌骨碎片。

清理围墙过程中，在其西北角两块片石相交处，发现一块马的管状骨头的一部分。另一部分是在西侧片石底下发现的。揭去围墙内的铺砌物，对其中央部分进行清理时，发现一个坑，坑中筑有一道小隔墙。坑的直径为70厘米，深（距原来表层）为85—90厘米。坑中保存有一段落叶松的下端根部，直径为40厘米，长度为70厘米，树干带有枝杈，下面有一小截刮掉树皮的部分，末端削得很平整（图三）。树干四周的填土内常有木炭块出土，北半部分尤为常见。

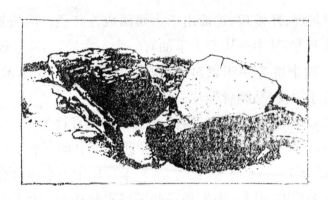

图三　尤斯提德1号围墙清理后情形（中央有清理出来的落叶松树干）

鹿石栽在一个深35厘米、直径76厘米的圆形坑内。在距原来地表以下15厘米深的地方，鹿石根基东侧的一个小型人造台阶上，意外地发现一件古代突厥人用的银器皿（图四，图五）。

2号围墙。该围墙位于1号围墙西南方约1公里处，距尤斯提德河0.3—0.4公里，其结构与上面描述过的1号围墙甚少差异。它的平面图也呈近似正方形，尺寸相仿（2.4×2.1米），同样由四块巨页岩片石构成。四边走向与方位相吻合。片石为浅灰色，上面覆有苔藓，外倾度很大，高出现地表约10—15厘米。

围墙外，距东侧片石0.9米处，竖插着一块暗灰色层状片石，其宽

图四　尤斯提德1号围墙鹿石根基附近出土银器情形

面朝向东方。这块碑状片石的表面尺寸为 35×31×8 厘米。在这处带有碑状片石的围墙以东 45—60 米处，并排埋有两块不大的石头巴尔巴尔。

在这处围墙和碑状片石四周开掘了一个总面积为 20 平方米的探方。铲去草土层后，在深 15—17 厘米处，出现原来的地表。

图五　尤斯提德 1 号围墙出土银器

碑状片石以东 0.4 米处，在草土层下 5 厘米处，发现一件陶罐（图六）。这件陶罐放置在一个深为 8 厘米、直径恰好为陶罐底部直径的不大的坑内。碑状片石后面发现一块半圆形暗褐色烤斑，与淡褐色的原来地表形成鲜明对照。这块烤斑的半径为 15—15 厘米，厚度不超过 1.5—2 厘米。

对探方内围墙和碑状片石四周的各个角落进行彻底清理，又发现了一些零星的、乱放着的大顽石和页岩片石。

在探方西南角发现一个不大的坑，四边竖有矮墙，坑的直径为 30 厘米，深度为 65 厘米。坑中置有一截落叶松树干，现在只保存下来了下半段，其直径为 16 厘米，长度为 60 厘米。围墙外边东西两侧片石附近，发现若干动物管状骨骼碎片。围墙内部北侧片石附近的填土中，也发现两块牡绵羊骨。清理围墙内部地域时

图六　尤斯提德 2 号围墙
出土陶罐

发现,整个内部表层都铺着河卵石和砾石。这层铺砌物的厚度为30—40厘米,东部略高于西部。将围墙内全部填塞物取出后发现,围墙片石埋在一个专门挖掘的近似正方形坑的四个边上,这个坑的尺寸为145×160厘米,深度(距原来地表)为30厘米。在这种情况下,我们有可能测出建造围墙所有片石的尺寸。其中北侧和西侧的两块片石尺寸特别大,它们可能采自同一地方,断口也相合。西侧片石的尺寸为138×68×10厘米,北侧片石的尺寸为135×65×9厘米。南侧片石也同上述两片石尺寸相仿,但断成两块。东侧则由三、四块片石砌成,也是页岩。所有片石都向外倾斜;为了使之固定,外侧填有小顽石和页岩片石碎块,西侧片石下压着一块马颌骨碎片和一块大型管状骨骼碎片。

揭去碎石铺砌物,在中央(略靠西一点)部位出现一个圆形坑的轮廓。其上部直径为50厘米。坑越往下越窄,最下部直径为40厘米。其深度为50厘米。在坑深30厘米处,发现一段落叶松树干的下半截,其直径为37厘米,长度为20厘米。该坑填土中发现有木炭粒和灰烬。坑的东沿上也发现有灰白色的灰烬。

埋碑状片石的坑,也是越往下越小,从侧面看来呈椭圆形。陶罐就置于该坑的东沿上。碑状片石全长80厘米,也就是说,它埋入土中的长度几乎为总长度的一半。

3号围墙。该围墙位于1号围墙以东0.6公里处。由四块大片石砌成。片石侧放,略向外倾斜。围墙内长草甚多。围墙四边走向与方位相合。其尺寸为1.5×1.4米。距东侧片石0.5米处有一不大的碑状片石(70×34×3厘米),竖插在地里,插入地里的深度为42厘米。碑状片石以东8米处,有一圈直径为1米的石块。

在围墙和石碑四周开掘了一个面积为12平方米的小型探方。

围墙中央碎石铺砌物(厚度为25厘米)下,发现一段落叶松树干的下半截,其直径为14厘米,埋在一个深(60厘米)而窄(直径

20 厘米)的坑内。这下半截树干的长度为 50 厘米。东侧片石的内侧发现若干炭块,若干烧焦的动物骨骼碎块,两块薄木板残余;两块薄板间有一块绿色丝织物,其四边被烧去。所有这些东西都放置在一块页岩薄石片上,这块薄石片上还覆着同样一块薄石片。上边的这块薄石片上又有三块砾石。

围墙内发现有马牙若干,西南角发现有某种大畜的管状骨骼一件。

4 号围墙和 5 号围墙。这两处围墙位于尤斯提德河上游距 3 号围墙约 0.8 米的地方。旁边还有一个古代突厥人围墙,其尺寸(4.5×4.5 米)和结构与 4 号围墙相仿。这两处围墙近似正方形,四边用侧立着的页岩片石围成;其走向与方位相合。

两处围墙的内部铺砌物是一些球型大顽石。围墙东侧外边各竖有一块鹿石,同时兼有用作石雕像之意。两块围墙以东各有一排不高的石头巴尔巴尔;4 号围墙有 10 块,5 号围墙有 7 块。

围墙里面石块铺砌物下面,发现有若干马骨和马牙。底土未经扰乱。

乌兰德雷克。我们在乌兰德雷克地方调查了一处构造罕见的围墙。这处围墙位于大希别提河和乌兰德雷克河之间的一个小高地的山坡上,乌兰德雷克 1 号[①]早期游牧民古墓群西南 1 公里处。从围墙四侧的片石数目(8 块)和围墙尺寸(1.4×1.3 米)来看,乌兰德雷克的这处围墙是一处小型围墙。但是这处围墙很有特点:其中央部分埋有一块蓝绿色的碑状页岩片石。围墙本身也是用这种产自附近的片石构筑成的。

这处围墙东边紧连着另一处小型围墙,其尺寸为 65×70 厘米,由页岩片石构成,很像一个供祭祀用的石箱。其中央部位亦如

---

① 弗·德·库巴列夫:《戈尔诺阿尔泰早期游牧民时代的新发现》,见《西伯利亚社会经济和文化生活概要》,新西伯利亚城,1972 年,第 45 页。

同那处大型围墙一样,竖插着一块高 43 厘米的白色石英岩顽石。这大小两处围墙以东 10 米处,有一排竖插着的石头巴尔巴尔,共 3 块,高度不高(分别为 22,48,25 厘米)。

两处围墙内铺有一层碎页岩片石和河卵石。对这层铺砌物进行清理之后,在大型围墙东南角外发现一块平放着的片石。这里埋着围墙中央部分的那块碑状石块的上半截。

在探方内,亦即在这两处围墙的里面和外面,再未发现任何东西,也未发现火堆遗迹。

巴尔—布尔加兹。在巴尔—布尔加兹河左岸,沿塔尚塔村至科科里亚村大路上溯 1 公里处,有一处围墙。

这是一处呈正方形的围墙,其走向与方位相合,由竖插的片石构筑而成:北侧、南侧和东侧各由 3 块片石组成,西侧由 2 块片石组成。其中一些片石微向外倾。围墙尺寸为 2.5×2.5 米。围墙内部有顽石和石块铺砌物,中央部位有一石碑。其高度为 1.4 米。石碑上半截有一凿刻甚深的记号状符号。

在对围墙内外进行清理时,未发现任何特殊的东西。只是在围墙四角,有四块倒在地上并埋入草土层的片石。这说明,当初这四块片石的下端当埋在围墙的四角。遗存的这一结构,反映出了它在构筑时的状况(图七)。

叶兰加什。在叶兰加什河左岸的早期游牧民和零散的克列克库尔人的古墓综合体中,我们发掘了一个单独的古代突厥人围墙(图八)。其尺寸为 3×3 米,走向与方位相合,由 11 块页岩片石构筑而成。北侧、西侧和南侧各有 3 块页岩片石,东侧有 2 块片石。

围墙内铺有经过挑选的白色石英小砾石,大小几乎相等。东南部,距围墙约 3.5 米处,有一用 4 块顽石围成的小石环,其直径为 0.4 米。围墙和石环内无任何出土物。

波罗塔尔。楚雅河右岸的一个小盆地中,有一片不同时代遗

图七　巴尔—布尔加兹河畔的围墙

图八　叶兰加什河畔围墙清理后的全貌

留下来的墓葬综合体,墓葬建筑约一百余个。我们对其中的 4 处祭祀地和 3 处围墙进行了发掘。这几处祭祀地和围墙旁都有经过考察的古代突厥人墓碑。从其构造和发现的火堆遗迹、牺牲动物骨骼、稀少而零星发现物来看,有理由认为这些祭祀地和围墙当是古代突厥时代的遗存。

　　26 号围墙①。该围墙位于呈南北走向的一排墓葬建筑的中部。其墙内复土呈椭圆形,由细致挑选的大小相同的石块铺成。四侧竖插着大块片石,片石尺寸为 4.7×4.2 米,高为 0.4 米。这一古冢式的围墙内铺有一环形的石块,这些石块都不太大,铺砌在原

① 古冢编号与附在 1974 年学术总结后面的波罗塔尔、河谷总平面图的编号相同(见苏联科学院考古学研究所田野考古部档案)。

来地表上。环形石块铺砌物的总面积为 6×5 米。清理表层铺砌物时,在其西北部靠近石冢中央地方,发现若干动物骨骼和一些碎木炭。表层下是未被扰动的底土。

68 号古冢。该古冢表层呈圆形,系由石块铺成,表面为土草层。直径为 3 米,高度为 0.3 米。揭去表层,对底土以上的古冢中央部分进行清理时,发现一件铁扣环。这是唯一的出土物。

76 号古冢。该古冢的形状与其他古冢不同。用一圈儿石块砌成。这圈石块的宽度不满 1 米,高度约 0.3 米。西侧有一宽度为 0.8 米的缺口。从四周的石块到古冢中央,形成一个碗状陷坑,其深度为 0.4 米。整个面积为 6.2×6 米。揭去草土层后露出底土,底土未被扰动。清理中央部位时,发现一些零星的木炭。

80 号古冢和 81 号古冢。前一个古冢位于年代定在斯基泰时代的 82 号大古冢以北 3 米处。其铺砌物为一些大石块。面积为 4.2×4.4 米。81 号古冢铺砌物的东北部发现 2 件器物:1 件小铁马衔,1 件小铁扣环①(图九)。铺砌物下面是未被扰动的底土。

83 号围墙。该围墙的铺砌物轮廓不太明显,大体呈近似正方形,面积为 4×4.8 米。铺砌物为大顽石,大顽石呈圆形和近似正方形。铺砌物下面是未被扰动的底土。

86 号围墙。该围墙的铺砌物较厚,从平面图看呈近似正方形。面积为 4×4 米。围墙四

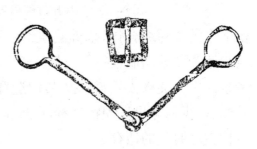

图九　波罗塔尔 81 号古冢
出土的马衔和扣环

① 形状和尺寸与此相似的马衔和扣环,曾由阿·阿·加甫里洛娃在库迪尔加第 15 号围墙内发现,年代定在六至七世纪(见阿·阿·加甫里洛娃:篇名同上,附图 5,插图 4,5)。

侧围以页岩片石,片石竖插在土内。清理内部铺砌物时,在中央部位发现若干零散的动物骨骼,一些陶器片和一些木炭。整个围墙铺砌物下的底土,未见扰动的痕迹。

二

这样,到目前为止,我们已拥有戈尔诺阿尔泰境内大约一百个古代突厥人围墙的发掘资料了。这些资料,对于古代突厥人围墙的分期问题做出完全而详细的判断,虽然犹感不足,但是对其基本类型进行划分却绰绰有余。阿·阿·加甫里洛娃首先对分类问题做过尝试[①]。她将当时尚未做过仔细研究的阿尔泰地区的古代突厥人围墙分做两种类型:库迪尔加型和雅科奴尔型。我们在考虑阿·阿·加甫里洛娃提出的戈尔诺阿尔泰古代突厥人围墙分类方法的同时,以考察东阿尔泰围墙过程中取得的最新资料为基础,对分类方法加以扩大并以新的类型补充之。这样,已经考察过的阿尔泰地区围墙中,可以划分出五个古代突厥人围墙类型:

一、库迪尔加型——集体毗连式的围墙。

二、雅科奴尔型——带有石雕像或类人形石碑的并排在一起的围墙。

三、阿尤提型——围以沟或堤的古代突厥贵族特殊的祭祀围墙。

四、尤斯提德型——一般用四块片石构筑而成,中央部位留有树干和祭祀器皿的小型围墙。

五、乌兰德雷克型——中央部位置有石碑或顽石的围墙。

下面我们简要介绍一下各个类型的特点。

---

① 阿·阿·加甫里洛娃:篇名同上,第 99 页。

库迪尔加型围墙。这类集体式的围墙基本上都相互毗连,亦即彼此相连,南北一字排开,略带偏倾。"围墙内中央部位有时有石箱或小坑"[1]。这些石箱中,常可发现零星武器——箭、弓、短剑、铠甲碎片等等。极少数情况下,库迪尔加型墙中可以发现火堆遗迹,此外还可发现少数动物骨骼。所有库迪尔加型围墙都没有石雕和巴尔巴尔。

雅科奴尔型围墙。这类围墙严格地由北至南成行排列。每行围墙最常见的数目是3—4处。所有雅科奴尔型围墙最初想必均有石雕像或类人形石碑,其东侧有一排竖插在地里的石头巴尔巴尔。在东阿尔泰,这类保存最好的综合体可在萨马哈草原见到(那里4处围墙,旁边有3件石雕像和1件石碑),也可在查干—布尔加兹河畔见到(那里3处围墙,旁边有3件石雕像),还可在塔雅地方见到那里也是3处围墙,旁边有3件石雕)等等。我们知道,由于多数石雕像被毁、被迁、被改作他用或者被破坏,因此,那些只剩巴尔巴尔而无石雕像或石碑的围墙,以及类似这种情况的单个围墙,也应划入雅科奴尔型围墙之列。而将保留雅科奴尔型基本特征——沿南北轴线并列,而无任何附带建筑的围墙另列一类,似无特殊的根据。那些单个的或自北而南成行排列的祭祀墓,似与雅科尔奴型围墙相仿佛。这类古墓的四侧无片石,而代之以顽石,因此是一种范围不太明显的古代突厥人围墙。属于这类外部特征日渐消失的祭祀围墙的有:塔鲍热克河畔的"3处长方形场地和1处圆形场地",卡登德1号的"4个土岗"(瓦·瓦·拉德洛夫),卡拉—卡巴河畔的"1处圆形围墙"(阿·瓦·阿德里阿诺夫),库拉依Ⅱ号的"1处场地",托托的"1处场地"(莉·阿·叶芙秋霍娃和谢·弗·基谢廖夫),扎扎杰尔Ⅰ号的"第17号图形石堆"(谢·谢·索

---

[1] 阿·阿·加甫里洛娃:篇名同上,第16页。

罗金),以及波罗塔尔的 68 号古墓和 81 号古墓。所有上述"土岗、圆形场地和圆形围墙",都属于雅科奴尔型围墙,之所以如此,还在于其中央部位都有小坑、树干和炭粒,都有牺牲动物骨骼,其东部都竖有一排巴尔巴尔等等典型细节。

雅科奴尔型围墙通常在围墙内有厚厚的铺砌物。我们将德耶尔—捷别山冈考察过的 4 处围墙、恰迪尔峡谷的 1 处围墙和尤斯提德河畔的 1 处围墙,也划入雅科奴尔型围墙。不过,东阿尔泰围墙所具有的一系列新特征,以及雅科奴尔型围墙,中表现出的种种变体,肯定会使这类数量庞大的围墙在将来从年代上再划分出若干组更细微的类型来。

阿尤提型围墙。这是一类贵族祭祀建筑,目前只在戈尔诺阿尔泰地区东南部发现。我们已知的两处围墙都分布在基普奇尔高地的阿尤提河口附近。第一处建筑曾由谢·谢·索罗金做过描述①。它由两个尺寸相等(4.5×4.5 米)的正方形片石围墙组成。这两个围墙系由竖插的片石围成,内部铺砌着石块,其走向与方位相合。两个围墙间的距离为 3 米。两个围墙东侧竖着两个精雕细刻的石雕像。石雕像和围墙四周围以平面图呈近似四边形的堤和沟。堤的尺寸为 15×14 米,宽为 1.5 米;沟的深度为 0.6—1 米。两个围墙以东有两排巴尔巴尔,高度为 20—40 厘米。

第二个祭祀建筑也属这一类型(基普奇尔 II 号),位于扎扎杰尔河右岸,上一个建筑上游 2—3 公里处。我们曾对它进行过研究。它由 3 个沿南北轴线一字排开的祭祀围墙组成,轴线略带偏倾。1 号围墙(北面围墙)由竖插片石围成;平面图呈正方形,尺寸为 4×4 米;围墙内填有河卵石和碎石块。2 号围墙(中部围墙)较小,位于 1 号围墙以南 0.2 米处,结构同 1 号围墙,但尺寸甚小——

①谢·谢·索罗金:《南阿尔泰的古代石雕像》,见《苏联考古学》,1968 年,第 1 期。

1.5×1.5 米。3 号围墙（南面围墙）距 2 号围墙 2 米,其结构和内部铺砌物与 1 号围墙相似。前两个围墙带有石雕,石雕背对围墙,面向东方。这三个带有石雕像的围墙均为土堤土沟所环绕,土堤平面图呈近似正方形,尺寸为 15×9.5 米;取土筑堤而形成的沟宽约 1 米,深达 0.3—0.4 米。土堤以东有两排竖插在土中的不太高的石头巴尔巴尔。1 号围墙的巴尔巴尔共 29 块,绵延长度 71 米;3 号围墙的巴尔巴尔只发现了 8 块。

基普奇尔高地的这两个建筑,基本结构相似。它们自成一体的共同之处,在于四周围以土堤。而这种土堤又是蒙古[①]和图瓦[②]所发现的某些古代突厥贵族祭祀建筑所特有的细节。

阿尤提型围墙与其他典型的古代突厥居民围墙的不同之处,还在于围墙旁竖立的石雕像制作精细,造型逼真。不过位于基普奇尔Ⅱ号那两个围墙间的小围墙,它所带的石雕像却甚为粗糙。但是如果我们注意到两个大围墙之间的距离恰好为 2 米这一点的话,那么问题就不难理解了。可以设想,中间那个小围墙是"挤"进这块小空地的。而后我们又会进一步发现,这个小围墙旁没有巴尔巴尔。所有这些都证明,中部带石雕像的围墙建造较晚。这一点还可从阿尤提型围墙建筑数目固定这一点看出。在蒙古、图瓦和阿尔泰,环以土沟的场地内带石雕像的围墙,总是一个或两个。阿尤提型围墙在科克苏河畔和乌拉干村附近也有发现。

尤斯提德型围墙。这类围墙,我们总共考察了 3 个。其结构遵循一个原则:用四块既大且宽的片石组成箱状。东侧一般竖有一块不太高的碑状片石或鹿石(1 号围墙),面向东方。尤斯提德型

---

① 瓦·瓦·拉德洛夫:《蒙古古物图谱》,第 1—4 辑,圣彼得堡,1892—1899 年,莉·阿·叶芙秋霍娃:篇名同上,第 116—117 页。
② 阿·达·格拉奇:篇名同上,第 22 页,第 55 页,插图 12—12,列·罗·基兹拉索夫:《中世纪图瓦史》,第 33 页,35 页。

围墙的特点,是其周围有各种各样的补充性建筑。1号围墙四角各有一个既深且窄的坑,用以放置树干或木桩;有石头祭祀箱,箱中有木炭、动物骨骼和陶器碎片;有火堆,火堆中有烧焦的动物骨骼。围墙中铺砌着不太大的河卵石。中央部位有一深坑,深坑中保存有树干的下半截,当初树干可能是完整的。树干下面有时会发现木炭、灰烬、烧焦木板的残段、丝织物和焙烧过的动物骨骼。在作为古代突厥武士象征的鹿石或石碑附近,发现有银器(1号围墙)和陶器(2号围墙)。某些围墙的东侧筑有一圈石环。

尤斯提德型围墙也同雅科奴尔型围墙及阿尤提型围墙一样,其东面有一排不太高的石头巴尔巴尔。别的尤斯提德型围墙,作者只在尤斯提德河谷、巴尔—布尔加兹河谷、科克苏河谷及阿尔古特—2号墓群①中有所发现。

乌兰德雷克型围墙。这是一类单独的围墙,其中央部位竖有石碑或顽石。这无疑是一组少见的古代突厥人围墙,在阿尔泰②和图瓦③数量极少。然而,某些考古学家仅仅以此为理由而认为围墙内的石碑系后来栽入,则是不正确的。我们在巴尔—布尔加兹河畔发掘过的唯一的一处古代突厥人围墙,就可以说明我们的看法是正确的。对这处围墙进行构拟的结果,使我们了解到这处围墙的建造过程(图7)。竖在围墙中央的石碑上端有一记号④,据此可将其年代定在斯基泰时期。这一石碑最初当竖在一处规模不太大

① 谢·谢·索罗金:《戈尔诺阿尔泰考古材料》,第76页,插图5,5。
② 我们在尤斯提德右岸也发现过若干个中央部位放置白色顽石的围墙。库迪尔加9号围墙(中央部位置有顽石)也当属于乌兰德雷克型(见阿·阿·加甫里洛娃:篇名同上,第15页)。
③ 阿·达·格拉奇:篇名同上,第18页(1号石雕像旁),第28页(16号石雕像旁);谢·伊·瓦因施坦:《西图瓦一世纪下半叶的遗存》,见《图瓦考古学与民族学考察委员会著作集》,莫斯科—列宁格勒,1966年,第2卷,第318页,K2—20号围墙。
④ 戈尔诺阿尔泰的冰冻古冢中出土的许多木器上边刻着类似的记号(见薇·尼·波尔托拉茨卡娅:《戈尔诺阿尔泰早期游牧民时代古冢出土器物上的符号》,载《国立爱尔米塔日通报》,列宁格勒,1962年,第5辑,图2—4)。

的围墙内,这处围墙的年代也可定在斯基泰时期。在巴尔—布尔加兹河畔还发现几个凿有类似记号的石碑,也竖在这种规模甚小且呈正方形的围墙内——这与其他古代突厥人围墙绝然不同①。这一发现,可作为我们上述结论的依据。

而后,在上面谈到的凿有记号的石碑四周,又重新构筑了典型的古代突厥人围墙——从平面图来看呈近似正方形,由若干块较薄的经过仔细拼凑的片石组成。在周围四角又补充竖起了四块石碑。

在对中央部位竖有石碑的乌兰德雷克型古代突厥人围墙进行研究之后,可以得出这样的结论:乌兰德雷克型围墙的用途与已经研究过的乌宗塔尔、尤斯提德围墙是一样的。后二者中央部位栽有树干,四角竖有补充性的柱子,这是为了悬挂牺牲动物的头部而设置的。在注意到古代突厥人围墙结构多样性的同时,还必须指出,乌兰德雷克、巴尔—布尔加兹和图瓦的其他古代突厥人围墙中央和四角竖埋的石块,也可起到这样的作用。另一个事实——乌兰德雷克型围墙附近置有巴尔巴尔——也可证明我们关于上述建筑为古代突厥人所建造的结论是正确的。不过有关乌兰德雷克型围墙再无其他材料,这使我们在进一步论证其建造年代时产生了困难。

此外,所有围墙又分做大(4×4 米或以上)、小(3×3 米或以下)两种。上述五种类型中都有大有小,不过小围墙多见于库迪尔加型、尤提斯德型和乌兰德雷克型,大围墙多见于雅科奴尔型和阿尤提型。古代突厥人雕像多半见于雅科奴尔型和阿尤提型大围

---

① 这种围墙内部竖有石碑甚至鹿石的围墙,在蒙古和图瓦也有发现(见瓦·瓦·拉德洛夫:《蒙古古物图谱》,第 2 册,圣彼得堡,1892 年,附图 5,插图 2,3;蒙·胡·曼乃—乌勒:《斯基泰时代的图瓦》,莫斯科,1970 年,第 22—23 页。)古代突厥人二次使用石碑和鹿石的情形,在东阿尔泰随处可见,比如在巴尔—布尔加兹和尤斯提德两河流域,甚至用斯基泰时代的石碑改刻成石雕像(见弗·德·库巴列夫,费·鲍·巴克什特:篇同名上,第 94 页)。

墙旁。

虽然现在大体断定库迪尔加型集体围墙年代较早,可定在公元五至六世纪[1],但是如上所述,这五类围墙从年代学上看,尚无准确界限。看来,乌兰德雷克型小围墙的年代与库迪尔加型集体围墙大体相近。至于雅科奴尔型、尤斯提德型和阿尤提型,则根据其出土物和旁边的石雕来看,年代似可定在公元七至十世纪。其他不带石雕像、也无出土物的古代突厥人围墙的年代,一般无法确定。因此希望将来随着新资料的积累,完善的新方法的采用,这一问题可以得到解决。不知为什么,有些问题不被人注意。比如,许多考察家不去汇总古代突厥人围墙建造特点的资料。建造特点,首先表现在围墙所用的片石数目上。我们在统计乌宗塔尔、巴尔—布尔加兹和叶兰加什的围墙片石数目时,突然发现一个共同的数字——11块。而且,在对 4 处围墙进行比较时,进一步发现,不但片石总数相同(11 块),而且四侧的数字也相同。其中三侧(北侧、两侧、南侧)各为 3 块,另一侧(东侧)为 2 块。这种情况在其他围墙也会遇到,只不过片石数目不是固定不变的罢了。这些围墙的片石数目或 15 块,或 16 块,或 20 块。另一个特点更为明显,这就是三侧的片石数目相等,另一侧的片石数目少一些,这一侧通常是东侧或西侧。属于这类围墙的有:库迪尔加的两处大围墙[2],乌宗塔尔的 2 号大围墙,图瓦的若干围墙[3]。要从上述材料中得出某种结论,自然尚嫌不足,然而要用巧合来解释我们在东阿尔泰甚至与之相邻的图瓦地区各个点上发现的这些特点,也未免不合适。

有一些围墙在一些重要的结构细节上是一致的,如片石总数

---

[1] 阿·阿·加甫里洛娃:篇名同上,第 17 页。
[2] 阿·阿·加甫里洛娃:篇名同上,第 4 号围墙和第 5 号围墙。
[3] 阿·达·格拉奇:篇名同上,插图 46,47;谢·伊·瓦因施坦:篇名同上,第 317 页,插图 34。

相同,都有落叶松树干残断,都有火堆遗迹等等。这些围墙的建造年代恐怕相距不远。何况,这些围墙通常还是二、三处为一组,成行排列的。说它们建造年代相同,还可由如下一点得到证明:这些围墙旁的石雕像系出自同一批工匠之手。这类围墙综合体,现在在东阿尔泰地区已经发现的有:恰迪尔峡谷(1 处围墙 2 座石雕像),卡拉—久尔贡(2 处围墙 2 座石雕像),查干—布尔加兹河畔(3处围墙 3 座石雕像),萨马哈草原(2 处围墙 2 座石雕像),阿尤提河畔(2 处围墙 2 座石雕像),基普奇尔(1 处围墙)。恰迪尔峡谷、查干—布尔加兹河畔和萨马哈草原的古代工匠在凿刻石雕像时,除了凿刻方式相同外,所用石料也相同。

这些竖有形状相似石雕像的祭祀围墙(恰迪尔峡谷),很可能说明它们具有家族或氏族性质。这一推测,还可由上面已经谈到的这些围墙成行排列、尺寸大都相仿、片石数目常常相同以及其他细节得到证明。

由四块片石构筑成的尤斯提德型围墙,看来要比雅科奴尔型围墙和阿尤提型围墙的年代晚一些,因此结构上有所变化。

三

我们上面分析过的特点都很重要。如果将这些特点综合起来,有时可以找到解决古代突厥人祭祀围墙及其附近石雕像年代问题的途径。

不少考察家凭借大量的事实材料得出结论,认为古代突厥人围墙具有祭祀性质,这种建筑是举行宗教式祭祀活动、供献死去先人并送其灵魂(鬼魂)去阴间的场所。已经有许多有趣的著作谈到了古代突厥人围墙和石雕像的用途①。莉·阿·叶芙秋霍娃、列·罗·基兹拉索夫、雅·阿·舍尔等考察家在其名著中,将考古材料与记载古代突厥人祭祀仪式的无数文字描述进行了对比。这里,我们没有必要再去引述这些文字记载。

我们只想引证发掘尤斯提德河畔阿尔泰围墙时得到的若干新的补充材料。这类新的补充材料,有助于全面揭示古代厥人围墙和石雕像的含义。材料之一,便是东阿尔泰围墙中央部位发现的下半截树干,有时下半截还带有树根(乌宗塔尔)②。如果认为,许多古代突厥人围墙中央部位栽的是小树(即一般著作中所说的树桩)甚至大树(树干直径为 30—40 厘米)的话,那么,小树或大树四周出土马骨(多半是趾骨、牙齿,甚至还有零星的颌骨)就可以得到全面解释了。显然,当初这些马头、马皮、前后腿正是悬挂在树上,有时悬挂在专门栽立的树桩上的。这类树桩在尤斯提德型围墙中有所发现。在 1 号围墙,有两个树桩甚至栽在围墙东侧外面两个角落附近。一个树桩附近发现马牙和马颌骨,另一个树桩附近发现羊颌骨。在此,我们不能不引述一下《周书》中有关古代突厥人祭祀仪式的著名描述:"葬讫,于墓所立石建标……又以祭之羊马头,尽悬挂于标上。"③可以清楚地看到,我们的考古材料与这段描述完全相合。

至于树本身,则只具祭祀性质。它反映了一种古老的圣树概

---

① 莉·阿·叶芙秋霍娃:篇名同上,第 114—115 页;列·罗·基兹拉索夫:《中央哈萨克斯坦晚期游牧民遗存》,第 37—43 页;雅·阿·舍尔:篇名同上,第 20 页;谢·伊·瓦因施坦:《图瓦民间艺术史》,莫斯科,1974 年,第 71 页;等等。

② 作者在戈尔诺阿尔泰只发现过一处经莉·阿·叶芙秋霍娃调查过的围墙,其中央部位栽有"直径为 30 厘米的上端削尖的圆木"。这可能是当初栽进去的树干的残留部分(见莉·阿·叶芙秋霍娃:篇名同上,第 114 页)。至今依然露出围墙地表的较高树墩,我们在楚依草原西陲的穆霍尔—塔尔哈塔村、查干—乌宗村和别尔提尔村边有所发现。

③ 刘茂才:《东突厥汉文史料集》[德文],威士巴登,1958 年,第 1 卷,第 460 页。

念。这种圣树是宇宙世界树的象征①。看来,它可为亡魂送去供品,或者可在祭祀时充当亡魂的栖留之所②。与树密切相关的是供奉马匹的宗教仪式。供奉马匹时必定要把马头悬挂起来,这具有特殊意义。许多民族都流传着有关马和树的传说以及宗教仪式,其来源已久,而且彼此异常相似③。但是马和树的崇拜在突厥游牧民族中尤其具有重大意义。某些向最高天神供奉马匹的葬礼、某些萨满教活动中以及其他一些过程中举行的许多古代仪式,一直保存至今④。

材料之二,便是在尤斯提德围墙发现了器物。这是一种专用的祭祀器物。这一材料也很有趣。在一般古代突厥人围墙中,这类器物可能是由竖立在围墙旁的石雕像手中的器物凿刻图形来代替的。而现在在尤斯提德围墙中,既然石雕像以类人形石碑来代替,那么就应该有一个器物放在石碑旁,表示这件器物属死者所有,在祭祀供食献酒时,他(指鬼魂)可以用这件器物来吃饭饮酒。

在围墙附近出土完整的器物,对于断定围墙年代和有力印证许多古代突厥人围墙是用作祭祀的这一设想,具有重要意义。古代突厥人祀祭建筑物中出土器物的情况虽然少见,但并非设有。祭祀器物在邻近的图瓦就有出土,如萨雷格—布隆村近郊的一座复杂的祭祀建筑中的围墙和祭祀古冢内就出土过⑤。鲁·伊思勒

---

① 鲍·阿·里特文斯基:《帕米尔宇宙论》,见《东方各国与东方民族》,第 16 辑,莫斯科,1975 年,第 257 页。

② 西伯利亚的突厥语族至今仍广泛流传这样一种信仰:开阔地上的孤树必有灵魂力(见尼·阿·阿列克谢耶夫:《十九世纪至二十世纪和雅库梯人传统的宗教信仰》,新西伯利亚城,1975 年,第 32 页)。

③ 叶·叶·库兹明娜:《中亚伊朗语族及旧大陆其他民族养马业和马崇拜的传播》,见《古代和中世史的中央》,莫斯科,1977 年,第 41—46 页。

④ 列·帕·波塔波夫:《阿尔泰—萨彦地区古代突厥人供奉家畜牺牲的民族学对比及其历史意义》,见《戈尔诺阿尔泰历史语言文学科学研究所学报》,第 11 辑,巴尔瑙尔,1974 年第 51 页。

⑤ 列·罗·基兹拉索夫:《中世纪图瓦史》,第 23 页,33 页(在一处围墙中发现有桦皮盖)。

在蒙古的阙特勤夫妇碑前也发现了陶器碎片①。所以,古代突厥人围墙旁放置器物这种情况,并没有什么可令人感到奇怪的。奇怪的只是其保存的完好程度,亦即由于神圣而在此后年代竟无人敢于触动它。在各个祭祀地发现的器物,或者存放在特制的坑内(阙特勤庙内),或者绑在树桩上(萨雷格—布隆)。尤斯提德出土的器物也不例外。这件比较珍贵的小杯状银器藏在鹿石旁的一个小坑内,而那件陶罐则放在接近地表的一个勉强可见的浅坑内。陶罐完全被土遮掩,想必需要相当长的时间②。在这段相当长的时间内,围墙综合体一直毫无变化,如果除去栽在围墙中央部分那段烧焦树干的话。这种罕见情况只能说明,古突厥人对墓地和祭祀地十分恭谨,甚至有某种恐惧之感。古代突厥人的这种习俗,直到不久前还在阿尔泰人中保留着:"当地居民中,谁也不敢触动这些(祭祀)物品。一般说来,人们都害怕这块地方。除了送葬之外,谁也不来这里。"③

　　尤斯提德Ⅰ号围墙中发现的银器,可以归入哈卡斯④、图瓦⑤和阿尔泰⑥古代突厥人遗存中出土的一系列类似器物的行列。上述各地出土器物中,有两件与尤斯提德银器相同:一件是图瓦的蒙贡—泰加出土的,另一件是戈尔诺阿尔泰的图雅克塔出土的⑦。这三件器物均为广腹、侈唇、矮底。不同之处在于把手各个相异。这

---

① 鲁·伊思勒:《蒙古人民共和国的古代祭祀遗存》,见《考古论文集》,1960年,第22卷,第1期。

② 围墙建成之后历经一千余年,原来地表上才能形成15—17厘米的草土层。

③ 薇·帕·吉雅科诺娃:《图瓦人的葬礼仪式、历史民族学资料》,列宁格勒,1975年,第67页。

④ 雅·伊·斯米尔诺夫:《东方的银器》,圣彼得堡,1909年,附图45,第184—193图;莉·阿·叶芙秋霍娃:《叶尼塞吉尔吉兹人(黠戛斯人)的考古遗存》,阿巴坎,1948年。

⑤ 阿·达·格拉奇:《卡罗—霍尔和蒙贡—泰加的考古调查》,见《图瓦古学与民族学考察委员会著作集》,第1卷,莫斯科—列宁格勒,第139页,图88。

⑥ 薇·帕·斯米尔诺夫:篇名同上,附图42,第169图;莉·阿·叶芙秋霍娃,谢·弗·基谢廖夫:篇名同上,第103页,附图1,第1—2图,等等。

⑦ 莉·阿·叶芙秋霍娃,谢·弗·基谢廖夫:篇名同上,第113页,附图2,第2—3图。

类器皿还在毗邻地区(图瓦的蒙贡—泰加地区,与戈尔诺阿尔泰的科什—阿加奇地区相邻)有所发现,看来,当是匠人根据同一式样制造的。因此,尤斯提德银器的年代,可根据另两件与之相同的器物的年代来确定,约为公元八至十世记。此外,尤斯提德银器的把手(用透花板制成)式样的制作风格,与哈卡斯的科品·恰阿—塔斯出土的金器把手相同①,这也是它断代的依据之一。

这类银器无疑当属古代突厥贵族所有。银器上通常带有铭文和记号。尤斯提德银器上只有两个记号。第一个记号刻在罐底外壁上,为鄂尔浑—叶尼塞文字中的字母 W;第二个记号刻在罐底内壁上,为传统的山羊图形(图十)。山羊图形四周的整个罐底上,还可看到一些模糊不清的擦刻记号或别的记号。这类记号,将来通过仔细分析可以最终弄清其内容。最有意义的是第二个记号,竟像是鄂尔浑突厥毗伽可汗及其弟阙特勤祭

图十　尤斯提德1号围墙出土银器底部的记号

祀石碑上的记号状图形的翻版。现在已经知道,这种山羊图形乃是可汗政权的象征②。这里应当指出,记号状山羊图形不仅在鄂尔浑碑铭中可以看到,而且在蒙古、图瓦、阿尔泰、哈萨克斯坦和东突厥斯坦的石雕、石碑和岩画上也可以看到。阿·达·格拉奇对山羊图形画面进行仔细研究后,从中分出一种"楚鲁克图格—基尔朗型"古代突厥山羊图形。阿·达·格拉奇在分析了记号状山羊图形的意义之后,赞成德·格·萨维诺夫的意见,认为这种图形同时

① 莉·阿·叶芙秋霍娃:篇名同上,第44页,插图71—72。
② 瓦·瓦·拉德洛夫:《蒙古古物图谱》,第1册,附图16。

也是其凿刻者(刻在山崖上,器物上,等等)属于这个政治联盟即属于突厥汗国的一种特殊象征。"古代突厥人记号状山羊图形岩画是一种标志,可说明该地域属于鄂尔浑—阿尔泰突厥汗国诸部落所有。"①这样,我们所发现的这件器皿底部的记号,可使我们满有把握地将其出土的祭祀围墙及全部出土物一起划入辽阔的突厥世界的类似遗存的行列之中。尤斯提德河畔 2 号围墙出土的陶罐,也是如此。由于它与阿尔泰②及图瓦③出土的阿尔泰突厥人的罐子完全相同,因此它与银器属于同一时代(公元八至十世纪)。这种阔颈平底陶罐的特点,是采用含有大粒砂的粗糙黏土塑成。列·罗·基兹拉素夫认为,它们当与哈卡斯—米奴辛斯克盆地出土的六至八世纪的炊用陶罐相近④。尤斯提德 2 号围墙出土的陶罐,与图瓦的一座祭祀古冢出土的两件类似陶罐一样,罐内留有焦渣痕迹,这说明过去曾当作炊用陶罐用过⑤。尤斯提德陶罐除了具有上述六至八世纪的全部特点外,还在外壁上模压着装饰图案,由两条相交曲线组成一排小菱形。这种通常模压在罐腹中部和颈部下方的图案,是公元八至十世纪回纥人和黠戛斯人陶器所特有的⑥。

如此看来,东阿尔泰古代突厥人围墙的发掘结果再一次说明,突厥人祭祀围墙应与石雕像、墓碑和岩画一起,作为了解古代突厥居民精神文化和宗教观的原始材料而引起人们的注意。分析这些围墙和围墙中的出土物的结构,可使我们得出如下结论:回纥人以

----

① 阿·达·格拉奇:《古代突厥人记号状山羊图形的断代和意义问题》,见《1972 年突厥学文集》,1972 年,莫斯科,1973 年:第 21 页。

② 莉·阿·叶芙秋霍娃,谢·弗·基谢廖夫:篇名同上,第 96 页,插图 16,插图 27。

③ 阿·达·格拉奇:《蒙贡—泰加的考古发掘与中央图瓦的考察》,见《图瓦考古学与民族学考察委员会著作集》,第 1 卷,莫斯科—列宁格勒,1960 年,图 32。

④ 列·罗·基兹拉索夫:《中世纪图瓦史》,第 23 页。

⑤ 同上,附图Ⅰ,第 32,33 图。

⑥ 同上,第 93 页。

及此后的黠戛斯人虽占领了阿尔泰,却未能把阿尔泰突厥人从东阿尔泰地区排挤出去。阿尔泰突厥人继续生活在阿尔泰,与图瓦及哈卡斯诸部落进行着积极的交流;在交流过程中,他们保持着葬马仪礼,并且还保持着建造祭祀围墙的习俗,在五至十世纪这一时期中几乎毫无改变。

苏联中央图瓦的古代突厥武士墓

[苏]博·鲍·奥甫琴尼科娃

1973 年,苏联科学院考古研究所列宁格勒分所萨彦—图瓦考古队所属乌拉尔大学考古小组,对艾梅尔雷格 3 号古墓群进行了考察。该古墓群位于中央图瓦叶尼塞河右支流恰阿—霍尔河左岸恰阿—霍尔新村以北 5 公里处。

现已查明,早在匈奴—萨尔马特时代,这里就出现墓葬。此后,埋葬活动一直继续下去。在已发掘的中世纪时代墓葬中,最引人注目的是 5 号墓组 1 号墓。这是一座武士墓,墓中发现了一整套最完备的武士装备。

该墓的结构与艾梅尔雷格 3 号古墓群的诸突厥墓结构相似。未清理前,墓葬建筑的椭圆形石头封丘全被土草层封住。封丘直径 8 米,高 0.5—0.7 米。清理后,墓葬结构大小未变,只是从封丘里和墓穴中揭出许多新发现的石块。揭出石块,才得以清楚地看到,墓葬基础成一圆柱状堆砌物,直径为 6 米,高为 0.6—0.7 米。其外壁平整,系用 2—4 块石头错缝砌合而成(图一)。其内部填塞物结构未见有何次序。清理墓葬内部平地时,在石头堆砌物底部中央发现一堆不太显眼的石头。石堆下面是生土层。这堆石头北边,另有一堆石头,石块较大,且深入地下。这里发现了墓穴口,其尺寸为东西2.1米,南北1米。在墓穴深0.7—0.9米处,是一由平铺石块构成的密实层。揭去石块层,发现一些马骨和一只马蹄。在墓穴深0.9—1米处,发现一副马骨架。马平卧在石头上,四肢蜷曲,马头朝西。马颅骨微向上扬,靠在石头垒成的垛子上,垛子扭向北面(可能被动过)。马口中衔着双环铁马衔,马衔上带着S形马镳,马镳两端各有一个包头(见图二16)。马身上有一保存不好的木鞍残余。马鞍左边,距马骨架0.2米处,在墓壁上插着一件铁锛,其套口为非封闭式(图二12)。在马臀部和马身下发现一副马蹬,马蹬上带有系皮带用的薄箔制成的环套(图二18);还发现一件铁制的马肚带扣环,扣环上带有横销(图二15);旁边还发现一只铁环。这里除了马骨架外,又发现若干零散的绵羊骨头。马骨架北侧有用石块密实砌成的掩墙(图一3)。清理开石块,出现了用桦树桩交叉而成的"栅栏","栅栏"后面是通向侧室的入口。死者就安葬在侧室内。侧室内四侧除了桦树桩外,还竖插着片石。侧室的高为0.6—0.7

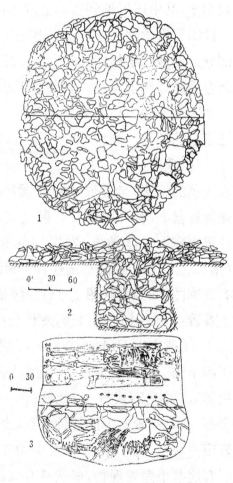

图一　艾梅尔雷格3号古墓群
5号墓组1号墓平面图

米,长为2.2米,宽约为1米。看来,上述马骨架被置于高为0.1—0.2米的小台上。

尸骨位于侧室内。死者为成年男子,仰面葬,头东向。当初,死者当被安置在用沙漠洋槐金色枝条编制成的棺中。这一点,可由保存尚好的贴在侧室东壁和北壁以及铺在墓穴地上的编织物残断得以证明。在尸骨覆盖物中,也发现有编织物残余。覆盖物残缺不全,其中还可见到盾牌上的半剖圆木残段。揭去覆盖物,发现一件圆形木盾牌。这件盾牌覆在死者身上,遮住从额头到膝盖的部分。质地已半朽(图三2)。盾牌下面,顺着死者左臂,放着一件装着箭的桦树皮箭袋。箭镞系用铁制成,排列在箭袋的隔层上(图二22;图二8—11)。箭袋外壳的中央,有一骨制环扣,其状宛若绊马索上的环扣。箭袋下有一铁刀,铁刀装在木鞘内。木鞘保存不好,仅剩残段(图二21)。铁刀附近,靠近死者腰带处,有一些绸缎和皮革的碎块,与腰带上的青铜环扣以及青铜饰牌连在一起。在死者骨盆上,有一团缠在一起的皮革和绸缎,显然当是衣服残余。这里再靠上一些地方,发现一条带饰件的腰带,上面饰以青铜牌(图二3,4,7)。腰带左侧连着一根细皮带;皮带上系着一个小小的有装饰图案的饰牌(图二13)。腰带右侧也连着一根细皮带,皮带上系着一个小小的皮口袋,皮口袋中发现1枚"开元通宝"铜钱(图二1),4枚小宝石(1厘米大小)。小宝石包在一块绸子里,绸子打了四个结。这4枚宝石中,2枚是玉髓,1枚是氧化铜矿石(上面带铜锈),1枚是石灰石[①]。此外,在小口袋中还单独发现一枚较大的宝石(2×3厘米),可能是钟乳石,也可能是自然矿石。小口袋中还发现一块烧焦的木头,其大小为4×2厘米,裹在一块薄皮子里。所有这些小型发现物,显然带有宗教仪式性质。小口袋旁,发现几

[①] 以上化验结果,由斯维尔德洛夫斯克矿业学院奥·阿·苏斯塔沃夫副教授提供。

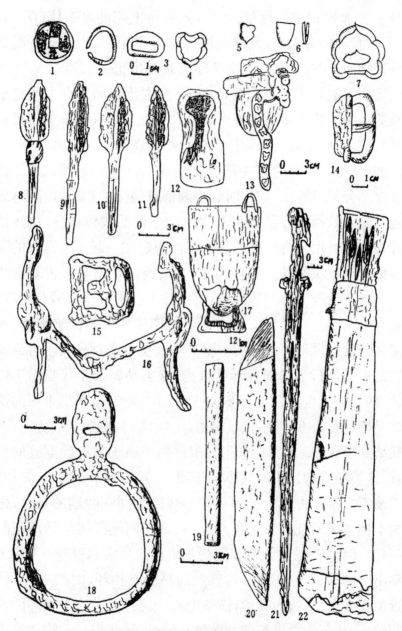

图二　武士墓及葬马坑出土物

1—7.青铜器；8—12.铁器；13.腰带残段构拟图；14.青铜器、铁器；15—18,21.铁
器；19,20.骨器；22.桦树皮

件弓上附加物和一件撑板,此外,还有弓上用的木头块(图二 19,20)。尸骨颞颧骨左侧,发现一枚青铜耳环(图二 2)。死者腿部有一件铆接而成的铁锅,铁锅支架中空而有孔(图二 17)。

该墓葬的葬式和随葬品,在叶尼塞古代突厥遗存中当是十分典型的。为了确定艾梅尔雷格 3 号古墓群 1 号武士墓的年代并说明其特征,下面想对出土物作一综合性描述。

如上所述,马作为墓主随葬物是连同马鞍一起葬入的。从马鞍残存部分可以看出,鞍板前后两侧都有很深的切口,以致可以清楚地看到叶状物。叶状物上发现铁制连件的残留部分,这些铁制连件很可能是用来将马鞍的各个零件固定在一起的。马鞍的表面上残留着一块块黑漆。这种马鞍,在艾梅尔雷格 3 号古墓群的其他墓中也有发现。类似的马鞍,还在科凯尔古墓群(2 号墓)突厥时代墓葬中出土。考察科凯尔古墓群的谢·伊·瓦因施坦,将其年代定在公元八世纪。但是列·罗·基兹拉索夫对科凯尔古墓群出土物的特征进行了详细分析后认为,这类马鞍的年代当属于较晚年代,即九至十世纪。与马鞍同时出土的,还有带系皮带用的薄环套的马镫(图二 18)。环套呈梯形,上端圆,两侧边微向内弯,与镫环联结处较窄。镫环呈椭圆形。根据阿·康·阿姆勃罗兹的分类法看,这类马镫的使用时代不早于第二突厥汗国(680—745 年)时期。蒙贡—泰加古墓出土的且其年代断为同一时期的马镫,也可作为上述情况的证据。这类马镫,后来在回纥汗国统治图瓦的时代(745—840 年)继续流行。艾梅尔雷格 3 号古墓群与 5 号墓组 1 号墓出土的马具中,还有一件铁制的马肚带扣环(图二 15)。扣环呈近似长方形,一边为圆形,横销上有一突牙儿。这类扣环的流行时期较长,从公元六世纪到九世纪。但是,从艾梅尔雷格 3 号古墓群突厥墓中出土材料来看,带横销的铁制马肚带扣环只与带系皮带用的薄环套的马镫同时出土。只与漆马鞍同时出土,只与 S 型马镳（关于马镳，下面还要讲到）同时出土，由此可以认为，带横销的铁扣环当与上述器物同时流行。马笼头只剩下一件双环马衔，马衔上带一件 S 形马镳，两端有包头，中间有弧形件（图二 16）。这种带 S 形马镳的马衔，常见于八世纪阿尔泰突厥墓葬。如此看来，艾梅尔雷格 3 号古墓群武士墓出土的马具，与已经考察过的阿尔泰和图瓦八至九世纪突厥墓葬出土物十分相似。

至于说到武士随葬品，则从中可使我们看出属于墓主本人所具有的某些葬仪特征。墓主身边发现的白桦树皮箭袋，过去在萨彦—阿尔泰突厥语部落墓葬中曾多次出土。一些研究家曾将这类箭袋称作"带口袋盖的箭袋"，并认为它们在公元八世纪之后才在图瓦出现。我们认为，将"口袋盖"称作"隔层"更为合适，因为它的作用不在于掩口，而在于隔开。我们发现的这只箭袋上，排放着箭镞的隔层被染成红色（现在，尚依稀可辨）。箭袋的正面中央部位上，有一划刻而成的弓箭图案（图二 22）。这可能是箭袋主人的标志。这一标志很像列·罗·基兹拉索夫搜集的图瓦畜印，更像尤·鲍·希姆琴科搜集的西伯利亚十七世纪某些畜印。箭袋中放置的箭（十余枚）均为同一类型，呈三棱形，侧翼带骨制鸣镝。大部分箭镞前端有孔（图二 8—11）。这类箭镞为突厥诸部武士所特有，广泛流传于六至十世纪。弓很有特点，这种弓的中央两侧带有梯形附加物，附加物中央又带有骨制的叶状撑板（图二 19,20）。这类中央带有叶状的撑板，匈奴人用过，而四至八世纪突厥人使用的弓上却从未见有这种撑板。后来随着回纥人进入图瓦一带，这种撑板才又出现。因此，该墓葬中出土的弓，无疑当属回纥式弓。弓的另一特点是，左侧经过刮磨的附加物表面上刻有一幅图画。这幅图画大约是用一种尖利的工具刻成的。图画采用许多虚细条组成。如果将弓弦置于眼前，向弓上的附加物望去，则看清晰地看到附加物上刻着的是一株树，树下有许多须（图三 1）。树的右上方有一线

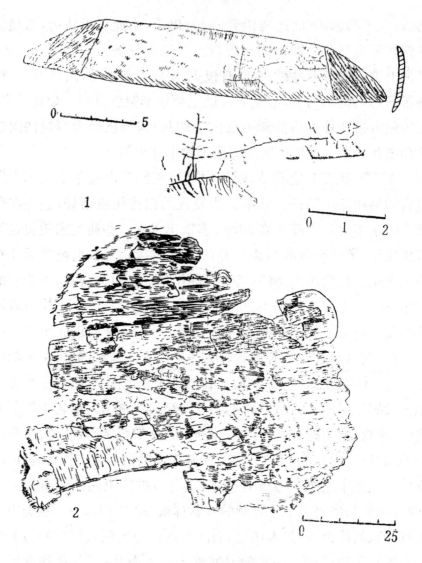

0 —— 5

0 1 2

0 25

图三　墓葬细部

1.骨制弓中央附加物及其表面的图画；2.盖在被葬式士胸部的盾牌和箭袋。

段,上面画着一些枝权,线段末尾是一"旗子"(?)或一"兽皮"(?)。
附加物右边隐约可见似为鸟形的图画。自然,如对这一图形和整
个图画进一步研究,或可做出其他解释来。看来,作画位置有点选

择不当，因为弓的附加物要与桦树皮黏在一起，而且经常要遭到摩擦。不过，弓上中央附加物上刻有图画的情形，我们却见过许多例，有时甚至还刻有突厥铭文[①]。这种情形在更早的时代即图瓦史上舒尔马克时代也有发现。

墓主的腰带，也颇令人感兴趣。它可证明，墓主确是一位武士。腰带上饰有心状青铜饰牌，其边缘呈齿状（图二 4,7）。饰牌上面有的有孔，有的无孔。饰牌的孔中穿有吊带，吊带上系着小饰件和箭镞（图二 13）。从阿·康·阿姆勃罗兹的分类法看，这类腰带当属于八世纪下半叶至九世纪。它们在卡普恰雷 1 号墓和 2 号墓，蒙贡—泰加 4 号墓、5 号墓、8 号墓、26 号墓、36 号墓，科凯尔 2 号墓、22 号墓、47 号墓中，均有出土。许多研究家认为，带金属饰件的腰带反映了武士在军队等级中所占的位置。这种情况匈奴时代已然有之，后为中国人所采用。他们严格遵循这样一种规矩："腰饰物数量的多寡，反映了军队职位或行政官职的高低"。薇·鲍·科瓦廖夫斯卡娅甚至写道，带金属饰件的腰带是定做的（针对军队高级将官或低级军官）。制作匠人将腰带视作具有一定含义的复杂象征物。这种腰带在艾梅尔雷格 3 号古墓的另一座墓里也发现过。我们认为，这套腰带，除了吊带、装宝石的小口袋和铁制短刀（保存得甚为不好）外，还应包括武士有权佩带的大刀。大刀刀身笔直，长 74 厘术。刀柄与刀身呈一条直线，似为刀身的延长。刀身加刀柄总长约 1 米。有一十字交叉与刀身成直角，现在保存不太完整（图二 21）。刀身为单刃，但刀尖很锋利，为双刃。这种武器既可刺又可砍，通常被叫作刀。因此，我们认为这一发现物应是一件突厥刀。这类武器，在此后古代黠戛斯入侵略图瓦的时代也有发现（即赫姆契克河谷古墓中的剑）。

[①] 见艾梅尔雷格 1 号古墓群 8 号墓组 52 号墓，阿·马·曼德尔施坦与勃·鲍·奥甫琴尼科瓦于 1971 年发掘。

　　圆形木盾牌是独一无二的发现物（这也是墓主为武士的补充证明）（图三 2）。盾牌的直径为 78 厘米。系用 5 块宽 15—18 厘米、厚不过 1 厘米的木板制成。木板背面用一横木梁连在一起。看来这一横梁同时也可用做把手。这件盾可印证书面史料中关于这类防护物的简单记载："防箭之盾，破木以横梁连接而为之"。我们发现的这件盾，还与粟特发现的八世纪中亚式的盾相近。诚然，粟特盾尺寸较小，且边缘包以金属，但也如我们发现的盾一样，系用一块块木板制成。粟特盾略带弧度，突厥盾却是平的。这两种盾均与古代俄罗斯盾不同，后者虽有圆形的，但弧度十分明显，而最主要的区别还在于，古代俄罗斯盾的中间有金属护手。看来，古代南西伯利亚各族的盾都没有金属护手。这一点可使我们做出如下推测：在与砍杀性武器对阵时，古代突厥人很可能不用盾，因为这种盾很难抵挡住刀剑的攻击。

　　还有一件罕见出土物值得提出来谈一谈。武士脚旁有一件铆接而成的铁锅，带两只提手，锅支架中空而有孔（图二 17）。这类锅在阿尔泰发现过（库莱 4 号古墓群 1 号墓）。在图瓦，这类锅也在萨格雷—巴日 5 号古墓群 25 号墓中出土过；该墓除了铁锅外，还出土过一批三角形的挽具饰牌，其年代当为九至十世纪。这类铁锅，在图瓦的流行始于回纥人统治时期。

　　这样，根据艾梅尔雷格 3 号古墓群 5 号墓组 1 号墓的出土物，可以做出如下结论：这座突厥武士墓的年代约在八世纪下半叶至九世纪，即回纥统治图瓦的时代。我们认为，墓中出土的铜钱（图二 1）无断代价值。根据这枚铜钱只能断定一点：这座墓葬不早于七世纪，因为这种铜钱流通的时间是上起七世纪，下迄二十世纪初。发掘艾梅尔雷格武士墓获得的材料，在一定程度上可以充当图瓦突厥诸部史的补充材料。在对墓葬结构和被葬武士及马匹的随葬品进行分析的过程中可以看到，这些东西所反映的特征既有古代突厥人的，又有回纥诸部的。在突厥人所具有的典型的人马同葬的固定葬仪中，现在又出现了一种新的成分——人葬在侧室中，且被置于一种简陋的棺中。这种情形，我们在六至八世纪的墓葬中尚未发现过。我们认为，回纥人统治该地（745—840年）所产生的影响，恰恰表现在这一点上。墓穴带有侧室这种结构特点，对图瓦八至九世纪的古代突厥人有何意义，目前尚不清楚。这也许出于将死者与马匹隔离开来的一种简单愿望（这种情形可能性不大）；也许基于这一时期为回纥人所信奉的摩尼教信仰，而反映了一种不因死者接触土地而弄脏土地的愿望；也许这种复杂的墓葬结构反映了社会分化现象，等等。既然古代突厥人的意识中已经有了阴间生活乃是阳世现实生活的延续这样一种思想，那么葬仪中根据死者生前所属社会群中的地位为他在阴间的职位阶梯上安排一定的位置，就是必然的了。从墓穴结构以及十分丰富而独具特色的一整套出土物（盾牌、大刀、带金属饰件的腰带、铁锅等等），可以做出如下推测：艾梅尔雷格古墓群中被葬武士的官阶，要比同一古墓群中被葬的普通武士高。我们知道，在回纥征服者进入图瓦之后，图瓦军事贵族就直接从属于新的政权。新政权为了达到政治上的统一，而极力将文化也统一起来。于是，当地高级军事集团就充当了征服者的思想和观点的体现者这样一种角色。因此可以说，军事上层人士乃是最先接受回纥军事强国赖以存在的异族宗教信仰的那批人。

本文引用书目

1.谢·伊·瓦因施坦：《古代突厥文化史若干问题》，载《苏联民族学》，1966年，第3期。

2.列·罗·基兹拉索夫：《古代图瓦》，莫斯科，莫斯科大学出版社，1979年。

3.阿·康·阿姆勃罗兹:《作为年代表征的中世纪早期的马镫和马鞍(四世纪至八世纪)》,载《苏联考古学》,1973年,第4期。

4.阿·达·格拉奇:《蒙贡—泰加的考古发掘》,载《图瓦考古学民族学综合考察队著作》,莫斯科—列宁格勒,1960年,第1卷。

5.列·罗·基兹拉索夫:《中世纪图瓦史》,莫斯科,莫斯科大学出版社,1969年。

6.阿·阿·加富里洛夫:《库迪尔盖古墓群:阿尔泰诸部史资料》,莫斯科—列宁格勒,科学出版社,1965年。

7.谢·伊·瓦因施坦:《西部图瓦一千年下半叶的遗存》,载《图瓦考古学民族学综合考察队著作》,莫斯科—列宁格勒,1966年,第2卷。

8.列·罗·基兹拉索夫:《叶尼塞碑铭的新断代》,载《苏联考古学》,1966年,第3期。

9.尤·鲍·希姆琴科,《十七世纪西伯利亚各族的畜印》,莫斯科,科学出版社,1965年。

10.《吉尔吉斯通史》,伏龙芝,1963年,第1卷。

11.埃·乌·斯坦布尔尼克:《新发现的中央图瓦斯基泰之后时期造型艺术遗存》,在全苏"斯基泰—西伯利亚文化历史统一问题"考古讨论会上的报告摘要,克麦罗沃,1979年。

12.阿·康·阿姆勃罗兹:《东欧中世纪早期年代学问题》,载《苏联考古学》,1977年,第3期。

13.谢·伊·鲁坚科:《匈奴文化与诺音乌拉古冢》,莫斯科,1962年。

14.薇·鲍·科瓦廖夫斯卡娅:《对于作为记号体系的六世纪至九世纪带金属饰件腰带图案之研究》,载《考古学统计—配合学方法》一书,莫斯科,科学出版社,1970年。

15.谢·弗·基谢廖夫:《哈卡斯人古代史纲》,阿巴坎,哈卡斯州国立出版社,1951 年。

16.拉·格·涅恰耶娃:《托拉—塔尔—阿尔蒂古墓群中的焚尸墓葬》,载《图瓦考古学民族学综合考察队著作》,莫斯科—列宁格勒,1966 年,第 2 卷。

17.尼·瓦·寇涅尔:《关于南西伯利亚、中亚和远东的汉文记载》,莫斯科,苏联科学院出版社,1961 年。

18.瓦·伊·拉斯波波娃:《穆格山出土的盾牌》,载《苏联科学院考古研究所报告和田野考古简报》,1973 年,第 136 期。

19.米·格·拉比诺维奇:《九世纪至十五世纪俄国武器简史》,载《苏联民族学研究所著作》,1947 年,第 1 卷。

20.谢·弗·基谢廖夫:《南西伯利亚古代史》,载《苏联考古学资料与研究》,1949 年,第 9 期。

21.阿·达·格拉奇:《图瓦南部的古代突厥墓》,载《苏联科学院考古研究所报告和田野考古简报》,1968 年,第 114 期。

22.瓦·帕·列瓦绍娃:《吉尔吉斯—哈卡斯的两处古墓群》,载《苏联考古学资料与研究》,1951 年,第 24 期。

中央亚古代突厥文和粟特文
碑铭的发现和研究

［苏联］谢·格·克里亚什托尔内依　弗·阿·里弗希茨

（一）

中央亚古代突厥碑铭的发现,与俄国人开发和移居西伯利亚这块长久以来不但为欧洲地理学者而且为莫斯科公文秘书所不知晓的广袤土地密切相关。对西伯利亚的研究,始于那些新土地的首批发现者们。在他们的信函、记述和呈文,中保存下了生动的记载材料。他们的兴趣很广,不但关注道路河流、金属矿藏、牧渔农业,而且关注当地居民的语言、风俗、习惯,甚至还留心通商的可能性与适宜性以及当地头人的相互关系[①]。收藏于西伯利亚各省军事长官办公室的新土地发现者们呈报的公文和无数草图,为绘制西伯利亚综合地图奠定了基础,这类地图中最为完善的乃是托波尔斯克贵族之子谢·乌·列缅佐夫在 1696 年至 1703 年之间编制的《西伯利亚地图》的各种版本[②]。

到十七世纪下半叶时,学者兼旅行家们获得的书面材料和口头材料已经相当之多,以致他们能够对西伯利亚以及远东某些地

[①]《十七世纪俄国新土地开拓青和北极航海者的发现》(文献集),1951 年;阿·阿·季托夫:《十七世纪的西伯利亚》(关于西伯利亚及其相邻地区状况的古代俄文文章汇集),莫斯科,1896 年。

[②] 关于谢·乌·列缅佐夫的生平和著述,可参阅列·阿·戈尔登堡:《谢苗·乌里雅诺维奇·列缅佐夫:西伯利亚地图绘制家和地理学家,1642 年—1720 年之后》,莫斯科,1965 年。关于在此以前俄国地图绘制学传统,可参阅鲍·阿·雷巴科夫:《十五世纪至十六世纪初俄国莫斯科维亚地图》,莫斯科,1974 年。

区做出相当详细的描述①。荷兰人尼古拉斯—科内松·魏特森
(1641—1717 年)——关于西伯利亚和远东情况综合著作的第一位
作者,就是其中明显的一例。他的这部著作,生前曾于 1692 年和
1705 年两次出版,死后又于 1785 年再版过②。早在青年时期,魏
特森就主动要求当上荷兰大使雅科夫·博莱耶尔的随员,随同使
团于 1664 年到达莫斯科,一年之后返国。学术著作中曾流行过这
样一种观点,认为魏特森在俄国逗留过好几年,并做过多次旅游,
否则就不可能收集到此后他用以编成《北鞑靼里亚与东鞑靼里亚》
一书的大量资料③。事实并非如此。魏特森的几乎全部描述都得
之于他的代理人。关于这一点,他本人也曾经谈到过。比如,1690
年 11 月 29 日他在给伦敦皇家学会主席罗伯特·索思威尔的信中
写道:"大约 28 年前,我到过俄国。由于我到那里完全出于好奇,
因此不但与俄罗斯人有来往,而且与各个家族的鞑靼人都有来往。
从那里,我初次得知有关莫斯科维亚及遥远地方的情况材料。于
是,从此我停止再用种种方式获得材料,而找到了一条收取或转收
来自世界最北部和最东部两个地区信件的途径。"④魏特森的代理
人中,有一些很有文化且对西伯利亚有关材料很熟悉的人物,如议
会秘书安德烈·安德烈耶维奇·维尼乌斯(1641—1715 年)⑤和沙

---

① 详情可见阿·伊·安德烈耶夫:《西伯利亚史料学纲要》,第 1 辑,十七世纪,第二版,莫斯科—列宁
　格勒,1960 年;第 2 辑,十八世纪(上半叶),莫斯科—列宁格勒,1965 年。
② 尼·科·魏特森:《北鞑靼里亚与东鞑靼里亚》[荷兰文],阿姆斯特丹,第 1 卷,1692 年;第 2 卷,
　1705 年。关于尼·魏特森的著述与地图,可参阅米·帕·阿列克谢耶夫:《西欧旅行家和作家笔
　下的西伯利亚。引言,正文和注释》,第 1 卷,第 2 部,伊尔库茨克,1934—1936 年,第 59—68 页;
　阿·伊·安德烈耶夫:《西伯利亚史料学纲要》,第 1 辑,第 89—95 页。
③ 比如可参阅阿·尼·佩宁:《俄国民族学史》,第 4 卷,圣彼得堡,1892 年,第 213 页;尼·费·卡塔
　诺夫:《荷兰旅行家尼·魏特森及其关于俄国和亚洲的著述》,载《喀山大学考古学历史学民族学学
　会通报》,1901 年,第 17 卷,第 4 辑,第 248—249 页。
④ 转引自阿·伊·安德烈耶夫:《西伯利亚史料学纲要》,第 1 辑,第 93 页。
⑤ 关于安·安·维尼乌斯论及西伯利亚的地理学著作和他与魏特森的交往情况,可参阅阿·伊·安
　德烈耶夫:《西伯利亚史料学纲要》,列宁格勒,1960 年,第 1 辑,第 52—54 页,第 90 页——关于魏
　特森与沙皇彼得·阿列克谢耶维奇的结识与通信。

皇阿列克赛·米哈依洛维奇的宫廷画家斯坦尼斯拉夫·安东诺维奇·洛布茨基。后者,曾将托波尔斯克省省长彼·伊·戈都诺夫于 1667 年编就的第一部有名的俄国西伯利亚地图——《西伯利亚地方地图》复本转寄给了魏特森①。魏特森的著作中列举了俄国许多民族的词汇范例,其中也有突厥词汇范例②。据认为,介绍古代突厥碑铭的第一批材料也出自他的笔下③。确实,魏特森在介绍西伯利亚各种情况时曾提道:"离维尔霍图里耶不远的一座悬崖上,发现若干图形和用未知文字刻成的铭文。关于这些铭文,当地居民中老一辈人们说,他们来到此地虽已一百余年,但是图形是什么时候由有什么人刻成的,却毫无消息。"接着,对被当地居民称之为"画石"的悬崖做了描述,并对"沃古尔人和其他异教徒"来此处举行祭祀的风俗做了报道④。然而,这些描述谈的不是西伯利亚碑铭,而是乌拉尔的岩画,因为,在 1588 年构筑于中乌拉尔山东坡、图拉河上游,并成为"通向西伯利亚的主要门户"⑤的维尔霍图里耶(上图拉小城,今为斯维尔德洛夫省的一个城市),其位置离古代突厥碑铭分布区尚远。认为谢·乌·列缅佐夫地图上标示过"鄂尔

---

① 米·帕·阿列克谢耶夫:《尼·魏特森的一个俄国代理人。关于十七世纪寻找通向中国和印度海路的历史》,见《纪念谢尔盖·费多罗维奇·奥尔登堡科学与社会活动五十周年》,列宁格勒,1934年,第 51—60 页。

② 安·尼·科诺诺夫:《俄国突厥语研究史。十月革命前时期》,列宁格勒,1972 年,第 23 页。

③ 比如可参阅尼·伊·维谢洛夫斯基:《鄂尔浑河的发现》,见《国民教育部杂志》,1874 年,第 4 辑,第 61 页;阿·纳·柏恩施坦:《六至八世纪鄂尔浑—叶尼塞突厥人的社会经济制度。东厥突汗国与黠戛斯人》,莫斯科—列宁格勒,1964 年,第 11 页;伊·阿·巴特马诺夫:《叶尼塞古代突厥碑铭的语言》,伏龙芝,1959 年,第 11 页。

④ 瓦·瓦·拉德洛夫:《西伯利亚的古物》,第 1 辑,见《俄国考古学资料》,彼得堡,1888 年,第 3 期,附录,第 5 页。

⑤ 谢·弗·巴赫鲁申:《俄国向乌拉尔以东地区的推进》,见《科学著作集》,莫斯科,1955 年,第 3 卷,第 1 部,第 147 页。当时(1675 年)的一份荷兰文件曾经以如此准确的地理学语言提到过维尔霍图里耶,参阅阿·米·洛维亚金:《库恩拉特·圣—克林克使团谒见沙皇阿列克赛·米哈依洛维奇和费道尔·阿列克谢耶维奇》,圣彼得堡,1900 年,第 341 页。

浑"碑铭的说法,也同样令人费解[①]。不过,就在魏特森著作问世前十五年,确已出现了关于叶尼塞河河畔石崖上刻有未知文字的更为准确的见证材料。

尼古拉·加弗里洛维奇·斯帕法里(米列斯库)是首批漫游西伯利亚的有知识的旅行家之一。他出生于显贵的莫尔达瓦人家庭(他自认为"不但就家庭信仰而言,而且就家庭出身而言"都是一个希腊人),受教育于君士坦丁堡和帕多瓦,长期生活在德国和瑞典。1671 年来到莫斯科之后,他被任命为外交事务衙门古希腊语、拉丁语和沃洛什语翻译[②]。1675 年初,尼·加·斯帕法里率俄国使团赴中国。回国之后(1678 年),他向外交事务衙门呈递了几种地理著作,其中之一名为《从托波尔斯克经西伯利亚到中国边界的游记》。这是由当事人所写的第一部从地理学角度对西伯利亚进行详细描述的著作。

斯帕法里在这部书中不仅引用了个人观察所得的材料,而且引用了打听到的尽可能多的材料。他还对沿水路由叶尼塞斯克到安加拉河口两天的途程做了描述。关于叶尼塞河上游的情况,他只了解到了当地居民的一些说法:"在叶尼塞河岸边的大石滩附近,有一座悬崖。在这座悬崖的石头上刻着一些不知道是什么样的文字,文字当中刻着一些十字形,还刻着一些人形,人手里拿着长把圆头锤子。……谁也不知道这里写的是些什么,是谁写的。"[③]

[①] 现在,安·尼·科诺诺夫指出(见《……研究史》第 24 页),在涉及古代突厥碑铭发现史的所有著作中颇为常见的这种提法是毫无证据的。

[②] 关于尼·加·斯帕法里及其著述,可参阅德·米·列别捷夫:《十七世纪的俄国地理学(彼得一世之前时期)。地理知识史纲》,莫斯科—列宁格勒,1949 年,第 127—164 页;阿·伊·安德烈耶夫:《西伯利亚史料学纲要》,第 1 辑,第 74—77 页。

[③] 《1675 年俄国使者尼古拉·斯帕法里从托波尔斯克经西伯利亚到涅尔琴斯克和中国边界的旅行。斯帕法里旅途日记》,尤·瓦·阿尔谢尼耶夫作引言并注释,见《俄国地理学会民族学分会会刊》,圣彼得堡,1882 年,第 10 卷,第 1 辑,第 85 页。罗马尼亚一位斯帕法里生平研究家格·伊·康斯坦丁认为这里提到的石滩当是叶尼塞河萨彦河谷的大石滩,文字当是阿克—尤斯河或卡(转下页)

十八世纪二十年代末,西伯利亚及其古物越来越吸引了彼得大帝的注意力。在有名的禁止盗掘与为珍宝馆收集古物的命令中,他同时下令收集"刻有文字的石头"(1718 年)[2]。在此之前,32岁的学者丹尼尔·戈特里勃·梅塞施米特(1685—1747 年)受彼得大帝聘请由革坦斯克来到彼得堡,并受命赴西伯利亚进行科学研究[3]。梅塞施米特率领人数不多的助手——在托波尔斯克,被俘的瑞典军队大尉费里普·约翰·塔伯特(1676—1747 年)也加入这一行列,该人此后由于有功而被封贵族并赐姓斯特拉林贝格[4]——按计划进行了一次规模空前的科学研究。其规模直到最近第一次出版了他的日记之后,才得以弄清[5]。很可能在梅塞施米特尚未来到西伯利亚时,他就掌握了那里存在古代碑铭的材料;至少在他刚到托波尔斯克之际,他就请求西伯利亚总督阿·米·切尔卡斯基下令全体官员,除了其他稀有珍宝外,还须为他提供"古代喀尔梅克人和鞑靼人及其祖先的碑铭"[6]。

1721—1722 年,发现了第一批石碑铭文、石雕像铭文和镌刻在

(接上页)拉—尤斯河西岸的古代突厥摩崖铭文。不过,更为正确的还是列·罗·基兹拉索夫的见解。他认为,"根据尼·斯帕法里的记载,还不能得出有何铭文的结论"。见格·康斯坦丁:《叶尼塞古代黠戛斯碑铭的首次报道;赴中国旅行的罗马尼亚人尼古拉·米列斯库(斯帕法里)的日记》[英文],见《突厥学研究》,巴黎,1972 年,第 11 卷,第 151—157 页;列·罗·基兹拉索夫:《西伯利亚考古学的开端》,见《历史考古学论文集。纪念阿·弗·阿尔齐霍夫斯基 60 周年诞辰》,莫斯科,1962 年,第 45 页。

[2] 列·罗·基兹拉索夫:篇名同上,第 47—49 页;阿·阿·福尔马佐夫:《俄国考古学史纲》,莫斯科,1961 年,第 25—30 页。

[3] 玛·格·诺夫良斯卡娅:《丹尼尔·戈特里勃·梅塞施米特及其研究西伯利亚的著述》,列宁格勒,1970 年。

[4] 玛·格·诺夫良斯卡娅:《费里普·约翰·斯特拉林贝格。他研究西伯利亚的著述》,列宁格勒,1966 年。

[5] 关于梅塞施米特日记的选辑和全集及其在研究西伯利亚语言和考古学中所起的作用,以及斯特拉林贝格在科学上的贡献,可参阅安·尼·科诺诺夫:篇名同土,第 47—52 页,第 58—63 页;列·罗·基兹拉索夫:篇名同上,第 48—52 页;阿·纳·柏恩施坦《……社会经济制度》,第 12—13 页。

[6] 瓦·瓦·拉德洛夫:《西伯利亚的古物》,见《俄国考古学资料》,圣彼得堡,1894 年,第 16 期,附录,第 138 页。

铜镜残断上的铭文,由考察队美术师卡尔·舒尔曼进行了复制;同时还收集到了上叶尼塞河河谷中其他许多类似铭文所在地的资料。

1722 年北方战争结束不久,斯特拉林贝格与梅塞施米特分手,离开西伯利亚,于 1730 年在斯德哥尔摩出版《欧洲和亚洲的北部和东部》,其中刊布了铭文图版①。由于这些铭文字形与斯堪的纳维亚各国通行的文字相近,故斯特拉林贝格仿效梅塞施米特的提法②,将其称为"如尼"体文。这种叫法虽然不确切,但却很方便,于是从此成为一个固定的学术用语。

略早于斯特拉林贝格,即在 1729 年时,戈·吉·拜耶尔在一则简讯中对梅塞施米特考察队发现的碑铭作了报道。戈·吉·拜耶尔被誉为"科学院的第一位突厥学家",他于 1726 年来到彼得堡③。他还对铭文的解读做了首次尝试,认为这是塞尔特文。

此后,从十九世纪下半叶起,在米努辛斯克盆地,在萨彦岭以南地区,都陆续发现了刻有如尼文的石碑。这些石碑是许多考察家、旅行家和地方志学家发现的。其中尤以格里戈里·伊万诺维奇·斯帕斯基(1783—1864 年)的贡献为最大。他于 1818 年在其题名为《西伯利亚的古物》一书中对叶尼塞如尼文做了首次综述④。约·弗·克鲁格院士将该书涉及碑铭的内容译成拉丁文,以《lnscriptiones Sibiricae》(《西伯利亚碑铭》)为题出版(圣彼得堡,1822 年)⑤。

---

① 费·约·斯特拉林贝格:《欧洲和亚洲的北部和东部》[瑞典文],斯德哥尔摩,1730 年,第 5 卷,第 12 卷。
② 瓦·瓦·拉德洛夫:《西伯利亚的古物》,见《俄国考古学资料》,第 3 期,附录,第 5—8 页。
③ 安·尼·科诺诺夫:篇名同上,第 32 页。
④ 关于格·伊·斯帕斯基及其学术、出版活动,可参阅:阿·费·希德洛夫斯基:《格里戈里·伊万诺维奇·斯帕斯基》,见《全苏地理学会通报》,1939 年,第 71 卷,第 1238—1241 页;格·格·古尔宾:《关于〈格·伊·斯帕斯基〉一文》,见《全苏地理学会通报》,1940 年,第 72 卷,第 447—448 页;安·尼·科诺诺夫:《……研究史》,第 98 页。
⑤ 关于叶尼塞如尼碑铭的发现和研究史,以及对碑铭的提及和描述,可参阅尼·米·雅德林采夫:《西伯利亚古代石碑和碑文》,见《文学论文集。关于西伯利亚和亚洲东方的科学和文学(转下页)

　　拉丁文译本《西伯利亚碑铭》的问世,引起了当时著名东方学家阿贝尔—雷缪扎和亨·尤·克拉普罗特的注意。他们对中央亚历史文物有着广泛的知识。阿贝尔—雷缪扎在评介斯帕斯基的著作时指出,西伯利亚如尼文与北方如尼文相似这一点可能是一种表面现象,碑铭所在地当初应是突厥人生活过的地区,但是他却将碑铭说成是"印度—哥特人"之一支——乌孙人遗留下来的;以此为前提,认为碑铭文字只能是一种印欧文字[②]。而克拉普罗特所采取的立场则如同此后所证实的那样,是一种正确的立场。他将碑铭分布区域同中国史籍中有关叶尼塞黠戛斯人住地及他们有文字的记载进行了对比,认为这些碑铭是古代黠戛斯文碑铭[③]。这实际上是场首次关于碑铭考证问题的学术辩论。

　　十九世纪后三十年中,俄国在中央亚和东西伯利亚南部地区考察活动的广泛展开[④],地理学会西伯利亚各分会的活动,以及由尼·米·马尔契亚诺夫于 1877 年创立的在当时来说属于第一流的博物馆在米努辛斯克的出现[⑤],都大大促进了考察活动的发展。这类在地方中心所在地开展的活动,对尼·米·普尔热瓦尔斯基及其学生和继承人所进行的伟大的中央亚考察成果起到了重要的补充作用。在西伯利亚地理学会各机构中最活跃的学术力量,是

　　(接上页)论文汇编》,圣彼得堡,1885 年,第 456—476 页;《古代突厥语辞典》,弗·米·纳捷里亚耶夫等人编纂,1969 年,第 22—27 页;阿·米·谢尔巴克:《叶尼塞如尼体碑铭。发现与研究史》,见《突厥学论文集》,1970 年,莫斯科,第 111—134 页(该书附有详尽的书目)。

[②] 书评刊布于巴黎(《学者杂志》,1922 年,10 月号,第 595—602 页),并由斯帕斯基译载于彼得堡的《亚洲通报》(第 4 册,1825 年,第 285—303 页);斯帕斯基在书评译文的注释中认为铭文是蒙古文。

[③] 尤·克拉普罗特:《关于西伯利亚若干古物》[法文],见《考古学杂志》,1823 年,第 11 卷,第 10—11 页。

[④] 瓦·弗·巴托尔德:《欧洲和俄国研究东方的历史》,第二版,列宁格勒,1925 年,第 238—241 页;埃·马·穆尔扎耶夫:《蒙古人民共和国。自然地理描述》,莫斯科,1948 年,第 46—52 页。

[⑤] 费·雅·考恩:《25 年来(1877 年至 1902 年)米努辛斯克地志博物馆简史》,喀山,1902 年;格·雅沃尔斯基:《尼·米·马尔契亚诺夫。生平事迹简述》,克拉斯诺雅尔斯克,1969 年。

一批被流放的政治犯和西伯利亚地方主义活动家——格·尼·波塔宁、尼·米·雅德林采夫、德·阿·克列门茨①。突厥学中一项最重大的发现就与后两个人有关。

尼古拉·米啥依洛维奇·雅德林采夫（1842—1894年）是一位西伯利亚当地人，对西伯利亚十分热爱，同时也是地方主义派中最具民主主义倾向的人们所公认的领袖②。他不但是一位优秀的政论作家和文学家，而且是地理学会西西伯利亚分会和东西伯利亚分会中最主要的活动家。他主要从事西伯利亚居民的社会学和民族学研究，以及历史学和考古学调查③。弗·伊·列宁十分熟悉尼·米·雅德林采夫不倦的社会活动，并给他以很高的评价④。

尼·米·雅德林采夫的伟大学术成就，是1889年夏对北部蒙古所做的考察。他在地理学会东西伯利亚分会的资助下，受该会派遣，同4名同伴来到北部蒙古，主要目的在于进行考古调查，包括确定成吉思汗王朝初期的古都哈剌和林的确切地址。雅德林采夫在鄂尔浑河谷特别留心观察了哈剌八剌哈孙古城遗址。该城的城墙和中央建筑（宫殿建筑）的外表轮廓线当时还相当清晰地保留着。雅德林采夫写道："我们的注意力主要集中在一批花岗岩碎块上。这些石块离宫殿约600步远，躺在一些壕沟和土丘旁。这是一些花岗岩石块。经过仔细观察，我们在石块上发现了一些浮雕图案，多半是中国式的鹿形，或者是龙形。在附近我们找到了它的

① 关于西伯利亚地方主义及其在西伯利亚研究史上的作用，可参阅弗·格·米尔佐耶夫：《西伯利亚史学史（马克思主义之前时期）》，莫斯科，1970年，第295—351页；玛·格·谢秀宁娜：《格·尼·波塔宁与尼·米·雅德林采夫——西伯利亚地方主义思想家（论十九世纪下半叶西伯利亚地方主义的阶级实质问题）》，托木斯克，1974年。

② 关于对尼·米·雅德林采夫社会政论活动的评价问题，可参阅弗·科尔扎文、弗·米尔佐耶夫、尼·雅诺夫斯基：《关于西伯利亚地方主义的评述》，见《西伯利亚星火》，1971年，第12期，第138—151页。

③ 米·康·列姆克：《尼·米·雅德林采夫。逝世10周年生平概述（1894年—1904年6月7日）》，圣彼得堡，1904年。

④ 尼·维尔日比茨基：《您为我们的报纸工作……》，见《苏联出版》，1958年，第4期，第8页。

顶部。达些碎块表明,它当初是一座方尖碑或者纪念碑,碑的圆形部位每个侧面上刻着三条龙,也就是说,这条龙形在下方由左右两侧相交。石碑有一半保存完整。当我们细心观察石碑时,惊奇地发现,石碑上竟刻着一些叶尼塞河古墓群上刻着的那些为我们所熟悉的如尼文字母。而后,我们在其他碎块上不但发现了同样的字母,而且还发现了汉文和一些乍看上去像是蒙古文而实际上是回纥文①。……我们不禁思绪万千,想象着古代生活的情景。……我们意识到,我们正置身于东方学家孜孜以求的答案旁。我们不能不感到揭开科学之谜前夕所特有的那种激动和快感,这种精神上的满足使我们忘却……遥远旅途的艰辛。"②又过了两周,雅德林采夫从当地蒙古族居民口中得知还有两方刻有同样碑文的大石块的消息,接着便在离哈剌八剌哈孙不远的和硕柴达木地方又发现了两块刻有如尼文和汉文的石碑和一些立着石人石兽的明显的墓葬建筑遗址。考察队拓制了 40 份如尼碑铭和部分汉文碑铭,便胜利地返回了俄国③。

雅德林采夫的报道,以及他将自己拓制的如尼碑铭拓片分寄给许多大学者,引起了极大的轰动。此前不久,弗·罗·罗津曾写道:"在历史考古学领域,十九世纪将以其解读方块字、楔形字等种种文字体系而名留史册。不能相信,至今依然神秘不解的西伯利亚碑铭会毫无结果地渡过二十世纪"④。双体碑铭的发现,似乎为取得满意结果提供了新的可能。但是,为此首先必须获得方块字

---

① 后来断定,哈剌八剌哈孙碑的第三种文字为粟特文。

② 尼·米·雅德林采夫:《1889 年鄂尔浑考察报告》,见《鄂尔浑考察著作汇集》,圣彼得堡,1892 年,第 1 辑,第 79—81 页。

③ 同上,第 103—107 页;尼·米·雅德林采夫:《赴哈剌和林遗址途中在鄂尔浑河上游的旅行》,见《地理学会东西伯利亚分会会刊》,1889 年,第 26 卷,第 4 辑,第 257—272 页。

④ 弗·罗·罗津:《〈叶尼塞碑铭〉评介》,见《考古学会东分会会刊》,1883 年,第 4 卷,第 444 页;还可参阅同一作者:《Suum cuique［各取所得］。谈鄂尔浑和叶尼塞碑铭的释读问题》,见《考古学会东分会会刊》,1894 年,第 8 卷,第 323—325 页。

和如尼文的准确和完整的拓片，以及对已发现的墓葬综合体进行考古调查。俄国科学院开始筹组瓦·瓦·拉德洛夫院士领导下的鄂尔浑考察队。正在此时，一支小规模的芬兰考察队却抢在了它的前面。

马·阿·卡斯特伦关于阿尔泰和西伯利亚是所有芬兰—乌戈尔人的祖先故乡的设想①，促使许多芬兰学者跑到那里去寻找据认为是古代芬兰人创造的高度发达的文明遗迹。西伯利亚发现的这些神秘碑铭，由于上述设想更变成了十分诱人的研究目标和考释目标。

为了共同致力于乌拉尔—阿尔泰学，1883 年于赫尔辛基创立了"芬兰—乌戈尔学会"。1887 年，芬兰考古学家约翰—莱因戈尔德·阿斯佩林(1842—1915 年)和奥托—赫尔马尔·阿别尔格林—基瓦洛(1853—1937 年)开始对叶尼塞碑铭进行研究②。在两年之中，他们共复制了 32 种碑铭，到 1889 年时，芬兰最有名的语文学家奥托·东涅尔(1835—1909 年)出版了第一部比较完整的叶尼塞碑铭总集③。

奥·东涅尔和约·阿斯佩林在参加第八届莫斯科考古学家大会(1890 年 1 月至 2 月)期间会上宣布了在蒙古的发现，并从尼·米·雅德林采夫那里得到了详细情报。而到 1890 年 5 月 15 日时，阿斯佩林的助手阿克谢尔·奥赖·盖克尔(1851—1924 年)即已到达蒙古；8 月底，搜集碑铭拓片和照片的工作已告结束④；1892

---

① 详见列·雅·施特伦贝格：《卡斯特伦——阿尔泰学家与民族学家》，见《纪念马·阿·卡斯特伦逝世 75 周年》，列宁格勒，1927 年，第 45 页。
② 彭·阿尔托：《芬兰东方学研究(1828 年—1918 年)》[英文]，赫尔辛基，1917 年，93—96 页。
③《芬兰考古学会搜集与刊布的叶尼塞碑铭》[法文]，赫尔辛基，1889 年。1889 年，阿斯佩林及其助手在叶尼塞河继续进行考察，又发现了 4 块新碑铭；这三次考察的全部报告在此后才发表，可参阅奥·阿别尔格林—基瓦洛：《古代阿尔泰艺术遗存》[德文]，赫尔辛基，1931 年。
④ 彭·阿尔托：《芬兰东方学研究》[英文]，第 97—98 页。

年,又一部由芬兰出版的如尼文碑铭总集问世了①——这一次是鄂尔浑碑铭。

1891年夏天,组织完好的俄国瓦·瓦·拉德洛夫考察队在蒙古开始了考察活动。积极参加考察工作的有德米特里·阿列克山德罗维奇·克列门茨(1848—1914年),一位被流放的民意党人,曾在米努辛斯克博物馆工作过,是十九世纪末西伯利亚古迹最优秀的考察家之一②。参加考察工作的还有尼·米·雅德林采夫,以及摄影师兼美术家萨·马·杜丁、地形测绘员伊·伊·晓格列夫和自然学家尼·彼·列文。到第二年,考察队编辑的《蒙古古物图谱》即与芬兰人编辑的碑铭总集同时问世了。该书既有碑铭复制品(照片和拓片),又有对整个碑铭综合体所做的广泛考古调查总结报告③。考证和释读碑铭的时机已经成熟了。

芬兰出版的图册中刊布了由约·杰维里阿和乔·加贝伦茨翻译的和硕柴达木二碑汉文的首次译文。这些译文,可使人们将碑铭的时代定在八世纪,并可认定它们是为突厥汗国两位重要活动家立的墓志铭,其一为可汗,汉文中称作默棘连;其二为可汗之弟,汉文中称作阙特勒④。

---

① [阿·盖克尔]:《芬兰—乌戈尔学会刊布的芬兰考察队1890年搜集的鄂尔浑碑铭》[德文],赫尔辛基,1892年。

② 关于德·阿·克列门茨,可参阅伊·伊·波波夫:《德·阿·克列门茨,他的生平和事迹》,见《德·阿·克列门茨:往昔,回忆》,列宁格勒,1925年,第7—63页;尼·莫吉良斯基:《悼念德·阿·克列门茨》,见《俄国民族学资料》,圣彼得堡,1914年,第1—7页。

③ 瓦·瓦·拉德洛夫:《蒙古古物图谱》,第1辑,圣彼得堡,1892年;第2辑,1893年;第3辑,1896年;第4辑,1894年。考察队成员们的报告发表于《鄂尔浑考察著作汇集》(圣彼得堡,第1辑,1892年;第2辑,1896号;第5辑,1901年)。

④ 关于汉文碑文,可参阅帕·谢·波波夫:《对阙特勤碑铭新译文的意见》,见《科学院院刊》,1894年—1895年,第75卷,第1—4页;瓦·帕·瓦西里耶夫:《和硕柴达木及哈剌八剌哈孙鄂尔浑碑上的汉文碑文》,见《鄂尔浑考察著作汇集》,圣彼得堡,1897年,第3辑,第1—36页;乔·加贝伦茨:《第一块石碑上的汉文碑文,第二块和第三块石碑上汉文残段的碑文、考释和译文》[法文](见《鄂尔浑碑铭》,第27—38页);古·施勒格尔:《阙特勤墓碑及其复制品与汉、俄、德译文》[法文],见《芬兰—乌戈尔学会会刊》,1892年,第3卷,第1—57页;弗·夏德:《关于编写与抄写:(转下页)》

考察家们认为,如尼文碑铭是用突厥语中的一种写成的。瓦·瓦·拉德洛夫和丹麦最著名的语文学家维尔格尔姆·汤姆森(1842—1927 年)②开始探索释读碑铭的途径。1893 年 11 月 25 日,汤姆森"在其宁静的一生中一个最不宁静的日子里"(勃伦德尔语),找到了鄂尔浑—叶尼塞碑铭的答案。他在一种侥幸思想的支配下,自然,这种思想是以他长期探索为基础而产生的,竟在一个小时内确定出了几乎所有字母的音值。12 月 15 日,他将这一发现向芬兰科学院做了报告。在这次报告之前,汤姆森于同一月份还将自己的发现通报给拉德洛夫院士。拉德洛夫也于 1894 年 1 月向科学院报告了"自己翻译碑铭的尝试"③,当然,他借助了汤姆森的发现。和硕柴达木这两方石碑的墓主被确定了下来——它们是为毗伽可汗和他的弟弟阙特勤立的。至于哈刺八刺哈孙碑,则年代较晚。该碑的突厥文部分未能保存下来。

1894—1895 年期间,拉德洛夫先刊布了阙特勤碑铭初步译释尝试④,后刊布了三辑《蒙古古代突厥碑铭》⑤。古代突厥碑铭的研究,从此成为突厥学的一个独立的部门,彼得堡成了当时研究古代突厥碑铭学公认的中心。

(接上页)阙特勤碑铭的汉文译文》[德文],见《通报》,1896 年,第 7 卷,第 151—157 页;爱·哈·帕克:《第一块石砖上的汉文译文》,见《芬兰—乌戈尔学会会刊》,1896 年,第 5 卷,第 212—216 页;克·阿林德:《汉文碑文之研究》[德文],见《东方学研究学会会刊》,1901 年,第 4 卷,第 171—196 页;伯希和:《中央亚问题的新解释》之六。毗伽可汗碑的汉文译文》[法文],见《通报》,1929 年,第 26 卷,第 229—247 页。

② 关于维·汤姆森,可参阅文集《纪念维·汤姆森逝世一周年》,列宁格勒,1928 年;安·尼·科诺诺夫:《……研究史》,第 236 页,附录 163(关于维·汤姆森的著作书目)。

③ 瓦·弗·巴托尔德:《汤姆森与中亚史》,见《纪念维·汤姆森》,列宁格勒,1928 年,第 7 页;还可参阅阿·尼·萨莫伊洛维奇:《维尔格尔姆·汤姆森与突厥学》,见同上书,第 17—21 页。汤姆森在其文章中以 15 页的篇幅阐述了释读方法。这一方法以其严格的语文学手段为特点,见维·汤姆森:《鄂尔浑—叶尼塞碑铭的释读。初步尝试札记》[法文],哥本哈根,1894 年(单行本)。这篇文章由弗·罗·罗津译成俄文发表(见《考古学会东分会会刊》,1894 年,第 8 卷,第 327—337 页)。

④ 瓦·瓦·拉德洛夫:《蒙古古代突厥碑铭》[德文],第 1 辑,阙特勤碑,圣彼得堡,1894 年。

⑤ 瓦·瓦·拉德洛夫:《蒙古古代突厥碑铭》[德文],第 1 辑,1894 年;第 2 辑,1894 年;第 3 辑,1895 年。

　　1897 年,又有几部研究和硕柴达木碑铭的新著述出版①。前此一年,维·汤姆森也发表了自己释读和翻译这两方碑铭的结果②。与此同时,鄂尔浑考察队的其他成员们在瓦·瓦·拉德洛夫没有直接参与的情况下,在蒙古和图瓦作了考察,发现了一些新的碑铭,进行了若干考古调查,获得了一些新的珍贵成果。1891 年,尼·米·雅德林采夫发现了翁金碑铭和阿斯赫特碑铭③,德·阿·克列门茨详细调查了哈刺八刺哈孙古城遗址和北部蒙古与图瓦的其他几座古城遗址④。1893 年,德·阿·克列门茨在泰希尔楚鲁(辉特—塔米尔河)山崖上发现了第二块阿斯赫特碑铭和如尼铭文(黑颜料写成)。1997 年,德·阿·克列门茨在巴音朝克图地方发现了一处古代突厥墓葬综合体,其中有两根石柱,石柱上刻有如尼文字母。这就是暾欲谷碑。为此拉德洛夫出版了一辑《蒙古古物图谱》和一辑《蒙古古代突厥碑铭》(专辑)⑤。

　　从 1897 年起,拉德洛夫最有才华的学生普·米·麦里奥兰斯基积极参与了古代突厥碑铭的研究工作⑥。他所刊布的阙特勤碑

---

① 瓦·瓦·德拉洛夫:《蒙古古代突厥碑铭》[德文],最新成果,圣彼得堡,1897 年;瓦·瓦·拉德洛夫、普·米·麦里奥兰斯基:《和硕柴达木古代突厥碑铭》,见《鄂尔浑考察著作汇集》,圣彼得堡,1897 年,第 4 辑。

② 维·汤姆森:《鄂尔浑碑铭》[法文],见《芬兰—乌戈尔学会通报》,1896 年,第 5 辑,第 1—224 页。

③ 尼·米·雅德林采夫:《1891 年鄂尔浑与前杭爱之行的报告和日记》,见《鄂尔浑考察著作汇集》,1901 年,第 5 辑,第 43—44 页,第 46—48 页。

④ 德·阿·克列门茨:《1891 年北部蒙古之行的考古日记》,见《鄂尔浑考察著作汇集》,1895 年,第 2 辑,第 1—74 页。

⑤ 瓦·瓦·拉德洛夫:《蒙古古物图谱》[德文],第 4 辑,圣彼得堡,1899 年;瓦·瓦·拉德洛夫:《蒙古古代突厥碑铭》[德文],第二次考察,圣彼得堡,1899 年。

⑥ 普·米·麦里奥兰斯基:《论鄂尔浑和叶尼塞墓志铭》,见《国民教育部杂志》,1898 年,第 6 期,第 263—292 页;同一作者:《阙特勤碑》,见《考古学会东分会会刊》,1899 年,第 12 卷,第 1—144 页;同一作者:《两件带叶尼塞铭文的银器》,见《考古学会东分会会刊》,1902 年,第 14 卷,第 17—22 页;同一作者:《鲁缅采夫博物馆银壶上的小型鄂尔浑铭文》,见《考古学会东分会会刊》,1904 年,第 34—36 页。为纪念普·米·麦里奥兰斯基,出版了《突厥学论文集。1972 年》(莫斯科,1973 年)一书,收入若干篇文章;其中尤以阿·米·谢尔巴克的《普·米·麦里奥兰斯基与突厥碑铭的研究》(第 24—35 页)一文值得一读,该文对他在突厥语文学学术论著的意义做了分析。

铭非常有趣，至今仍有其价值，甚至堪称熔详尽的原文考订、细致的语言学分析和全面的史学史注疏于一炉的古代突厥碑铭刊布之典范。此后稍晚一些时候，即 1909—1911 年期间，拉德洛夫发表了一组文章，阐发了有关古代突厥语方言的设想，分析了东突厥斯坦所有发现物——"纸写如尼文"残页（8 份是由阿·勒柯克公布的，1 份是由谢·费·奥尔登堡转交给拉德洛夫的）①。此外，他还零星发表了德·阿·克列门茨在雅尔浩特发现的（1898 年）若干碑铭②。

　　二十世纪初研究古代突厥如尼碑铭的另一个中心，是赫尔辛基。"芬兰—乌戈尔学会"继续为田野考察提供津贴，虽然范围上大为缩小；出版了维·汤姆森的主要著述，奥·东涅尔、阿·盖克尔和古·约·兰司铁的报道。1896—1897 年间，小奥托·东涅尔（1871—1932 年）考察队在东哈萨克斯坦和阿尔泰进行过考察，发现了若干小型碑铭，可惜尚未公布③。1898 年，阿·盖克尔（1851—1924 年）考察队先在塔拉斯河谷、后在东突厥斯坦进行了考察，若干考察成果在 1918 年曾经发表过④。1898 年，奥·东涅尔将自己的学生古·约·兰司铁（1873—1950 年）派往蒙古，后者当时还不是突厥学家，而是一个蒙古学家，以后成了当代阿尔泰学的奠基人之一。1900 年，兰司铁发现了苏吉如尼碑铭。1909 年，兰司铁又一次来到蒙古，再一次考察了暾欲谷碑铭（考察资料由他的学生彭提·阿尔托于 1958 年发表），复制了先前发现的苏吉碑

---

① 瓦·瓦·拉德洛夫：《代古突厥人之研究》[德文]，第 1 篇，见《科学院通报，第六种》，1909 年，第 1213—1220 页；第 3 篇，《突厥如尼文残断》[德文]，见同上刊物，1910 年，第 1025 页；第 4 篇，《古代突厥方言研究刍议》[德文]，见同上刊物，1911 年，第 304—326 页；第 5 篇《古代突厥方言》[德文]，见同上刊物，1911 年，第 304—326 页；第 6 篇《古代突厥方言》[德文]；见同上刊物，1911 年，第 427—452 页。

② 瓦·瓦·拉德洛夫：《吐鲁番发现的古回纥文样本》[德文]，见《关于 1898 年 8 月吐鲁番考察队向圣彼得堡帝国科学院的报告》，1899 年，第 55—83 页。

③ 彭·阿尔托：篇名同上，第 99—100 页。

④ 阿·盖克尔：《突厥斯坦塔拉斯河谷的古代突厥人》[德文]，见《芬兰—乌戈尔学会。民族学著作》，赫尔辛基，1918 年，第 7 期。

铭,而后在希乃乌素湖旁发现了一方新的大型如尼文碑铭。该碑铭最初被称之为"色楞格石"①。

1906—1910 年期间,约·加·格拉耐(1882—1956 年)受"芬兰—乌戈尔学会"的派遣,先后三次来到图瓦和蒙古,发现了若干新的叶尼塞碑铭,并对辉特—塔米尔河畔泰希尔楚鲁山崖上的如尼文碑铭做了考察②。

从二十世纪头十年中期起,对如尼碑铭的兴趣有所减弱。对这一新的时期,阿·尼·萨莫伊洛维奇做了如下评价:"普·米·麦里奥兰斯基,研究突厥如尼碑铭的三个主要参加者中最年轻的一个,就其研究方法的科学准确性来说与维·汤姆森最为相近的一个,过早地被死神从科学界夺走。……瓦·瓦·拉德洛夫,原先一直在对蒙古和西伯利亚碑铭(如果除却此后兰司铁和科托维奇新发现的而外)进行初步探讨,发表有关词汇和语法概要方面的文章,自从东突厥斯坦沙漠中发现大量的回纥铭文之后,也放弃了蒙古和西伯利亚碑铭的研究。班格,发表了几篇有关叶尼塞—鄂尔浑碑铭语法的文章,发现了这种文字中数词 1 和 10 互相搭配的特殊体系之后,也不再继续研究这些碑铭了,转而深究 Cumani Cumanicusa(钦察语词汇),并迷恋于土耳其语历史语法的初步研究。万贝里,仅限撰写一些毫无重大价值的突厥如尼文语言札记之类的文章。兰司铁,与其说是一位突厥学者,还不如说是一位蒙古学者,他是为使自己发现的碑铭能够出版和翻译出来,才暂时侧

---

① 彭·阿尔托:篇名同上,第 101—107 页;古·约·兰司铁:《北部蒙古的回纥文—如尼文碑铭》[德文],见《芬兰—乌戈尔学会会刊》,1913 年,第 30 卷,第 3 期,第 1—63 页;彭·阿尔托:《古·约·兰司铁与突厥碑铭》[德文],见《芬兰—乌戈尔学会会刊》,安卡拉,1958 年,,第 60 卷,第 19—24 页;同一作者:《蒙古古代突厥碑铭资料》[德文],见《芬兰—乌戈尔学会会刊》,1958 年,第 60 卷,第 33—92 页;古·约·兰司铁:《"色楞格石"是如何发现的。"色楞格石"铭文译文》,见《俄国帝国地理学会特罗伊茨克—恰克图分会会刊》,1912 年,第 15 卷,第 1 辑,第 34—49 页。
② 约·加·格拉耐:《西北蒙古古物流行地域与形式》[德文],见《芬兰—乌戈尔学会会刊》,1912 年,第 28 卷,第 1—55 页;彭·阿尔托:篇名同上,第 118—119 页。

身于蒙古的突厥碑铭研究家行列的"①。在进一步研究古代突厥如尼文碑铭方面,维·汤姆森占有特殊的位置。"从 1893 年到 1927年这一时期,蒙古和西伯利亚突厥如尼碑铭一直是汤姆森学术兴趣之中心所在。尽管这一点与他的初衷相违,且研究工作不免有时中断,然而这位著名的丹麦学者随着自己突厥学知识领域的不断扩大,随着突厥学因各国其他学者著作的发表而不断发展,特别是随着在中国突厥斯坦考古发掘中更为丰富的发现物的出现,他的研究工作越来越深入。"②

促使大多数研究家放弃进一步深入研究鄂尔浑—叶尼塞碑铭的主要原因有两点:第一点,东突厥斯坦发现了大量新的资料,对这些资料的研究引起了惊人的发现;第二点,鄂尔浑—叶尼塞铭文的初步研究工作已告一段落。而研究新资料则势必需要长期细致的工作,并且看来似乎不会有明显的成果。这种错误观点在汤姆森的新著作——《Turcica》(《突厥学研究》)(1916 年)③和《蒙古的古代突厥碑铭》(1922 年)④发表之后,更为明显了。这两部著作对他三十余年来古代突厥碑铭研究工作做了总结。

与此同时,也发现了一些新的碑铭。从事这些新碑铭的刊布和释译工作的有汤姆森(东突厥斯坦的"纸写如尼文")⑤、兰司铁

---

① 阿·尼·萨莫伊洛维奇:《维尔格尔姆·汤姆森与突厥学》,第 24—25 页。

② 同上。

③ 维·汤姆森:《突厥学研究。关于蒙古和西伯利亚突厥碑铭释读的研究》[德文],载《芬兰—乌戈尔学会会刊》,1916 年,第 37 卷,第 1—107 页;同一作者:《叶尼塞碑铭中一个字的解释》[德文],见《芬兰—乌戈尔学会会刊》,1913 年—1914 年,第 30 卷,第 9 期,第 1—9 页。

④ 维·汤姆森:《蒙古的古代突厥碑铭》[丹麦文],见《文献汇集》,哥本哈根,1922 年,第 3 卷;该文由汉·舍德译成德文,见《德国东方学会杂志》,1924—1925 年,第 78 卷,第 121—175 页。

⑤ 维·汤姆森:《吐鲁番出土的一页突厥如尼文》[德文],见《普鲁士皇家科学院会议报告》,语文历史版,1910 年,第 15 卷,第 296—306 页;同一作者,《马·欧·斯坦因在楼兰和敦煌发现的突厥如尼文手稿》[英文],见《英国皇家亚洲学会杂志》,1912 年,第 1 卷,第 181—227 页;同一作者:《哈剌和林发现的一页突厥如尼文手稿残页》[英文],见马·欧·斯坦因:《亚洲腹地》,第 11 章,牛津,1928 年,第 1082—1083 页。

（苏吉碑铭与色楞格碑铭）、弗·柳·科特维奇和阿·尼·萨莫伊洛维奇（伊赫·和硕特碑铭）①。

自弗·柳·科托维奇于1912年发现伊赫·和硕特碑铭（阙利啜碑）之后，新的发现以及对新的大型如尼碑铭的探索工作都停顿了很长时间。在这几十年中，突厥碑铭学研究的主要内容是消化已经发表的材料和重新回顾已经取得的成果。期间，虽然发现了一些小型的、语言上十分刻板的叶尼塞新碑铭，发现了一些更为简短的铭文，有时在古代突厥如尼碑铭其他分布区还发现了一些零散的字母，但是这一过程并未因此有所改变。

（二）

鄂尔浑—叶尼塞碑铭研究新阶段，开始于1930年至1940年。新阶段的出现，乃与突厥语文学状况发生重大变化有关。由于将马赫穆德·喀什噶里的词典和其他某些材料用于研究的古代回纥文碑铭中，这些材料逐渐被掌握，古代突厥语的研究范围也显著地扩大了。建立突厥语历史分类学和历史语法学的尝试性工作着手进行了，探索突厥语跟其他在物质方面和类型学方面相近的语言之同源关系（阿尔泰学）的兴趣也增加了。在这种情况下，古代突厥语碑铭在进一步发展突厥语言学和阿尔泰语言学方面所起的作用急剧增强。与此同时，积累起来的新材料，无论对于碑铭译文进行重新核校，无论对于十九世纪末至二十世纪初在碑铭的语文学方面和历史学方面所做结论进行重新审议，都或多或少提供了条件。

胡·纳·奥尔昆在这方面所做的初步努力虽然不能尽如人

---

① 弗·柳·科特维奇，阿·尼·萨莫伊洛维奇：《蒙古中部伊赫·和硕特碑铭》[法文]，见《东方学杂志》，1928年，第4卷，第60—107页。

意,不过汇编如尼文碑铭全集的尝试工作本身已经就是够引人注目的了①。对古代突厥碑铭语言所做的相当详细的描述性著作,继瓦·瓦·拉德洛夫著作之后问世了②。谢·叶·马洛夫的总结性著述,对于研究古代突厥铭文有着特殊意义③。谢·叶·马洛夫著述的出版,推动了从比较历史学角度研究突厥语工作的大力开展。

将古代突厥碑铭语言语法概要与其他古代突厥语、现代突厥语语法概要进行对比④,将古代突厥语言事实放在突厥语音位学、词法学、句法学的一般描述体系中进行比较分析⑤,——这类著作也十分重要。此外,费时达四十余年的《古代突厥语词典》的问世,杰·克劳松词典的出版,对于全世界古代突厥学和一般阿尔泰学的研究工作的开展,也起到了奠基作用⑥。根据最新提法看来,进一步研究所应遵循的方向,主要取决于:对如尼文字体必须进行研究(字体的演变过程,以此为基础对碑铭的相对年代和绝对年代进行断代,语言音值在字体中的反映,书写单位—音位—音位变体的相互关系问题),对碑铭语言中方言差别和鄂尔浑—叶尼塞碑铭与

① 胡·纳·奥尔昆:《突厥碑铭全集》[土耳其文],伊斯坦布尔,第1—4卷,1936—1941年。对该书,谢·叶·马洛夫有专门评介文章(见《语言与思维》,第9辑,第186页;《古代史通报》,1948年,第2期,第123—124页)。

② 安·玛·加拜恩[葛玛丽]:《古代突厥语语法》[德文],莱比锡版,1950年;杰·克劳松:《突厥语与蒙古语研究》[英文],伦敦,1962年;埃·特金:《鄂尔浑突厥语语法》[英文],布卢明顿,1968年(印第安纳大学出版,乌拉尔—阿尔泰学丛书,第69卷);伊·阿·巴特马诺夫:《叶尼塞古代突厥碑铭语言》,伏龙芝,1959年;伊·阿·巴特马诺夫,卓·鲍·阿拉加奇,格·费·巴布什金:《现代与古代的叶尼塞学》,伏龙芝,1962年;弗·米·纳希洛夫:《鄂尔浑—叶尼塞碑铭语言》,莫斯科,1960年;阿·萨·阿曼若洛夫:《古代突厥碑铭语言中的动词支配关系》,莫斯科,1969年;弗·格·康德拉契耶夫:《古代突厥语言语法概要》,列宁格勒,1970年。

③ 谢·叶·马洛夫:《古代突厥碑铭。原文与研究》,莫斯科—列宁格勒,1951年;同一作者:《叶尼塞突厥文》,莫斯科—列宁格勒,1952年;同一作者:《蒙古与吉尔吉斯的古代突厥碑铭》,莫斯科—列宁格勒,1959年。

④ 安·玛·加拜恩[葛玛丽]:《古代突厥语》[德文],威斯巴登,1959年,第1卷,第21—45页;奥·普里察克:《古代突厥语》[德文],见《东方学指南》,第5卷,阿尔泰学,第1部分,突厥学,莱顿,1963年,第27—52页。

⑤ 卡·亨·门格斯:《突厥语与突厥语族。突厥语研究导言》[英文],威斯巴登,1968年。

⑥ 《古代突厥语辞典》;杰·克劳松:《十三世纪前突厥语词源辞典》,1972年。

其他古代突厥碑铭之间方言关系必须进行研究,对每块碑铭的语法体系必须进行单独和相互比较的系统描述[①]。

同时,近二十年来不断进行的修正和再版著名碑文的工作,也是很有必要的[②]。1969—1970 年间,重新着手进行系统的田野考察和寻找如尼文碑铭的工作,对于解决与如尼文研究有关的一系列重大历史文化问题迅速产生了影响。比如,由此可以得出如下结论:如尼文碑铭在蒙古不是局部现象,而是古代突厥诸部居住过的所有地区(直到南戈壁)的一种广泛流行的现象。铭文性质还可证明,如尼文曾被广泛采用。小型刻石铭文中没有什么行话之类的词句,说明可用这种文字的人比较多。

目前,最早的蒙古如尼文碑铭当数却林碑铭,其年代为 688—691 年,亦即第二突厥汗国诞生时期[③]。这一碑铭的释读与断代表明,七世纪至少七世纪下半叶时,如尼文的使用如同此后二百年一样,是一个普遍现象。这一点与流行观点不一致[④]。

这里,我们还不可能对古代突厥如尼文的产生问题做出分析,而只想指出如下一点。如尼文创造者,采用了回纥文采用过的那套粟特文字母,但是舍弃了粟特文所特有的元音字母(回纥文中只是对此作了一些变形处理而已),并以与带前元音和后元音的音节相反的立场为基础制定了音节。可以推断,古代突厥如尼文产生于回纥文已经产生之后的时期,如尼文的创立当与必须为石碑铭

---

① 伊·瓦·科尔穆申,阿·米·纳希洛夫:《为科学深入研究古代突厥如尼铭文而努力》,见《苏联突厥学》,1972 年,第 5 期,第 139 页。

② 详细著作书目参阅埃·特雷雅尔斯基:《蒙古古代突厥碑铭的新著作与出版如尼碑文的方法学研究》,见《第二届国际蒙古学家大会著作》,乌兰巴托,1973 年,第 2 卷,第 170—175 页。

③ 谢·格·克里亚什托尔内依:《东戈壁发现的如尼体碑铭》,见《突厥学研究》,布达佩斯,1971 年,第 249—258 页。

④ 露·巴津:《古代突厥碑铭书目》[德文],见《突厥碑铭语文学》,威斯巴登,1964 年,第 11 卷,第 201 页;詹·罗·哈米尔顿:《突厥如尼碑铭中字母 k、č、n 的位置名称》[法文],见《通报》,第 40 卷,第 4—5 期,第 301 页。

文创立一种专门文字这件事有关。如果考虑到如尼文正是为此目的而创立的话,那么对照粟特文原型,就可将古代突厥如尼文字母的许多字体特征解释清楚了。不过,这种情况无论如何不应贬低如尼文创造者们的新奇设想:他们毕竟在粟特文基础上创造了一种原则上看来是全新的文字。如尼文字母起源最为有趣的构拟方案者之一杰·克劳松认为,古代突厥如尼文在创立时除了采用过粟特文之外,还采用过希腊斜体文字(大夏—呎哒变体)和中部波斯文字(巴列维文字)①。如果考虑到我们现在已知的关于粟特字母的资料即粟特字母音位不是 18 个(研究家们一般都这样认为),而至少是 22 个的话②,那么只要有粟特字母,就可以复原出古代如尼文音位的原有综合体及其字形变体创立经过了。

(三)

粟特人与突厥人及中央亚其他民族的长期交往,是世界文化史上最为光辉的篇章之一。吐鲁番发现的摩尼教写本,证实了粟特人在八至九世纪回纥国中所起的作用。古代突厥碑文(如尼体碑文和回纥碑文)及粟特碑文,也可说明粟特人与突厥人之间的交往情况。回纥人的摩尼教和佛教是通过粟特人接受的,回纥人的文字是直接来自粟特人文字的。瓦·弗·巴托尔德说过:"粟特人在传播闪语字母中的贡献,使他们有权与腓尼基人并列于史册",粟特人在国际贸易中所起的作用"不亚于古代腓尼基人在贸易中

---

① 参阅杰·克劳松:《突厥如尼文字母的起源》[英文],见《东方学公报》,1970 年,第 32 卷,第 651—676 页。
② 参阅弗·阿·里弗希茨:《潘吉坎特发现的粟特文字母》[英文],见《瓦·布·亨宁纪念文集》,伦敦,1970 年,第 256—273 页。

所起的作用"①。

伟大的中央亚文字火炬由粟特人点燃,先被突厥人、回纥人接过去,后又被蒙古人接下来;蒙古文源于回纥文,又将这种文字传给满洲人。值得注意的是,突厥人在接过这一火炬的初期所起的作用,已不是学生的作用了:他们在回纥人借用的粟特文字母中补充了一个字母 I(从古字学角度看,相当于带发音符号的粟特文字母 r),后来这个经过变形的字母反为粟特人自己所接受(时间很可能是八世纪下半叶)。这种粟特文斜体字母,通常被称为"回纥—粟特文字母",见于敦煌和吐鲁番粟特文写本和哈剌八剌哈孙碑铭。哈剌八剌哈孙碑铭,是尼·米·雅德林采夫于 1889 年在北部蒙古鄂尔浑河左岸的回纥古都遗址中发现的。

这一碑铭刻有三种文字——汉文、古代突厥如尼文和粟特文。最初,粟特文被误认为回纥文。一块刻有四行粟特文的石碑残段由尼·米·雅德林采夫运回彼得堡,另外几块残段由阿·盖克尔考察队(1890 年)和瓦·瓦·拉德洛夫考察队(1891 年)所发现。直到 1909 年东突厥斯坦粟特文写本被发现和确认之后,弗·威·卡·缪勒才肯定地指出,哈剌八剌哈孙碑铭中的回纥文应是粟特文②。流传至今的粟特文残段多数实物照片,由瓦·瓦·拉德洛夫的《图谱》刊布出来③。全部粟特文残段上所刻原文的发表和释译工作,则是由奥·汉森完成的④。

至于哈剌八剌哈孙碑上的古代突厥铭文,则几乎全部遭损,故

---

① 瓦·弗·巴托尔德:《关于粟特语和吐火罗语问题》,见《巴托尔德文集》,第 2 卷,第 2 册,莫斯科,1964 年,第 467 页。

② 费·威·卡·缪勒:《北部蒙古的伊朗文碑铭》[德文],见《普鲁士皇家科学院会议报告》,1909 年,第 726—730 页;还可参较费·威·卡·缪勒:《回纥可汗的汗宫》[德文],见《纪念汤姆森文集》,莱比锡,1912 年,第 207—213 页。

③ 瓦·瓦·拉德洛夫:《蒙古古物图谱》,附图 32—35。

④ 奥·汉森:《哈剌八剌哈孙三体合璧碑铭中的粟特铭文》[德文],见《芬兰—乌戈尔学会会刊》,1930 年,第 44 卷,第 3 辑,第 3—89 页。

而它的内容主要只能借助保存完好的汉文碑铭来判断。汉文碑铭已刊布过几次①。

　　哈剌八剌哈孙碑的粟特铭文得以保存下来的部分，大约不足原来整个铭文的四分之一。奥·汉森在其发表的著述中，企图复原出几个残段的顺序，然而这项工作是十分困难的，特别是考虑到如下一点，即据残存部分来看，粟特铭文与汉文铭文在若干重要细节上大有区别。比如，只有在粟特碑文中才确切地提到回纥国于763年接受摩尼教为国教这件事②，也只有粟特碑文中才提到"（摩尼教）见习僧人"（nγwsʹkt）这一点。后者对于确定全部铭文的内容甚为重要③。

　　奥·汉森的著述中，刊布了6块大残断和5块小残断上粟特碑文的对音和译文。6块大残断上的原文可以拼合在一起，这样即可将相当一部分竖写的各行铭文（汉森发表的文章中共有24行）复原并确定下来。不过，碑面上布满陷坑，这为恢复上下文带来了困难。其中第1行至第18行的上首部分虽保存完好，但是每一行均不完整；至于第19行至第24行的碑文情况，则更差一些。

　　5块小残断中，能够比较清楚地确定下来的只有1块，即粟特碑文部分的"标题"。标题刻在一块大型龟趺上。标题在第1行开

①　阿·盖克尔：《……鄂尔浑碑铭》，第28—38页（译自约·德维里亚）；古·施勒格尔：《哈剌八剌哈孙三体合璧碑铭中的汉文铭文。译文与注释》[德文]，见《芬兰—乌戈尔学会会刊》，1896年，第6卷；瓦·帕·瓦西里耶夫：《和硕柴达木和哈剌八剌哈鄂尔浑碑铭中的汉文铭文》，见《鄂尔浑考察著作汇集》，第3辑，圣彼得堡，1897年（还可参阅瓦·瓦·拉德洛夫：《古代突厥碑铭……》[德文]，第286—291页）。引用汉文资料的著述，最重要的有约·马夸特：《克劳松论古代突厥碑铭史》[德文]，见《维也纳近东学杂志》，1898年，第12卷，第172—200页；爱·沙畹，伯希和：《中国新发现的摩尼教经卷。译文与注释》[法文]，第2卷，见《亚洲研究杂志》，丛书第11种，1913年，第1卷，第177—223页。

②　粟特铭文（第2残断，第11行）谈到了"马尔·摩尼主之教"。同一行中，在残缺不全的字里行间还提到了摩尼教的另一个名称："火炬教"（ʺtry swcʹy synh）；摩尼教的中国叫法是"明教"、"真教"（摩尼教在中国于694年为帝廷所接受）。

③　参阅维·汤姆森：《吐鲁番出土的一页突厥如尼文》[德文]，见《普鲁士皇家科学院会议公报》，1910年，第300页，注释3；奥·汉森：《……粟特铭文》，第33页，第39页。

头部分又重复了一次,谈到了为之立碑的可汗王位称呼和名字,以及石碑标记(pts't)。粟特文音译中,可汗的王位称呼和名字与留在龟趺上的古代突厥(如尼体)文完全相合:Aitǎŋridá qut bulmis alp bilgá uiɣur qaɣan——"得天命之权的回纥可汗主合—毗伽"①。该汗于803—821年期间在位,故这一碑铭很可能是821年之后立的②。不过,没有一种碑文指出过确切的日期,这一点很可能在碑文中原本就没有。爱·沙畹和伯希和认为③,在古代突厥碑文和汉文碑文中出现的王位称呼 táŋri gaɣan—"天可汗",乃是在回纥国统治者在世时加在他们头上的。这种看法毫无道理。奥·汉森认为,粟特碑文中使用王位称呼 βɣɣ(相当于古代突厥语 táŋri),可说明石碑是在可汗生前立的④。这种看法也无道理。粟特碑文第2行和第3行中现存的部分可以说明,哈剌八剌哈孙石碑是在合—毗伽可汗死后立的。这两行铭文,在重提合—毗伽可汗王位称号之后说道:"该碑(pts'k)为吾人所立",接着列举了回纥贵族大臣的代表人物,这些人想必就是建立石碑的倡议者。重要的一点在

---

① 古代突厥语中的 gut 一词,就其词义而言可对应为粟特语的 farn 一词。

② 爱·沙畹,伯希和:篇名同上,第180页。在汉文中,该可汗称为"九姓回纥可汗",参阅古·施勒格尔:篇名同上。回纥合—毗伽可汗曾在吐鲁番出土的一份手稿中被提到过(王位名称为 uiɣur qaɣan),参阅费·威·卡·缪勒:《中国突厥斯坦吐鲁番出土的福音体文字残页》[法文],见《普鲁士皇家科学院会议报告》,1904年,第350页。

③ 爱·沙畹,伯希和:篇名同上,第179页。

④ 奥·汉森:《……粟特铭文》,第25页。粟特文中的 βɣɣ(βɣ 的主格)表示"神"之意。用于王位称呼时,还是一种客气的称谓,其意类似"主人"的意思。由于在未译出的粟特铭文中找不到含有"神"、"天"这类意义的 βɣɣ 这个词,故而对哈剌八勒哈孙碑铭中 táŋri 一词可以对应为 βɣɣ("天")一词这种看法,人们尚存怀疑(在更早一些即八世纪时的碑铭中,遇到突骑施汗 βɣɣ twrkys ɣ'ɣ'n 时,则均可顺利地对应成"突骑施可汗主")。应当注意,在古代突厥碑铭中,táŋri 一词除了含有"天"、"神"、"神的"的意义外,还含有"国王"、"主人"的意思,因此,táŋri uiɣur qaɣan(粟特语中则为 βari uiɣur qaɣan)显然可以理解为"回纥可汗主"。值得注意的是,古代突厥语中的 ajtaŋrida qutbulmis(字面意思"得月(天)神之权的")可以译成粟特语 muβɣ'ysty prnβɣty("得神权的"),试比较阅读奥·汉森:《……粟特铭文》一文,第38页。

于,加在合—毗伽可汗王位称呼前面的修饰语用的是宾格①,这说明这里指的不是可汗本人的行为,而是别人为他立碑以示纪念。

哈剌八剌哈孙碑铭如同鄂尔浑古代突厥墓志铭一样,叙述了政治史和军事史上的大事,这些事件不但发生在为之立碑的可汗在位期间,而且发生在他的前辈在位期间。粟特碑文中可以看到多处地方提到过合—毗伽可汗的许多前辈,其中有 745 年在位的合—骨啜禄·毗伽·阙—可汗(即骨力·裴罗,乌苏米施之子)②;伊利—伊特米施·毗伽可汗(746—759 年);在位期间正式接受摩尼教的牟雨可汗(759—779 年);合—骨咄禄·毗伽可汗(780—789 年);颉利·毗伽可汗(789—790 年);骨咄禄·毗伽可汗(790—795 年),合—骨咄禄·乌鲁·毗伽可汗(795—805 年)。

碑铭叙述了回纥国统治者们进行的多次征讨战争。粟特碑文中留下了讨伐拥有 20 万弓箭手③的"黠戛斯可汗"(γrγyzy γ'γ'n)的片断记载,讨伐葛逻禄人和吐蕃人④、与突骑施进行征战的片断记载。碑文谈到征讨"四图格里"国(ctβ'r twγr'kc'ny)的有关记载,尤为有趣。这一行动,显然与征讨葛逻禄人和吐蕃人有关(第 19 行:"(回纥可汗粉碎)强大的吐蕃军队和'四图格里'国的士兵以及其他许多国家的军队……")。吐鲁番发现的一件用中部波斯文写成的摩尼教写本,以及用古代突厥文写成的佛教和摩尼教抄

① 第2行:'l' kwn' kw' rmu βγ ysty prnβγty rbkw(宾格)twrkc' ny' βc'' npδ' kw' γ' sywny' ytnkryδ' γwtpwrmys—"这位得到神权的国王,突厥世界的伟大国王[Alp—bilga βari uiγur qaγan]"(奥·汉森的译文中"可汗"为行为的主体,参阅奥·汉森:《粟特铭文》第 15 页,第 25 页)。

② 乌苏米施在汉文碑文中提到过,参阅古·施勒格尔:篇名同上,第 3—4 页。

③ 汉文说法为"40 万"。古·施勒格尔(篇名同上,第 86 页)认为,这次征讨行动发生在 758 年,这未必可靠,可参阅瓦·布·亨宁:《阿尔基人与"吐火罗人"》,见《东方学研究学院通报》,1938 年,第 9 卷,第 3 辑,第 550 页,注释 2。

④ 汉文中说的是北京即汗八里一战。古·施勒格尔认为这次征战发生在 791 年(古·施勒格尔:篇名同上,第 87 页,第 135 词),但从粟特文看来,多半是指合·骨咄禄·乌鲁·毗伽可汗同葛逻禄人和吐蕃人进行的一场战争。

本末尾,也谈到过"四图格里"国①。瓦·布·亨宁曾确切地证明,所谓"四图格里"指的当是东突厥斯坦别失八里克和库车之间的一个地区;这一地名必定与"图格里"(或"托格里",twγry)这个族名有关;它对于正确解决"吐火罗问题"的许多方面,首先对于弄清操东突厥斯坦文本中印欧哈剌沙尔—阿尔基语(吐火罗 A 语)的民族的归属,具有头等重要的意义②。

奥·汉森 1930 年提供的哈剌八剌哈孙碑铭粟特碑文残段的释读和译文,在最近十年来出版的粟特学著作(首先是艾·本维尼斯特和瓦·布·亨宁的著作)中得到了某些修正,然而原文的刊布工作他却再未进行。碑铭残段的现状,已无可能进一步使上下文连贯起来。本文作者分别于 1969 年、1970 年和 1976 年就地在哈剌八剌哈孙遗址碑铭残段做过考察,考察结果表明,许多残段已经不见,故而未来的碑铭研究家将不得不首先以阿·盖克尔考察队(1890 年)和瓦·瓦·拉德洛夫考察队(1891 年)搜集的拓片和照片为依据。不过,本文作者的这几次考察,也发现了两块以前未发现过的碑铭残断——一块刻有古代突厥如尼文,一块刻有粟特文。此外,针对从前已刊布过、现在仍留存在古城遗址的粟特碑文中许多词的读法可以作出更明确的解释③。所有这些都说明,有必要重新检验所有各残断的读法,确切其位置(在上下文中的位置),并复原其原貌——须与汉文碑文进行对照(而汉文碑文的读法在某些地方也需确切化)。

---

① 瓦·布·亨宁:《阿尔基人与"吐火罗人"》,第 551 页及以下各页。
② 参阅瓦·布·亨宁:《"吐火罗语"中的名词》,见《亚洲专业。新丛书》,1946 年,第 1 卷,第 2 辑,第 158—162 页。
③ 比如,早在 1909 年由弗·威卡·缪勒尔首先刊布的第九残断(弗·威·卡·缪勒尔:《……粟特铭文》)第 7 行原文中有:……mγ—wnw t(γ)wrkc'nk'γs'wnyh—"统治整个图格尔"(或"所有的图格尔人"),这显然是指奥·汉森刊布的碑文第 19 行中谈的那个"四图格里"国而言的(第九残断中,t(γ)wrk.cnk 写做 r'γk'n'k)。

（四）

近年来,在蒙古人民共和国境内进行的考古调查活动,特别是苏蒙历史文化考察队碑铭学分队进行的考察工作,使粟特文新碑铭得以发现并得到正确译释。其中最重要的,当为蒙古考古学家朝·道尔吉苏荣于 1956 年发现的布古特碑。该碑文是布古特（后杭爱省）以西约十公里的一个墓葬综合体的一部分。石碑系由棕褐色砂岩凿刻而成,下有龟趺,四面刻有碑文。石碑表面侵蚀严重,上半部分局部损去;但是有理由推定,损去的部分仍当埋在地里,如对布古特古冢继续发掘,似可得到。朝·道尔吉苏荣还发现了 6 根木柱的下端残剩部分,这当是用以支撑筑在石碑上方的瓦顶的。导致石碑断损并使之大部分都埋入土内的原因和时间,尚未确定（对古冢进行发掘,这一点有可能得以确定下来）。但是,可以清楚地看到,埋入土中的碑文当未受到侵蚀。

朝·道尔吉苏荣将得到的石碑和龟趺运往策策尔勒格市的后杭爱省地志博物馆,并一直保存至今。1968 年,宾·林钦院士曾将石碑一个宽面上的几行碑文的照片发表出来[①]。照片上的字母由于修相时严重失真,故在发表时被确定为回纥文（我们记得哈剌八剌哈孙碑上的粟特文部分,最初也曾被确定为回纥文）。谢·格·克里亚什托尔内依曾在后杭爱省博物馆看到了这通石碑,对其尺寸进行了测定,并拍了照片。弗·阿·里弗希茨根据照片断定,石碑的一个宽面（正面）和两个窄面（侧面）上的碑文系用早期粟特斜体字刻成,当为粟特文字。另一个宽面上的碑文刻得浅,蚀损严重,系用娑罗门字刻成,当为梵文。梵文成竖行,约有二十余行。

---

①《林钦搜集的蒙古摩崖铭文和碑铭》,见《蒙古人民共和国科学院语文研究所〈蒙古手稿全集〉》,第
　16 卷,第 1 辑,乌兰巴托,1968 年,第 75 页。

该面上的文字,只能看得出个别字母(阿克沙尔)。1969 年、1970 年和 1975 年,本文作者有机会对收藏在后杭爱省博物馆的这通石碑进行了新的观察。遗憾的是,观察时间很短,只是在各种照明度下对石碑进行了拍照。此外,本文作者还仔细观察了布古特石冢,并对朝·道尔吉苏荣发掘过的地方又进行了试掘,结果发现了石碑的上端一部分(这一事实表明,如果对古冢再进行广泛发掘的话,至少有可能再发现几块尚未发现的石碑残块)。

布古特碑的粟特碑文如同哈刺八刺哈孙碑的粟特碑义一样,成竖行。三面凡 29 行;始于左侧面(以下简称 БI),继之为宽面(БII),终于右侧面(БIII)。每行原长约 120 厘米,但是约一半碑文由于石碑断损和蚀损,而未能保存下来;碑文基本部分所在的 БII (19 行)和 БIII 残损尤为严重。经过对原件、拓片和照片的详细研究,我们得以复原碑文的开头部分,读出并证实了碑文中提到的可汗及其近臣的名字,同时还确定了石碑建立的大体年代,然而贯通的句子,我们只能从中释读出几行来①。

布古特碑铭的意义首先是由如下一点决定的,即它属于六世纪的最后二十五年,亦即第一突厥汗国存在时期,因此它含有这个国家的重要史料。诚如所知,目前已掌握一些在第一汗国境内编成的并反映突厥本身历史传统的文献史料,而布古特碑铭当是这类史料中的第一篇,同时也是已知的蒙古文献中最古老的一篇。

第一突厥汗国时期之所以采用粟特文为官方文字,无疑是由突厥人和粟特人在中央亚境内的密切交往所决定的,而这种交往

---

① 参阅谢·格·克里亚什托尔内依,弗·阿·里弗希茨:《布古特粟特文铭文》,见《东方国家与东方民族》,莫斯科,1971 年,第 10 辑,第 121—146 页;谢·格·克里亚什托尔内依,弗·阿·里弗希茨:《布古特粟特文碑铭》[英文],见《匈牙利科学院东方学报》,布达佩斯,1972 年,第 26 卷,第 1 辑,第 69—102 页。作者借此机会对在研究布古特综合体和其他碑铭工作中给予无可估量的帮助的阿·帕·奥克拉德尼科夫院士领导的苏蒙历史文化考察队全体成员以及蒙古学者、党的工作者和牧民们表示真挚的谢意。

至少应追溯到公元三世纪①。我们有一切理由断定，粟特语和粟特文被可汗公务部门正式采用的时间，当在第二突厥汗国出现之前。只有这样，不但使古代突厥人如尼文是在粟特文的基础上产生（七世纪后半叶）的这个问题得到解释，而且也使出现在我们面前的通过八世纪如尼文碑铭记录下来的突厥文学传统和历史传统在风格上已臻完善这一事实得到解释。在形成和发展这一传统的过程中，起作用的除了在突厥人环境中肯定存在的部落云游歌手外，显然还有在第一汗国已经出现的粟特语文学，其中也包括石刻墓志铭在内。值得注意的是，根据保存至今的布古特碑铭片断来判断，其结构与风格在许多方面都与第二汗国如尼文碑铭，首先是阙特勤碑和毗伽可汗碑相仿：无论是前者或者后者，在叙述墓主的传略时都以突厥汗国历史事件为广阔背景，都将历史传略成分与训诫成分结合在一起。对于研究突厥与粟特交往关系的学者来说，布古特碑文中用以表示古代突厥政治和宗教术语的粟特同义语也是很有价值的。布古特石碑第四面（BIV）上用娑罗门字刻写的梵文碑文，看来这当与第一汗国正式接受佛教这件事有关——关于这一点，不但在石碑的粟特碑文中提到过，而且还在汉文史籍中提到过。我们不知道（而且很可能也无法知道）粟特碑文与梵文碑文有何关系，因为梵文碑文只留下一些痕迹。我们只能以保留下来的粟特碑文残段为基础，对其内容和特征来做出一些结论。

就像哈剌八剌哈孙碑铭的粟特碑文那样，该石碑的粟特碑文将石碑称作 qts'kh（建筑物，碑之意）。从布古特碑文的第 1 行中，我们可以看到，这一建筑物系突厥人（'wst'i δr'nt tr'wkt）所立；其中 tr'wkt（词尾-t 是粟特语中的复数形式）这一写法，显然是表

①　谢·格·克里亚什托尔内依：《突厥（阿史那）部落早期史问题》，见《苏联考古学中的新发现（纪念谢·弗·基谢廖夫）》一书，莫斯科，1965 年，第 278—281 页。

示 truk 这一发音的。而 truk 这一形式，又可解释为来自 turk，在这一粟特词中出现了音位转移现象：-ur->-ru-。在同一行中还提到了与中国（cynst'n；试与较晚的粟特文 cynstn——中国相比较）有关系的名叫 kwts'tt 的某个统治人物（'γšywn'k）。kwts'tt 当看作是"驾驭政权之座右铭"的粟特文转写形式，但是这个词一时还无法复原出来。下一节粟特碑文中还保留下一个表示时间的词——"兔年"（БII，行 6：γrγwšksrδy，相当于突厥语中的 tavišyan yili），但由于上下文损去，故不可能与所述的事件联在一起（第一突厥汗国时期的兔年有 559 年，571 年，583 年，595 年，607 年和 619 年）。

碑文比较准确的年代，可以根据文中提到的第一汗国统治人物的复原结果断定下来。不过应该说明，迄今为止，古代突厥如尼文碑铭中只看到有两个统治人物的名字是准确的，这就是第一汗国的创立者土门（Bumïn）和他的弟弟室点密（lstämi）。其他人的名字我们至今只是根据他国文字首先是汉文记载才知道的，故其准确程度无法一一证实。应当指出，汉文史料中记载的可汗名字常常音节不全，名号和尊称也常跟人名混在一起，而赖其复原六世纪突厥人名的中原语音体系构拟工作，至今在许多方面又只是一种设想，加之许多可汗同时又有共同执政者或摄政者，而汗位承继谱系又很复杂，因此问题更加麻烦。

无疑，这通在突厥环境中由粟特人刻写的布古特碑铭，反映的是真正的古代突厥语专有名词，这些专有名词是借助粟特文拼写出来的，其准确程度很可能要比汉文史料中的拼写形式可靠得多。在保存下来的几段碑文中提到了四个可汗名字：布民（βwmyn γ'γ'n），死于 552 年；木杆（mwγ'n γ'γ'n——汉文作木汗可汗），其执政时代为 552—572 年；它斯帕尔（t'sp'r γ'γ'n——汉文作它钵可汗)①，执政时代为 573—581 年；尼瓦尔(nw″r γ'γ'n，汉文作尔伏可汗)②，573—581 年为它斯帕尔的共同执政者即"小可汗"，581年 587 年称汗(称汗期间汉文史料中作沙钵略可汗)。

尼瓦尔的名字是在碑文的开始部分(BI，行 2)提到的。这使我们有理由推定，布古特碑当立于他执政期间，很可能是在 581—587年之间，其时正是他称汗的时候(假若石碑建立时间再早一些时候，即他与它斯帕尔共同执政期间，则碑文的开始部分就会同时提到他和它斯帕尔的名字了)。

根据残存的碑铭来看，碑文中比较重视马汗特勤(βγγ mγ' ntykyn——马汗特勤主人)的活动。这个名字在残存的碑文中共提到过 5 次(БI，行 2—3；БII，行 3，行 5；БIII，行 4)③，同时根据上下文看来，马汗特勤是木杆可汗的弟弟，并在一段时间内与之共同执过政。故有理由推测，布古特碑当是马汗特勤的墓碑。值得注意的是，马汗特勤的名字只在布古特碑铭中提到过，不见于其他史料，也不可能复原成汉文史料中提到的任何一个执政者或共同执政者。然而需要注意，据《隋书》记载，木杆可汗虽执政 20 年即从553—572 年，但自 569 年之后其名字即不再提到。根据对《隋书》中有关章节的仔细分析表明，这个 20 年的说法只不过是史家的一种标准的笼统提法而已④。从布古特碑文看来，木杆可汗死后，马汗特勤仍在继续执政，不过其名字之前概未冠以可汗名号，故可推定，他当是新可汗的共同执政者或摄政者。这个新可汗，当是它斯

---

① 贝·施普勒将这一名字拼成"它拉奇"，并错误地认为这是一个王位称呼，见贝·施普勒：《突厥人出现之后的中世纪》[德文]，见《东方学指南》，莱顿—科隆，1966 年，第 5 卷，第 1 辑，第 5 章，第128 页。

② 列·尼·孟什科夫认为，布古特碑文中的尼瓦尔可汗应对应为尔伏可汗。参阅谢·叶·雅洪托夫的解释，在中国汉语中"尔伏"可构拟为 ne har 或 nevar(在伯·卡尔格林辞典中作 nzie-b'iuk)；参阅谢·格·克里亚什托尔内依，费·阿·里弗希茨：《……栗特文碑铭》[英文]，第 74 页，注释 6。

③ 在后一种情况下只保留 mγ，但若复原成 my[n tykyn]当不会有任何问题。

④ 参阅刘茂才：《东突厥汉文史料集》，第 2 册，威斯巴登，1958 年，第 504 页。

帕尔,其登上汗位的年代或者是 572 年,或者是 569 年或 570 年——如果认为木杆可汗不是死于 572 年,而是死于 569 年或再迟一年的话。马汗特勤成为新可汗的共同执政者的年代不晚于 571 年这一点,似乎可由如下一点证明:在上下文损去的碑文中所叙述的事件,当发生在木杆可汗死后即兔年之后,而兔年正可对应为 571 年[①]。

很可能在 571—572 年期间,马汗特勤充任了它斯帕尔的摄政者,甚至独掌政权,虽然没有得到可汗的称号。无论如何,自 573 年起,他就当上了它斯帕尔可汗的共同执政者了(汉文史料中首次提到它钵——它斯帕尔的年代为 573 年)。这样一来,布古特碑文中说到的发生在它斯帕尔执政期间(573—581 年)的种种事件这类关键问题,即可得到解释。当然,这里也留下一个疑点,即在此期间,尼瓦尔(汉文史料中作尔伏)到底扮演的是个什么角色。据汉文史料看来,他应是它斯帕尔生前的共同执政者(尔伏作为共同执政者,早在 572 年时就已被提及)。在残存碑文中讲到它斯帕尔执政的情况时,从未提及尼瓦尔的名字——如上述所述,尼瓦尔的名字只在碑文开始部分叙述石碑建立缘起时提到过[②]。

在它斯帕尔和马汗特勤共同执政期间,第一汗国在政治、军事和文化方面发生过一些重要事件。虽然由于碑文(БII)中间出现许多坑陷而不能复原这些事件的全貌,也不可能查明马汗特勤在其中所起的作用,但是其中某些只言片语(БII,行 15,行 16,行

① 同 257 页④。
② 由于谈到它斯帕尔在位时发生的事件中没有提到尼瓦尔,还由于汉文史料中没有关于马汗特勤的记载,而只将它斯帕尔和尔伏(尼瓦尔)称作共同执政者,这样似乎可以将尼瓦尔和马汗特勤对应为一个人。但是这种对应是根本不可能成立的,其原因不仅在于碑文谈到立碑缘起时提到了尼瓦尔(而且十分明确地指出,该碑不是为他立的),而且在于碑文中谈到,马汗特勤乃是木汗可汗的弟弟,而与此同时汉文史料中却明确指出,尔伏(即尼瓦尔)不是木汗的弟弟。此外,倘若认为尼瓦尔和马汗特勤是同一个人,那么在布古特碑文中就必定处处会把墓主说成是可汗,而不会说成特勤勤王了。

19——其上下文均被损去）也很能说明问题："……作为两个统治人物"，"……他们很有学问"，"……他们是朋友"，——显然，这里指的是它斯帕尔和马汗特勤。第一汗国在它斯帕尔和马汗特勤共同执政期间，正式接受了佛教。早在木杆可汗时代，就为正式将佛教引入突厥国迈出了第一步。但是只有到了它斯帕尔执政时期，才使佛教信奉者在可汗牙帐中树立起了威信。布古特碑铭保存下了关于佛教在突厥人进入广泛传播重要阶段的资料，即在汗国中心建立佛教寺院的资料（BII，行 10："建立宏伟的新伽兰！"）。这一事件在汉文史料中也有记载。根据残留碑文判断，碑文中所述内容倘若不是指它斯帕尔本人依据"天意"采取行动，便是指可汗特勤依据它斯帕尔的吩咐建立伽蓝。与此相关，在碑文中还提到了早已去世的布民可汗的名字（这当是古代突厥人中存在祭祖现象和显然是祭庙——首先是祭布民之庙现象的重要证据。突厥人建立过这样的祖庙，并早已为考古学家所证明）。第一汗国决定重大国事问题的程序，可根据布古特碑文提供的材料复原如下：一、可汗问神（应当指出，布古特碑文像其他鄂尔浑碑铭一样，其中提到可汗的主要特权和作用之一乃是充当神与人之间的中介人）；二、召开贵族会议，布古特铭中起码有两处地方提到了最高贵族阶层人士——设（шадапыты）、达干（тархваны）①、啜（Куркапыны）②、将军（сенкуны）及可汗家族；三、问土门神灵；四、可汗做出决定。碑文在描述决定汗位继承问题时，也提到过类似的程序：木杆可汗

---

① 布古特碑铭中用 trγw′nt（тархваны 达干）这种形式来表示贵族阶层，在此后的文献中写做тарканы（该术语的起源如同突厥语中的 Sadapit 一样，至今不明）。关于 Sadapit 这一术语的前半部分 Sad 的最新资料和猜测，可参阅阿·博德巴西：《关于突厥人的官衔"设"》[意大利文]，见《朱·图奇纪念文集》，那不勒斯，1974 年，第 1 卷，第 167—193 页。尽管人们不止一次企图将"设"这一官衔的起源归之于古代伊朗语的 Xsaitd（"国王"）、粟特语的 xseб（阿拉伯语的 ixsid），然而它的起源至今依然是一个谜。

② γw′rγp′ynt 这一术语，看来也是突厥贵族中一个最主要的阶层。这一术语只见于布古特碑文之中，大约可以对应为 beg。后者最早是在八世纪的遗存中出现的。

死后,先问神(显然就其继承人问题),再召开最高贵族阶层会议,接着征询汗位继承人(或如马汗特勒这种情况,则征询摄政者继承人?)的意见。在征询意见时,必将涉及可汗的第二个重要作用:对人民生活的关怀(参见 БI,行 5 至 БII,行 5)。

　　尽管布古特碑铭遭到残损,然而其历史意义依然很大。它是目前唯一发现的建在第一突厥汗国境内并反映其官方史学传统的碑铭。此外,总起来讲,它对于粟特碑铭学和粟特文字学也都具有重大意义。关于这个问题,只需指出如下几点就够了:布古特碑铭就其年代悠久而言,仅次于用"旧字"[公元二世纪末或四世纪初(原文如此)]刻成的最古老的粟特碑铭之一。它包含着一系列前所未知的粟特词汇和语法形式,使用的古字体特征可使我们就粟特斜体字的形成和发展问题作一番新的探讨。布古特碑铭中可汗名字和古代突厥术语的书写方法,对于历史研究古代突厥词汇学和语音学也很有意义。已经查明,这种书写方法可为汉学家考证中原语音体系的构拟提供重要依据。而无疑更有意义的,则在于布古特碑铭乃是粟特人与突厥人文化交流的见证。当第一突厥汗国处于尚无自己文字的时代,官方文献以及显然还有可汗牙帐日常公务中已采用了粟特语言文字。这种交流意义尤为重大。粟特人和突厥人在中央亚境内进行的交流至六世纪时已持续了相当长的时间,而到第一汗国时代,特别是六世纪六十年代(即木杆可汗在位期间),当汗国成为中亚和中央亚的政治霸主,为获得对连接远东、中东与地中海的重要贸易通道——伟大的"丝绸之路"的控制权而进行斗争的时候,这种交往便获得了新的强大动力。粟特人与突厥人的互相影响,在很大程度上促进了中央亚各族人民反抗中华帝国经常不断地企图在东突厥斯坦及邻近地区建立其政治文化霸权斗争的顺利开展。

　　布古特石碑的浮雕装饰也很出色。其顶端虽未完整保存下来，但是可以清楚地看到，它与过去发现的石碑完全不同。刻在石碑两个宽面的浮雕，在题材和技术上是相同的。而刻在两个侧面的浮雕，看来当是连在一起的，构成了一个统一的浮雕像。石碑顶端的主要部分是一个狼形（或母狼形），狼肚下方有一个站立人形。毫无疑问，出现在我们面前的这个图形，当是古代突厥起源传说的一个场面。这则传说的最完整情节保存在《周书》中。这则传说讲，突厥的祖先住在大泽旁（另一说住在"西海"西岸）。后被邻国兵士灭掉，只剩下一个十岁的小孩，被弄得肢体不全。一只母狼收养了这个小孩，后来又成了他的妻子。为了躲避敌人，母狼逃到了高昌北部（吐鲁番绿洲）。在这里的山洞中，母狼生下十子，这十子的父亲就是母狼救活的孩子。母狼的儿子们娶高昌女为妻。其中一子名阿史那，当上了氏族长，后来便以阿史那为其族名。此后，阿史那氏族的氏族长们率领全氏族来到阿尔泰，遂以"突厥"自称。

这一传说在突厥汗国的表征方面得到了反映——其旗上有一金狼头，卫士们也被称作"狼"①。现在这则传说的广泛性及其正式性为第一汗国所承认，并通过布古特碑雕像被准确地确定下来。

戈壁沙漠也存在如尼碑铭的首批消息，是 1948 年夏天传出的。当时，苏联科学院蒙古古生物学考察队队长伊·阿·叶弗列莫夫得到消息说，沙漠极南边靠近塞布赖苏木的地方发现刻有铭文的石头。据当地教师说，这些文字"很像欧洲文字"。伊·阿·叶弗列莫夫认为，这很可能是古代突厥如尼文碑铭②。第二年即 1949 年，阿·帕·奥克拉德尼科夫在戈壁的另一个地区，阿尔茨—博克多（戈壁阿尔泰）山脚下，还发现了一块刻有 11 个如尼字母的石头③。

---

① 参阅谢·格·克里亚什托尔内依，弗·阿·里弗希茨：《……布古特碑铭》，第 126 页及其中提及的著述。

② 伊·阿·叶弗列莫夫：《风之路。戈壁札记》，第二版，莫斯科，1962 年，第 229 页。

③ 阿·纳·柏恩施坦：《新发现的古代突厥文碑铭和汉文碑铭》，见《东方碑铭学》，1959 年，第 12 卷，第 68—69 页。

这样一来,就证明戈壁确实存在古代突厥碑铭。1968 年,宾·林钦院士在刊登首批布古特碑铭照片的同一本图册中,列出了几个塞布赖铭文和一幅很不清晰的刻有碑文的石头照片[①]。1969 年,谢·格·克里亚什托尔内依对碑铭做了现场考察。结果发现,石头不像王伊·阿·叶弗列莫夫所说的那样是两块,而是一块,不过刻有两处铭文。这是一块用大粒大理石雕成的石碑,平躺在塞布赖苏木东南 6 公里的平川上。石碑为长方形,一面凿平磨光,镌有碑文。碑铭多次遭到剧烈损坏,整个碑面布满坑陷,碑文几乎完全被损。两处碑文对称分布,每处 7 行,一边为粟特斜体文,另一边为如尼文。从描摹和照片上,只能释读出很小一部分粟特碑文(几个词),和若干个如尼字母。铭文中未保留下日期。据字母笔画判断,粟特铭文不会晚于八世纪。从如尼碑铭的古字学特征还可说明,其年代多半在八世纪末。突厥文中则保留下了一个回纥国的家族名字,这可以说明塞布赖碑铭的年代不会超出回纥汗国在蒙古存在时期(744—840 年)。

在粟特碑文中,有两处提到"回纥可汗主",而其名字未保留下来。在突厥碑文中恰恰相反,汗位封号未保留下来,却可读到英义·药葛罗这一名字[②]。在公元八世纪时,使用这一名字的只能是牟羽可汗,即蒙古境内的第三代回纥可汗(759—779 年)。此外,我们还可知道,牟羽可汗于 762 年改名为英义。牟羽可汗征讨过中国(这次征讨战争详见汉文资料),征讨原因与效劳中国的粟特将领的反叛行为有关。对于这次反叛行为,罗·德·罗图尔(戴何都)做过正确评价。他认为,这次反叛是唐帝国衰落的开始,唐帝

---

① 宾·林钦《林钦搜集的……碑铭》,第 42 页。

② 谢·格·克里亚什托尔内依,弗·阿·里弗希茨:《塞布赖石》,见《苏联突厥学》,1971 年,第 3 期,第 106—112 页;谢·格·克里亚什托尔内依,弗·阿·里弗希茨:《未经刊布过的突厥—粟特碑铭:塞布赖碑文(南戈壁)》,见《亚洲杂志》,1971 年,第 11—20 页。

国由于这一事件的冲击,从此一蹶不振①。回纥人于 763 年 3—4
月间离开中国。牟羽可汗除了虏获物外,还将他在征讨中国期间
开始信仰的摩尼教的传教士带往其鄂尔浑河畔的都城——斡耳朵
八里克。我们在哈剌八剌哈孙碑铭中可以读到赞颂摩尼教的词
句。摩尼教一直在回纥汗国中存在下去,并在中央亚各个绿洲利
用突厥语和粟特语创造了自己的文化艺术和文字传统(这一传统
一直延续到十一世纪;同时根据碑铭看来,它与谢米列契境内的突
厥—回纥摩尼教有着密切的联系。谢米列契离都城哈剌八剌啥孙
甚近,摩尼教在该地于十一世纪初与伊斯兰教并存)。在摩尼教抄
本中,牟羽汗被称为"伟大的国主""英明的回纥可汗""摩尼的化
身"②。

　　牟羽可汗凯旋途中,路过边界时,立了块纪功碑。纪功碑上除
了刻有突厥文外,还刻有粟特文。粟特文是新教使用的文字,同时
也是为蒙古和整个中央亚文化早已熟悉的文字。塞布赖碑要比哈
剌八勒哈孙碑早 60 年。布古特碑是第一汗国与粟特国密切交往
的象征,塞布赖碑也是如此。塞布顿碑证明,回纥汗国(中央亚的
最后一个突厥帝国)在文化—认知形态方面出现了一种新的倾
向——倾向于西方的粟特。

　　现在,我们再从戈壁南缘回到蒙古西北部地区。在约楞特高
勒与辉特—塔米尔两条河合流处以东 10 公里的草原上,在大道
旁,有一处高高的山脉残余段——泰希尔楚鲁。这座山崖奇形怪
状,加之远离主干山脉,于是关于它的来源便产生了许多传说。该
崖高 15 米,崖底周长 62 米。在山崖离地面高约 4 米以内的各个
侧面上,都刻有或用颜料写有铭文。早在 1893 年,德·阿·克列

---

① 罗·德·罗图尔[戴何都]:《安禄山传》[法文],巴黎,1962 年,第 352 页。
② 弗·威·卡·缪勒:《回纥学研究,II》,柏林,1911 年,第 95 页;爱·沙畹,伯希和:《突厥学研究
　 II》,柏林,1911 年,第 95 页;爱·沙畹,伯希和:《……摩尼教经卷》,第 213 页。

门茨就在泰希尔楚鲁发现并复制了 11 处如尼铭文(一处为凿刻上去的,其余为墨写的或用颜料写的)。这些复制品曾由瓦·瓦·拉德洛夫刊布,并首先试图释读过①。最近若干年来,安·冯·加拜恩(葛玛丽)、让·保·鲁、彭·阿尔托也曾对泰希尔楚鲁如尼铭文做过研究②;芬兰学者约·加·格拉耐早在 1909 年还复制过若干件铭文③;1969 年,谢·格·克里亚什托尔内依也对这些铭文做过详细考察。下一步该是为重新刊布这些铭文做好准备的时候了。

诚如许多旅行家所指出的那样,泰希尔楚鲁除了如尼铭文外,还有其他文字(蒙古文、藏文、汉文)的铭文。可以设想,这些铭文当属于"留言"之类(看来,某些如尼体铭文也当属于这种情况)④。1970 年,弗·阿·里弗希茨在泰希尔楚鲁发现了两处回纥铭文和一处粟特铭文。这些铭文系用墨笔写成,成竖行,为整齐的斜体字。由于上面涂满了签名(且为油彩),要想释读十分困难。不过总还可复原出几行粟特铭文(目前正在准备发表)。据字体及文中提供的某些暗示,这一处粟特铭文的年代可定在十一世纪。

这里,本文作者谨就中央亚古代突厥如尼文和粟特文碑铭研究史问题做了一番分析。这个问题,自参加苏蒙历史文化考察队1969—1970 年考察工作之后,就引起了作者的注意⑤。后来,当编纂《中央亚碑铭全集》这一带有共同意义的问题提出来以后,该分

---

① 瓦·瓦·拉德洛夫:《蒙古古代突厥碑铭》,第 260--268 页。胡·纳·奥尔昆对拉德洛夫提供的这些复制品和几乎毫无改动的对音材料进行了复原。

② 安·冯·加拜恩[葛玛丽]:《古代突厥碑铭的内容和魔法意义》[德文],见《人类学》,1953 年,第 48 卷,第 550 页;让·一保·鲁:《突厥和蒙古铭文中的萨满年代》[法文],见《人类学》,1958 年,第 53 卷,第 133—142 页;古·约·兰司铁,约·加·格拉耐,彭·阿尔托:《蒙古古代突厥碑铭资料》[德文],见《芬兰—乌戈尔学会会刊》,1958 年,第 60 卷,第 62—65 页。

③ 约·加·格拉耐:《西北蒙古文物流行的地域与形式》[德文],见《芬兰—乌戈尔学会会刊》,1912 年,第 28 卷,第 1—55 页;古·约·兰司铁,约·加·格拉耐,彭·阿尔托:篇名同上,第 67—76 页。

④ 关于这一点,可参阅让·一保·鲁:篇名同上,第 136—137 页。

⑤ 关于该分队工作成果在国际上引起的反响,可参阅露·巴津:《布古特(蒙古)碑铭提到的突厥人和回纥人》[法文],见《纪念本维尼斯特语文学文集》,巴黎,1975 年,第 37 页 45 页。

队的工作又于 1974—1975 年开展起来。搜集和考释蒙古石制史书的《中央亚碑铭全集》,将成为研究该地区古代和中世纪历史的第一部唯一原始和准确的资料。

蒙古的碑铭学研究

［苏］谢·格·克里亚什托尔内依

一

十九世纪末,俄国和分兰赴蒙古考古队在蒙古发现了用古突厥文和粟特文刻写的大型古代碑铭。这些发现物的价值得到了应有的估计,蒙古古代史和中世纪史以及中央亚各族文化史,从此,不仅可以通过中国史籍作品中那些虽然详细然而带有偏颇倾向的记载反映出来,而且可以通过蒙古境内古代居民自己遗留下来的碑铭反映出来。当时发现的这些碑铭,首先是最古老最有价值的部分——古代突厥如尼碑铭,均由许多俄国学者、西欧学者(最近以来还有蒙古学者)进行了持续的研究。[1]

到五十年代和六十年代,进一步深入地从史料学方面研究已

---

[1] 关于古代突厥如尼碑铭的发现和研究简史,可参阅:谢·格·克里亚什托尔内依:《古代突厥如尼碑文遗存:中亚历史资料》,莫斯科,1964 年,第 5—17 页;纳·色尔—奥德扎布:《蒙古人民共和国的古代突厥碑铭研究》,见《蒙古手稿全集》,第 16 卷,1968 年,第 1 辑,第 10—13 页;埃·特雷尔斯基:《蒙古古代突厥遗存的最新研究与如尼碑铭的出版方法》,见《第二届国际蒙古学家大会论文集》,第 2 卷,乌兰巴托,1973 年,第 170—174 页;谢·格·克里亚什托尔内依,弗·阿·里甫希茨:《中央亚古代突厥和粟特碑铭的发现和研究》,见《蒙古的考古学和民族学》,新西伯利亚城,1978 年,第 37—60 页。

经发现的碑文、继续寻找新的碑铭和在研究的基础上对这些碑铭从历史文化角度做出综合性的评价等等问题,显得更加迫切起来。

从苏蒙历史文化考察队组建之日起,碑铭学研究工作就被列入规划并通过审议。这项研究工作的主要对象,是举世闻名的突厥时代用古代突厥文和粟特文刻写的碑铭。1969 年,碑铭学分队成立了。最初几次考察结果即已表明,发现新碑铭的可能性是存在的。同时,在重新核查许多早已发现的碑铭过程中,发现已经出版的论著中所复制的碑文或部分碑文尚有不少不准确之处,且不谈这些论著还没有将蒙古全部碑铭尽数收入。据此,确定了碑铭学分队的具体任务。其任务有三项:一,进行大规模考察,以发现新的碑铭;二,对已经发现但在某些论著中从语言学以及史学史角度考释不确定的碑铭重新进行核查和拍照;三,对碑铭所在地古物综合体进行调查,做出准确描述,并将该项工作的成果用于对碑铭的考释方面。

苏蒙历史文化考察队碑铭学分队共进行了五度考察(1969—1970 年,1974—1976 年)。在苏联专家参加的两度考察(1970 年,1974 年)中,对一些过去发现的碑铭重新进行了为时两周的考察。参加该队工作的,蒙古人民共和国科学院研究人员中有哈·鲁布桑巴拉登、贡·苏赫巴特尔、布·巴吉勒汗、马·新胡、阿·奥其尔和萨·卡尔扎乌拜,苏联科学院东方学研究所研究人员中有谢·格·克里亚什托尔内依(1969 年,1974—1976 年)和弗·阿·里弗希茨(1970 年)。考察的地区有中央省、前杭爱省、布尔根省、后杭爱省、肯特省、南戈壁省、中戈壁省、戈壁阿尔泰省、科布多省、扎布汗省、乌布苏诺尔省、库苏古勒省和色楞格省。在各地草原上共调查了古代突厥文和旧蒙古文碑铭凡 70 个。

1969 年(哈·鲁布桑巴拉登)和 1975 年(马·新胡),对用旧蒙古文写成的铭文做过考察。第一个考察对象是离布拉格杭盖苏木

50 公里远的必其赫图河谷悬崖砂岩石板上的摩崖。该处铭文为蒙古文,也有若干汉文(共 43 条),系用黑颜料和红颜料题写,多为元朝遗物,但由于保存不善,拓描甚为困难。1975 年,拓描了都特·哈尔哈特(中央省德乐格尔苏木)石崖上的朝克图台吉铭文 3 条。但是碑铭学分队的主要精力都集中在中世纪早期遗存——古代突厥文和粟特文碑铭的研究上。

二

　　八十年来在古代突厥文研究领域中取得的成就,有时给人这样一种感觉:对这批为数不多的碑铭所做的科学研究工作似乎大功告成。然而,近十年来在发现和释读方面取得的惊人成果却表明,在对这些碑铭从历史文化角度进行估价时,还有若干难题至今尚未解决。试述其中之一二。

　　公元 551 年,突厥汗国诞生于蒙古境内。到六世纪下半叶时,这个汗国进入鼎盛时期。到 630 年即唐帝国对外扩张达到顶峰时,它才为中国军队所击败:蒙古境内的突厥居民被迫迁到长城附近不宜游牧的地区,受到中国守边军队的监视。但是,突厥居民不甘屈服。679—681 年起义后,他们又迁回旧地,重新建立了自己的国家。第二突厥汗国存在到 744 年,为回纥汗国(745—840 年)所取代。

　　直到不久前为止在蒙古境内发现的全部古代突厥碑铭,抑或属于第二汗国时代且均在八世纪二十年代至三十年代之间,抑或属于回纥时代。那么,是不是据此可以做出结论说,第一汗国时代就既无文字,亦无史学传统呢? 在突厥贵族墓葬综合体中留下历史传记文字的习俗,只是在第二汗国时代才得以产生呢? 还有,突厥人具有历史意义的文字,只有到第二汗国最后几十年才得以出现呢？这样的结论确曾有人做过①。直到不久前，任何有利于相反结论的直接证据都还没有。

1956 年，朝·道尔吉苏荣在后杭爱省发现了一处突厥时代的墓葬综合体——在带有巴尔巴尔（石桩）的古冢上立着一块字碑，字碑下是龟趺。谢·格·克里亚什托尔内依和弗·阿·里弗希茨于 1969—1970 年以及 1975 年，都曾对这块碑铭进行过研究，并将其命名为布古特碑（布古特是附近的一个居民点）。布古特碑上有 29 行粟特文，已为弗·阿·里弗希茨所释读，还有一面用婆罗门字刻成的梵文碑文，可惜只残剩若干字母（阿克沙尔）。布古特碑属六世纪八十年代，即第一突厥汗国存在时期，含有有关这个国家重要的历史资料②。

我们知道，在此之前，研究家们手中并不掌握第一汗国境内撰写而成并反映突厥人自己历史传统的文字史料。布古特碑成了这类史料中的第一篇。而且，这一碑铭也是蒙古境内已知碑文中最古老的一通。

另一个问题，则是有关古代突厥文字的流行地域问题。已经发现的几乎全部碑铭，都集中在北部蒙古的中央地带。据此似乎应当认为，突厥汗国的书面文化带有局限性，不仅流行时间不长（八世纪二十年代至三十年代），而且流行地域狭窄。由此，似乎又可以合乎逻辑地认为，中国史学作品中流露的突厥人是"夷族"，与

①列·罗·基兹拉索夫:《叶尼塞碑铭遗存的断代问题》,见《苏联考古学》,1965 年,第 3 期,第 43 页。

②谢·格·克里亚什托尔内依,弗·阿·里甫希茨:《布古特粟特铭文》,见《东方国家与东方民族》,第 10 辑,莫斯科,1971 年,第 121—146 页;谢·格·克里亚什托尔内依,弗·阿·里甫希茨:《布古特粟特铭文》[英文],见《东方学报》,布达佩斯,第 26 卷,1972 年,第 69—102 页(这篇论文,引起国际上的广泛反映,比如,可参阅:露·巴津:《布古特(蒙古)碑铭中提到的突厥人和回鹘人》[法文],见《纪念本维尼斯特语文学文集》,巴黎,1975 年,第 37—45 页;色·加加太,苏·特兹坎:《布古特碑铭:古代突厥史的重要史料》[土耳其文],见《突厥语言研究(1975 年—1976 年通讯)》,安卡拉,1976 年,第 245—252 页)。

基本的文明成果如文字、历法、历史意识、复杂的意识形态格格不入等等成见，也当是合情合理的了。

　　苏蒙历史文化考察队在蒙古进行田野工作的过程中，认为必须找到有助于解决上述问题的确凿材料，因此在当初属于突厥汗国的最主要地区——包括杭爱山区、蒙古阿尔泰和戈壁阿尔泰、大湖盆地、南戈壁等地，进行了相当广泛的考察。

　　首先得到确认的是，如尼碑铭在蒙古境内并不是一个地区的局部现象，而是在古代突厥诸部居住过的所有地区（直到南戈壁一带）普遍存在的现象。此外，还对戈壁阿尔泰、蒙古西北部地区、肯特山区、杭爱山各段的零星摩崖作过研究。这类摩崖的性质表明，突厥文字曾得到广泛使用。题写零星摩崖并非出自专人之手，这一点又说明，识字的人绝非少数。

　　通过释读东戈壁省的却林碑铭，可以确定，该碑铭当属于683—691年之间，即第二汗国建立时期[①]。这就推翻了关于第二汗国在使用古代突厥文方面年代上有所限制的论点。却林碑铭——如尼碑铭中年代最早的一块——完全可以证明，如尼碑铭的使用，在七世纪，或至少在七世纪下半叶，已经像此后200年中那样，成为十分普遍的现象。

　　要想对第一突厥汗国和第二突厥汗国的文化发展水平做出估价，必须对历法和史学传统这两个问题着重进行一番探讨。在第一突厥汗国时期遗留下的唯一碑铭布古特碑铭中，突厥人使用的历法是十二动物生肖纪年法。碑铭中提到的"兔年"，很可能是571年。这是碑铭中出现的第一个年代。在布古特碑以后又过了150年才建造的其他碑（其时代相当于八世纪二十年代至三十年代）中，十二动物生肖纪年法不仅保留下来，而且在很多情况下记述得

────────────

[①] 谢·格·克里亚什托尔内依：《东戈壁发现的如尼碑铭》，见《突厥学研究》，布达佩斯，第249—258页。

更加完备:既有事件发生的年代,还有月份,有时甚至还有日子。如同六世纪那样,这一时期突厥汗国的国家历法依然是十二动物生肖纪年制。其单位是一年(依尔),一年再分成十二个月(阿依)。至于一个人的岁数,则采用另一种记数体系(依阿什),与历法纪年直接联系在一起。在许多碑文中,事件发生年代是以碑铭主人公的岁数为基础而记录下来的。鄂尔浑碑铭中多半采用这种纪年方式。至于在更为古老的叶尼塞碑铭中,这种记年方式则是唯一方式。使用以碑铭主人公岁数为基础的纪年法,会使碑文中提到的年代带有一种封闭性。如果同时再无其他纪年法,那就会使该碑文有别于其他类似的碑文。

除了上述十二生肖纪年法和以碑铭主人公岁数为基础的纪年方式外,布古特碑以及此后的鄂尔浑碑铭中还采用了另一种纪年法——以前几代可汗在位时代为基础纪年。这种以可汗在位年代来记载事件的纪年制,是某几个碑铭使用的唯一纪年制(如暾欲谷碑,阙利啜碑)。这种纪年制缺少补充性的数量描述,因此就其时代的准确性而言,不如十二生肖纪年制或主人公岁数纪年制。它与后两种纪年制的不同点在于,这是一种开放式的纪年制,可以看作是直线纪年制的雏形。

碑文中偶然提及一些有政治色彩的时期,其中带有数量方面的描述,这说明古代突厥汗国建立时期存在过一种连续(直线)纪年制。比如,碑文中指出过突厥人归顺唐帝国的时间(50年)。莫贡·希乃乌苏碑铭中指出过回纥人(秃古思—乌古思)归顺第二突厥汗国的时间(50年,详情见后)。特日很碑铭中正确地指出突厥汗国王朝(阿史那王朝)的延续时间(200年)和回纥药罗葛氏执政的时间(80年)。这种能够相当准确地指出性质不同且延续时间很长(几十年乃至几百年)的某个时间段落的现象,乃是存在过直线纪年制及与之有关的史学传统的重要证明。

　　这样看来,由于同时有十二生肖纪年制和个人岁数纪年制两种纪年方式存在,因此古代突厥碑铭中反映出来的纪年制是一种进步的直线纪年制。种类繁多的纪年制说明,突厥人在认识历史时间方面有了相当大的进展,但与此同时也说明,在古代突厥文化体系中颇为孤立的突厥人,在这些概念上还不太发达。

　　新发现的碑铭中所反映出来的另一个意识形态领域,是宗教问题。布古特碑文中提到,佛教作为国教在蒙古地区首次出现:根据陀钵(上文译作它斯帕尔)可汗的命令,在汗帐中建立了伽蓝。很可能,在布古特碑中已经残损的用梵文凿刻的那一面碑文,记述的也是有关惠琳(Чинагуит)这位在可汗帐下生活过 10 年的印度佛教高僧的情况。

　　为了完全弄清佛教在突厥人经济和政治方面所起的作用,尚有许多工作要做。然而,有一点是确信无疑的,这就是从汗国建立伊始起,其统治人物就不仅了解军事在管理庞大帝国中具有的作用,而且也了解意识形态在这里所起的作用。汗国统治人物把影响扩展到中亚和远东这一辽阔地域的佛教视作一种有助于在民族成分复杂的大国内建立意识形态共同体的包罗万象的宗教形式。这一过程,直到 581 年发生社会政治危机和帝国崩溃时才暂时中止下来。在回纥汗国中起过类似作用的则是摩尼教。

三

　　回纥时代在蒙古历史上具有特殊的意义。在不到一百年的时间内,回纥汗国境内最终形成了由游牧业产生出来的为中央亚传统上所具有的经济、社会、文化诸方面的文明基础。然而,恰恰在研究这一时代时,研究家们无法更多地利用地方性的史学传统。1891 年由尼·米·雅德林采夫发现的哈剌八剌哈孙三语(突厥语、粟特语、汉语)碑铭,在古代即遭残损,突厥语部分残损程度最大,而粟特语部分又研究得不够。另一个碑铭,立在莫贡·希乃乌素地方的回纥颉跌利施·毗伽可汗公元 759 年或 760 年墓碑,是古·兰司铁于 1909 年发现的。该碑铭的大部分碑文遭到损坏。属于同一时代的其他碑铭,尚未发现。不过,据莫贡·希乃乌素碑文看来,在毗伽可汗的冬营地和夏营地,都曾根据可汗的命令或以他的名义立过碑铭。

1957 年,朝·道尔吉苏荣在特日很河畔(后杭爱省)发现了一处新的碑铭。1969 年,苏蒙历史文化考察队碑铭学分队考察了这一碑铭,发现碑下有龟趺。1970 年,纳·色尔—奥德扎布和维·瓦·沃尔科夫进行了发掘,在发掘过程中又发现了同一碑铭的两个残段。该碑铭当是毗伽可汗的另一个碑。碑文首先由马·新胡刊布[1],但是他为碑铭所断年代不准确,只说是六世纪上半叶至九世纪的遗存[2]。马·新胡以蒙古语语法为基础,对碑文进行了译释。该书责任编辑纳·色尔—奥德扎布博士认为:"马·新胡这部专著的学术价值在于,首次运用了将古代突厥语和古典蒙古书面语进行比较研究的方法。"[3]然而,碑文显然还应该另有一种译文,即以古代突厥语固有的语法和词汇为基础来解释的译文才好。

该碑铭的相当一部分内容与莫贡·希乃乌素碑铭内容在文字上是相同的,反映了回纥汗国建立时期的事件。因此,在 1974—1975 年的田野考察过程中,须对莫贡·希乃乌素碑铭重新进行核查。结果,经古·兰司铁释读过的碑文得到了进一步的确认,并由此对碑文产生了新的理解。

回纥时代的另一个新碑铭——"塞布赖碑"的发现,尤有重大意义。

---

① 马·新胡:《新发现的塔里亚特鄂尔浑碑铭》[蒙古文],乌兰巴托,1975 年。
② 同上著作,第 94 页。
③ 同上著作,第 6 页。

1948 年,苏联科学院蒙古古生物学考察队在戈壁地区作过考察。考察队队长伊·阿·叶弗列莫夫在戈壁极南缘得到了一位当地教师关于在塞布赖苏木附近发现两块刻有"欧洲文字"碑铭的报告。伊·阿·叶弗列莫夫推测说,这可能是古代突厥如尼碑铭①。这是有关戈壁存在如尼碑铭的初次但未经过查证的报道。在此之前,蒙古境内如尼碑铭的分布区只限于北部地区。一年之后(1969年),纳·色尔—奥德扎布在戈壁的另一个地方——阿日茨·博克多(戈壁阿尔泰省)山脚,又发现了一方刻着 11 个如尼字母的石头②。于是,戈壁存在古代突厥碑铭的事实得到了肯定。

1968 年,宾·林钦院士刊布了塞布赖碑铭若干字母的图形和一张刻着字母的碑石照片,照片很不清晰③。伊·阿·叶弗列莫夫的推测证实了,这些字母确实是如尼文。1969 年,谢·格·克里亚什托尔内依有机会到现场对碑铭进行了研究。原来,石碑并不像给伊·阿·叶弗列莫夫提供情况的人所讲的那样是两块,而是一块,不过铭文倒真的是两处。该碑铭位于塞布赖苏木东南 6 公里的一个平原上,是一块有裂纹的大粒花岗岩,截面呈长方形,只有一侧琢磨平整,上刻碑文。其他各侧连同上下两面,只是稍加砍削而已。石碑尺寸如下:高 0.8 米,碑文所在面宽 0.45(0.47)米,厚0.70米。石碑多次遭损,上端断去,正面布满明显的小坑,以致碑文完全损去。正面,在严格对称的位置上有两处铭文,每处由 7 行组成:一边是粟特文,另一边是如尼文。如尼文为了保持碑文外观

① 伊·阿·叶弗列莫夫:《风之路。戈壁札记》,第 2 版,1962 年,第 22 页。
② 阿·纳·伯恩什坦:《古代突厥文和汉文碑铭的新发现》,见《东方碑铭学》,第 7 卷,1958 年,第 68—69 页。目前,这通碑铭保存在蒙古人民共和国科学院历史研究所考古研究室。参见:弗·米·纳捷里阿耶夫:《蒙古人民共和国霍布德苏木发现的突厥碑铭》,见《西伯利亚的青铜器时代和铁器时代》,新西伯利亚城,1974 年,第 163—166 页。
③ 林钦:《蒙古山崖和石碑上的象形文字和铭文》[法文],乌兰巴托,1968 年,第 42 页;谢·格·克里亚什托尔内依,弗·阿·里甫希茨:《古代突厥和粟特碑铭的释读:塞布赖(南戈壁省)碑》[法文],见《亚洲研究杂志》,1971 年,第 11—20 页。

上的对称,字母间距离大于通常的字距。对碑铭进行目测、拓描和拍照之后,才十分费力地辨认出了一部分粟特铭文和不多几个如尼字母。

粟特铭文译文如下[1]:

(1)……年。当时回纥可汗(?)主……

(2)而后对(?)伊那尔—达尔罕……

(8)而后(他对)回纥可汗说:……

(4)后来……那里……

(5)……他就这样对可汗说……

(6)……他们……而后(?)……

突厥铭文译文如下:

(3)……十(?)……叛乱(的?)……

(4)……氏(?)……

(5)阙—达尔(罕)……

(6)……(伊)那尔·骨咄(录)……

(7)英义药罗葛……

从碑文中看不出任何可以作为断代依据的字句。而且,断代尝试也将极不可靠。据粟特铭文的笔画形状看来,碑铭不会早于八世纪末至九世纪。如尼文笔划比和硕柴达木碑稍有发展,与色楞格碑(约 759 年)相近,而不像哈剌八剌哈孙碑(521 年)所特有的那种回纥时代末期流行的古怪笔画。粟特铭文提到了某个回纥可汗的名字以及突厥汗国境内的回纥王朝家族名称,可以证明上述从古字体学角度为碑铭做出的断代是正确的[2]。如此看来,塞布赖

---

① 粟特碑文由弗·阿·里甫希茨确认并译出。

② 这一名字在如尼碑文中出现过三次:苏吉碑(第 1 行),塔里亚特碑(背面,第 2 行[jaɣal qar]),塞布赖碑[jga laga(r)]。试比较:谢·叶·马洛夫:《叶尼塞突厥碑铭:碑文与译文》,莫斯科—列宁格勒,1952 年,第 84—87 页;谢·格·克里亚什托尔内依:《苏吉碑文的历史文化意义》,见《东方学问题》,第 5 期,1959 年,第 162—164 页。关于这个名字在同一时期的汉文、中古波斯文(转下页)

碑的年代当不会越出回纥汗国在蒙古境内存在的时代(744—840年)。以下三点很可能成为碑铭更准确断代的根据:(一)对与碑铭所在地和碑铭用途有关的种种情况进行的详细观察;(二)粟特文与突厥文的同时存在;(三)对两种铭文中出现的王位名称进行的考释。

该碑附近再无任何墓葬建筑遗迹,这就否定了它是墓碑的推测,从而促使我们去推断它当有别的用处。色楞格碑铭中曾提到,回纥汗国最初几位可汗曾建过纪功碑。比如,毗伽可汗在征服现今图瓦一带时,曾下令撰写凿刻文字碑。而后,在征服鞑靼人之后,他再次下令在"平整的石碑上写下永恒的文字"②。塞布赖碑也很可能正是因此而建立的。它的位置在汗国南部边缘附近,卓楞山与塞布赖山之间的山口处,突厥人和回纥人出征中国的要道上,这些当有助于推测碑文可能会包含的内容。这方白色大理石碑树立在宽阔的山谷咽喉处,与一望无际的灰褐色草原形成截然相反的对照。它朝南而立,与它相对的是广阔的额济纳河三角洲,这里恰是穿过阿拉善沙漠通往长城的通道③。

在我们把塞布赖碑确认为纪功碑或是回纥大军远征中国后凯旋时根据碑文中提到的那个可汗的命令建立的许多纪功碑中的一个时期,我们就有可能将这两篇铭文年代的上下限缩小一些。历史记载指出,回纥人发动的所有远征中国的行动,都在 757—791 年

(接上页)和回部—塞种人文字中的叫法,可参阅:弗·威·卡·缪勒:《回鹘语词汇》[德文],见《弗·夏德纪念文集》,柏林,1920 年,第 310—311 页;伯希和:《关于科曼人》[法文],见《亚洲杂志》,1920 年,第 15 卷,第 2 期,142 页;亨·威·巴特里:《钢和泰的论著》[英文],见《大亚细亚》,1951 年,第 11 卷,第 1 辑,第 17 页;詹·罗·哈密尔顿:《五代回鹘史料》[法文],巴黎,1955 年,第 160 页。

② 谢·叶·马洛夫:《蒙古和吉尔吉斯古代突厥文遗存》,莫斯科—列宁格勒,1959 年,第 40 页。

③ 阿·戈尔申认为,途经塞布赖——额济纳河,一般说来当是杭爱省敖特根营地赴中国(途经甘州)唯一甚有价值的通道。可参阅:阿·赫尔曼:《中国历史地图》[英文](新版),阿姆斯特丹,1966 年,第 29 图。不过,另一条通道也值得注意,这就是后来经常使用的大库仑——张家口车道。

之间①。再进一步看,远征共有四次(757年末,762年末,765年,790年—791年),其中最后一次可以排除在外,因为这次行动是在准噶尔地区进行的,是回纥人反对藏人的一次行动②。其余三次远征中,只有一次(762年末)是由回纥可汗亲自指挥的。

另一个情况,即除了突厥文外,石碑上还刻有粟特文,也有助于碑铭的断代。目前,对于粟特人在突厥汗国和回纥汗国政治、经济、文化生活中所起的明显作用,已经有了足够的研究③。为突厥汗国阿史那氏成员之一立的碑,亦即第一个突厥历史传记碑铭(六世纪八十年代初),就是用粟特文刻成的,这说明粟特文在当时的突厥贵族层中已相当流行了④。但是到第二突厥汗国(682—744年)时代,碑铭却全用突厥文刻成⑤。用如尼文刻成的第一个回纥碑铭——磨延啜可汗碑,也同突厥时代的如尼碑铭没有什么区别。但是用三种文字刻成的哈剌八剌哈孙碑却不同了,突厥碑文只有某些片断保存下来。其他两种碑文——汉文碑文和粟特文碑文,则不仅谈到了回纥可汗们的战功和政绩,而且还用主要篇幅谈到了回纥可汗及其近臣们在粟特传教士的影响下信仰摩尼教的事情。正是信仰上的改变,才使粟特文——回纥人信仰的新教所用的文字,成了汗国的第二国语⑥。回纥人接受新宗教这件事发生在762年。

---

① 查·麦克尔拉斯:《中国—回鹘外交关系与贸易交往(744年—840年)》[英文],见《中亚研究杂志》,第8卷,第3期,1969年,第216页。

② 希·埃克塞迪:《北庭(790年—806年)的回鹘人和吐蕃人》[英文],见《匈牙利科学院东方学报》,第17卷,第1辑,1964年,第83页。778年—806年之间对河东(鄂尔多斯东部)的多次奔袭(最后一次奔袭曾有塔塔比[奚人]参与)期间,还远远偏离原路而路过塞布赖。

③ 谢·格·克里亚什托尔内依:《古代突厥如尼遗存》,第78页。

④ 谢·格·克里亚什托尔内依,弗·阿·里甫希茨:《布古特粟特铭文》,第121—146页。

⑤ 阙特勤碑和毗伽可汗碑出现关于玄宗皇帝生病的记载,这些记载与突厥如尼牌铭的内容和作用似毫不相干。试比较:谢·格·克里亚什托尔内依:《古代突厥如尼遗存》,第55—57页。

⑥ 爱·沙畹,伯希和:《追究中国的一个摩尼教痕迹》[法文],见《亚洲研究杂志》,第11辑,1913年,第201—223页;爱·格·阿斯穆森:《忏悔词:摩尼教研究》[英文],哥本哈根,1965年,第146页。

塞布赖碑的粟特碑文在记述某个可汗的言行时，几次提到他是"回纥可汗主"。但是，他的名字未能保存下来。突厥碑文虽然没有保存下可汗名号，却可看到"英义药罗葛"这个名字。这个名字的第二部分并不陌生，乃是回纥可汗的统治家族（王朝）之一。第一部分则是汉语词"英义"的对等译音①，在回纥可汗的名字和王号中常可见到，如甘州回纥的统治人物（仁美英义可汗，死于924年）②和蒙古境内的回纥第三代可汗移地健牟羽可汗（759—779年）③的称号。前一个可汗无须探讨。

756年，中国节度使、出身于显贵的突厥—回纥家族的安禄山在范阳发动叛乱④，他指挥主要由帝国突厥义勇骑兵组成的大军节节取胜。玄宗皇帝南逃，洛阳、长安两都相继落入叛军之手。在这个危机时刻，唐朝向回纥可汗磨延啜［Баянчору］（747—759年）求援⑤。回纥骑兵在回纥可汗继承人、担任叶护的磨延啜的率领下⑥，打败了安禄山的军队。回纥人得到了唐朝许诺过的奖赏，还回故地，以便参加征讨黠戛斯人的行动（758年）⑦。

但是，中国的内争还在继续进行。757年，安禄山被手下人杀死，他的儿子安庆绪取代了他的位置。然而，安庆绪也成了阴谋活动的牺牲品（759年）。于是，叛乱便由安禄山的老搭挡、粟特人史

---

① 谢·格·雅洪托夫的解释。

② 詹·罗·哈密尔顿：《回鹘史料》，第69页，143页。詹·罗·哈密尔顿将"英义"译作"英勇正义"。

③ 詹·罗·哈密尔顿：《回鹘史料》，第139页。在哈剌八剌哈孙碑文中，他被称作"天赐治国英武智慧可汗"（tengrica qut bolmus il tutmus alp kulug bilga qaran）；爱·沙畹，伯希和：《追究中国的一个摩尼教痕迹》，第211页。

④ 关于安禄山的出身，可参阅：浦立本：《安禄山叛乱的历史背景》［英文］，伦敦，1955年，第7—23页（伦敦，东方丛书，第4辑）。

⑤ 这是伯希和针对这个名字的传统说法磨延啜提出的正确读音。可参阅：伯希和：《关于科曼人》［法文］，见《亚洲研究杂志》，1920年，第153页；他的封号是颉特密施毗伽可汗。

⑥ 科·麦克尔拉斯：《回鹘汗国（744年—840年）。据唐代汉文史料撰写》［英文］，堪培拉，1968年，第5页（《澳大利亚国立大学东方学研究中心不定期文集》，第8辑）。

⑦ 科·麦克尔拉斯，《回鹘汗国》，第21页。

思明领导起来。此后,从 761 年 4 月起,则由史的大儿子史朝义接替①。中国西北部因战乱而被洗劫一空,唐朝军队连遭失败。但是,其对手也无法取胜。在这种情况下,外部干涉就可能在任何一方的胜利上最终发挥作用。

史朝义首先想到了这一点,他的使者赢得了牟羽可汗对叛军的支持。但是,唐朝有效的外交活动却最终扭转了局势。"宝应元年(762 年),刚刚登基的代宗派宦官刘庆堂(见可汗),请回纥出兵,并巩固昔日的联盟关系。"②唐使在边境附近的"三边以北"(鄂尔多斯)遇回纥军,说服可汗参战平叛③。可汗率领 4 万主力和 1 万辅兵开往陕州与唐军会合。762 年 12 月,叛乱被平定。768 年(原文如此,应为 763 年)史朝义被处死。《安禄山传》一书的作者写道:"这两个粟特人(安禄山和史朝义)把整个中国弄得一贫如洗,(叛乱)八年之后……才安定下来"④。戴何都的这个评价是正确的,"安史之乱"确实成了唐帝国末日的开端,从此唐帝国便一蹶不振了⑤。

回纥人在平定叛军方面起了决定性的作用。但是叛乱平定以后,回纥军队再呆在京城四郊,对唐帝国来说就不仅没有必要,反

---

① 记述安禄山、史超义叛乱的基本史料,如今已被译出并附有详细注释。可参阅:霍·西·莱维:《安禄山传》,伯克里—洛杉矶,1960 年(《加利福尼亚大学中国朝代史译丛》,第 8 辑)。戴何都:《安禄山传》[法文],巴黎,1962 年(《汉学研究所丛书》,第 18 卷)。

② 科·麦克尔拉斯:《回鹘汗国》,第 25 页。

③ 科·麦克尔拉斯:《回鹘汗国》,第 27 页。塞布赖突厥铭文第 5 行提到的阙 达尔罕,很可能就是汉文世纪中记载的康阿义。他于 690 年生在一个为突厥可汗效劳的粟特显贵家庭。712 年,他任迁善可汗宰相。742 年,在第二突厥汗国覆亡前夕,携全家人投依中国,在平陆(?)获得官位(详见:谢·格·克里亚什托尔内依:《古代突厥如尼碑文遗存》,第 121—122 页)。在安禄山叛乱期间,他成为安禄山的同党,但在 757 年又转投中国皇帝大军,同他的两个儿子一起在军中任要职,对抗史思明、史朝义。他卒于 766 年。他的墓志铭留存至今(《颜鲁公文集》,见《四部丛刊》,第 1787 号,第 3 卷,子部,第 9 种,第 7 叶正面—106 叶),承蒙列·尼·孟什科夫帮助,我得以见到该书。

④ 戴何都:《安禄山传》,第 352 页。

⑤ 戴何都:《安禄山传》,第 2 页。

而是危险的了。唐帝国为使盟军光荣而尽快地退走，作了种种努力。军事援助行动得到了奖赏。牟羽可汗、可汗夫人和军事长官们得到了封诰。从此，牟羽可汗的王号前又多了"英义建功"的词语。回纥人终于在 763 年的三四月间撤离了中国[①]。

除了战利品和皇帝的犒赏外，牟羽可汗还把他在洛阳就开始信奉的新教传教士——摩尼传教士带回鄂尔浑河畔的国都斡尔朵八里克。回纥摩尼教比回纥汗国本身存在时间更久，并在东突厥斯坦（即新疆——译者）的绿洲上用突厥文和粟特文创立了自己的文化艺术，创造了文字传统[②]。于是，牟羽可汗作为回纥摩尼教的创立者，在吐鲁番盆地出土的突厥摩尼教抄本文学作品中被称为"伟大的国君""英明的回纥可汗""摩尼教的传播者"等等[③]。

在大军返国途中路过国境附近时，回纥可汗立下了这个纪功碑。该碑早哈剌八剌哈孙三体合璧碑 60 年，碑上除了突厥碑文外，第一次使用了另一种文字——新教文字。塞布赖碑成了中央亚最后一个突厥汗国文化—思想政策新动向——转向西方粟特的证明。

四

通常，人们把古代突厥国在中央亚大部分地区建立和存在的时间——整个公元一千年的下半叶叫作古突厥时代或者古代突厥

[①] 爱·沙畹，伯希和：《追究中国的一个摩尼教痕迹》，第 214 页；科·麦克尔拉斯：《回鹘汗国》，第 38 页。

[②] 葛玛丽：《高昌回鹘王国（850 年—1250 年）的生活》[德文]，柏林，1961 年；葛玛丽：《古代突厥文学》[德文]，见《突厥语文基本文献》，第 11 卷，威斯巴登，1964 年，第 231—237 页。

[③] 弗·威·卡·缪勒：《回鹘文献汇编》，第 2 卷，1911 年，第 95 页；爱·沙畹，伯希和：《追究中国的一个摩尼教痕迹》，第 213 页。

年代①。而这一概念所包括的地理界限,则并不像人们最初所设想的那样肯定无疑,因为突厥时代不仅包括以阿史那氏为首的突厥诸部的崛起,而且也包括从满洲到拜占庭的第一个欧亚大帝国的建立。这个帝国在如此广阔的地域内存在了半个多世纪,即使一旦崩溃,也不会出现政治真空、国体分裂、民族过程停滞的现象。

我们不想探讨古代突厥人遗产在东南欧(哈扎尔汗国和大保加尔国)或中亚(西突厥汗国和突骑施汗国)所起的历史作用,而只想指出,古突厥时代在中央亚和南西伯利亚的历史分期中占有最显著的位置。曾经建立过国家的突厥诸部、乌护诸部和黠戛斯诸部这些大型的比较稳定的民族群,是在中央亚形成的。中央亚游牧环境中阶级和阶级社会的形成过程,也是在这些国家的范围内完成的,而且这一过程开始得很早。到六世纪中叶,弗·恩格斯谈过的"氏族制度的机关就逐渐脱离了自己在人民、氏族、胞族和部落中的根子,而整个氏族制度就转化为自己的对立物"②的过程已经完成。部落军事首领受限制的政权,变成了国家统治者可汗的独裁政权。在突厥汗国内部,通过若干个世纪的发展,早期封建关系与社会结构结合在一起,形成了军事民主制时期形式确立过程。

粗放的游牧业成了突厥诸部和乌护(回纥)诸部经济活动的基础,各种形式的游牧业与不完全定居同时并存。这些部落,在十分有限的范围内,完全孤立地从事一些农耕生产。某些氏族群,还专门从事采矿业、冶炼业和金属加工业。这些,已为文字史料和考古材料所证明③。部落间的交换得到了发展。然而,所有这些生产和

---

① 参阅:阿·达·格拉奇:《古突厥时代年代学和文化的界线》,见《突厥学论文集。纪念安德烈·尼古拉耶维奇·科诺诺夫诞辰 60 周年》,莫斯科,1966 年,第 188—193 页。
② 弗·恩格斯:《家庭、私有制和国家的起源》,见《马恩选集》,第 2 版,第 21 卷,第 164 页。
③ 谢·弗·基谢廖夫:《南西伯利亚古代史》,莫斯科,1951 年,第 515—525 页。

分配农业产品、手工业制品的家庭方式，无论如何无法满足在国内正处于聚集过程的各个部落不断增长的需求。更何况其中绝大多数都参加过长期征战，摆脱了原始自然经济的封闭状态。在突厥碑铭和其他遗存中，我们可以直接读到有关他们从外部得到产品如谷物和丝绸、布匹和铁器、金银首饰和农耕工具的记载。

如何才能满足对这些产品的需求呢？通过战利品发财致富的，主要是贵族阶层，而且战利品从来都不是日常所需产品的主要来源。能否得到贡品，也取决于能否对定居文明国家实现政治上的控制，而这种控制到七世纪初已大部丧失了。突厥汗国在六世纪六十年代加入了当时诸大国——拜占庭、伊朗、中国的政治、经济关系体系以及为争夺丝绸之路的控制权所进行的斗争，但只能使汗国上层人物富裕起来。边界贸易就不同了——千方百计为之奋斗并对其感兴趣的，首先是中央亚牧业居民的广大阶层。对他们来说，中国当是天然的对象。但是，在近 2000 年之中，中国一直把边界贸易当作是对"夷族"进行政治控制的手段，被帝国朝廷所垄断，并受到严格的限制。在突厥汗国存在的 200 年中，有关在中国边界开放互市的记载，只有有数的几次①。历史学家侯仁之对中国政策的实质作了很好的概况："无贡品就无贸易，有贡品就有奖赏。"②此外，还有一条经济合作制途径可行，这就是将生活必需品的生产搬到本国境内，先是在突厥可汗的监督下，后是在回纥可汗的监督下进行。

中央亚境内游牧民和定居民中出现的这种经济共生现象，不久前还被看作是由于将农民和手工业者作为战俘而迁往草原为游牧民首领服务所产生的一种偶然现象。将中国俘虏和逃亡者安顿

---

① 刘茂才：《东突厥汉文史料集》[德文]，威斯巴登，1958 年，第 1 卷，第 454—455 页。
② 参阅：阿·斯·马尔蒂诺夫：《明代茶马贸易的特点》，见论文集《古代和中世纪的中国与邻国》，莫斯科，1970 年，第 234 页。

在本国境内的情形,早在匈奴人时代即已开始。后来,成吉思汗王朝从被其征服的各个地方将有技术的匠人赶来修建哈剌和林一事,可以说是这种政策最明显的例证①。现在我们却可以肯定地认为,正是在中央亚古代突厥国中,这种保证由大部分居民是游牧民所组成的社会获得正常的生活必需品的方式,才显示出它的合理性,并得以广泛采用,不过其形式既不同于匈奴人,又不同于蒙古人。

看来,粟特人进入中央亚的时间当自公元四世纪末始。他们的第一批驻地分布在东突厥斯坦的城市中,后来这些地方在丝绸之路发挥了重要作用。到公元五至六世纪时,粟特人的城市和他们在七河地区(射数列契)、东突厥斯坦以及甘肃居住的村镇,不仅成为商业中心,而且成为手工业—农业中心,在颇大程度上决定着这些地区的政治、文化和意识形态生活。自从突厥汗国建立之后,粟特人在中央亚的影响益发增加。粟特人马尼赫领导了首批驻伊朗和拜占庭的突厥使团。粟特人在蒙古境内的东突厥汗国汗廷中担任显要官职。负责搜集情报的中国人蔡渠(译音),在 607 年写给朝廷的一份报告中曾这样写道:"突厥人本宽厚而轻信,离间之计不难施行。无奈其中尚有许多粟特人居住,粟特人狡猾奸诈。他们教坏了突厥人。"②

不过,突厥汗国国内的粟特人也绝非都是可汗的近臣。630年,当第一突厥汗国灭亡时,有数千粟特人被粟特人(当为中国人——译者注)抓获并带往南方。这些人就不是宫中人士或商人,而是手工业者和农民。此后的事态发展也证明这一看法是正确的。居住在鄂尔多斯的粟特人向汗廷贡奉布匹,这些布匹或是他

---

① 《古代蒙古的城市》,莫斯科,1965 年,第 18 页。
② 刘茂才:《东突厥汉文史料集》,第 87—88 页。

们自己生产的，或是定居居民在新的定居点生产的①。691 年，当突厥汗国再次复兴时，最初几位可汗曾要求唐朝归还当时被掳往长城以南的粟特人后裔。他们的目的达到了。当时，突厥汗国国内城市文化正在迅速形成，而各都城的建造者们就是粟特人。于是，斡耳朵八里克、拜八里克、杭爱山中的行营以及图瓦境内的回纥城寨就在中亚构筑形式的影响下建立起来了②。

　　也许，粟特人和定居突厥人的农业活动成果由于蒙古的不利环境而受到了限制，但是确保突厥汗国与东突厥斯坦富饶的绿洲城市在经济、政治上的积极交流，避开中国边防驻军而与恰奇、撒马尔罕、布哈拉保持商队贸易的通畅，却都是粟特人的功劳。他们的活动，也促进了突厥人本身的定居过程，包括突厥汗国得到大力发展的城市生活。如此看来，在经济以及某些政治方面，粟特人在颇大程度上也促使中国朝廷极力在经济上孤立突厥人，从而迫使他们承认中国具有宗主权的企图走向破产③。

　　以上，就是我们通过最近的考察研究而从蒙古境内主要的碑

---

① 关于粟特人在鄂尔多斯的殖民情况，可参阅：浦立本：《粟特人在内蒙古的殖民》[英文]，见《通报》，1952 年，第 41 卷，第 317—356 页；谢·格·克里亚什托尔内依：《粟特人在高地亚洲的殖民》[法文]，见《乌拉尔—阿尔泰年鉴》，1961 年，第 33 卷，第 1—2 辑，第 94—97 页。关于鄂尔多斯殖民地的经济情况，可参阅：谢·格·克里亚什托尔内依：《古代突厥如尼碑文遗存：中亚历史资料》，莫斯科，1964 年，第 94—100 页。

② 古代回鹘城市文化起源问题相当复杂，目前考古资料尚不足使这一问题获得解决。回鹘可汗磨延啜碑中，直接提到过粟特人参与建造城市一事（谢·叶·马洛夫：《蒙古和吉尔吉斯古代突厥文遗存》，莫斯科—列宁格勒，1959 年，第 38 页，43 页）。关于这一问题，还可参阅：谢·伊·瓦因施坦：《古代的波尔—巴仁》，见《苏联碑铭学》，1964 年，第 6 期，第 11—14 页。在各种资料中提及的回鹘时代的回鹘古城遗址共 7 处。（参阅：谢·弗·基谢廖夫：《蒙古的古代城市》，见《苏联考古学》，1957 年，第 2 期，第 93—95 页；达·迈达尔：《蒙古的建筑技术和城市建筑。历史随笔》，莫斯科，1971 年，第 122 页；谢·伊·瓦因施坦：《图瓦中世纪定居居民和防御建筑》，见《图瓦语言文学历史科学研究所学报》，1959 年，第 7 辑，第 260—274 页；列·罗·基兹拉索夫：《图瓦的中世纪城市》，见《苏联考古学》，1959 年，第 3 期，第 66—80 页；同一作者：《图瓦考古研究的总结和展望》，见《考古研究所简报》，1969 年，第 8 辑，第 53—54 页）。

③ 还可参阅：谢·格·克里亚什托尔内依：《粟特人在突厥汗国和回鹘汗国（六至九世纪）经济生活中的作用》，见《东方各族文字遗存与文化史问题》，莫斯科，1973 年，第 19—22 页。

铭学发现中获得的一些总的历史背景材料。

蒙古却林古代突厥碑铭

[苏]谢·格·克里亚什托尔内依

　　1928 年,蒙古人民共和国科学委员会给苏联科学院送来 4 张照片。照片上照的是石滩上的古墓和古墓顶上的"石人"全景。石人正面,勉强可以认出刻有古代突厥如尼文字母。照片转给了谢·伊·马洛夫。1933 年,他又收到了策·扎·扎木斯朗诺送来的铭文临摹图。1936 年,谢·伊·马洛夫刊布了碑铭的初步释读结果和译文。遗憾的是,图形太不尽人意,远非所有的字母都能被释读出来。他所刊布的铭文中,甚至连某些明显可见的"半损字母"也没有标示出来①。这种情况自然不能不对释读产生影响。铭文过分支离破碎,无法引起人们的兴趣,就连谢·叶·马洛夫本人在其综合性著作中也不再提起却林碑铭了。这种普遍被人忘却的原因应当查明,本文作者恰好在 1968 年出差蒙古期间得到了这样的机会。

遗　存

　　古墓群位于乌兰巴托东南 180 公里,现今却林火车站东北 15 公里的桑萨尔乌拉山南麓。弗·阿·奥勃鲁切夫认为,这是由北向南延伸至戈壁中心的最后一批古墓。刻有铭文的石雕就立在其

---

① 胡·纳·奥尔昆曾对谢·叶·马洛夫的刊布结果试图从词汇学角度作了某些纠正,并重新予以刊布[55,第 164—168 页]。

图一　立在原址上的却林石雕

中一座古墓上(见图1)。从1929年起,这通石雕被蒙古人民共和国国立中央博物馆收藏。

　　石雕系用浅棕灰色花岗岩凿成。全长132厘米,全宽41厘米,面宽37厘米,最厚部分(嘴部)22厘米。就其图像特征看来,石雕当属古代突厥雕像范围,其类型特征是只有头部或面部造型而没有其他任何细部。头部用整块石头雕成,有立体感,带有颈部和肩部。面部为男性,蒙古人种型,耳、眉、鼻、口和末端上翘的八字胡线条明显,小山羊须造型不太清晰,头发式样未凿刻出来。雕像正面的腹部在未镌刻铭文前曾略经凿平。这类古代突厥石雕的年代一般可定在公元六世纪至八世纪(或六世纪至七世纪)。

　　据谢·伊·马洛夫刊布的1928年照片看来,立有石雕的古墓规模甚大,系用砸开的大石块筑成。这类大型石冢建于匈奴—萨尔马特时代,即古代突厥遗存在此处出现之前的数百年,因此显而易见,这通刻有铭文的石雕系在非 in situ(所在地——译者注)发现的。这件沉重的花岗岩石雕之被移往由戈壁通向杭爱山的驼队和游牧所经古道(近数百年来库伦—张家口车道亦由此经过)旁的古冢上,无论如何与墓碑当初的用途似乎毫无关系,因而它的被搬移也就成了一个难解的谜。

钤 记

却林碑铭的第一行有两处钤记(тамга)。碑铭开头置有钤记,在蒙古和叶尼塞如尼碑铭中是一种常见现象,似乎它是碑铭的一个组成部分(见图二)。

图二 钤 记

1.却林钤记;2.毗伽可汗碑和阙特勤碑钤记;

3.《唐会要》中的阿史德部钤记。

中央亚游牧民部落首先是突厥部落和蒙古部落中钤记的产生和语义的演变过程,与牲畜所有制法规的产生和发展有关。该词在大多数突厥语中的基本含义是"烙印,烙在牲畜身上表示所有权的记号"。在最古老的碑铭——叶尼塞碑铭中,这个术语的含义就是如此:tamqaly jylqy(烙了印的牲畜),tamqa at(烙了印的马匹)。

所有传世的或多或少保存下古代突厥传统的史料,都有钤记乃是氏族或部落所有权记号的记载。比如,马赫穆德·喀什噶里(十一世纪)在谈到乌护诸部钤记时曾这样写道:"所有这些记号均为他们的牲畜和马匹身上的烙印,一旦牲畜相混,每个氏族(巴特恩)便可根据这些记号辨认出自己的牲畜和马匹来"①。于是,钤记又变成了氏族—部落徽号。钤记的这两种功能,直到不久前还在突厥、蒙古部落和民族中保留着。

在突厥诸部于中央亚和南西伯利亚建立的各个国家(六世纪至九世纪)以及此后的中亚突厥各个国家中,除了氏族—部落徽号外,还出现了一些新的记号。比如,列·罗·基兹拉索夫就将叶尼塞如尼碑铭中的钤记看作是大封建主、六个封建封地中有继承权的领有者的个人—家庭徽号。

安·冯·加拜恩(葛玛丽)的看法,似与现代有关古代突厥徽号沿革史知识更趋一致。她写道:"钤记是否为全部落所共用,抑或只是个别家庭用以标志其私有财产,这些尚不清楚,而且即使近缘家庭,这种钤记也因小有变化而产生了种种不同的变体"。就在这里,这位研究家还指出,根据一些原文材料(其中包括《乌护家族》)看来,这个术语在专用过程中其作用已超出"私有财产的普遍标记"这个意义,而变为家庭或部落必用和共用的标记了。官员们的记号,国家政权的正式徽号,以及与此相适应的术语 tamγacy(掌国玺人),beg tamrasy(伯克之印,掌权者之印)也出现了。

此后又出现了 altamγa(官员之红印)和 altun tamγa(汗之金玺)这两种说法。

看来,"钤记"这个术语已无法再概括记号的各种功能了。无论如何,回纥磨延啜(747—759 年)碑(即回鹘英武威远毗伽可汗碑——译者注)上方的三个单个记号,开始采用了另外一种叫法:

----

① 应该强调指出,属于乌护家庭私有的牲畜也加盖畜印[2,第 100 页]。

belgüm（我的记号）。此后，又出现了 nišan 这个术语。

阿·帕·奥克拉德尼科夫和纳·色尔—奥德扎布于 1949 年在特布希乌拉山（戈壁阿尔泰，阿尔茨—博格多山脉）残断石崖上发现的如尼铭文，对于研究上述这组术语有着特殊的意义。

1968 年，我有机会看到了现存于蒙古人民共和国科学院历史研究所（乌兰巴托）的这通碑铭。字母笔画相当清晰，石碑中央是一个钤记，上下有两行文字。从古文字学角度看来，铭文年代可定在八世纪。碑文中提到了"牙护—啜本人之印"（jaγyz cor tuγraγy）。据认为，"秃黑剌"（tuγraγy）一词在塞柱尔文和奥斯曼文本中常常提及，其意为"算端之签名"。关于这个词，马赫穆德·喀什噶里（十一世纪）曾这样谈过："'秃黑剌'一词在乌护语中是汗之印或汗之签名的意思，突厥人不知道这个词，我也不了解其来源"。就碑铭上下文看来，这个术语与下边的记号有关，而这个记号可以看作是碑铭中提到的这个显赫人物的个人钤记（徽号，签名?）。这里应当再次申明，从此后的文献原文及其注释看来，"秃黑剌"总是指汗本人的钤记，而非其家庭或家族的钤记。至此，我们可以清楚地看到，在古代突厥徽章志和印章学中，存在着几种个人的、本人家庭的、氏族的和部落的不同钤记，但其不同含义与用途尚未彻底弄清。

却林碑上两个钤记中，有一个是简略的山羊图形。这种钤记，人们都相当熟悉。它出现在阙特勤碑（图二 2）、阿斯赫特碑、翁金碑（与碑主的钤记合在一起）的碑铭上方[1]。很早以前，瓦·瓦·拉德洛夫就将它称作"汗之钤记"，而将它定为第二突厥王朝（682—774 年）家族钤记则是很晚的事了。

却林碑铭中的另一个钤记——半圆下面一竖加一"之"字曲

---

① 这种钤记常见图形的完整汇集工作由阿·达·格拉奇完成[9]。

线,虽不能说绝无仅有,但是在我们所知的突厥时代钤记中还未看到过。不过,在碑林石刻中缺乏其佐证材料这一点,可通过一本唯一的收有古代突厥畜印图形的原始史料集得到补偿。

804 年,唐代的一位史学家曾将唐代各种朝代史中收录的所有文献汇集成一部"会要"。852 年和 961 年,该书又两次增补新章节,加进晚期文献,遂以《唐要会》而著称于世。

"会要"中保存下来的一份最早的文献,乃是八世纪唐代负责为中央亚突厥诸部购买马匹的官员编制的军务清单。这份用作采购马匹实践指南的清单中,收有 36 部名称和畜印简略图样。其中第 19 部是放牧于阴山之北的阿史德部。

阳山之北牧马地,北起距却林不远的杭爱山南麓。再往北,南部戈壁放牧的就不是马匹,而是骆驼了。这些情况本来与我们论述的题目似无所涉,但是有趣的是"会要"中收录了阿史德部的畜印(两种变体)——之字曲线加半圆,半圆内有对称的两竖道①(图二 3)。

就基本组成部分来看,却林碑第二个钤记与阿史德部畜印无疑是相仿的,其中之字曲线的圆滑程度如何则毫无特殊意义,因为在马匹臀部加盖畜印时主要取决哪一种畜印——"直线式的"还是"圆滑式的"更宜于烫烙。此外,畜印的一种变体省掉了之字曲线的一半,另一种变体中去掉了之字曲线与半圆之间的连接短竖道,这显然是由于收入书中时画法稍有不同造成的。

收入书中的简略图形,真正比较重大的区别在于半圆中那两道对称的短竖道。这种区别应与基本钤记(钤记原型)的变化规律有关。在这里,却林碑中的钤记当是钤记原型。个人—家庭钤记在传给下一代继承人时会发生变化,不过这要除去拥有法律特权

---

① 试与之完全相同的贵霜时代花拉子模"西雅乌什人钤记"相比较[39,第 182 页]。

的继承人：铃记传给他时不能有所变化。但是，从我们所援引的这本史料原文中可以看出，书中指的当是家族铃记或部落铃记。那么在这种情况下，这两种铃记产生区别的原因，或是采自家族铃记中的一个，后者又是全部落铃记的一种变体，或是采自家族中某一支的铃记，这也是全家族铃记的一种变体。

在通常情况下，很难把阿史德说成是一个氏族或者一个部落。不过我们知道，阿史德氏族联盟与阿史那氏族联盟都是突厥汗国中的望族。阿史德氏族认为自己的祖先是"古代诸汗"之一。很有可能，当初的阿史那与阿史德共同构成了突厥和蒙古各族中普遍存在的二元内婚制。他们之间的婚姻关系，一直持续到我们所研究的这个时代。

阿史德氏族的领袖人物，以突厥汗国部落长常用的名号"俟斤"自称。他们与王朝的婚姻关系决定了他们的特殊地位，而阿史德氏族的一个"俟斤"拥有"特勤"（可汗家族中的王公、亲王）称号，也不是偶然的。阿史德氏族中还有一种分裂为氏族群的现象。据《唐会要》记载，有"大阿史德"和"磨延阿史德"之分。他们的铃记均与阿史德氏族的铃记不同。

也许，将七世纪末至八世纪的阿史德说成是与阿史那共为突厥汗国军事政治基本支柱的部落之一，似更确切一些。正是阿史德部的领导人，成了突厥人解放运动（679—682 年）的发起人。突厥诸部经过三年严酷斗争，终于结束了唐帝国五十年来的统治。

碑　铭

铭文刻在石雕的正面部分。许多字母未能保存下来。不过，1962 年考察过该碑铭的波兰突厥学家埃·特雷雅尔斯基认为，其中有 10 个尚可恢复，然而这并未减轻释读中遇到的较大困难。

1968 年,宾·林钦院士刊布了碑文照片,但是由于图形质量不好,有些字母在修版时失真,而无法被采用。只有在各种光照度下对碑铭原件亲自观察、详加研究之后,才能实际上或多或少对碑铭进行释读。铭文研究结果如原文图三。

铭文共 72 个字母,凡 6 行,系用回转书写法镌成,但并不太连贯。第 1 行开头和第 6 行开头、末尾,还有几个完全损去或遭损的字母可以释读出来。虽然从古字体学角度来看,该碑铭与突厥时代鄂尔浑大型碑铭无甚区别,但是刻写

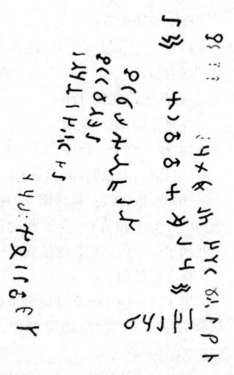

图三　却林碑铭临摹图

不精,也缺乏正字法的统一标准。制作该碑铭时,显然不像制作大型碑铭那样,事先会草拟好碑文,规划好碑面(图四"却林碑铭照片")。碑文似乎是凿刻者根据起草者的口述而即刻记录在落到手里的第一块适于凿刻的大石块上似的。

碑文对音如下:

(1)···ilig yt(t)y sübin baryn,

(2)älteris qaγanqa

(3)tun bilga

(4)tun jägän irkin

(5)jäti qa adyrylmaz tutunuz da

(6)toñ(uquq)···(i)tdim yrqučun(?) äbaγyl baŋa···

碑文翻译如下：

(1)……王派遣（我）："高高兴兴地去吧！"（他说）

(2)从颉跌利施可汗

(3)（你们）统一毗伽

(4)统一也干—俟斤

(5)你们，七亲们，慎无分离！

(6)我，暾（欲谷），（将国家？）引上正轨（建立）。为了预言（？ 为了我的预见？ 为了我的忠告？）房屋和畜棚给我……

图四　却林碑铭照片

译文注释如下：

第1行。前4个字母还可读做前一个词的词尾-ilig。这样，即可译作："……他派遣"。

第2行。此处动词 adyryl，如叶尼塞碑铭那样，是第三格客体（qaɣanqa）。

第5行。词组 adyrylmaz tutunuz 不像文学语言，像是口语。这种形式，在古代碑铭中还不曾见过。不过，又不能释读成其他形式。逐字翻译可译成如下形式："不要受人离间"或"极力避免分离"。一般说来，这种形式是突厥语中的典型句型。该行第二个词如要读作 aqa（兄），是不大可能的，因为这个蒙古语单词是此后略晚一些时间才进入突厥语并取代普遍使用的 eči—ečü 一词的。这里多半应看作是古代突厥碑铭和古代回纥碑铭中常见的 qa（亲戚，同族人）。它多用在词组 qa qadas 中。这里单用 qa，很可能是由于石碑可用来凿刻的地方不够的缘故。

第6行。带后置词语音同化现象（uǒun 代替 üǒün）的词组 yrqucun 词义不完全清楚。yrq（预言、预告、猜测）在这里很可能表示"忠告"或"行动计划"的意思。动词 it-在古代突厥碑铭中通常与单词 äl 或 bodun 连用。后者表示"将国家或人民引上正轨""建立国家""管理国家或人民"的意思。

事 件

谢·叶·马洛夫证实了有关铭文性质的两个猜测:(一)铭文与石雕无关,石雕只是用作刻写铭文的材料而已;(二)铭文不是墓志铭。通过对两个钤记的分析可以看到,碑铭属于第二突厥汗国时代(682—744 年),是为阿史德部的领导人立的。碑文中提到了铭文起草人的名字和该碑建立时在位的可汗名字。

起事反对中国压迫的突厥领袖吐屯骨咄禄,乃是可汗王朝的旁系。他于 682 年自立为复兴的"突厥族'俟利'"的可汗,并以颉跌利施可汗自称。阿史德部有影响的领袖人物暾欲谷,成为他的军队统帅和他的战友。几十年之后,当暾欲谷向颉跌利施可汗的继承人谈到自己的功绩时,他讲述了在戈壁荒原南部地区为争取独立而战的最初最困难的那几年:"因上天赐我以智慧,故我本人亦恳(请)他称汗。'有智慧的暾欲谷为裴罗·英贺达干,我将做颉跌利施可汗!'(他说)。其时诸多(可汗)南与中国人打仗,东与契丹人征战,北与乌护人厮杀。我在知识上是他的同事,荣誉上是他的同事。"

687 年之后,戈壁南部地区的战事停止了。军事行动转到了北方——争夺乌德鞬山(今杭爱山)一带的战争开始了。该地原为突厥人在蒙古的中心地带,第一突厥汗国灭亡之后被九姓乌护所占。乌护被暾欲谷在土拉河摧毁之后,承认了突厥可汗政权,并让出了对乌德鞬山一带的统治权。

这个地区的战略位置十分显要。它与中国边防线之间隔着一片中国步兵难以逾越而突厥骑兵在秋冬季节却可轻易通过的沙漠地带。它与阿热人、赤克人、黠戛斯人、契丹人、塔塔毕人(即奚人——译者注)所在地直接接壤。上述民族,当时武力不像突厥人那样强大,军队组织也不严密,因此这位"乌德鞬可汗"不但可以控制整个蒙古,而且还可以控制邻近的南西伯利亚和西南满洲一带。鄂尔浑河、土拉河、色楞格河牧地水草丰盛,有利于发展畜牧业。因此,暾欲谷在历数自己为可汗和突厥民族立下的主要功劳时,还提到,正是他,"智慧的暾欲谷,选中了乌德鞬山一带为居住地"。

争取突厥"伊利"(即"国家"之意——译者注)独立和复兴的战争,以 687 年至 688 年占领乌德犍山告结束。不久,691 年 11 月,国家奠基人颉跌利施可汗即去世。颉跌利施在世时立于杭爱山南麓的却林碑,自然当属 586—601 年,可以说是古代突厥碑铭中年代最早的一个,也是第二突厥汗国第一个文字遗存。

却林碑文和巴音朝克图的暾欲谷大型碑文一样,开头结尾都有 apologia pro vita sua 碑文(生命咏叹),虽然措词不免过谦了一些。暾欲谷在碑文所强调的,只是可汗对他的特殊信任和给他的慷慨赏赐。至于却林碑文的主要内容,则是向可汗新的附庸者们发出政治宣言,紧急呼吁他们对其可汗要保持忠诚。

附庸们中包括"七亲"在内。却林碑文中提及这一点,使我们可以断定该碑与翁金碑叙述同时发生事件的那部分文字之间有一定的关系。翁金碑文在对突厥人由戈壁向杭爱山迁徙前夕亦即 687 年之前的军事态势进行估价时指出,突厥人在北方的主要敌人是"乌护诸匋中的七个好汉"。后来,这七个好汉被碑文作者之父即颉跌利施——叶护征服,而"追随于陛下之后",即成了颉跌利施可汗的臣民。

却林碑文中提到的另外两个领袖人物的名字中,最引人注目的是其中共有的一个词——"统"(第一个,第一人)。该词在七至九世纪期间突厥和回纥贵族最显贵代表人物的尊称中相当常见。至于"也干—俟斤"的名字和王位称呼,则得到释读的可能性更大。王位称呼"俟斤"为乌护部所有领袖人物所使用。在记载有关回纥诸部的资料中,只有一个政治上比较强盛的部落,其领袖人物才有两个叫法——"俟斤"和"俟利发"。

　　我们在历数第二突厥汗国某些部落的领导人名字时可以发现,其中有一个回纥人的领导者名叫"也干—俟利发",自然也不能排除另一种读法,即"也干"和"俟利发"①。在有关714年事件的记载中,曾提到过一个回纥领袖人物,叫"俟利发—也干—啜"(或"俟利发"和"也干—啜"?)。此人并不是阿波干可汗。

　　屈利—啜碑铭在叙述同一时代的事件时写道:"俟利发主动来(降)。主动来(降)的,还当有其事业上与勇敢精神上与之并驾齐驱的同事,俟斤之子也干—啜"。下一行中提到了这位俟斤的名字:"施—俟斤之子也干—啜来(降)"。下几行中还提到了另一个同名人物——"也干—啜,达头屈利—啜之子",这证明当是也干—啜父亲的名字。由于碑铭残损,不可能完全有把握将第1行中谈到的情况归到回纥人名下,因为同一行中还提到有葛逻禄来降的事。在同一时期(716—717年),毗伽可汗曾将回纥人称做"eki elteberlig botun"("有两个俟利发(统治者)的民族")。

　　有充分理由断定,却林碑铭中的统一毗伽和统一也干—俟斤当是回纥人的领袖人物。他们之中一个人的儿子,可能就是那个"俟斤之子也干—啜",与"俟利发"一起继承了对回纥人的领导地位,在八世纪二十年代的重大事件中起过不小的作用。

　　臣服九姓乌护部落联盟并将其并入第二汗国的军事政治体系之中,乃是颉跌利施可汗和暾欲谷的重要任务。不解决这一任务,

① 关于"俟利发"这个衔号及其拼读问题,可参阅[51,第97页]。

突厥国就不可能建立。乌护诸部与突厥人相比,人数固多,然而不团结,结果沦为突厥"俟斤"的属部。在突厥人与唐帝国进行的艰苦征战过程中,乌护部几乎成了汗国中的主要力量。而唐帝国的扩张意图,曾在数百年间决定了中央区的政治版图。

却林碑铭是突厥诸部在建立独立国家、抗御来自南面的经常性威胁的斗争的关键时刻遗留下来的为数不多的书面文献之一。

本文引用文献

1.萨·蒙·阿勒拉姆松:《中亚游牧民氏族部落组织形式》,载《苏联科学院民族学研究所著作》,新丛书,第14卷,莫斯科,1951年。

2.谢·格·阿加扎诺夫:《九世纪至十三世纪中亚乌护人和突厥蛮人史纲》,阿什哈巴德,1969年。

3.尼·阿·阿里斯托夫:《吉尔吉斯人—哈萨克人民族构成试释》,载《活的古代》,第3—4辑,1894年。

4.阿·纳·柏恩施坦:《新发现的古代突厥文与汉文碑铭》,载《东方碑铭学》,第12卷,1957年。

5.尼·雅·俾丘林:《古代中亚各族资料汇编》,第1卷,莫斯科—列宁格勒,1950年。

6.拉·扎·布达戈夫:《土耳其—鞑靼方言比较词典》,圣彼得堡,1869年。

7.维·瓦·沃斯特罗夫,马·萨·穆卡诺夫:《哈萨克人的氏族部落构成与分布(十九世纪末至二十世纪初)》,阿拉木图,1968年。

8.阿·达·格拉奇:《图瓦的古代突厥石雕像》,莫斯科,1961年。

9.阿·达·格拉奇:《古代突厥人钤记状山羊图形的断代与含义问题》,载《突厥学文集。1972年》,莫斯科,1973年。

10.《古代突厥语辞典》,列宁格勒,1969 年。

11.塔·阿·日丹科:《哈拉卡尔帕克人历史民族学概要》,莫斯科—列宁格勒,1950 年(《苏联科学院民族学研究所著作》,新丛书,第 9 卷)。

12·尤·阿·祖耶夫:《附庸公国的畜印》,载《哈萨克历史考古民族学研究著作》,第 8 卷,1960 年。

13·格·伊·卡尔波夫:《土库曼人的家族钤记》,载《苏联科学院土库曼支院通报》,1945 年,第 3—4 期。

14.谢·格·克里亚什托尔内依:《暾欲谷——阿史德元珍》,载《突厥学文集》,列宁格勒,1969 年。

15.谢·格·克里亚什托尔内依,伊·乌·桑布:《乌鲁格赫姆地区新发现的如尼文碑铭》,载《图瓦自治共和国部长会议所属图瓦语言文学历史研究所学刊》,克兹尔,第 15 卷,1971 年。

16.安·尼·科诺诺夫:《现代土耳其文学语言语法》,莫斯科—列宁格勒,1956 年。

17.安·尼·科诺诺夫:《突厥蛮世系。希瓦人阿不哈齐汗之书》,莫斯科—列宁格勒,1958 年。

18.列·罗·基兹拉索夫:《叶尼塞碑铭的重新断代》,载《苏联考古学》,1960 年,第 3 期。

19.列·罗·基兹拉索夫:《论叶尼塞碑铭的断代》,载《苏联考古学》,1965 年,第 3 期。

20.谢·叶·马洛夫:《新发现的突厥如尼碑铭》,载《语言与思维》,第 6—7 卷,列宁格勒,1936 年。

21.谢·叶·马洛夫:《叶尼塞突厥碑铭》,莫斯科—列宁格勒,1952 年。

22.谢·叶·马洛夫:《古代突厥碑铭。原文与研究》,莫斯科—列宁格勒,1951 年。

23.谢·叶·马洛夫:《蒙古与吉尔吉斯古代突厥碑铭》,莫斯科—列宁格勒,1959年。

24.马赫穆德·喀什噶里:《突厥语辞典》,载《土库曼人与土库曼史资料》,第1卷,莫斯科—列宁格勒,1939年。

25.普·米·麦里奥兰斯基:《阙特勤碑》,圣彼得堡,1899年。

26.弗·米·纳捷里亚耶夫:《蒙古人民共和国霍布德苏木古代突厥铭文》,载《西伯利亚青铜器时代与铁器时代》,新西伯利亚城,1874年。

27.弗·阿·奥勃鲁切夫:《由恰克图赴库伦和张家口途中所见古墓名单》,载《鄂尔浑考察著作汇集》,第11卷,圣彼得堡,1895年。

28.阿·帕·奥克拉德尼德夫:《勒拿河岩画中的马与旗》,载《突厥学文集》,莫斯科—列宁格勒。1951年。

29.米·格·拉比诺维奇:《战斗呐喊声——"乌拉"》,载《中亚历史、考古与民族学》,莫斯科,1968年。

30.瓦·瓦·拉德洛夫:《蒙古古物图谱》,圣彼得堡,1892年。

31.瓦·瓦·拉德洛夫:《突厥语方言辞典试编》,第3卷,圣彼得堡,1905年。

32.拉施特丁:《史集》,第1卷,第1册,莫斯科—列宁格勒,1952年。

33.额·林·雷格迪伦:《论如尼体碑铭方石上的符号》,载《东方碑铭学》,第9卷,1954年。

34.尤·鲍·希姆琴科:《十七世纪西伯利亚各族钤记》,莫斯科,1965年。

35.德·尼·索科洛夫:《论巴什基尔人的钤记》,载《奥伦堡科学档案委员会学报》,奥伦堡,第13卷,1904年。

36.纳·色尔—奥德扎布:《古代突厥》[新蒙文],乌兰巴托,

1970 年。

37.贡·苏赫巴特尔:《论达里岗嘎人畜群的畜印和记号》,乌兰巴托,1967 年。

38.塔巴里:《塔里赫·阿尔—鲁苏尔·瓦—勒—穆鲁克》[《使者与皇帝史》],载《土库曼人与土库曼史资料》,第 1 卷,莫斯科—列宁格勒,1939 年。

39.谢·帕·托尔斯托夫:《古代的花剌子模》,莫斯科,1948 年。

40.康·康·弗鲁格:《十世纪至十三世纪宋代中国印刷书籍史》,莫斯科—列宁格勒,1959 年。

41.雅·阿·舍尔:《谢米列契石雕像》,莫斯科—列宁格勒,1966 年。

42.阿·米·谢尔巴克:《奥古兹—纳默,穆哈巴特—纳默。古代回纥文和乌兹别克文碑铭》,莫斯科,1959 年。

43.威·班格,安·冯·加拜恩[葛玛丽]:《突厥吐鲁番铭文。1,占卜书片断》[德文],载《普鲁士皇家科学院会议报告。语文历史类》,柏林,第 15 卷,1929 年。

44.威·班格,安·冯·加拜恩[葛玛丽]:《突厥吐鲁番铭文。5,佛经经文》[德文],载《普鲁士皇家科学院会议报告。语文历史类》,柏林,第 24 卷,1931 年。

45.爱·沙畹:《西突厥史料。爱·沙畹汇编并注释》[法文],圣彼得堡,1903 年(《鄂尔浑考察著作汇集,6》)。

46.杰·克劳松:《翁金碑铭》[英文],载《英国皇家科学院杂志》,1957 年,第 3—4 部分。

47.杰·克劳松,埃·特雷雅尔斯基:《伊赫·和硕特碑铭》,载《东方学通报》[英文],里沃夫,克拉科夫,第 34 卷,1971 年。

48.格·道尔菲:《新波斯文中的突厥和蒙古语成分》[德文],

第1卷,威斯巴登,1963年;第2卷,1965年;第3卷,1967年。

49.安·冯·加拜恩[葛玛丽]:《古代突厥碑铭的内容和魔法意义》[德文],载《人类学》,第48卷,1953年。

50.约·加·格拉耐:《西北蒙古古代突厥碑铭的地理分布及形式》[德文],赫尔辛基,1910年。

51.詹·罗·哈米尔顿:《五代时期的回纥人》[法文],巴黎,1955年。

52.《福乐智慧》[德文],第2卷,伊斯坦布尔,1943年。

53.刘茂才:《东突厥汉文史料集》[德文],第1—2卷,威斯巴登,1958年。

54.马赫穆德·喀什噶里:《突厥语词典》[土耳其文],第1卷,安卡拉,1939年。

55.胡·纳·奥尔昆:《突厥碑铭全集》[土耳其文],第2卷,伊斯坦布尔,1939年。

56.埃·乔·普雷勃兰克[浦立本]:《粟特人在内蒙古的殖民》[英文],载《通报》,第41卷,1952年。

57.古·兰司铁:《北部蒙古的回纥如尼文》[德文],载《芬兰—乌戈尔学会会刊》,第30卷,1913年。

58.林钦:《蒙古摩崖和墓碑上的象形文字》[法文],乌兰巴托,1968年。

59.埃·特雷雅尔斯基:《蒙古古代突厥遗存保留之现状及其保护之必要》[英文],载《乌拉尔—阿尔泰学年鉴》,威斯巴登,第38卷,1966年。

蒙古阿尔哈纳纳的突厥铭文

［蒙古］萨·卡尔扎乌拜

居住在蒙古境内的古代突厥诸族，不仅留下了大量碑铭，也留下了大量零散的铭文。其中某些铭文分布在鄂尔浑河与土拉河之间的地区，如布尔根省古尔班布拉格县古尔巴勒金山的铭文，达申其勒县杭吉岱山的铭文，贺希格温都尔县阿尔哈纳纳山的铭文。

概　述

布尔根省贺希格温都尔县以南 40 公里处有一座名叫阿尔哈纳纳的小山。在该山西北部的沙岩石崖脚下，宾·林钦院士发现了 3 行突厥铭文。这些铭文，他在《论蒙古境内的岩画与碑铭》一书中做过描述。

由于该铭文的含义当时无法释读，故我们①的考察工作仅限于对该铭文的字母和符号再次进行审核和临摹。

该铭文的释读之所以困难，原因在于铭文刻在松软的沙岩石块上，刻痕较浅，又经历了许多世纪，缺损情况十分明显。

阿尔哈纳纳铭文共有 140 个符号，分为 3 行。第 1 行长 107 厘米，第 2 行长 36 厘米，第 3 行长 30 厘米；字母的平均高度为 1.5 厘米。

就总的情况来看，该铭文很像巴彦洪戈尔省特布希山的同类

---

① 1977 年蒙苏历史文化联合考察队小组（蒙方有：萨·卡尔扎乌拜，阿·奥其尔；苏方有：谢·格·克里亚什托尔内依）。

铭文。

铭文的右侧,有 10 个巨大的符号,其状如下:

ħ; ᄱ; Y; 0; ዩ; ᄱ; ∪; ↙; ⋈; ⋈

与其他符号相比,这些符号显然是用更为坚硬的器物刻成的,而且也比其他符号宽。这说明,整个铭文的凿刻时间有先有后。

原 文

······ ⋀⋀··· ⋇⋎⋏⋎⋏····· ⋀⋀⋎⋉⋀⋏⋀:⋎⋉⋀⋌⋎:⋄⋦⋎⋌:⋇⋎⋌⋀⋌

⋌⋎⋉⋀⋎⋌⋇⋳⋀⋎⋎⋈:⋎⋄⋈⋌⋐:⋂⋉⋎⋇⋎⋇⋎⋐⋇⋎⋌:⋊⋀⋇⋎⋎⋐⋎⋎⋎⋎⋄⋄ ······:⋎⋇⋎⋇⋎⋇⋇⋀⋎⋎⋌⋄

⋎⋀⋎⋌⋎⋐⋎⋇⋀⋎⋎:⋇⋎⋎⋎⋀⋎⋎⋌⋈:⋇⋇⋇⋀⋎⋇⋎⋇⋐⋎⋈⋎⋎⋇

⋇⋇⋇⋇⋇:⋂⋀⋇⋀⋇:⋎⋀⋎⋐⋎⋇⋀⋇⋀⋄⋎:⋎⋀⋎⋀⋎⋌⋄·····

音 写

1. Teŋir ckin qunčuj jüzi (1)batur ič·············örkim············ga·············jïlqa bülkedük··· (2)aj jana Kül-Tarqan Küdegü (3)ayïz erti。But anta qaja clin bek bolzun。

2.······bekü bitik bitidim, qaja teŋir ekin qutluɣ bolun!

3.···········qulač qiŋ qutluɣ bolun! Qirin bedizdim.

译 文

1.苍天所生之亲王(圣)者升天了(飞去了)。我们为殿下······在······年举行(葬礼)。阴历一月 ······为姐夫阙—达尔罕(Кюльтархан)供献牺牲。饰以绿松石，永远复上封土。

2.……我仔细写下铭文。苍天所生之人在山崖之中。愿他成为幸福之人。

3.……愿你的身躯幸福！我刻写，我描画。

注　释

第一行。1.batur，试与《古突厥语词典》第 89 页相对照："陨落"，"隐匿"和"隐藏"。

2.örkim，参阅《古突厥语词典》第 388 页："居高位者"。又参阅威·班格，安·冯·加拜恩（葛玛丽）：《吐鲁番文书，III，摩尼教颂歌集》（原载《普鲁士科学院会议报告》，1970 年，第 8 卷）第 65 页。

3.ayïz，参阅《古突厥语词典》第 21 页："吃饭"和"在葬礼上接受食物"。此外，敬献牺牲和邀请显贵与平民参加葬礼，乃是突厥—蒙古语族许多民族中存在的一种源于远古的风俗习惯。

第二行。qaja，参阅《古突厥语词典》第 406 页："山崖"。我们推测，在本句中是"以绿松石装饰，建造山崖"之意。用"山崖"一词来代替"坟墓"，其意是说要建造像山崖一样巨大的坟墓。所以，我们把"山崖"一词解释为"陵墓"（坟丘），可译作"山一般的坟丘"。

第三行。qulač，参阅《古突厥语词典》第 454 页："小手儿"，"小手"。又参阅《古突厥语词典》第 464 页："一庹"。阿尔哈纳纳铭文中使用的不是弗·威·卡·穆勒所著《回纥学，III》（《回纥文〈出曜经〉残断》）I—III，原载《普鲁士科学院会议报告》，1930 年，第 8 卷）中所示之意，而是"一庹之躯"之意。在现代哈萨克语中 qulač[①]一词是一种长度单位，即两臂张开后的距离（一庹）。由于任何人的

---

① 《哈萨克语详解辞典》，第 2 卷，第 87 页，斯·凯·凯涅斯巴耶夫主编，阿拉木图，1959 年。

身高都不会长于其两臂间的距离,故在突厥语和蒙古语中①人的躯体常以"一庹之躯"一词表示。此外,铭文中 ⵏⴾⵏⵏ 也很清晰,所以这种解释是毫无疑问的。

关于供献牺牲

在该铭文第一行 3 里,具体地提到了供献牺牲和用绿松石来装饰阙—达尔罕坟丘一事。在中国古代文献中,关于突厥人葬礼的记载相当多。

现在我们从中略举一二。突厥第五个可汗沙钵略死时②,他的葬礼耗费了 5000 块丝织品。而第九个可汗杜圭(当为"咄吉世",即始毕可汗)的葬礼用去了 30000 块丝织品③,还敬献了牺牲,宰杀了牲畜,举行了宴会。这种风俗源于匈奴时期,并为康里(高车)、突厥、回纥诸族所继承。在古突厥时代,为纪念亡故者,常常宰杀大量的牲畜,并邀请民众参加④。古代突厥人将这种风俗叫作"ayïz",现在这一点在阿尔哈纳纳铭文中得到了清楚的反映。在哈萨克人中,至今仍保留着敬献牺牲和为悼念死者编唱哀歌的风俗。萨囊彻辰的《蒙古源流》表明,十六世纪以后,蒙古人才开始禁止供献牺牲⑤。

关于阙—达尔罕

从 3 行铭文中可以看到,阿尔哈纳纳铭文与其他大大小小的

---

① 亚·策温:《蒙古语简明解释词典》,第 56 页,乌兰巴托,1966 年。
② 尼·雅·俾丘林(雅金夫):《古代中亚各族资料汇编》,第 1 卷,第 239 页,列宁格勒—莫斯科,1950 年。
③ 同上,第 246 页。
④ 同上,231 页。
⑤ 萨囊彻辰:《蒙古源流》,第 259 页,乌兰巴托,1960 年。

碑铭不同，它是以别人的口气而不是以主人公的名义写就的。"我刻写"就是证据，证明铭文是以非主人公的身份写成的。该铭文写到亲王阙—达尔罕的死（第 1 行和第 2 行），写到月初第一天埋葬了他，并敬献了牺牲（第 3 行）。此外，这里还着重指出阙—达尔罕是该铭文撰写者的姐夫。由此便产生了一个问题：阙—达尔罕是谁？他在历史中的作用怎样？

按照谢·格·克里亚什托尔内依的看法，阙—达尔罕是一个突厥显贵，系粟特人。他同安禄山一道，在使中国走向毁灭的边缘起了相当大的作用[1]。在中国编年史中，他被称为康阿义。他的祖父康染是某位突厥汗的女婿，曾率领军队投靠过阿波干可汗（即默啜可汗）。作为部落首领，他因战功赫赫而被授予"俟利发"的称号[2]。后来，他成为可汗军队首脑之一（见岑仲勉《突厥集史》下册，第 851 页之《康阿义屈达干碑校注》，在该书中，阙—达尔罕作屈达干——译者注）。

康阿义亦即阙—达尔罕生于公元 690 年，712 年成为阿波干可汗身边的谋士，716 年归顺过唐朝[3]。突厥汗国崩溃，回纥开始建国之时，在唐朝生活了 20 年的康阿义又返回了自己的故地——於都斤山。由于有了这方铭文，上述记载愈加具体化，并可证明他后来就死在杭爱山（於都斤山）。阙—达尔罕活到回纥时代才死去。他作为著名人士，被十分体面地按习俗埋葬，敬献了牺牲，耗费了许多资财，宰杀了大量牲畜。这证明，这位粟特人确曾出过大力，有过巨大贡献。

通过这个为三个政权效劳过的阙—达尔罕反复无常的活动过

---

① 谢·格·克里亚什托尔内依：《古代突厥碑铭》，第 120 页，莫斯科，1964 年。
② 同上，第 121 页。
③ 埃·乔·普雷勃兰克［浦立本］：《粟特人在内蒙古的殖民》，载《通报》，第 41 卷，1952 年，第 339 页—340 页。

程,我们首先可以弄清作为突厥臣民的粟特封建主的政治路线,其次可以弄清力图攫取政权的封建主间存在着的竞争。由此可以得出结论说,阿尔哈纳纳铭文不仅是语言学方面的重要遗存,而且也是弄清古代突厥人习俗以及揭示某些历史现象的第一手资料。

第六篇　古　城

　　本篇含四篇文章。第一篇文章[蒙古]呼·佩尔列的《蒙古境内的契丹古城遗址》(原文载[苏联]论文集《蒙古考古论文集》[1962年,新西伯利亚城]),对二十世纪六十年代之前在蒙古境内发现的契丹古城古村的面貌作了介绍。第二篇文章[苏联]埃·弗·沙甫库诺夫的《苏蒙考察队研究蒙古境内中世纪遗存小分队关于蒙古古城古村的考古调查》(原文载[苏联]论文集《蒙古的考古学与民族学》[1978年,新西伯利亚城]),对苏蒙历史文化考察队研究蒙古境内中世纪遗存小分队1970年在蒙古境内考察过的三十余处匈奴、回鹘、契丹以及元代、清代的古城古村情况进行了通报。第三篇文章[俄国]彼·库·科兹洛夫的《内蒙古哈拉浩特西夏遗址》选译自其游记《蒙古与青海及"死城"哈拉浩特》(1948年,莫斯科),记述了俄国科兹洛夫考察队在二十世纪初对我国内蒙古额济纳旗境内西夏古城哈拉浩特(黑城)遗址进行发掘的经过以及出土文物的有关情况。第四篇文章[苏联]谢·弗·基谢廖夫《苏联康堆元代宫殿遗址》选译自该学者的考古学专著《古代蒙古的城市》(1965年,莫斯科),该文对俄罗斯西伯利亚尼布楚附近康堆地方一处元代宫殿遗址进行了描述,对康堆宫殿的建筑原貌进行了考证。

　　呼·佩尔列(1911—1982年),蒙古国历史学家,考古学家,语文学家,历史学博士,蒙古国科学院院士,毕业于蒙古国立大学,主要著述有《契丹人》(1959,乌兰巴托),《呼·佩尔列著作集》(十卷,2012,乌兰巴托)。埃·弗·沙甫库诺夫(1932—2001年),苏联—俄罗斯远东考古学家,历史学博士,教授,毕业于列宁格勒大学,苏联—俄罗斯科学院远东分院远东诸民族历史学考古学民族学研究所中世纪考古部研究员,远东大学考古部主任,主要著述有《渤海国及其在远东地区的文化遗存》(1968年,列宁格勒)。彼·库·科兹洛夫(1863—1935年),俄罗斯—苏联考察家,数次赴蒙古和中国内蒙古、西藏等地进行地理—人文考察,主要著述除了《蒙古与青海及"死城"哈拉浩特》(1948年,莫斯科)外,还有《蒙古与西康》(1905年,圣彼得堡),《蒙古游记》(1949年,莫斯科)。谢·弗·基谢廖夫(1905—1962年),苏联历史学家,考古学家,毕业于莫斯科国立大学,苏联科学院物质文化研究所(现俄罗斯科学院考古研究所)研究员,莫斯科大学历史系考古专业教授,主要著述除了《古代蒙古的城市》(1965年,莫斯科)外,还有《南西伯利亚古代史》(1951年,莫斯科)。

蒙古境内的契丹古城遗址
（十至十二世纪初）

［蒙古］呼·佩尔列

　　蒙古境内契丹古村古城遗址的考古研究工作，是不久前才开始进行的。1952年组织过研究这些遗址的首次考察活动。此后，又系统地进行了这方面的研究工作。从1952年到1957年，对契丹时代的若干古城遗址（祖赫雷姆、巴尔斯浩特Ⅰ等）进行了小规模的发掘工作。其研究成果有一部分已反映在本文作者的某些著作中[①]。

　　在这篇文章中，我们想就十至十二世纪初分布在蒙古人民共和国境内的契丹古城古村遗址问题作一个一般性的简单综述。

青陶勒盖·巴勒嘎斯（镇州）

　　923年，契丹可汗耶律阿保机侵入蒙古境内，打到回纥都城斡耳朵—八里克（今哈拉巴勒嘎斯遗址，哈拉巴勒嘎斯亦作哈剌八剌哈孙——译者）。居住在鄂尔浑河和克鲁伦河盆地的各部落，向战

---

① 呼·佩尔列：《古城古村史简述》，1956年；《两座契丹古城遗址》，乌兰巴托，1957年；《祖赫雷姆补充发掘记》，乌兰巴托，1953年和1957年；《巴尔斯浩特Ⅰ发掘记》，1957年；《青陶勒盖遗址出土的一件带有契丹铭文的瓦当》，1959年；《契丹人及其与蒙古人之关系》，1959年［以上蒙古文］。有关契丹古城的插图，可参看呼·佩尔列的文章：《蒙古古城古村史》（《苏联考古学》，1957年，第3期）；《克鲁伦河遗址发掘记》，（《科学委员会著作集》，1957年，第2期）。

胜者缴纳贡品①。直到十世纪下半叶,契丹人全面征服人数众多的鄂尔浑河和克鲁伦河各部落的政策才得以贯彻。然而,尽管蒙古各部落成了契丹人的附庸,其领地仍未直接并入契丹国。

文字史料和考古材料都证明,契丹时代在蒙古境内建过许多城市。其中最为可观的是可敦浩特②,一名镇州,系契丹皇太妃于994年建立。历史资料谈到,契丹征服西北路各部时期,开始构筑三座城市③,镇州便是其中之一。

根据考古材料和中国旅行家的提示,可将达申其勒苏木(布尔根省)的青陶勒盖大型遗址确定为古代的镇州。青陶勒盖的一些瓦当上保存下了契丹铭文④。

和镇州同时建筑的还有两座城市(关于这一点,在辽代地理文献中有过记载)。十三世纪旅行家们的报告也同样可以证明,这一点是正确无误的⑤。

近年来进行的考古发掘中,在青陶勒盖以东发现了塔勒·乌兰·巴勒嘎斯遗址,在青陶勒盖以西发现了哈达桑·巴勒嘎斯(哈拉布和·巴勒嘎斯)遗址,青陶勒盖、塔勒和哈达桑·巴勒嘎斯无疑都是同一个时代的遗存⑥。看来,这就是同时建筑的三座契丹古城的遗址。

---

① 呼·佩尔列:《契丹人及其与蒙古之关系》[蒙古文],见《历史研究》,第1卷,第1集,乌兰巴托,1959年,第75页,76页。

② 1004年,可敦城改名为镇州(见《蒙古游牧记》,帕·斯·波波夫俄译,圣彼得堡,1895年,第339页—340页)。[译者注:《蒙古游牧记》原文为:"[统和]二十二年,以可敦城为镇州。"]

③《蒙古游牧记》,第339—340页。[译者注,《蒙古游牧记》原文为:"挞凛以阻卜诸部叛服不常,上表乞建三城,以绝边患。"]

④ 呼·佩尔列:《青陶勒盖遗址出土的一件带有契丹铭文的瓦当》,见《历史研究》,第1卷,第5集,乌兰巴托,1959年,第6页。

⑤《俄国东正教驻北京传教团成员著作集》,圣彼得堡,1866年,第4卷,第290页。

⑥ 1949年,作者参加了谢·弗·基谢廖夫领导的发掘工作。

镇州曾驻有由两万西北土著部落①士兵组成的镇守部队,并住有从中国境内迁去的七百余户汉人和女真人②。该城还附设两个区,其名称不详。西北许多部落无疑均属该城管辖。镇州是辖制被征服各部落的中心,也是镇压对侵略者表示种种反抗和不满的中心。1013 年,鞑靼部(塔塔尔人)曾围攻过镇州,使契丹统治者大为惊慌③。

祖赫雷姆(皮被河城)

契丹时代其他古城中,值得指出的还有祖赫雷姆。中国历史文献中提到的皮被河城(皮被河上的城市),看来指的就是祖赫雷姆。

据汉文史料讲,皮被河注入胪朐(克鲁伦)河④。克鲁伦河的支流只有一条小河,名叫木伦河,其河口处有一契丹古城遗址。这条小河古时候叫作"塔尔吉里赫·木伦"⑤。

在蒙古,称呼小河时一般不用"木伦"这个词。看来,这个名称当是古代契丹人命名的:在契丹语中,"木伦"就是"河"的意思。后来,全称大概被人遗忘,只保留下其中的一部分——木伦,即河的意思。由此可以想到,祖赫雷姆和皮被河城应是同一个城市。它在保卫契丹帝国北部边疆中起过重要作用。

在祖赫雷姆出土过铸有"太平"两个汉字的契丹铜币。这种铜

---

① 《辽史记事本末》[蒙文],特木格图翻译,北京,1926 年,第 1 册,第 66 页;巴·巴格纳:《契丹人》[手稿],第 127 页。

② 巴·巴格纳:著作同上,第 127 页(蒙古人民共和国科学院收藏)。

③ 《蒙古游牧记》,第 339 页—340 页。[译者注:《蒙古游牧记》原文为:"开泰二年春正月,达旦国兵围镇州,州军坚守。"]

④ 《蒙古游牧记》,第 340 页。[译者注:《蒙古游牧记》原文为:"皮被河出回纥北,经羽厥,入胪朐河。"]巴·巴格纳:著作同上,第 127 页。

⑤ 《蒙古游牧记》,第 340 页。

币是 1020—1031 年间铸造的。

祖赫雷姆(皮被河城)位于木伦苏木(肯特省)境内,在省会温都尔汗以西 25 公里的地方。它坐落在克鲁伦河与木伦河汇合处不远的山脚下。

这座古城遗址的规模如下:南城墙长 420 米,西城墙长 502 米,北城墙长 510 米,东城墙长 507 米。西城墙和南城墙上各有一个城门,东城墙和北城墙上各有两个城门。南城门宽 9 米,东城门宽 11 米,西城门宽 15 米。南城门和一个东城门的外侧专筑有小型护墙。西城门外看来凿有护城池塘(7.5×11 米)。北城门外显然也凿有专门的护城池塘(其规模分别为 52×105 米和 45×45 米)。

城外四周掘有壕堑,其宽为 9—15 米,深为 1—1.4 米。城墙现有高度为 1.5—2 米,宽度达 4—6 米。

城墙上筑有望楼。望楼的遗迹保存了下来:西城墙上有 6 座,北城墙上有 5 座,东城墙上有 10 座,南城墙上有 7 座。此外,城墙四角还筑有更高的角楼。

城内有宽阔的大街,由南城门和东城门通向城中心,大街两旁筑有墙壁。这样一来,城市似被分成四部分。

城市的南半部分有许多小型建筑,各有围墙环绕。这一部分中的房屋遗址要比北半部高大一些。

城市建筑物都建在高为 1—1.5 米的特制土台座上。城市南半部分和北半部分中的房屋建筑等级不同,看来这当说明游牧民在城市居民中占有相当比例,他们在空场地建过可以拆卸的住所。

约在市中心处有一座最大的房屋。看来,这是一座中央瞭望塔。

根据城市建筑物建筑材料遗物判断,建筑物可分为以下几组:一、有青砖围墙、有瓦房顶的建筑物;二、无围墙、但有瓦房顶的建筑物;三、无围墙、无瓦房顶的建筑物。

住房借助中国式供暖系统(炕)取暖。在对炕(烟道)的残体进行考察的过程中,发现许多住房的炕,冬夏都可使用。祖赫雷姆建在戈壁地带和杭爱山地带的交界处,因此城中的一切设备都与当地的气候条件相适应。基本燃料是牛粪(游牧民的主要燃料)。此外,手工业作坊烧木柴,铁匠炉则烧专门烧制的木炭。工匠和手工业者住在作坊附近。

在这座古城遗址中,有过各式各样的手工业作坊:陶器窑,铁匠铺,生产建筑材料的作坊①。最大的行业是制陶业。但是,城市经济的基础不是手工业,而是农业和畜牧业。在发掘时出土许多家畜骨头:羊骨、牛骨、马骨、骆驼骨。由此可以清楚地看出,城市居民同畜牧业关系密切。还出土有各种证明农业生产存在的器物:手推磨、杵、残存的糜米(蒙古黍)、石碾上的铁轴衬、铁犁铧残断。可资证明祖赫雷姆居民从事农业生产的还有一条灌溉渠。这条渠由克鲁伦河引向该城的南半部分,宽 6—7 米,深 0.3—0.8 米。

我们手头关于祖赫雷姆居民情况的资料十分贫乏。根据考古资料和文字材料来判断,祖赫雷姆的建城时代当在九世纪初。

1012 年和 1014 年,游牧在克鲁伦河上游的敌烈、于厥等部起事,反对契丹帝国。契丹枢密使耶律世良杀死了这些部落中好大一部分人,把这次起义镇压下去。起义残部被迁至 1012 年—1015 年间在克鲁伦河上游新建起的两座城市中②。

看来,这两城市应是祖赫雷姆和西赫雷姆,因为在克鲁伦河上游再未发现其他契丹古城遗址。

如此看来,祖赫雷姆的居民有一部分是上述各部(游牧民和畜

---

① 呼·佩尔列:《两座契丹古城遗址》;同一作者:《祖赫雷姆补充发掘记》,1953 年。

② 呼·佩尔列:《两座契丹古城遗址》。又参阅:《辽史》[汉文],第 1 册,第 22 页;《大辽史》[蒙古文],第 5 册,第 36—37 页;《辽史记事本末》[蒙古文],第 1 册,第 69 页。

牧业者)的残部,另一部分是城中当权的契丹驻防部队,第三部分是由契丹帝国中部移居来的各种手工业者和农民。[1]

城市居民的上层是契丹军事贵族的代表人物,下层则是被征服的游牧民、手工业者、农民和普通士兵。

西赫雷姆

祖赫雷姆以西不远,约两公里的地方,有一个小高地,高地顶上就是西赫雷姆遗址。

祖赫雷姆和西赫雷姆就像同一座城市的两个设防区一样。西赫雷姆的规模如下:南边长826米,西边长803米,北边长825米,东边长862米。城墙宽7—12米,高1.5—3米。南边有2座城门,东边有3座,北边和西边各有1座。城墙沿线有一些大土堆,这是瞭望塔的遗址。这种土堆在西墙上有8处,北墙上有11处,东墙上有9处,南墙上有7处。城墙四角的瞭望台规模更大一些。

西赫雷姆城外掘有壕堑。壕堑现宽10—20米,深1—1.2米。此外,城市的西半部分还存有一条由北向南走向的壕堑或水渠遗迹(现宽7米,深0.3—0.5米)。

该城自东向西被两道墙壁所隔。城市的东北部分也被分隔出来,并筑墙环绕。被分隔出来的地方,可以看到小型院墙的遗迹,院墙内有建筑物遗址。同样的设防庄园遗址,在该城的南半部分和东南部分也可看到。但是西半部分和西北部分以及东半部分的某些地方,却空无一物。在这些地方丝毫没有建筑物的遗迹。这些空地,当年可能是菜园。城市东南部分有两座建筑物,为谷物和蔬菜库。城市东北部分有一处不太大的庄园,该城的统治人物就

---

[1] 女真人和渤海人被掳至镇州定居,史书上有过记载。

住在这里。看来,西赫雷姆似乎是祖赫雷姆的一个专门性的生产基地。人迹稀少(这里看来只有为数甚少的工役和生产监督人居住),也可证明这一点。城内的灌溉水渠和当年菜园所占的空地,都可说明这座城市在生产中的作用。

巴尔斯浩特 I(东城)

在历史学家萨刚彻辰(著有《蒙古源流》)和噶尔丹图萨拉齐(疑应为阿萨拉克齐,著有《阿萨拉克齐史》)的著作中说到,巴尔斯浩特是 1368 年蒙古(元朝)帝国在中国被推翻之后,由妥懽贴睦尔汗建立的。

1953 年进行考古调查时得以确定,还有两座相距很近的古城遗址与克鲁伦—巴尔斯浩特连在一起。为了在描述时不致产生混淆,我们将这些遗址编号如下:一、建有高高的"苏波尔盖"(塔),被当地牧民叫作巴尔斯浩特的古域遗址,为巴尔斯浩特 I;二、上述遗址以东 7 公里处的西都勒格·赫雷姆遗址,为巴尔斯浩特 II,在发掘过程中查明,该遗址属于匈奴时代;三、再往东 15 公里的一座小型设防古城遗址,为巴尔斯浩特 III,这处遗址就是妥懽贴睦尔汗城遗址。

巴尔斯浩特 I(1600×1810 米)四周筑有城墙。城墙宽 4 米,现高 1.5—2 米。城墙内外有两座高大的五层和七层宝塔。古城的西南部分留有筑在高土台座上的石墙倒塌堆。在一处由围墙环绕着的空地上,可以看到有四处房屋遗址。在这些"小型"墙壁的外围,发现有十余处规模不大的(5×5 米)正方形建筑物。再稍往北一些地方,有一处石灰窑。别的房屋或建筑物,在巴尔斯浩特 I 中没有发现。

对"小型"围墙内的四处房屋遗址和围墙外的建筑物,以及石灰窑区进行了发掘。

发掘房屋时发现：一、中央房屋中有 1 处供奉 3 位神像的祭坛和 1 处神像塑像底座，这些祭坛和底座紧靠东墙和北墙，由专门烧制的青砖砌成；二、东面房屋中有 1 处供奉 5 位神像的祭坛；三、西面房屋中有 1 处供奉 3 至 4 位神像的祭坛残部；四、门楼中发现 1 处神像底座，与东、西墙连在一起。发现材料十分清楚地说明，这里是一处佛教庙宇。其他出土物也可说明这一点。最为常见的是庙宇屋顶上铺设的瓦当残片，其次是装饰华丽的各种建筑零件，再次是塑像（泥塑）和祭祀动物塑像的残断。上述发现物中，大多饰以种种颜色，制作技术精良。除泥塑外，还发现有各种图案和绘画，以及铁器、骨器和陶器碎片。庙宇建筑物的式样，基本上属于中国式。许多东西源于中国艺术，装饰物具有图案化风格。但是也应该看到，当地（蒙古）传统对许多装饰物图案内容有影响。这种影响在塑造神像时也有所表现。

在对"小型"围墙外规模不大的正方形建筑物进行发掘时，也大量发现各种祭祀物。看来，这些建筑物中有几处也当是宝塔的遗址。上面已经提到，城内外有两座高大的宝塔。20—25 年前，在宝塔壁上还可看到神像。现在，这些神像已遭严重破坏。七层宝塔的塔顶已毁坏，镶面砖脱落。这两座宝塔在外形上与印度宝塔相似。

发掘石灰窑时，没有发现特别有意义的出土物。却大量发现建筑庙宇和宝塔用的砖块及其他建筑材料。看来，这里曾是一处制作建筑材料和建筑零件的作坊。巴尔斯浩特 I 是十至十一世纪的契丹古城。这一点也可从历史文献中得到证实。

1731 年游历过蒙古的中国旅行家龚之钥在其游记《后出塞录》中写道，达赖贝子（车臣汗部）领地有一座巴尔斯浩特城。城中有一处规模甚大的已经荒败的庙宇，庙宇后殿有两座宝塔。一座为七层，一座为五层。宝塔壁上的佛像保存完好。七层宝塔中有一石桌,石桌上有一木匣。木匣中保存着一轴画卷,画卷上绘有三世佛、文殊、普贤,以及四大天王。后殿附近有一通石碑,碑文字母大部漫漶不清,只有二三处保存下来。该碑是辽代遗物①。在达希宁布的满文著作《蒙古诸部地志》蒙古文译本中也指出过,巴尔斯浩特就是契丹古城东城的遗址。

巴尔斯浩特Ⅰ的发掘材料说明,佛教在契丹人中曾广为流布。中国文字史料也提到,契丹国中寺庙很多,和尚数以十万计。

发掘巴尔斯浩特Ⅰ时出土的刻有艺术花纹的木器、衣服部件和泥塑神像上的装饰物,就其外形和内容来看,是蒙古式的。这说明,契丹人的造型艺术吸收过许多游牧民族的艺术传统。契丹人与蒙古人在造型艺术上相近,证明这两个民族在起源上有其同一性。

建造巴尔斯浩特房屋使用的建筑材料(青砖、瓦当),与祖赫雷姆以及中亚的哈刺契丹古城八刺沙衮的建筑材料相仿。七层宝塔在构筑特点上与内蒙古的契丹时代遗存"三座塔"相近。

虽则巴尔斯浩特Ⅰ的大部发现物为宗教建筑物和祭祀用品,然而它无疑是一座驻过重兵的真正城市。为了加强对西北诸游牧部落的统治,契丹帝国在克鲁伦河流域设立军事驻扎点。在城市中驻扎由被征服的游牧部落强征入伍的士兵组成的镇守部队。看来,在巴尔斯浩特Ⅰ中也驻过这类游牧民组成的部队。当时,在高大的土城墙内,游牧民士兵曾构筑过自己的住处(帐篷、毡包、帐幕)。既然巴尔斯浩特Ⅰ也像其他契丹古城那样建在游牧部落境内,那么它的常住(定居)居民就不会很多。因此,在发掘中发现的

---

① 《蒙古游牧记》,第 392 页—393 页。[译者注,《蒙古游牧记》原文为:"达赖贝子所属境内,有城名巴剌和屯,译言虎城也。城内废寺甚大。后殿有二塔,一七层,一五层。二塔壁间所绘诸佛像俱在。其七层者,内有石台,上供木匣,长三尺许,贮画一轴,上绘三世佛及文殊、普贤并四大天王像。殿侧有碑记,字多剥落,间有一、二字可识,仿佛辽时之物。"]

文化遗迹也就很少了。

下面我们再列举一些文献资料中提到的契丹古城。

静边城

汉文史料中提到过以这一名称命名的契丹古城①。其准确位置不得而知。史料中只提到说,它位于回纥河董城②之东。距上京1500里③。根据这些提示,可以推测,应在克鲁伦河谷地离祖赫雷姆不远的地方去探寻它。史料中提及的回纥河董城,当是一座存在于十至十一世纪的古城。

乌格鲁赫奇·赫雷姆

以这个名称命名的遗址,位于鄂嫩河以南宾杰日山附近。这是一座设防城市。城墙系用未经加工的石头仓促垒成,没有灌浆。苏联旅行家谢·康德拉吉耶夫认为,这座遗址是十三至十四世纪的古城。本文作者曾看到过这里出土的陶器,认为该遗址当属契丹时代④。

哈拉布和·巴勒嘎斯(哈达桑·巴勒嘎斯)

位于布尔根省达申其勒苏木中心所在地以西 12 公里的河畔上。这座古城遗址曾两次(1934 年和 1948—1949 年)发掘过。这

---

① 同上。[译者注:《蒙古游牧记》原文为:"静边城,东南至上京一千五百里。"]
② 回纥河董城至契丹都城上京一千七百里。
③《蒙古游牧记》,第 340 页。[译者注:《蒙古游牧记》原文见注①]。
④ 呼·佩尔列:《契丹人及其与蒙古人之关系》,第 9 章。

座古城遗址筑有土城墙。城的规模为 0.5×0.5 公里。城墙四面有门。一条中央大街横贯东西,大部分城市房屋就分布在大街两侧。有些房屋筑有围墙。城市四周留有宽阔的灌溉系统遗迹。

在发掘中出土有陶器,其来源说明与回纥有关系,其外形和装饰风格如谢·弗·基谢廖夫指出的那样[①],与黑龙江西岸和满洲一带广泛流行的陶器相类似。

1957 年,我在青陶勒盖出土的一件瓦当上发现了契丹铭文。这件瓦当是德·布金尼奇在 1933—1934 年搜集到的。在哈拉布和·巴勒嘎斯也搜集到了一件与此完全相同但无铭文的瓦当。由此看来,这两座城市——青陶勒盖和哈拉布和,都当属于同一时代——契丹帝国时代[②]。

塔勒·乌兰·巴勒嘎斯

这一遗址位于布尔根省达申其勒苏木境内塔勒·乌兰·海日汗山的东坡上。该城呈四方形。留有城墙和两条大街的遗迹。两条街把城市分成四部分。当年城中房屋很多(房屋遗迹到处可见),人烟稠密。

德日斯·赫雷姆

位于塔勒·乌兰·巴勒嘎斯附近。留有圈子或土墙遗迹。城内房屋遗址很少。根据与塔勒·乌兰·巴勒嘎斯相距甚近以及房屋甚少这两点,我们可以判定:德日斯·赫雷姆可能只是其相邻城市的生产基地或军事基地。

---

① 谢·弗·基谢廖夫:《蒙古的古代城市》,见《苏联考古学》,1957 年,第 2 期,第 95—95 页。
② 呼·佩尔列:《契丹人及其与蒙古人之关系》,第 9 章。

额姆根特·赫雷姆

当地牧民如何称呼这一遗址,不得而知。其位置在布尔根省达申其勒苏木境内哈拉布和河北岸的额姆根特山冈附近。该遗址为四方形空地,四周围以土石墙。墙内几乎没有房屋遗迹。这里出土的陶器是典型的十至十一世纪契丹陶器。这可使我们把该遗址划入契丹时代。

这样看来,到目前为止,在蒙古人民共和国境内共发现近十处契丹古城遗址。其中大多是作为契丹国辖领各游牧部落的据点而产生的。因此,由这些部落的游牧民组成的镇守部队,往往就构成这些城市中居民成分的一大部分。然而这些城市也不都是军事驻扎点。有些契丹古城,同时也是大型的手工业、农业和商业中心,在蒙古诸部经济文化发展中起过重要作用。

这样,蒙古考古学家发现的这些契丹古城就可证明,包括蒙古祖先在内的古代诸部落虽是游牧民,但是农业在其生活中也起过不小的作用。这对以往形成的概念,即蒙古各部落的生产经济基础似乎纯属游牧民性质,是一个重大的修正。

苏蒙考察队研究蒙古境内中世纪遗存
小分队关于蒙古古城的考古调查

[苏联]埃·弗·沙甫库诺夫

1970 年 7 月 12 日至 8 月 2 日,苏蒙历史文化考察队研究中世纪遗存小分队在后杭爱省(北塔米尔河、南塔米尔河河谷)及布尔根省、前杭爱省、中央省境内进行了考古调查。考察过的中世纪遗存近三十处,其年代上起公元初年下迄十八世纪,分属各个文化历史阶段。下面,对最为有趣的遗存作一描述。

中央省。布赫格河(土拉河左支流)右岸,在其河口附近(阿拉坦布拉格苏木)有一处古城遗址。呼·佩尔列曾对布赫格古城遗址进行过考察①。但是由于缺乏断代材料,该遗址的出现年代无法确定。我们分队搜集到了大量的地面材料,并做出结论认为,该遗址为契丹人构筑,后来由满洲人居住过。可证明布赫格古城遗址为契丹人所构筑的材料,有瓷器、带有契丹时代典型的狮面图案的瓦当、面砖上的图案等等。这座契丹古城很可能在一场大火之后被废弃,这可从残留下的无数烧熔的砖头及土坯看出。可证明这座古城遗址在清代再次被利用的材料,则有其境内发现的清代瓷器碎片和和"康熙通宝"货币。

布尔根省。我们在该省境内达申奇勒苏木附近考察了一组遗存。第一处遗存是哈达桑山下哈拉布和河右岸的古城遗址②。由于此处从前已进行考古过调查,因此我们只作了一些观察,收集了一些地面材料。地面材料中,被称作"轴垫"的陶轮瓷垫最引人注目。这类瓷垫为许多考古学家错认为"门转儿"。实际上根据苏联远东中世纪遗存考古资料和中亚民族学调查资料看来,这类"轴垫"仅只专门用做陶轮的衬垫。哈拉布和古城遗址发现这类轴垫可以说明,该地居民在其居住地亦即这座古城境内曾从事过机制陶器业。

哈拉布和古城遗址境内有许多十七世纪的大型石头建筑物,其中有一些"苏波尔盖"(塔)。在考察中发现一座真正的桦皮书图书馆。根据种种情况来看,这些桦皮书也当属于十七世纪。在许

---

① 呼·佩尔列:《古代蒙古国中世纪古城古村材料》[蒙古文],乌兰巴托,1961年,第144页。
② 同上,第66—67页。

多情况下,从地下还可掘出当初用线订在一起的完整的桦皮书。桦皮书上写有蒙古文和藏文,多半是用墨写的,有的用红颜色写成。虽然根据初步掌握的材料看来,桦皮书的内容是有关宗教方面的,但是据呼·佩尔列和策·汗达苏荣的报道来看,其中也含有有关民族学和历史学的相关材料,可引起蒙古语文学者的一定兴趣。桦皮书埋在厚厚的"察察"所在层中。所谓"察察",是一种用黏土专门制成的小型"苏波尔盖"式样的金属塔形物。大部分"察察",特别是置于"苏波尔盖"中下层的"察察",由于潮湿和时代久远,已经变成疏松的粉末。除了桦皮书外,这里还发现了两尊小型青铜佛像,几件青铜"瓦齐尔",几个近似三角形的青铜盒子,一些桦皮书木函残余——在很多情况下木函中还存有红绸、蓝绸和绿绸制成的桦皮书包封,以及大批完整的或残破的烧制精美的各种瓷佛像。

达申奇勒附近的另一处颇为有趣的中世纪遗存,则位于青陶勒盖小山脚下[①]。该遗存也属契丹时代。由于这座遗址上此后再没有续建别的建筑物,故未遭破坏,因此它将为从考古学角度研究契丹时代古城的社会经济分布图以及十至十二世纪契丹的物质文化,提供最广阔的前景。

我们还顺便考察了朝克图·查干板申的一座十七世纪的砖庙遗址。该庙在兴建时曾利用过古代的石础、石臼和砖块。

后杭爱省。额吉淖尔湖(额吉淖尔苏木)附近的一条小河布日嘎斯太高勒河(鄂尔浑河右支流)河口旁,在一块高地上有一座古城遗址。其平面图呈长方形,分成南北大体上相等的两部分。北半部分环以高高的土围子,土围子上留有塔楼遗迹。土围子高出城内一般地平面6米以上。西半部分的土围子则高出地面不到1

①同上,第56—57页。

米,有的地方只能勉强猜测出来。在考察古城遗址的南半部分时,发现有盖满方型压痕的瓷器碎片。古城的西南部分可以清晰地看到一列小型平台,平台上某些地方发现一些零散的瓦片。古城的东北角有一很高的人造平台,高出古城其他部分地面约 10—16米。平台两侧中央可以看到有一条斜坡状的甬道。平台上可以看到有一不太大的 Π 形高地,Π 形高地表面特别是其四周,有一些形制类似在该城南半部分看到的那种瓦片露出地面。这里当初很可能是一座瓦顶建筑。为了断定古城构筑的年代,在平台西北角上曾掘过一个 1×1 米的探方。

从探方纵剖面可以看到如下地层:最上层为夹杂大量瓦片的砂质黏土层,平均厚度 30 厘米;砂质黏土层下面是砂层,含有小块灰浆泥巴块——可能是从墙上脱落下来的,还有动物骨骼、鸟骨骼、鱼鳞、鱼骨、瓷器片等等,厚约 10 厘米;再下面是沙壤土,其中发现少量完整的瓦和破碎瓦片,以及灰浆泥巴块,厚约 30 厘米;最下面是不育黏土层,我们称之为生土层。因此从全部情况看来,整个平台是人工堆成的。在挖掘探方的过程中,除了上述发现物外,还发现以下出土物:一件带瓦当的上瓦,瓦当上饰有回纥时代典型的花簇图案;一件马衔上的嚼铁;一件保存得不太好的带双孔的骨制马镳,其上端雕成驼首形,一侧刻有记号状符号。此外在沙壤层中我们还发现一枚三棱铁箭镞,一些铁钉,一件类似螺钉的器物,一件无沿小型瓷器,一件类似普通笛子的骨制乐器,一件完整的泥捏小器皿(柄已损去)。下瓦尺寸如下:长 40 厘米,上端弧宽 20 厘米。上瓦尺寸如下:长 20 厘米,瓦当直径 12—13 厘米。综上所述,这里搜集到的考古资料可以使我们将这座古城遗址的年代定在回纥时代,即七世纪至九世纪。

在额吉淖尔苏木境内还有一处有意义的遗存,这就是一处元代不设防的农业居址。该遗址位于不太高的萨日雷克—陶勒盖山附近。萨日雷克—陶勒盖山顶上发现了一堆瓦片和砖头,看来这当是一个不太大的宝塔式祭祀建筑废墟。离废墟约 30 米的地方发现一堆瓦片和砖头,砖上带有将砖黏合在一起的灰浆痕迹。这堆瓦片和砖头位于山坡上。看来,当初这里是一个建筑物,这一建筑物当是位于山顶上的前一个建筑物的补充性建筑。至于这座不设防的农业居址,情况是这样的:该居址位于萨日雷克—陶勒盖山脚下的平坦地面上,分几条街道,街道两旁有一些不太大的高台——住宅遗址。这里,直接从高台表面上搜集到了大量的元代陶瓷器碎片。

在策策尔勒格市以西几公里的南塔米尔河谷,发现了塔米尔浩特(塔米尔城)遗址。该遗址由彼此相距 0.5 公里的两大部分组成。其中一部分呈正方形,留有"苏波尔盖"和宫殿废墟。根据文献史料记载,"苏波尔盖"和宫殿为清朝人于十八世纪所建[1]。后来,遗址中搜集到的地面材料——"康熙通宝"铜币和无数清代瓷器碎片也证实了这一点。此外,无论就城堡建筑遗址的外貌来看,或者某种程度上就探方所得资料来看,都可看出,这座古城遗址总的说来年代较早,后来到十八世纪时满洲人又在这里面修建过宫殿寺庙综合建筑物。比如,在遗址西南角进行探方试掘时就所以清楚地看到有两个文化层:第一层含有木炭粒和若干动物骨骼,厚约 5 厘米,在现在表层土 20 厘米以下;第二层含有保存得很不好的动物骨骼,厚度也约 5 厘米,在表层土 40 厘米以下。遗憾的是,无论在这里试掘探方,或者在其他地方试掘探方,都没有发现任何断定下层年代的材料。另一部分古城遗址呈不规则的正方形,是十八世纪塔米尔城的商业附属城的遗址。关于这一点,有许多地面材料可资证明:清代瓷器和挂釉器皿的残片,住宅废墟中的焦渣

---

① 同上,第 143 页,No—62。

和挂漆黏土墙皮——可能当初是涂在冶炼炉和锻铁炉上的。塔米尔城的商业手工业附属城内部轮廓十分清晰，这里可以清楚看出相交于城市中心的东西和南北两条主要街道。街道两旁有一排小型平台，这当是住宅和商业生产设施建筑的遗址。

通过询问当地居民得知，离塔米尔浩特不远的地方有一座木末—陶勒盖山。策·汗德苏荣认为，据古代文献资料看来，木末山下塔米尔河谷中柔然人曾修建过一座大城，以该山命名。这一情况使人有理由认为，古代柔然人木末城的遗址，或者当在塔米尔浩特古城遗址境内去寻找，或者当在附近去寻找。

过去，策·汗德苏荣曾通过询问当地居民得知，在离青格尔苏木几公里远的南塔米河谷中还有一座山，也叫木末—陶勒盖山。提供消息的人说，这座山上曾葬过一个王后。在考察木末—陶勒盖山的过程中，未发现任何古城遗址或居址遗迹。不过这里有大量不同构造的古代墓葬遗存，其中有一些古冢令人感兴趣。这些古冢中央均有封丘，封丘系用形状不同的大块石头砌成。在离封丘4—6米的地方，有一平面图呈正方形的石围墙，围墙四侧与方位相合。围墙四角又各有一个用石块砌成的小型围墙，其形状为长方形或椭圆形。根据这些墓葬的外形看来，其年代很可能属于公元一千年上半叶。这样一来，就不排除这是柔然人墓葬的可能性。木末—陶勒盖山上还发现过旧石器时代居址遗存。

巴图青格勒附近北塔米尔河下游的中世纪遗存数量尤其多。在这里共考察过7处遗存。其中之一是索斯—赫雷姆古城遗址。该遗址保存得不好。其平面图呈长方形，四侧与方位相合，然略有偏斜（这种情况在其余各古城遗址也可看到）。土围子有的地方高为1米。城内只发现一条中央街道，横贯东西。遗址西南角有一小型人造高台。在考察中，高台坡上发现一块瓶状器皿碎片。这件器皿系用旋转陶轮制成，肩部饰有用滚动压模压成的一圈方形图案,宽约 3 厘米,中有菱形坑。这件器皿与契丹时代的陶器相仿,但是还不能以此为理由将该城年代定在契丹时代,因为无论就器皿而言,或者就遗址而言,其年代总的看来应该定在中世纪蒙古史的早期阶段。

巴图青格勒苏木附近各地还有 4 座古城遗址被考察过。这些遗址有以下共同特征:均呈长方形或正方形,规模较大,土围子坍塌严重,除了特殊情况外,其高度大都不超过 1 米。古城四边大致与方位相合,但略有偏倾(约 10°—15°)。这些古城遗址位于平坦地方,离河流或淡水明显可见的源头很远。遗址中央附近明显的有一人造高台,高约 1—1.5 米。在对表土层进行考察时,除了一枚三棱青铜针而外,再未发现任何遗物出土。试掘探方,结果也是这样。既无法确定这类古城的年代,又无法确定其用途。只有一点是确切无疑的:就类型而言,它们都是同类的。因此,它们的用途是相同的,在早期蒙古中世纪史上当属于同一文化历史阶段。

该地还有一座古城遗址宗—胡吉日特,它与其他古城遗址迥然不同。该城约有一半呈不规则的长方形,位于比较平坦的地方;另一半呈等腰三角形,顶点切入长方形中,位于土岗上。该古城规模很大,环以不太高的护城土围子,城内无任何明显的建筑物遗址。曾对古城遗址的表土层进行考察,也掘过探方,但未发展任何考古材料,因此,这座外形罕见的古城遗址的构筑时间目前还确定不了。

巴图青格勒苏木境内最为有趣的古城还是乌兰—陶勒盖。事实上,这是一字排开、中间隔有相等距离的 3 座古城。每座古城均呈正方形,内部各有几个较高(高达 2 米)的小土丘。小土丘上一般均置有一些形状不规则的大片石。其中一个土丘上有一个用片石砌成的类似长方形的建筑物,长边为南北走向。在这些土丘上发现一些有时是相当大的泥巴块,这些泥巴块受过猛烈的火烤。

土丘表层土也烤成了棕红色。每个古城中,最大的几个土丘位于古城的中央,均匀地排在一条直线上。较小的几个土丘,则位于古城的西部。至于3座古城的东半部分,则只有平整的地表,而无任何古代建筑物或街道的遗址。虽然在这座古城的一个中央土丘上,发现过一些元代也许是宋代瓷器碎片,但是总起来看,这3座城不是居民点,而是祭祀综合体。此处很可能有蒙古汗的陵墓。要想最终解决这3座土城的用途问题,必须在上述土丘发掘探沟才行。

在这3座古城以东2公里的山中,有一处古代采石场,当初曾开采过大理石。这处采石场年代久远,这一点可从如下事实看出:开凿过大理石块的原岩表面由于外界环境长期作用的结果,已形成厚厚的石灰硬壳。根据现在还明显可见的痕迹看来,从原岩上开采大理石块的过程大约是这样的。先在大理石原岩露头上划出所需石块的尺寸,然后沿着划出的线用铁凿打眼。大理石上的凿眼有一定深度,均匀分布,彼此相距约1—1.5厘米。凿眼时,眼中的碎屑不断掏出,眼的深度不断增加。等将大理石块各边的凿眼打好之后,要将它从原岩上弄下来就不那么费劲了。这一步多半可能是在冬季进行的。冬季,注入凿眼的水结冰以后,会对凿眼的四壁产生压力。在这种压力作用下,凿眼间薄薄的隔壁裂开,与原岩离开。至于夏天,则可往凿眼中灌开水,当然在这种情况下石块脱开原岩所用的时间就会长一点。

石块脱开原岩之后,可用杠杆滑轮装置放到滚木或大车上,送到使用地点,再进一步加工。在离原产地约1.5—2米远的地方,确有一块已经离开原岩的石块。石块尺寸相当大:长约3米,宽约1.5米,厚约0.8米。据石块的尺寸判断,其重量当在10吨以上。要将这么重的东西移动,而且要放到滚木或大车上,必须要有特殊的滑轮式或杠杆式装置才行。有鉴于此,在这块石头与原岩相接的长面上有凿出的两个圆洞就很引人注目了。圆洞直径在15厘米以上,深度约 30 厘米。两个圆洞相距 2.5—3 米。根据石块的一般分布性质和与原岩相接面上两个圆洞的情况,以及圆洞间的距离和石块的尺寸判断,这两个圆洞可能是用来安装滑轮系统的。大理石块正是利用这套系统吊起来并装到滚木或大车上的。

前杭爱省。该省也有一批中世纪遗存,其中有几处已由谢·弗·基谢廖夫和呼·佩尔列考察过(如哈剌巴勒嘎斯和哈剌和林),因此我们的考察工作基本上只限于一般的观察,以便对这些遗存的外貌和地形状况获得一些印象。此外,我们还对位于哈剌和林西南 2—3 公里一个高而较缓的山上一座扎很布拉克古城遗址进行了观察。这一遗址自 20 年前被呼·佩尔列发现之后,概未有人考察过。该城呈长方形,四边环以土围子,由于时代久远而坍塌,现在勉强可以看得出。城内很多地方可以看到椭圆形的陷坑和人造的高台。在这些地方试掘探方,只发现了几块保存得很不好的骨头和一块厚壁泥塑陶器残片。不过在另一处地方有一堆田鼠打洞时刨出的土,在这堆土中我们居然发现了几块陶器碎片,于是决定在这里试掘探方。在试掘过程中,于 20 厘米深处竟获得大量家畜骨头,以及一些木炭粒。该处文化层的厚度为 5—10 厘米,文化层上覆盖着厚约 20 厘米的不育灰砂壤。探方面积最终达 2 平方米之广,结果在不育灰砂壤层又发现若干瓦片。与其他材料相比,这只屋瓦看来时代较晚。除此之外,在文化层中还发现一枚古色古香的小铁钉和一块一侧黏着大量渣滓的泥巴块。陶器中,主要的是泥质厚壁陶器,其制料中混有大量的石英砂。只有 3 块碎片是轮制陶器,其中 1 块为陶器颈部的一部分,上面有两条窄窄的竖光带。所有这里发现的陶器,口部均为侈唇,且带有稍厚实的椭圆形折边。另 1 块泥质陶器碎片上有一块画上去的几何图案。还有 1 块泥质陶器唇颇令人感兴趣:其折边上部以及唇外侧有一些连续的长方形小坑状压痕,这类压痕颇像契丹时代陶器上的压痕,但是制作技术不同。这种图案不是用滚动印模压制成的,而多半是用专用叶片刻上去的。总的说来,试掘探方过程中所得的陶器特征,首先是陶器唇部的形制和某些碎片上的图案,使我们可将该古城遗址的年代初步定在蒙古中世纪史上匈奴之后契丹之前这一时期。

我们曾对西部蒙古中世纪遗存做过粗浅观察,即使观察粗浅,也可确定,属于蒙古中世纪史上一定文化历史阶段的遗存,一般都具有该阶段所特有的外部特征。比如,上面已经指出,巴图青格勒苏木地区的整整一批古城遗址就具有共同的分布条件、地形面貌和几乎没有什么地面考古材料这一特点。所有这些均可使我们将这类古城遗址划入同一时期。回纥古城遗址和契丹古城遗址的情况也是如此。回纥古城可清楚地分做两部分。其中一部分一般较小,建筑雄伟,有特别高的人造平台,平台上留有宫殿综合建筑的废墟。这当是回纥封建主的宫殿和地方行政机构辅助建筑所在的所谓"禁城"或曰"内城"。"内城"的一边或几边(但不是四边同时)连有"外城"。"外城"中住有农民、工匠,还可能住有普通士兵。契丹古城则通常呈正方形,城围子上有四座大门。城围子的走向与方位相合。城内有两条主要大街,从东到西,从南到北,穿过全城,将全城分做四个大体相等的部分或区域。每个区域又由完整的街巷系统分成小型的、不全是相等的部分或街坊。全部契丹古城(当然尚需实践检验)就像蒙古包一样,有着完整的内部设计构图。这种设计构图,因其居民的社会经济地位不同而有着明显的不同。造成不同设计构图的实质在于,有的区域(多半在东南角)住着最贫苦的居民;有的区域(多半在西南角)住着工匠和士兵;有的区域(多半在东北角)住着当地的上层人士和行政人员;有的区域(多半是西北角)则是庙宇祭祀综合建筑物所在地。综上所述,可以看出,首先根据地形学资料,而后根据广泛的考古发掘资料,将蒙古中世纪古城遗址进行类型学分类,就是十分必要的了。

目前已知蒙古中世纪全部古城遗址,分属于以下各个文化历史时代:匈奴时代、回纥时代、契丹时代、元代和清代。看来,上述几个时代,远非中世纪蒙古所有的文化历史时代。这里根本没有蒙古境内最古老的原本居民即契丹人和蒙古人的直接祖先——鲜卑人、拓跋人和柔然人联合成为强大国家组织的时代。所以,必须特别注意寻找和从考古学角度仔细研究鲜卑人、拓跋人和柔然人的遗存。在这一方面,根据古代文字史料和我们所获得的考古材料,开始在北塔米尔河谷和南塔米尔河谷进行广泛的考古调查以探索假设中的柔然时代木末浩特和该阶段其他遗存,当是适宜的。自然不能排除这样的可能性,即上面已谈到的青格勒苏木附近木末—陶勒盖山旁的墓葬以及哈剌和林附近的索赫—布拉克古城,乃是柔然时代的遗存。此外,还必须对东部蒙古和东南部蒙古进行广泛的考古调查,那里最有可能发现鲜卑古城和拓跋古城。

最后,还应该注意一点,就是要继续收集资料,以便编绘由蒙古人民共和国科学院通讯院士呼·佩尔列顺利而及时地着手进行的蒙古人民共和国中世纪遗存考古地图。有关这项工作在学术上和实践中的益处无须再谈,因为考古学研究和历史学研究的全部实践早已证明了这一点。

将来,只有当上述任务或多或少得到解决之后,我们才能着手解决涉及范围更广、学术和实践方面意义更为重大的问题,其中包括:蒙古人民共和国及其相邻地区的民族起源问题;蒙古人民共和国中世纪早期的物质文化和精神文化发展问题;中世纪早期定居居民与游牧民的相互关系问题;蒙古人民共和国境内古代国家组织形成的社会经济前提和政治结构问题;蒙古人民共和国和欧亚大陆毗邻地区各民族在历史发展过程中的普遍性和特殊性问题,以及一系列其他同样重要和有意义的问题。

内蒙古哈拉浩特西夏遗址

[俄]彼·库·科兹洛夫

初访哈拉浩特遗址(1908 年)

哈拉浩特城堡终于出现在眼前。它坐落在由粗粒硬质的瀚海砂石构成的低台地上。城堡西北角高耸着一座大型尖顶"苏波尔盖"[塔——译注],在其周围的城墙上和城墙外还有一系列这样的小型"苏波尔盖"。越接近城墙,碰到的瓷器碎片越多,城市面貌被高大的沙丘所遮掩。但是一当我们登上台地,哈拉浩特美丽的外景就全部展现在我们眼前。

凡是从哈拉浩特西边来的考察家,都会被位于城堡西南角不远的一座穹隆顶小型建筑物所吸引。这座建筑物类似穆斯林教堂——清真寺。又走了几分钟,我们穿过与东城墙上的另一座城门斜对着的西城门,进入这座荒废了的城堡。城里,我们看到的是一片片正方形的荒滩——其每一片约三分之一维尔斯塔①。荒滩被高低不同、宽窄不一的许多建筑物废墟所分隔。废墟下是各种各样的垃圾,其中有一堆堆瓷器碎片。处处有"苏波尔盖",还可以清楚地看到用长时间焙烧过的黄砖砌成的庙宇基础。我们于是不禁对未来的考察充满了兴趣。

经测定,哈拉浩特的绝对高度为 2854 英尺(870 米),地理坐标

---

① "维尔斯塔"又称"俄里",一维尔斯特约等于 1.06 公里

为：纬度 41°45′40″，经度 101°5′14.8″。

哈拉浩特土城墙高 3—4 沙绳[①]，基部厚 2—3 沙绳，顶部厚 1—1.5 沙绳。少数地方可以看到堡垒孔的遗迹。在发掘过程中，城墙的某些地方发现修补和堵塞的痕迹。北城墙上有一缺口，其大小与人身等，骑兵差不多也可自由通过。

城堡内部分成若干正方形和通道。被人们称为"商业大街"和"主要大街"这两条街道及由它们支出的二等街巷，筑有一排排小土房，地基夯成密实的硬层。富裕户房屋一般很少见到。你只要朝认为埋有房子的某个圆丘挖一铲，往往就会在虚土里立刻发现草秸、席片、木桩等物。这证明，屋顶是早年从内部塌掉的。许多寺庙和其他建筑物都齐根毁掉了，形成许多圆形扁平堆积物。堆积物上覆有沙土、砾石和大批大小不等的单色或彩色的陶瓷器碎片，并杂有生铁、熟铁制品残断，铜器残断很少见，银器残断更为罕见。

寺庙台基通常用方砖或半方砖[②]砌成，坚固而美观。收集到的样品有：半方砖——重 18 俄磅（7 公斤）；方砖——重 36 俄磅（14 公斤）（后者未带回）；寺庙墙——为土坯墙，用重量和强度比砖差、体积比砖小的土坯立砌或横砌而成；房顶——铺有凸形瓦，瓦的基部和四边饰有中国图案。铺店平房中，考察队获得许多瓷器碎片（此后，俄国博物馆民族部曾用这些碎片巧妙地拼合成了许多茶碗和花瓶）、各种日用品或商品。这里还发现了许多铜钱、纸币，有时还发现祭祀用品。

有些废墟，如 1 号废墟，即集中在城堡东南角的那些废墟（那里可能驻扎过卫戍军），要比其他废墟高得多。卫戍将军估计可能住在城墙西北角的那些"苏波尔盖"旁。根据废墟情况判断，这座

---

① "沙绳"又称"俄丈"，1 沙绳约等于 2.134 米。
② 方砖每边长 8 维尔勺克，厚 1 维尔勺克。"维尔勺克"又称"俄寸"，一维尔勺克约等于 4.4 厘米。

将军府当时想必占地面积很大,建筑技术很高,很像一座庙宇。这里,城堡西北角,可能比较适宜哈拉浩特统治者居住。由此处到城墙顶部筑有一条阶梯,直通城墙高处,站在城墙高处,可将城郊四野一览无余。

我们所有的考察活动和发掘活动,都进行得非常谨慎,非常用心。地层中或地表上发现的每件器物,都会引起大家的共同兴奋之情。我永远也不会忘记,当我用铁铲挖掘几下就发现一幅绘在尺寸为 0.081×0.067 米布帛上的佛像时,心中充满的那种惊喜情绪。

"它画的是一个佛教和尚,看来当是一位印度大师,因为从年代学方面看来,不会是西藏大师,否则只能是像米拉日巴(Ми-ла-рай-ба)或他的师傅米尔巴(Мир-ба)这样的古代大师。当然,这也可能是一个当地的大师。佛像画虽然磨损甚烈,但其总的轮廓依然十分清晰,并通过附图(由尼·米·别列佐夫斯基临摹,临摹画十分准确)得以再现出来。原图虽然肯定不免有些褪色,但仍可准确无误地断定图案中的色调。

"这幅佛像画的最显眼之处,在于它的整整一系列细微末节都宛似孟加拉小型精细佛像画,而后者早在十至十二世纪就已出现。它们二者的造型都同样圆润,头顶上的光轮和背景上的落花都属于同一技法。"[①]

除这幅佛像画外,在 1 号废墟还发现了一些粗笨的金属小碗和一些西夏文手稿残卷。当然,我们最感兴趣的还是作为某种历史文献的抄本。从这种含义上说来,"苏波尔盖"A 的发现物最为

---

① 谢·费·奥尔登堡:《从哈拉浩特遗址运来的佛像画》,见《俄国地理学会通报》,第 45 卷,第 471—474 页(1909 年)。尼·米·别列佐夫斯基临摹准确的附图就刊载在该书中。同一作者:《哈拉浩特佛教肖像学资料》(西藏画法佛像)。文中附有 6 幅附图和 25 幅插图。见《俄国民族学资料》,第 2 卷,1914 年。

丰富,最为珍贵。这里的发现物有书籍三卷,西夏文抄本近三十册,保存完好、色彩鲜艳的《阿弥陀佛出世图》画卷的典型画像一幅,附在本书中的插图和中国式的画像就是据此而复制的。在此后的发掘中,又发现了一些颅骨形小雕像,一件美妙的大型笑面假面具和一系列其他头像及假面具。大型假面具为饰金佛像头部,绘有深蓝色的头发。它双眼睨视,说明制作技术是非印度式的,虽然其他各点都还严格遵循着教规典范。此外,还发现了一些绘有佛像之类的小木板和一件中国式的小型石雕佛像。

在"苏波尔盖"B中,我们发现了几枚玻璃状眼珠,这想必是从年久失修的泥塑佛像上脱落下来的。这里还拣到一枚琢磨精致的水晶或黄玉制成的眼珠,并发现了一些其他地方尚未见过的大型扁平状"察察"[①]。

哈拉将军府附近城墙上的"苏波尔盖",就像成组分布在城堡西北角的那些大多数"苏波尔盖"一样,底部也留有大批"察察"。

土尔扈特人推测说,3号废墟中当年住的是穆斯林,他们在城外西南角建起了清真寺。3号废墟中出土有波斯文抄本若干页。谢·费·奥尔登堡院士断定:"其中最为有趣的一页是著名的《七贤人故事集》亦即所谓《基塔勃—依—辛德巴德》的片断。"

此后,这里还发掘出一些伊斯兰经文抄本和一件艺术化的编织物,其图案已由尼·米·别列佐夫斯基临摹下来。编织物边缘部分,与敦煌的晚唐、宋代壁画有一系列相似之处。编织物的内里部分与中国、印度风格有许多相似之处。有两道编织带具有伊斯兰色彩,或曰典型的波斯色彩。谢·费·奥尔登堡指出:"我们获得的这件物品至少当是十三世纪的制品。"

哈拉浩特城堡内空地上最常见的是各种大小、各种质地、各种

---

① "察察"系指不大的主要是很小的泥塑神像。

形状的陶瓷器碎片。有一件绘有装饰图画的巨型陶器十分有趣，看来当是一件盛放饮料，很可能是最必需的饮料——水的陶器。我们在地表上常可拣到硬币——铜钱、串珠、玉块以及各种零碎物品，一句话，现在收藏在俄国博物馆民族部的全部出土物都是在那里拣到的。

掩盖哈拉浩特的风沙主要来自北部。在北城墙和东城墙内外，堆积的细沙最高。这只要指出一点就够了：不光是人，就是骆驼也可以自由自在地登上东北角和西城墙顶上，从某几处地方还可以同样轻松地走下来，进入城中。街道齐整的城关紧靠在城墙东边。一条通往波罗浩特的大道把城关分成南北两大部分。

早先，想必有两条小河一南一北流经哈拉浩特，到北边汇合成一条河流，流进北方的盐碱地盆地中。

考察队在哈拉浩特遗址渡过几天后，便获得了种种丰富的物品：书册、信函、文件、金属钱币、妇女装饰品、某些家具和日用品、佛教崇拜画像，等等。至于数量，我们搜集的考古资料一共装满 10 个一普特①重的邮箱，准备以后运往俄国地理学会和科学院。

此外，我还利用土尔扈特贝勒对考察队的好感，立即通过蒙古邮政往大库伦（而后到彼得堡）寄去几宗并行的邮件，报告了哈拉浩特事实上已被发现的消息和在这里发现的出土物情况，并附去文字②与佛像样品，以便尽快得到研究和鉴定。有一个问题强烈地

① "普特"又称"俄担"，1 普特约等于 16.38 公斤。
② 阿·伊·伊万诺夫［伊凤阁］写道（见《哈拉浩特发现的唐古特抄本》，载《俄国地理学会通报》，第 45 卷，第 463—470 页［1909 年］）："彼·库·科兹洛夫寄回的器物中，有一些汉文佛经残叶，一张中文草书字据，2 小片藏文残叶和 11 册西夏文手稿……
　　4 页雕版汉文佛经……
　　5 页写满汉文 gatha（诗行）的书叶……
　　1 页用汉文草书书写成的缴费字据。印记无法辨认……
　　《华严经》残卷。作者为龙树。
　　周朝（951—960 年）太祖皇帝广顺年间（951—954 年）所辑译本前言……
　　《佛说父母恩重经》残卷。"（转下页）

吸引着我们:这座废墟存在于什么时代? 它的居民是些什么人?

对于"哈拉浩特的居民是些什么人?"这个问题,现代居民——土尔扈特人一般都回答说:"中国人。"而对于我们的反问:"中国居民与城内废墟中发现的佛教崇拜画像是不相容的",他们回答不上来。这显而易见的矛盾使他们有些为难。只有一点,土尔扈特人敢于肯定,这就是他们的祖先所看到的哈拉浩特与我们现在所看到的样子完全相同:一座中国式的城堡,按东南西北方位构筑起高大的土城墙,位于岛状台地上,从前额济纳河的两条支流从它的南北两面流过。所剩无几的河水沿着弯弯曲曲的斜槽状河床向东,而后向东北,最后向北流入沙漠,流入与现在的索果淖尔湖和嘎顺淖尔湖区域盆地处于同一水平线的"哈登和硕"盐碱沙漠盆地。这条河上游的干河床在鲍托克白列克地方也可以看到。

民间关于"哈拉浩特"或"哈拉板申",亦即"黑城"或"城堡"的传说如下:

"哈拉浩特城的最后一位统治者——巴特尔[②]哈拉将军,凭借自己战无不胜的军队,企图夺取中国皇帝的宝座,结果中国政府被迫派大军进行抵抗。皇帝的大军与巴特尔哈拉将军的军队在哈拉浩特以东、现在的阿拉善北部边界附近的沙尔扎山中进行了一连串战斗,结果哈拉将军失利了。皇帝的大军占了优势,迫使对方后退,一直退到最后的立足地哈拉板申,并包围了这座城堡。围攻城堡之战持续了多长时间,无从知道,反正城堡不是马上就被攻占的。皇帝的大军无法攻下哈拉浩特,决定截断城中的水源,为此将上面提到的从南北两方流经该城的额济纳河引向左面,向西流去,把原先的河床用沙包堵塞。那里至今还留有拦河堤坝,不久前土

(接上页)还可参阅伯希和《科兹洛夫考察队哈拉浩特中国发现物资料》,见《亚洲通报》,1914年,5—6卷,巴黎。

② "巴特尔",蒙语"勇士"之意。

尔扈特人还捡到过沙包碎片。

"河水被截断后,被围在城里的人们开始在城内西北角掘井,可是一直掘了 80 丈深,还是没有掘出水来。在这种情况下,巴特尔哈拉将军准备跟敌人决一死战。为了以防不测,他利用掘好的这口井,把自己的全部财宝都扔进去藏了起来。据传说,不算其他财宝,光银子一项,就不下 80 车,每车 10—30 普特。而后,他毒死了自己的两个妻子以及一儿一女,免得被敌人污辱……完成上述准备工作之后,巴特尔下令打开离埋藏财宝之地不远的北城墙上的缺口。他冲出缺口,带领士卒,直扑敌人。在这场决战中,哈拉将军阵亡了,他那当时被誉为'战无不胜'的军队也覆灭了。皇帝的大军占领城堡之后,像通常那样,把全城洗劫一空,但是那些掩埋了的财宝却一直没有找到。据说,尽管邻近城堡中的中国人以及蒙古人也不止一次想找到这批宝藏,然而这批宝藏却至今毫无着落。他们把自己的无效之举归结于哈拉将军本人留下过咒语。当地人确实非常迷信咒语,尤其是在探宝人最后一次寻找宝藏时不但没有找到宝藏,反倒碰到两条红绿鳞闪闪发光的大蟒之后。"

时间在有意义的事情中,在各种考察中过得很快。预定离身的这一天终于来到了。我们真不舍得离开被我们称为"我们的"这个哈拉浩特。我们同它那隐藏的秘密,有一些已被我们揭开,已经熟悉了,习惯了,相处得很好了。很奇怪,在这座古代废城与我们之间,似乎已经建立了一种不可言传的精神上的内在联系。

经过一小会儿讨论,我决定让阿·阿·切尔诺夫在哈拉浩特再呆两昼夜,并让阿·马达耶夫帮助他,我自己则要尽快地去会见土尔扈特贝勒。

离开这座城市的前一天晚上,在大家一起喝茶的时候,我求巴拉登札萨克派来的向导——一个喇嘛为我们的第二天算一卦。喇嘛立即拿起一根羊胛骨,放到火上烤黑,直到出现裂纹才拿下来,小心翼翼地放在自己身旁,然后左手拿起羊胛骨,右手用一根草茎顺着裂纹划来划去,并说出预言:"明天队长有两桩喜事,一大一小。大喜事是要发现一批丰富的发掘物;小喜事要在半路上的大宿营地发生,队长会打到一只很好的野兽。"应当指出,这两项预言都完全实现了。彼·雅·纳帕尔科夫与阿里亚·马达耶夫在"苏波尔盖"A发掘出一批丰富的抄本和一幅《阿弥陀佛出世图》画卷,我也在去托罗依—翁茨的路上真的打到了一只美丽的大角"哈拉库柳克"……

我们在大宿营地同伴们的焦急等待中赶到了那里。一到那里,我们就赶快为两名哥萨克收拾食品,为我们这些哈拉浩特隐士们收集饮水,同时开始为横跨沙漠走向阿拉善衙门的艰苦行程做准备工作。

3月23日早晨,旧土尔扈特达希贝勒(土尔扈特贝勒官职的全称)作为贵客来到我们营地。

第二天,我们用全天的时间来处理各式各样的事情:写有关情况的报告,其中尤为详细地涉略到了哈拉浩特的情况,把一些抄本和佛画像(恕我再说一遍)即刻打包发往彼得堡。前一天刚刚带着珍贵的补充发掘材料由哈拉浩特赶来的地质学家阿·阿·切尔诺夫,也就自己的工作情况写了专门报告。

托罗依—翁茨流传的有关某个欧洲考察队似乎从大库伦出发到固尔班赛汗的消息,使我们在草拟给地理学会和科学院的全部报告时显得尤为小心谨慎[1]。

3月25日早晨,我们终于决定去拜访土尔扈特贝勒。

与此同时,天气一天天暖和起来。但是总的说来,出土的植物仍然显得那么战战兢兢,这是因为它们的生长在很大程度上受到

---

[1]《来自彼·库·科兹洛夫领导下的蒙古—四川考察队的消息》,见《俄国地理学会通报》,第44卷,第7集,1908年,第453—466页。

几乎天天都有从东方或西方刮来的暴风或大风影响的缘故。

在这种气候条件下,要等待我们已经来到其边缘地带的阿拉善沙漠能够尽早炎热起来是很难的,因此我们决定不急于南下,而最好再花几天时间对我们那神奇莫测的哈拉浩特进行一番补充考察。基于这样一种考虑,我于3月28日再一次派出我们的3名年轻同伴到废城,让他们完全自主地去进行发掘工作。我自己和切尔诺夫、纳帕尔科夫则在托罗依—翁茨再逗留一天,以便从从容容地写完给地理学会和科学院的信件及报告。地质学家切尔诺夫的报告也由一篇短小的札记变成了一篇详尽的文章,直到第二天夜里又写了一夜才告完成。

3月29日早上,我们朝着正南方向出发了。天气阴暗而寒冷。强劲的东风使气温下降了,空气也由于黑压压的沙尘而变得浑浊。

正是这种多半是从东方或西方地平线沙漠中刮来的大风,才把越来越多的沙子推向哈拉浩特。沙丘后浪赶前浪,越过废城的城墙,日益加厚,掩埋了城堡中的各种财物——寺院房屋、"苏波尔盖"等大大小小的次要废墟遗迹。

再过10—20年,来古城哈拉浩特进行考察的新一代考察人员们看到的将是另一幅景象:沙漠覆盖情况变化更大。

在返回哈拉浩特的途中,我们发现了另一座城堡遗址。其城内面积为长50步,宽60步。人们传说,住在哈拉浩特城附近的农民曾在这里住过。我们越走近哈拉浩特,这位沉静而酣睡的朋友对于我们就越有吸引力和感召力……我们熟悉的屹立在城堡西北角的那几座"苏波尔盖"的尖顶显露出来了。我登上台地,指示队伍向城堡西门前进,自己则催马沿着小路径直向北面的缺口走去。进了缺口,不一会儿就到了我们的考古工作者营地。当时他们正在城堡的东南角工作。一股尘土在3位辛勤工作的人上空高高卷起……

阿里亚·马达耶夫新发现了一批笨重的金属器物,如椭圆形铁板、马蹬、铜钱,还有抄本等等。这批有趣的发现物使我十分高兴。我们大家支好帐篷,喝过茶水,就开始干起来,每个人都发挥了很高的积极性。

第二天,考察队全体成员又分散到全城各个角落去进行发掘。青年哥萨克索德鲍耶夫考察了南城墙,遇到了一间隐蔽在城墙中的尖顶房间。这个房间是空的,只在窗台上留有一枚铜钱。后贝加尔人单独一伙在1号废墟东北百步远的地方努力挖掘着。他们掘开了一些古代建筑遗址,发现了几件器物——"瓦其尔"、捻珠、小碗、秤砣、锤子等等。大个子萨纳科耶夫则在"苏波尔盖"A附近进行发掘。那里当年可能有一些附设建筑物,建筑物中有大型泥塑佛像①。萨纳科耶夫的那尊小小的中国式石雕佛像就是那里得到的——这尊佛像已在上面提到过。

正当我们收拾最后一批发现物,打算很快就拔营出发时,几位自愿参加发掘的蒙古人给我带来整整一沓子样式相同、大小不等的中国纸币,纸币上加盖有朱红官印。这一沓子纸币是在"商业大街"附近住房外面杂有牲口粪便的干沙土(其厚度有15厘米)下发

---

① 《彼·库·科兹洛夫在哈拉浩特的发现物》,第3部分,《中国元代纸币式样》,弗·柳·科托维奇著,见《俄国地理学会通报》,第45卷,第474—477页(1909年)。弗·柳·科托维奇写道:"彼·库·科兹洛夫寄来的物品中,有8张元代(蒙古王朝,1280年—1368年)国家纸币("宝钞")。元代广泛使用纸币这一事实,由于马可·波罗游记中的有关叙述(第2部第24章),由于这位旅行家著作的注释家们——玉耳、鲍迪埃、考古学家帕拉迪和一系列其他学者如布塞尔、日本人小田三郎的研究(这些学者从中国史料中摘引出不少有趣的记载),而广为人知。然而这些学者却没有发现一张元代纸币,只有布塞尔打听到一个山东人似乎收藏过。这样,彼·库·科兹洛夫的发现物就成了珍品。"

弗·柳·科托维奇在该文结束时写道:"上面描述的纸币,除了其基本意义——提供了蒙古人滥发于被统治各国首先是中国的不兑换纸币的初期式样外,还有着另一个重要性:在哈拉浩特发现这种纸币,为证明这座城堡存在于1287年—1368年期间提供了证明。"阿·伊万诺夫[伊凤阁]的《十五世纪以前中国的纸币流通》一文(文中有3幅插图,见《俄国民族学资料》,第2卷)第1页注脚有如下一段话:"对十四世纪纸币的描述,是以彼·库·科兹洛夫在哈拉浩特发现的收藏品式样为基础的。"

现的。我们把这批新的有趣发现物归并到其余的发现物中,最终打捆好我们那些装满哈拉浩特古物珍宝的箱子,出发赶路了。

再访哈拉浩特(1909 年)

从定远营到哈拉浩特的全部沙漠行程共 550 维尔斯塔,考察队日夜兼程,只用了 19 天就赶完了路程。

这次我们的宿营地不像上次那样设在古城的中心,而是设在稍稍靠近城内西北角的一所大平房附近。在我们不在的这段时间,谁也没有来访问我们亲爱的古城:各处遗址仍然是我们离开时的样子。我们从废墟和垃圾中发掘出并留下的那些多余器物也无人触动。

我打算在这里发掘一个来月,于是同依旧住在离哈拉浩特二十余维尔斯塔远的额济纳河畔的土尔扈特贝勒重叙旧好,并从他那里得到保证,协助我们雇佣掘土工人,雇佣土尔扈特人每天为我们运送额济纳河水和供应羊肉。由于人手增加了两三倍,因此不但要消耗大量的饮用水,而且还要消耗大量的羊肉。

荒废的古城复苏了:人来人往,工具鸣响,尘土飞扬。每天中午都有毛驴队从额济纳河谷地运来饮水和食品,给我们带来消息。有时,土尔扈特贝勒府官员也来造访,看看我们这些俄国人在古城中是如何生活的。

我们也很想让近亲远友和社会机关对我们的情况有所了解。我决定从哈拉浩特发出最后一批邮件,给地理学会寄去报告,给大库伦和俄国寄去信件。

不仅是我的同伴,就是那些当地工人也很快就对发掘工作充满了兴趣。我们言必谈哈拉浩特:晚上谈一天的收获,早上谈一天中可能得到的收获。我们照旧黎明即起,在相当凉爽的时刻工作,中午我们休息,否则在热不可耐的钟点将疲惫不堪,因为这个时候的背阴温度达 37℃多,地表日晒温度可到 60℃。

我们的司务长伊万诺夫发生了不幸事件——从驼背上重重地摔落下来。他的身体本来就已经很虚弱了,现在由于气候闷热,更感不适,以致使人对他的生命感到严重不安。热风卷起的沙尘也使所有的人着实难以忍受。

我们在古城遗址中度过的近一个月内,只下过一次大雨——凝滞的空气为隆隆震耳的雷声驱散,大地被雨水浇湿。

发掘工作按照预先拟定的计划进行着:蒙古族工人在我的同伴——布里亚布人的关照下,有计划地对几条街道上分布的平房遗址进行挖掘,有时还试图在我指定的地方开掘几眼探测深井。俄罗斯人则除了在城内进行发掘外,还在哈拉浩特城外或远或近的地方进行发掘。

就像上次一样,这次也出土有日用器物、简单的奢侈品、祭祀品,以及字据、文件、金属货币和纸币等等[①]。纸币在各个店铺遗址中都有发现。

通常,当你缓缓地漫步在死一般寂静的街道上,向用碎石子铺成的像花纹地板一样的地上望去时,你会有一种眼花缭乱的感觉,你看到的一切都会变成一片灰色。当你举目四望,慢慢迈动双脚继续向前走去时,就会发现有一片陶瓷碎片在闪闪发光,还会发现一枚串珠,发现一枚铜币,再往远处会发现一件绿色的东西,那可能是一件玉制品。你小心翼翼地用双手刨出这件发现物,久久地欣赏着它那奇异的棱角和从未见过的形状。从沙层中出世的每一件新发现物都会在一个人的心中激起一阵不平常的愉快之感,都会激起其他人更积极地进行发掘的愿望。

[①] 在发掘哈拉浩特遗址的过程中,我们曾发现十分有趣的夜蜥蜴、草原蟒和蝙蝠。

在这段期间,我们还遇到一处隐蔽的藏经地。它坐落在北城墙西数第三座有侧翼防御孔的塔楼内。揭去倾塌的天花板和一层破碎的布料之后,出现了如下情景:正对塔楼的入口处是一件半坍塌的供桌和几处佛像基座,在保存完好的墙壁下部可以看到绘有若干幅圣像和一只双头绿鹦鹉的壁画。[①]

后来,我们终于被那些清一色的无聊发现物弄疲倦了,大家的劲头有所减弱。于是,我们开始进行新发现地的勘察和新发现物的归拢工作。最后轮到发掘坐落在城堡外面、离西城墙 4 维尔斯塔远的干涸河床右岸上的一座"苏波尔盖"了。

就是这座大名鼎鼎的"苏波尔盖",后来吸引了我们的全部注意力和全部时间。它使考察队获得了一大批东西:一整套书籍、稿卷、手稿,许多幅(达 300 幅)画在麻布、细绢和纸上的佛像。在"苏波尔盖"内乱放着的书籍和画像之中,还发现了一些金属铸像和木头雕像(其技巧有高有低)、雕版、"苏波尔盖"模型和其他许多东西。尤为壮观的是一件壁毯佛像,那简直是一件高超的纺织品艺术标本。由于这些发现物是在极为干燥的气候条件下得以完整地保存下来的,它们的珍贵价值就更大。大部分书籍和手稿在地下埋藏了几个世纪,仍然能像圣像画那样保持其鲜艳的色泽,这确实令人惊异不已。保存完好的不只是书页,还有那些多数呈蓝色的纸制或丝制书籍封面。

当你看到从这座"苏波尔盖"中取出的这幅或那幅佛像,这本或那本书册,或者单个的塑像,特别是铜像或饰金像时,心头会涌出多少欣慰之情和欢愉之感啊。有两幅用中国技法绘在网状布料上的佛像给我和我的同伴留下了强烈印象,这印象就如同上面谈到的那种幸福之感一样,我是永远也不会忘怀的。

---

① 这座佛塔,据谢·费·奥尔登堡院士的结论看来,"很可能是寺庙中被填塞了的一部分。从照片上判断,墙壁下有过三座塑像:或是一尊偶像与两尊菩萨像或弟子像,或是三尊菩萨像。"

我们打开这两幅画卷,立即就有画在淡蓝色和淡红色背景上的精妙跌坐佛像展现在我们眼前。两尊佛像画得那样生动,那样富有表现力,那样完好,我们看了很久很久——它们简直好得无与伦比。但是一当我们拿起其中一幅画卷的边缘时,画像上的颜料立刻就脱落下来,佛像的全部魅力也就随之像一道轻淡的幻影而消失殆尽。前一刻还是那么美好的现实,现在却只剩下淡淡的回忆。

大名鼎鼎的"苏波尔盖"中发现的全部宝藏,可能是一个宗教界人物的随葬品。这个宗教界人物的尸骨置于墓葬建筑物北墙附近稍稍高于佛像底座的地方,圆寂时成跌坐式。其头骨已被我们收藏起来[①]。

藏在大名鼎鼎的"苏波尔盖"中的全部宝藏——书籍、佛像画、塑像和其他器物,当初可能是散放着的。只是在散放物的下边才稍有些秩序:一部分泥塑像放在同一高度上,面孔朝里,就像喇嘛面对层层相叠的几百页西夏文抄本在念经一样。

"苏波尔盖"里的收藏物越往上越杂乱无章:一堆一堆的书册或者挤放在一起,或者跟放在木头突出物上的画卷挤放在一起。无论书册,无论画卷,都堆成各种形状,杂放在其中的塑像也是如此。只有在"苏波尔盖"底部发现的几册书是用绸子仔细地包扎起来的。

这里还保存有大量的小型铜像、雕版、雕版所用的木板和"苏波尔盖"模型。

总的说来,大名鼎鼎的"苏波而盖"中出土有考察队所拥有的一切物品,特别是书册和佛像画,出土有谢·费·奥尔登堡院士撰写《哈拉浩特佛教肖像画资料》一文所需要的一切资料。全部出土

---

① 参见费·康·沃尔科夫:《哈拉浩特"苏波尔盖"中的人骨架》。文中附有 3 幅照片,原载《俄国民族学资料》,第 2 卷,1914 年。

书册、抄本和画像清单尚未整理出来，但是可以毫不夸张地说，书册、画卷和单页手稿的总数当在 2000 卷（份）以上，至于佛像画，则如上所说，可达 300 幅。

这座"苏波尔盖"高出地表 4—5 沙绳（8—10 米），由塔底、突出的塔身和圆锥形（由于时间关系或人们的好奇，已经半损）塔顶组成。塔底中心竖支着一根木柱，柱顶无任何装饰。

我在用全部时间致力于详细考察唐古特王国首府的同时，对这座废城的近郊也甚感兴趣。据说，近处有一座"波罗浩特"遗址。为此，我的同伴贡布·巴德玛扎波夫带领两名蒙古人到东北方向作了一次调查，①并带回一批戈壁沙漠中当地人生活情况的补充资料。原来，在很久以前，当建在流向东北方向更远地方额济纳河岸边那片广阔宜人绿洲上的哈拉浩特城正处于欣欣向荣时代的同时，建在额济纳河河床左岸离哈拉浩特东北方向 20 维尔斯塔的波罗浩特镇也同样生气勃勃。

我们利用同当地人会面的一切机会，经常向他们打问有关哈拉浩特的情况，当然也打听是否有人先于我们而访问过这座古城遗址，是否有人曾发现过有价值的器物等情况。关于这些问题，我曾听到过许许多多各种各样的故事，但是有重要价值的故事却很少，概括起来大体如此。

首先，额济纳河土尔扈特人毫无知识，十分迷信，他们由于害怕哈拉浩特的鬼神，害怕被这些鬼神迷住，从来不敢到那儿去看一看，尤其不敢独自前往，更不敢到那儿去发掘什么东西。

土尔扈特人说："我们之中也有一些胆大的人，他们集合起来到哈拉浩特挖掘过，找到过一些东西。找到的不过是些青铜饰金雕像、银锭和少数别的东西。但是有一天——就是一年前的一天，

---

① 他们是沿着为沙漠堵塞的旧河床，或者确切点说，是沿着额济纳河的一条支流前去的。

有个胆大而幸运的老太婆，居然在那里找到 3 串大串珠。这件有趣事情的细节是这样的：

"老太婆和她的儿子们一起去寻找走失的马匹，他们遇上了暴风雨。为了躲避暴风雨，在偶然情况下来到哈拉浩特城墙下，在城墙的遮护下过了一夜。第二天一早，暴风雨停息了，他们准备返回额济纳河畔的家中。但是在动身之前，他们想要逛逛这座古城。结果在遗址中行走时，老太婆看到光天化日之下有一些银串珠在闪闪发光①。她把这些银串珠欣赏了一番，就挂在自己的脖子上。

"回到额济纳河畔以后，全体土尔扈特人就立刻知道了这件事，都纷纷前来观赏这件有趣的发现物。一个土尔扈特人甚至看出了这些串珠的真正价值，劝说这位幸运的老太婆不要轻易脱手。

"后来有一个普通汉族商队带着大批各式各样的商品来到这里。土尔扈特人立刻把这件事——老太婆找到了串珠的事告诉汉人。起初这些贪得无厌的商人还装模作样地对串珠进行挑剔，但是那个土尔扈特老太婆毫不让步，最后汉人用商队带来的全部商品换走了串珠。

"那个劝说过老太婆的土尔扈特人得到了老太婆的重谢。在高兴之中，乡亲们也分别得到了一件换到的商品。"

大名鼎鼎的"苏波尔盖"中的发现物，不但将有助于说明唐古特人首府及其居民的历史，而且将有助于说明别的许多情况。我们整理好这些发现物，仔细地考察了哈拉浩特的全部街道和房屋，开始准备上路了。我们的运输队规模变得很大，使人不禁担心是否能完整地运回祖国。

1909 年秋，蒙古—四川考察队打包成大捆的全部科学成果、全部收藏品，都安全运抵圣彼得堡，送进刚刚赶建成的地理学会所在

① 一场暴风雨过后，地表就会发生显著变化，或者从沙漠下显露出来，或者为沙漠所掩盖。在这种情况下去考察遗址，一般说来更有趣，收获也更大，正像获得珠串的那个老太婆所遇到的情况那样。

地。第二年，1910 年初，考察队搜集的全部学术资料都公开展出了①。

以后不久，大部分哈拉浩特收藏品被送进俄国博物馆民族部，小部分——书册、画卷、抄本则送进俄国科学院亚洲博物馆。

与此同时，弗·柳·科特维奇对哈拉浩特出土的蒙古遗存作过如下论述：

"1226—1227 年，唐古特人或曰西夏人被成吉思汗击败之后，拼入蒙古人建立的强国之中。尽管被击败，但是这个地区的民族文化生活仍未消失，关于这一点，大批用独特文字写成的唐古特著作可资证明，不过，在唐古特人迄今为止所受的影响（主要来自中国和西藏方面）中，又增加了新的成分——来自蒙古的影响。这一影响不只局限于政治上的相互关系方面，其特征在某种程度上还可以通过彼·库·科兹洛夫所领导的蒙古—四川考察队在哈拉浩特发现的蒙古文献看出来。

"这些文献不署确切日期，但是通过它们在古文字学方面的特征，以及与蒙古人在中国发行的纸币同时出土这一事实，可为将这些文献的年代断定为蒙古人在全世界建立统治的时代即公元 1368 年之前提供依据。这样一来，彼·库·科兹洛夫的发现物，就为我们已有的为数甚少的真正属于这个时代所有的蒙古文献做了重要的补充。迄今为止，我们拥有的详细资料（按来源或出土地区计）有金帐汗国的、波斯的、东哈萨克斯坦的、西伯利亚的、中国本部的和蒙古北部的；我们拥有的铸有蒙古文字的钱币有金帐汗国的、波斯的和格鲁吉亚的。现在还需加上一个新的地区，即唐古特地区的。

"哈拉浩特发现的蒙古文献总数在 17 件左右；其中有十余册

①《俄国帝国地理学会 1910 年工作总结》，第 54 页、56 页、57 页、58 页，附有 4 幅插图。

小残卷,1本34页的小手抄本(14×5.7厘米),其余的是一些有10—12行文字的残页。这批文献开本很小,其内容也是各种各样的。

"上面提及的那册小手抄本是一册推算吉凶的占卜用书。这册书的式样与中国现在仍然沿用的占卜书一样。这册书的主人看来懂汉文,因为书中随处写有用汉字或蒙古文注释的汉语词汇。书末还用汉文写着若干付兽医药方。这些药方对于一个蒙古牧民来说想必很感兴趣,因此被写入他经常用到的(这可用书的破损程度上看出)占卜书中。

"有一张残页上印有14行具有训诫意义的文字。根据可以辨认的部分看来,这当是成吉思汗的遗训。这类训诫,至今仍有各种版本在蒙古各部落中保存下来。从这张残页判断,训诫当是蒙古人在很早以前写下的,可与口头传说一起为十四世纪初著名的波斯历史学家拉施特丁在撰写关于蒙古人的著作时叙述成吉思汗遗训提供资料。残页上似有成吉思汗的名字,但可惜该处遭损,只剩'成'字的上半部分。'成'字依据公文礼节要求系写在竖行的上方,这种礼节形式是从汉人那里借用来的。不过成吉思汗著名战友博尔吉(拉施特丁作布尔吉诺彦)的名字却完整地保留下来,看来残页上留下的训诫当是对他说的。残页上的每一行均以相同字母起始,这是蒙古文诗歌作品中常用的手法,因此,这个版本是对成吉思汗训诫的诗歌改写本。这段训诫在其他版本中尚未见到。

"这张残页的背面印有5行有关法律内容的文字(第3章第15页),看来当是关于某个机构职能方面的定义,其中还夹杂着汉语术语。

"大部分文献是往来事务公文:赠礼信函,告发盗马的状子,两张有借债人、保人和证人名字和印章(钤记)的借贷小麦的契约。

这两张契约用东突厥斯坦发现的畏吾儿人来往事务公文中常用的那种固定格式写成,可见蒙古人在借用畏吾儿文字时,也借用了这种格式。除了这些纯属风俗习惯方面的细节外,上述文献中还有一定数量的人名,其中有一部分是唐古特人的名字。由于唐古特文至今尚未解读开来,而汉文著作和文献在转写人名时又常常不免有所歪曲,因此蒙古资料有助于弄清唐古特语言的特征,并且尽管蒙古文字母表不那么完善,但至少也可以以最接近的形式拼写出这些名字。我们试将这些名字中的一部分列举如下(尽量列出各种读音形式):乔索诺(卓索诺)、萨萨(卡萨)、伊西·南布(伊希·南波)、南布(安波)、苏图·希(库图·希)、强·苏南(常·库南)、苏·萨兰巴图(索奥·萨兰巴)、新·库力;这些名字也不一定都是唐古特人名字。

"哈拉浩特发现的蒙古文献是用所谓畏吾儿文写成的,具有流传至今的大约为同期畏吾儿文献所具有的那些特征。这再次证明,蒙古人在学习畏吾尔字母时,最初对这种字母丝毫未作改变,在以后相当晚的时代才出现现代蒙文所具有的特征。

"而最为有趣的是在哈拉浩特文献中发现了两小张印刷(雕版)物残页。在此前不久,我们还不曾发现早于十七世纪的蒙古雕版印刷物。只有到了 1907 年,卡·吉·曼内海姆才在东突厥斯坦发现过一小张有关佛教内容的蒙古雕版印刷页,该页印有藏文方块字,属于蒙古人统治全世界的那个时代。现在,我们则拥有与之同一时代的用畏吾儿文撰写的蒙古雕版印刷物的样品。由这些样品可以更为直观地确定蒙古文字母与畏吾儿字母的共同点;我们可以看到其中有 M 的老式写法——竖划断开。

"如此看来,哈拉浩特文献的有趣之处不仅在于其内容方面,而且还在于其形式方面。"

这部著作的作者谢尔盖·费多罗维奇·奥尔登堡院士还满怀

盛情地宣布说:"彼·库·科兹洛夫在哈拉浩特发现的许多有意义的物品中,著名的波斯文作品《七贤人》(《基塔勃—依—辛德巴德》)片断占有重要位置。这部闻名于东西方的著作起源于印度,在阿拉伯人和波斯人中广泛流行,许多阿拉伯和波斯诗人都用这一题材写过诗作。我们知道,这部作品在突厥世界和蒙古世界流传过,但是对于《七贤人》在这些地区特别是在蒙古地区的流传途径却缺少直接证明材料。现在我们可以看到,在唐古特人中曾有波斯人居住过,波斯人传入了这本书的波斯文本,而后,看来又传到蒙古人之中。随着时间的推移,我们很可能将在西藏找到其踪影。这样一来,这部作品在亚洲的流传圈就差不多可以封口了。有了彼·库·科兹洛夫的发现物,我们谈论起这部所谓"漫游小说"的各种流传途径以及有关它以文学再加工形式——不仅仅是转述而已,在各民族间辗转流传的意义时,就很有把握了。"

谢·费·奥尔登堡院士说[1]:"彼·库·科兹洛夫上校于1908年和1909年在发掘哈拉浩特时发现的一批佛像画和佛雕像,对于佛教肖像学具有杰出意义,这促使我推迟对这批杰出收藏品进行详细和细致的研究工作,而立刻接受俄国博物馆民族部管理科的建议,对我们这位著名的中亚和西藏考察家最珍贵的发现物进行一番大致的描述。

"在我尽自己可能进行的这番大致的描述中,对肖像学资料进行了分类,对一部分文献进行了描述。我以为这番描述,尤其是在附录照片的帮助下,将使丰富的新资料成为一种科学常识,并为我们的佛教艺术史打开新的一页。"

---

[1] 谢·费·奥尔登堡:《哈拉浩特佛教肖像学资料(西藏画法佛像)》,文中附6幅附图和25幅插图。见《俄国肖像学资料》,第2卷。

苏联康堆元代宫殿遗址

[苏联]谢·弗·基谢廖夫

康堆城外景观

我们知道,从古代蒙古国形成的早期阶段起,即已在成吉思汗王朝显贵拙赤合撒儿的封地出现了吉尔吉拉城(亦译希尔希拉城,在今苏联东西伯利亚境内)——官府所在地,军事行政中心。这座城市不仅引来了他的亲戚、下属营造住房庄园,而且还招来了工匠和商人。最终结果是这座要塞及其四周的居民点变成了城市。另一个例子是焦恩—捷列克城(在今苏联图瓦境内)。我们也可以看到,在蒙古人征服的土地上,在军事行政管辖地中心,也出现了城市。最初它可能只是一个军事行政点,但很快就有了城市的全部特征。就其实质而言,古代蒙古国都城哈剌和林也经历了这样一个发展过程。哈剌和林原是为成吉思汗大军提供装备的匠人——冶炼工、铸炮工的会集地,后来在此基础上很快就变成了一座城市——不仅是一个最重要的政治中心,而且是最大的工商业中心。

与城市形成和发展过程同时进行的,还有营地的变化过程。草原贵族们的旧式游牧营地为定居方式所代替。大封建封主们,尤其是在瓜分战利品而得到大批财富以后,对于建造寒酸的过冬帐篷已嫌不足,他们建起了华丽的宫殿式庄园,庄园周围住上了请来的或掳来的工匠,长期来做买卖的各国商人。随着营地周围工匠和商人居住点的增加,营地变成了城市。

　　这类城市的最明显的例证，就是所谓"康堆城"（在今苏联东西伯利亚境内）。它位于克鲁伦河的两条北支流——康堆河和巴隆康堆河（西康堆河）之间〔约在吉尔吉拉河（亦译希尔希拉河）以北50公里处〕。这是元代蒙古大封建主的宫殿式庄园，其四周建有显贵的亲戚住宅和商人、手工业工匠的所在城关。

　　康堆城不止一次在历史考古学著作中被提到过。格·斯帕斯基在报道发现古代蒙古碑铭的消息时，第一次谈到它[1]。而后，1835年参观过这一遗址的瓦·帕尔申曾于1844年讲述过它。瓦·帕尔申说："这一遗址于1803—1804年，曾被发掘过。"看来，这指的当是克里契金矿代表的那次"发掘"。瓦·帕尔申认为："建筑物系由石头建成。康堆城关居民猜测，建筑所用的一部分砖块可以用来建造当时他们正在动工修建的教堂……遗址上还保留下了石雕龙像的残断。"[2]

　　虽然此后对于康堆城遗址的描述都以新的"挖掘"为基础，可惜都没有更清晰地反映出它的特征来。

　　先有工程师安·巴甫鲁茨基。他于1867年考察过这一遗址。安·巴甫鲁茨基的注意力主要集中在中央土丘上，认为这是一座寺庙的遗址。其理由是：这座土丘上所发现的花岗岩雕成的龙像当为神像，而当年支撑屋顶所用木柱下方的无数花岗岩柱础则当为寺庙中陈列神像的基座。尽管他在复原寺庙的砖制屋顶时发现屋顶毫无依托，竟然悬在空中，然而对此他却毫不在乎[3]。

　　后来阿·吉·库兹涅佐夫于1925年又发展了这一论点。阿·吉·库兹涅夫曾于1889年发掘过康堆的主要土丘。他描述发掘物时，也认为康堆的主要建筑物当是一座寺庙，石雕当是神

---

[1]《西伯利亚通报》，1818年，第4部，第2篇，第116—124页。
[2] 瓦·帕尔申：《后贝加尔边区游记》，第1部，莫斯科，1844年，第127页、128页。
[3]《俄国地理学会西伯利亚分会会刊》，第9—10辑，第2册，1867年，第490页及以后各页。

像,而那些庞大的成柱状突出物的花岗岩柱础则被认为是"喇嘛们的座席"。他在解释康堆主要遗址的残留部分时,竟然排除任何企图复原实际建筑结构的可能性,对此他也不在乎①。

其间,彼·科·弗罗洛夫趁 1798—1800 年去尼布楚出差机会,曾用铅笔在两页纸上画过两张"尼布楚工厂区小康堆河畔古代建筑平面图"(带有水渍印痕)。可惜,这两页平面图一直无人知晓,因而也不曾发表过。直到不久前,阿·帕·乌曼斯基才在列宁格勒米·叶·萨尔蒂科夫—谢德林公共图书馆中发现了这一平面图,并写了一篇短文《彼·科·弗罗洛夫作品的命运》予以介绍②。

上面提到的有关康堆遗址问题的种种情况,促使我们首先要尽可能准确地提出建筑物综合体的平面图,并对建筑物做出描述,而后再以广泛发掘所得材料为基础对它们做出解释。

康堆遗址与吉尔吉拉遗址大不相同。在吉尔吉拉,呈现在考察家眼前的是集中在城寨周围的复杂建筑物综合体;而在康堆,基本建筑群则由宫殿、宫前大院所组成。大院南至大门遗址,东西各至两个小亭。主要庄园的北至为三个亭子,其遗址东西一字排开。此外,侧殿的西北方向和东北方向各有几个小型建筑物遗址,宫殿的东面可以看到有一个当年用石头砌过面的蓄水池。这个蓄水池储蓄的水很可能是通过水渠由康堆河引来的。水渠所经路线当是上一世纪还在使用,而现在已经废弃的一条"阿雷克"(灌溉渠),这条"阿雷克"过去系由康堆的哥萨克人经管。

---

① 阿·吉·库兹涅佐夫:《康堆城遗址及其附近地区》,载《俄国地理学会后贝加尔地区分会会刊》,第 16 辑,符拉迪沃斯托克,1925 年。(阿·吉·库兹涅佐夫最令人惊异的解释是他重复了安·帕甫鲁茨基关于花岗岩石雕是"神像"的说法,尽管后者刊印的照片十分清晰,完全可以看出这个龙头石雕是用来装饰某种明显地具有结构功能的建筑装饰图案细部的。在这个问题上,无论安·帕甫鲁茨基也好,无论阿·吉·库兹涅佐夫也好,都比瓦·帕尔申后退了一步。瓦·贝尔申则早在 1835 年就正确地断定.这些康堆花岗岩雕像是龙头雕像。)
② 《阿尔泰学》(文选),第 20 期,1962 年。

　　康堆综合体中的其他建筑物从布局上讲，与主要庄园的联系甚少。值得注意的是水渠东边的几座土丘，和主要宫殿庄园以北100米的建筑群（据猜测，其中包括一座大门、两座侧亭和一座主体建筑），以及该建筑群以西的几个单独的土丘。经过对这些土丘布局进行分析，可以认为其中有与主要宫殿庄园相似的庄园遗址，只是规模略小一些。这些庄园可能属于主要宫殿主人的亲戚所有。

　　此外，宫殿西北1公里处的耕地中，也可以看到许多小土丘，其外形很像吉尔吉拉古城居民的住房遗址。探坑试掘眼下确实尚无收获，然而其中发现有陶器和瓦的残片。这可使人想到，这里住的是那些不大可能被允许在贵族庄园区附近建造住房的人们。最后，在主要康堆宫殿以东3公里处，还遗留下一座制砖甚至可能还烧制琉璃瓦的窑。那里有不少陶器，当是制砖工匠和制瓦工匠住过的遗迹。如此看来，康堆宫殿庄园当是一个大型居民点的中心，很可能在十四世纪时也变成一座新型的蒙古城市。

　　遗留至今的上述建筑物，均呈近似四边形的截棱锥体土丘。大部分土丘的高度在1—1.5米左右。只有宫殿土丘是一个例外，它的高度可达2.5米。所有土丘（实际上只发掘了其中的两个，姑且以此而言）都像中央土丘一样，是人工堆积的高台，建筑物就筑在高台上。仅就这一特征即可使我们看到，康堆建筑物与苏联科学院和蒙古人民共和国科学院蒙古历史学—民族学考察队研究哈剌和林窝阔台汗宫殿建筑综合体时看到的建筑物甚为相近①。

康堆宫殿调查结果

　　康堆宫殿的主要建筑物坐落在一个2米高的平台上。平台四

---

① 参阅谢·弗·基谢廖夫：《蒙古的古代城市》，载《苏联考古学》，1957年，第2期。第97—101页。

周饰以两级台阶。第二级台阶上围以红漆木栏杆。第一级台阶上也有这样的栏杆。栏杆高出宫殿水平面约 1—1.3 米。第一级台阶上砌有龙头、野猪头和鹿头花岗岩石雕，头朝外。

两年之中，我们共掘得这类石雕 31 件（其中 2 件只有残部）。所有石雕都是在宫殿水平线上的第一级台阶支撑墙基附近发现的。早在十九世纪时，阿·艾波夫就发现过两个石雕，其中之一交涅尔琴斯克（尼布楚）博物馆保存。上一世纪四十年代，有两个石雕曾被运往彼得堡；64 个石雕被砌入康堆镇教堂里[1]。三十年代初，瓦·卡扎凯维奇曾将 3 个石雕运往国立爱尔米塔日博物馆。

这样算来，现在共发现 102 个第一类（即只有龙头）龙头石雕。通过对这些石雕在发掘时出土位置的研究，可以确定它们原来的位置。当初这些石雕位于第一级台阶上，头朝外。显然，第二级台阶上没有龙头石雕。没有一个龙头石雕的出土位置可以说明其原先的位置是在宫殿的第二级台阶上。大部分石雕与第一级台阶边缘线垂直。这类石雕的后半截即"石梁"部分，多数凿有一个长方形切口，看来，这很可能是供栽木栏杆用的。石雕上的切口既可以用来固定栏杆，又可以使石雕加大平衡。很可能，康堆的石雕正因为如此而未能留在台阶边缘上，以致在宫殿被毁时失去平衡，跌落在平地上。第一类石雕中，只有两件在后半截即"石梁"部分的构造上不同于其他石雕。这两件石雕，后来被砌入康堆教堂西门两侧的墙内[2]。其特点是后半截无切口，而代之以一个方形榫槽，与前面提到的方形栏杆基石中央的方形榫槽相似。不过，基石中央方形榫槽的四边与方形基石的四边是相对的，而我们所谈的龙头

---

[1] 阿·吉·库兹涅佐夫：篇名同上，第 22 和 29 页，彩图 4 和 5；阿·帕·奥克拉德尼科夫：《1947年—1950 年间布里亚特—蒙古考古队工作成果》，载《苏联科学院物质文化史研究所报告与田野考古简报》，第 45 集，1952 年，第 49 页，47 页，图 21。
[2] 其中之一，阿·吉·库兹涅佐夫画得极不正确（篇名同上，彩图 5）。即使在这幅不准确的彩图上，也可清晰地看到方形榫槽的特殊位置。

石雕的方形榫槽则其四角与"石梁"的侧边相对。榫槽的情况说明,凿有这种榫槽的石雕当被放置在台阶拐角的最高处。我们已经知道,既然装饰外角所用的是一类石雕(即第二类石雕),那么据此当可推断,第一类石雕是用来装饰第一级台阶内角的。

上面已经谈过,第一级台阶东南方的外角附近,我们幸运地发现了一件第二类石雕成形(原文不清——译者)。龙头虽然不幸损去,然而它可以同瓦·卡扎凯维奇从康堆运往爱尔米塔日博物馆的那件与之完全相似的(原文不清——译者)形石雕互相印证,因此这件石雕是十分重要的。

这些有棱有角的龙形凿刻细致。康堆宫殿石雕的可贵之处在于,这些石雕首次证明,早在十二世纪至十四世纪时,龙形石雕即被广泛用来装饰宫殿台阶了。这一重要的历史建筑事实虽然未免令人感到意外,然而却是合乎规律的。

使人感到有趣的是,在这类宫殿式建筑物中,石雕在台阶上的分布位置一般都间隔 2 米左右。如果我们留意一下,康堆宫殿第一级台阶的总长度达 250 米,那么在间隔为 2 米的情况下要装饰全部台阶,则需要 125 件龙形石雕。值得注意的是,在统计过全部龙形石雕发现数目和计算过全部需要石雕的地段后,我们所得的也是这样一个数字。

事实上,在宫殿中发现的 100 个常见类型的石雕数目之外,还应加上装饰在台阶内角的 8 个第二类型石雕。诚然,第二类石雕只发现了 2 个,而内角却有 8 个之多,这很可能是其余 6 个石雕未能保存下来的缘故。100 之数而外,还应该加上装饰在第一级台阶外角上的龙形石雕之数。这类外角共有 16 个,于是可以断定,龙形石雕也当有 16 个,虽则至今总共才发现了 2 个。如果将上述数字相加,则共得 124 个。看来这个数字当是装饰康堆宫殿的全部石雕数。在这种情况下,第一级台阶的各角——内角也罢,外角也罢,是否都有石雕并不重要,重要的是在各类石雕中,共有 100 个龙头石雕于各个时期在康堆宫殿遗址出土,它们组成了第一级台阶各个侧面的装饰物综合体,其间隔为 2 米。这一事实,已为发掘时看到的石雕分布位置所证实。看来,在石雕由台阶边缘落到地面时,其位置未被移动。前面我们已经指出,根据平面图看来,我们发掘时许多出上石雕的间隔也是 2 米左右。

在发掘哈刺和林时得知,有一道台阶从南面的大门口通到窝阔台汗宫平台上。在康堆宫殿,则没有台阶,而代之以几条两侧竖有栏杆的平缓砖砌甬道。每条甬道有两段梯路组成:一段通向第一级台阶,另一段通向第二级台阶的平面上。甬道共发现有 5 条:一条通往大门的南甬道,两条为宫殿东侧甬道,两条为宫殿西侧甬道。值得指出的是,不见有从北门通出的甬道。

在平台的南缘,紧靠甬道的第二级梯路,有一条宽阔的前台阶,其宽度为 13 米,至宫墙的深度也为 13 米。此处发现的瓦片极少,这一点可以说明,康堆宫殿的前台阶是露天的[①]。

宫殿前墙以及其他部分的墙壁,均内用石头砌成,有的地方稍稍施用白灰灌浆,外用砖头镶面,厚一砖,也用白灰勾缝。镶面砖为青砖,中等焙烧程度,尺寸为 31—33×15—16×4.5—5 厘米。镶砌方式表明,砖砌面不可能承受较大的压力,在建筑结构中不是关键性组成部分。事实也是如此,承受建筑物全部重压的乃是竖在花岗岩柱础上的壁间木柱。宫殿内也有若干排竖在花岗岩柱础上的木柱与这些壁间柱相对。石墙很可能原本就不太高,只到窗台高度(约 1.5—2 米)。墙壁废墟中发现的石头块和砖头块数量很少,有助于说明这一点。在整个宫殿内,石头发现量为 18137 块,砖头发现量为 14239 块。看来墙壁上半截当用木板构成,木板间

---

① 在前台阶 169 平方米的面积内,共发现有 1402 块瓦片。其中,绝大部分又是在宫殿前墙倒塌范围内收集到的。这明显地说明,它们是属于宫殿屋顶的。

用木梁连接,木板上开有窗户。

康堆宫殿始于前厅。其长(南北长)有 16.5 米,三间大。两壁之间有两排支撑中央顶部的木柱。柱粗约 1 米,置于大型花岗岩柱础上,柱础上端凿成圆柱形。可惜这类柱础只保存下一件,且被掀翻,不过各个柱础的所在位置尚可看出,故而可以断定,前厅各柱之间的距离(宽度)约为 5 米。长度与宫殿其他各厅相似,约为 2—2.5 米。前厅整个地面铺有光面青方砖(30×30 厘米,31×31 厘米)。墙脚下铺有护墙砖,系用纵向敲开的普通青砖立砌而成。

过了前厅,进入宫殿的主要部分。根据柱础数量判断,这里共有 20 根柱子,构成 6 个侧间,中厅约 131 平方米大[①]。大型花岗岩柱础稳在平台地中,其露出地面的上端水平面至今毫无变化,准确得令人吃惊,其高度几乎完全相同(水平差不超过 3—5 厘米)。

宫殿的这一主要部分是否用木板、屏风式帷幔隔成单间,这一问题恐怕永远无法解开。有一点应当指出,这里的装饰物特别丰富。许多地方发现有彩绘墙皮碎块。有一块墙皮上留有红底黑道花纹。在花岗岩柱础附近,可以看到红漆片。这一情况使我们想起阿·吉·库兹涅佐夫记载下来的布里亚特人巴舍克图讲的故事。巴舍克图讲,他在清理准备运到楚固尔喇嘛庙的砖头时,发现一些木柱,木柱上裹着一种粗布——大布,大布上"涂着腻子"[②]。这是建筑时处理柱子的一种特殊方式:先用粗布将柱子裹好,再涂上腻子,而后在腻子上刷上一层亮光光的红漆。那些看来当是装饰柱子用的泥捏的着釉动物塑像,就是在这里发现的[③]。

想来,放置喜庆宴会所用器皿的橱柜,当安置在这里作为装

[①] 宫殿基本部分的尺寸:东西为 37 米,南北为 16 米。中央大厅的尺寸为 12.5×10.5 米。各间中柱子间的距离分别为 2 米与 4 米。

[②] 阿·吉·库兹涅佐夫:篇名同前,第 26 页。

[③] 这位巴舍克图说,残剩的柱子上裹着黏土环儿。上面有动物形(阿·吉·库兹涅佐夫:篇名同上,第 26 页)。

饰,因为只有在这里才发现有彩陶器残片。这种陶器与哈剌和林发现的相似。

由中央喜庆大厅经一较窄的过堂(宽 11 米,长 15 米),可进入宫殿北部各厅。过堂东西两侧各有一个出口,通向有二级梯路的甬道。宫殿北半部分,先是一个大厅(宽 16 米,南北长 10 米),该厅当初也有柱子,柱础后来被运往康堆教堂。这个大厅的后墙即北墙最初用砖和石头砌成,严严实实,无门无窗。墙壁里边有木柱,木柱下有方形花岗岩柱础。大厅外顺墙有两级台阶,第二级台阶上竖有栏杆,沿栏杆线砌有一道矮砖墙,用以将第二级台阶与第一级台阶分开。

康堆宫殿的原来式样很像窝阔台汗宫。后者也是由主要大厅、走廊和后卧室组成的。为了保暖,后卧室铺着木头地板。

然而随着时间的推移,康堆宫殿逐渐被改建。北面用含炭黏土和建筑废料(砖头和瓦片)新造了一段平台。这段平台很不结实,它完全盖住了先前的台阶,使这些台阶在虚土中保存得很好。看来,在建造北面这段新平台时,仍然保留了原来的样式——修筑了第二级台阶,竖起了栏杆,用砖铺了第一级台阶,装置了花岗岩龙头石雕,等等。但是,这一切都造得不那么结实,至今只剩下了一片废墟。

在这段新平台上修起了新建筑物。为此,将宫殿北墙中间部分的两柱之间拆去约五米的样子。从拆去的部分起,向北修了一间穿堂(宽 4.5 米),穿堂以北连着一个新北屋,其宽度为 8 米,南北的长度为 7 米。穿堂和新北屋的地面用砖漫过,砖的大小与其他厅内的相同。不过,砖的质量甚次,很快就被磨掉,残剩部分连在一起,几乎无法分辨出来。墙壁很薄,质量也差。该处也用壁间柱和柱子,但数量较少,柱础尺寸也小(直径约 0.6 米)。不过,就是这样的附设建筑物,对于填土疏松的平台来说也够重的了:平台上有下陷断裂的痕迹。

康堆宫殿的构图很有特点,这特别表现在如下一点上:宫殿主要部分的四壁不像其他建筑那样呈普通的四角形,而呈十字形。主要大厅的东西两侧稍有收缩,南北墙有一定的弯度,因此两级台阶也随之形成了一定的弯度。所有这些,给人形成一种建筑物带有动态和轻快之感的印象。

康堆宫殿以瓦覆顶。瓦片统计数字说明,绝大多数瓦是无釉瓦——宽下瓦片为 198381 件;半圆筒形下瓦片为 26284 件;着釉瓦片分别为 7292 件和 3951 件。看来,着釉瓦只是用来美化最为显眼之处的。大部分着釉瓦很有特色,涂着带有流痕的绿色釉子,给人一种印象——似乎是孔雀石制成的。此外,几乎到处可以发现黄釉上下瓦片,以及单个红釉瓦片。这是一个很重要的细节。它说明这座宫殿的主人是皇族成员。直到十八世纪之前,只有他们才有权用黄红瓦装饰自己的府邸屋顶。有时屋顶是全红色的,或全黄色的,更多的情况下是在普通颜色的底子上在屋顶中央用黄瓦或红瓦铺出一个菱形来。

康堆宫殿的屋檐交替饰以出水和瓦当。宽瓦出水成盾片状,边缘有六个弯曲处。中间为盘龙浮雕,涂有浅黄釉和金黄釉。出水边缘一律为绿宝石色。这些出水与哈剌和林窝阔台汗宫的同类发现物相似。1957—1958 年期间,在康堆宫殿发现完整的出水和出水残片共 693 件。曾对出水按其大小进行过整理,但无法分类。宫殿各部分发现的出水使人有某种理由断定,宫殿屋顶特别是屋顶主要部分当是双层的。

宫殿屋顶所用出水,都是上面描述过的这种样式。只有一件是例外,那是在土丘东部边缘地带发现的一件灰色出水,呈常见弓形,外面饰以植物纹。这一残片与呼·佩尔列在考察康堆宫殿建成之前就已存在于蒙古巴尔斯浩特Ⅰ遗址的发现物相近①。这件残片在康堆宫殿的出现是很偶然的,它可能来自于宫殿综合体相邻的一个土丘。那里虽然已被垦种,但从未发现带釉瓦。

半圆柱形的上瓦末端有瓦当。瓦当中央饰以浮雕盘龙。瓦当中央涂有金黄釉,四周涂有绿釉。哈剌和林窝阔台汗宫瓦当也是这种装饰。不过,那里还有一种浮雕盘龙亦涂有绿色釉的瓦当。

我们在描述吉尔吉拉城宫殿时曾经注意到,那里的瓦当数量少于出水数量。在康堆,瓦当数量则与出水数量相差无几。这里瓦当和瓦当片的出土量为482件。我们也曾对瓦当按其大小进行过清理,但结果也如同整理出水那样,无法分类。这同样可以说明,屋顶当是双层的。

然而,要得出这样的结论还是相当困难的。出水和瓦当合在一起,每一对的宽度为32厘米。如果按出水的出土量计算,当有700对出水与瓦当,那么饰以出水和瓦当的下层屋檐宽度当为224米。由此,我们很容易就发现,这个宽度与根据宫殿墙壁长度推算出来的下层屋檐的可能宽度210米几乎是一致的。在计算过程中,应注意屋檐与墙壁垂面应有一个垂出面;在十三世纪至十四世纪时,这个垂出面可达1.5—2米。因此,用出水和瓦当装饰的宫殿下层屋檐周长可达225米。这样,我们就从完全不同的资料中推算出相互符合的宽度数字。宽度相符,可以有力地证明,饰以出水和瓦当的屋檐应是单层的。要说康堆宫殿富丽堂皇的上层屋檐竟未采用常用的装饰方法,我们还缺乏任何根据。看来,对康堆宫殿有可能筑有双层屋顶的问题,应当慎重对待。

可惜,我们没有康堆宫殿各部分屋顶如何相互连接的资料。我们只能借助于类比法。前厅屋顶南坡突出于屋门之外,东西两

---

① 呼·佩尔列:《蒙古古城古村简史》,载《苏联考古学》,1957年,第3期,第47页,图2之a。

坡悬于东西台阶上空。如果主要大厅下缘高度与该厅屋顶高度是一样的话,那么该厅的屋顶北坡当可与主要大厅的屋顶南坡相接。如果主要大厅屋顶下缘高,那么前厅屋顶北坡当倚在主要大厅的南墙上,并与大厅屋顶重叠在一起。由于主要大厅的柱子将大厅横隔为 5 间,故可以设想,该厅的屋顶应比只有 3 间的前厅高一些。由此我们有理由将屋顶的连接方式构拟为上面提到的第二种情况,而这种情况在一系列宫殿和庙宇建筑物中常常可以见到。康堆宫殿的穿堂屋顶与南北两部分建筑的屋顶相接方式,很可能也是这样的。

所有屋顶均为四面出水,均有屋脊——大厅为东西向,穿堂为南北向。

宫殿区内出土的瓦,质地相同,基本形状也相同。由此可以认为,宫殿全部屋顶各部分也当相似。屋顶当主要由面上涂绿釉的青瓦铺成,青瓦底上饰以金黄色或红色瓦拼成的几何图形。这种情况表明,宫殿主人为皇室成员或宫殿为皇帝敕建[①]。

在描述屋顶其他装饰成分之前,先应谈谈一种窄平瓦——约下瓦的一半大小。这种瓦片不用在屋顶上,而复在窗台上、墙头上以及石砌短墙上。

屋脊两端饰以展翼龙头。两龙头部相同,着纹瓦的屋脊似乎就用这两条龙的口撑着。康堆宫殿的屋脊似乎不少于 6 条(根据建筑物组成部分的多少来断定),故大型龙头应有 12 个。宫殿各部分之所以出土大量龙头残片,其原因也在于此。

大型龙头遗留下来的残断中,常见的有披鬃龙面,龙面上雕着龙眼、龙耳、龙口、龙须。龙眼一般为青色,眼球为黄色,龙须为白色,龙耳内为黄色,龙面为绿色。还发现有龙牙,复有鳞片的龙须

---

① 呼·佩尔列说,在蒙古为皇族建造的宫殿和庙宇,屋顶上也饰以红瓦或黄瓦。

和龙身,各种涡形的龙毛、龙翼碎片。以上发现的屋脊饰龙,也见于其他某些宫殿和庙宇。

绿色着釉瓦四边带有边框、表面制成鳞状,可算作特殊的一类瓦。这类瓦想必用来覆在屋脊上。一些浮雕花饰和浮雕云饰,大约也可归在这类屋脊装饰物之中。

除了装饰屋脊的大型龙形之外,康堆宫殿还发现一批较小龙形的碎块。这些头形只剩下一些面部残余,有的带有鼻孔、门牙和龙须,有的带有伸出口外的龙舌。另外还发现一些龙毛、龙翼碎片,以及复有鳞片的龙身和龙颈。根据类似情况判断,这类雕塑物年代较晚,当安放在屋顶两坡之间接合处的中间部位。在使用这些较小龙形组成较为复杂的接合处装饰物时,一般要用到饰有蛇形盘龙的空心砖。

此外,在宫殿的整个发掘现场中,还搜集到许多凤、鲛碎片。其中一些体积相当大。残留物中,有固定在平面砖座或瓦上的大蹄子,蹄子上有爪。但是,多数体积较小。残留物中,还有许多固定在瓦上或钟状底座上的禽爪或兽蹄,以及饰有滑状纹、鳞和羽毛的腿部和大量的翼部、颈部、涡状毛。一些雕塑细致的花纹残片,特别是那些表示羽毛的花纹残片,很引人注目。看来,这些动物形中有的用两条后腿站立。在一个底座上曾发现有四条腿。还有一些站立在钟状底座上的动物形,很可能是依据列·罗·基兹拉索夫在焦恩—捷列克蒙古古城发现的那种凤凰图形仿制的[①]。另有一些动物形,是两腿直接站在瓦上的凤凰。

在康堆宫殿的两个地段,发现有两件人形装饰物的躯干部分。人形着佛教服饰,用左手揪着。这两件发现物位于北部大厅的东北角和东南角,可能恰好在它们原先装饰在屋顶的位置附近。之

---

① 列·罗·基兹拉索夫:《图瓦的中世纪城市》,载《苏联考古学》,1959年,第3期,第78页,图9;还可与本书第365页的图291以及第95页的图56之2,图57之1—2相比较。

所以如此,是因为某些建筑物上的人形装饰物通常位于屋顶的四角,置于其他装饰物——龙、鲛、凤的前面。康堆宫殿的这两个人形正是在屋顶的角落部位发现的。北部大厅西面的两角很可能也有这样的人形装饰物,但是遗留下的只是两个头部而已。康堆宫的屋顶恐怕是当时最好的瓦砌艺术品了。在群山脚下,在鲜花盛开的草原之中,康堆宫殿的屋顶金碧辉煌,实在是一种奇观。

康堆宫殿周围的厢房和亭室也是相当富丽的。1958 年,我们曾对宫殿中央部分以西的一部分建筑物进行了发掘。发现这是一座用木柱支撑起来的四角亭。木柱下面垫着花岗岩方石板。地上铺着方砖。亭顶上铺着与宫殿顶相同的瓦。构拟这座亭子时,参照了花园中的类似建筑物。

这座亭子中的柱、梁和屋顶角架以及栏杆,可能都涂着红漆,并饰以种种花纹。

庄园南大门的结构也是如此。在这里进行的发掘可以使我们推测出,这里有两座侧室,中间有一个过道。这座建筑的平面图规模为:东西长 24 米,南北长 12 米。看来,这座庄园大门建筑的基础亦如哈剌和林窝阔台汗宫一样,当是木柱。此处,石料、砖料发现量不大,由此看来,墙壁下半截当为石头砌成,上半截当用木料构成。过道上方是否有门楼,还很难说。从保留下来的遗存物看来,地面铺有宫殿主要大厅中铺的那种青方砖。

宫殿综合体其余各土丘表层发现的物品说明,那里的建筑物结构相似。看来,这座金碧辉煌的建筑群是在一场突然发生的火灾中被烧毁的。火灾痕迹在发掘过程中经常可以看到——或者是木料建筑物被烧焦,或者是砖头瓦片被大火烧成渣块。可以设想,康堆宫殿的焚毁当发生在十四世纪末。其时,对于蒙古国来说,是一个甚为复杂的年代。当时,不仅蒙古境内的城市、庄园被焚毁,而且连哈剌和林以及赫赫有名的窝阔台汗宫也一起被摧毁。

　　当我们将哈剌和林宫殿与康堆宫殿进行一番比较之后,就不能不承认,康堆宫殿的建筑年代比较晚。康堆宫殿精致的外形和丰富的装饰也可证明这一点。就此而言,康堆宫殿的风格与窝阔台汗宫那种严整的风格迥然不同[①]。

　　对中世纪古城的进一步考察,可使我们更加准确地弄清蒙古以及与其相邻的东亚和中央亚各国在建筑艺术上得到发展的那个重要时代。

[①] 康堆宫殿显然并非拙赤合撒儿与也孙封地内唯一的宫殿(可参阅阿·吉·库兹涅佐夫:篇名同上第 60 页;阿·阿·斯皮琴:《俄国史前考古学资料》,见《俄国考古学会会刊》,第 11 卷,第 1 辑和第 2 辑,1899 年,第 315 页)

附　录

蒙古人民共和国考古工作的若干情况

陈弘法

一、蒙古人民共和国考古工作的发展概况、研究机构和研究人员

（一）发展概况。蒙古人民共和国的考古工作大体可分为三个阶段。

二十世纪二十年代至四十年代中期。蒙古人民共和国于1921年宣告成立之后，考古工作仍像十九世纪八十年代末至二十世纪初对鄂尔浑河突厥碑铭的考察研究那样，主要由外国考察队进行，如著名的诺音乌拉匈奴贵族墓就是由俄国科兹洛夫考察队于1924年发掘的。蒙古国内尚未形成一支具有一定水平的考古工作者队伍，考古工作仅限于文物的搜集与保护方面。

二十世纪四十年代中期至五十年代末。第二次世界大战之后，苏联考古学家家吉谢列夫领导的以苏联考古队为主组成的苏蒙联合考古队在蒙古境内和毗邻的苏联南西伯利亚地区进行了考古调查和发掘（如1948—1949年在蒙古哈剌和林遗址以及1956—1959年在苏联南西伯利亚希尔希拉河、焦恩—捷列克、康堆等地蒙古时代古城遗址进行的发掘），同时也在实践中培养了一批蒙古考古工作者。从二十世纪五十年代初起，年轻的蒙古考古工作者也独立进行了若干小规模的考察与发掘（如道尔吉苏伦于1954—

1957 年在蒙古北部对浑尼河畔匈奴墓的发掘，佩尔列于 1952—
1957 年对契丹古城古村遗址的调查）。

二十世纪六十年代以后。二十世纪六十年代初蒙古人民共和
国科学院成立之后，组织蒙古考古工作者参加与苏联方面联合组
成的蒙苏文化历史考察队（苏方以奥克拉德尼科夫院士为首，蒙方
以锡林迪布和纳楚克道尔吉为首）的各个分队（石器时代遗存、岩
画、碑铭学、中世纪遗存等分队）的各项工作，从 1969 年开始，在蒙
古境内进行了大规模的系统而普遍的考古调查与发掘。此外，还
与其他社会主义国家进行了联合考察（如匈蒙考古队对鹿石的考
察）。在这一时期中，蒙古考古工作者主持了大型发掘工作，取得
了颇引人注目的成绩（如对昌德曼山古墓群的发掘和对昌德曼文
化的研究）。

（二）研究机构。蒙古人民共和国考古研究机构，中央一级的
是科学院历史研究所考古研究室，地方一级的是各省博物馆。

（三）研究人员。蒙古人民共和国目前著名的考古学家有：色
尔—奥德扎布（常写综述性文章）、佩尔列（侧重古城遗址的考察）、
道尔吉苏伦（侧重匈奴遗存的研究）、道尔吉（侧重岩画研究）、纳旺
（侧重青铜器时代遗存的研究）等。这些学者通常一身二任，同时
还从事史学研究工作。

二、近二十年来蒙古人民共和国考古遗存的发掘和考察概况

蒙古境内的考古遗存主要有：旧石器时代和新石器时代的"石
器制造场"和被称为"原始艺术"的岩画，青铜器和铁器早期时代的
墓葬和岩画，匈奴时代的墓葬、古城、鹿石和岩画，突厥时代的如尼
文碑铭、石雕像和围墙，回纥时代的如尼碑铭和古城，契丹时代和
蒙古时代的古城等。近二十年来的重要研究成果如下：

（一）岩画。蒙古境内的岩画分布在 11 个省的 46 处地方。有
代表性的岩画群有：科布多省辉特—青格勒洞穴颜料野兽岩画，属

于石器时代(蒙古迈达尔:《蒙古历史文化遗存》,1981年);前杭爱省特布希乌拉凿刻车辆岩画,属于青铜器时代(苏联诺甫戈罗多娃:《蒙古山中的古代车辆岩画》,1978年);中央省博克多乌拉墨绘女子岩画,属于蒙古时代(苏联奥克拉德尼科夫:《博克多乌拉山麓石崖上的蒙古古代人像、铭文和图形》,1962年)。

(二)墓葬。近年来在蒙古境内发掘的古墓群有:昌德曼古墓群,地址在乌兰固木市附近,墓葬类型有木椁石冢墓、木椁土冢墓、石箱墓、石箱石冢墓,出土物有青铜器、铁器、陶器,年代定在公元前七至三世纪(蒙古策温道尔吉:《昌德曼文化》,1978年);乌兰固木古墓群,地址在乌兰固木市附近,墓葬类型有木椁集体墓、石箱单人和双人墓,死者成屈肢侧卧式,出土物有青铜带扣、铁制刀剑、素面陶罐,年代定在公元前五至三世纪(苏联沃尔科夫:《乌兰固木古墓群》,1978年);达尔汗匈奴墓,地址在达尔汗市附近,墓葬类型是木棺和木棺木椁墓,出土物是三件用赭石绘制着斜网状花纹的陶罐,年代定在公元前二至一世纪(苏联格里申:《达尔汗山匈奴墓葬发掘记》,1978年)。

(三)古城。蒙古境内发现了大量的古代游牧民古城遗址。属于匈奴时代的如中央省巴彦德勒格尔古城,呈四角形,环以土墙,城中央有一高台和石头地基,似为宫殿式房屋的基址(苏联沙甫库诺夫:《蒙古匈奴古城考察》,1973年)。属于回纥时代的如后杭爱省布尔嘎斯台古城,呈长方形,分内城外城两部分,内城住封建主,外城住平民(苏联沙甫库诺夫:《研究蒙古中世纪遗存小分队的考古调查》,1978年)。属于契丹时代的如肯特省宗赫雷姆古城,呈正方形,城内有十字相交的大街将城市分做四部分,据考证该城就是汉文史籍中提到的皮被河城(蒙古佩尔列:《蒙古人民共和国境内的契丹古城古村遗址》,1962年)。属于蒙古时代的如哈剌和林,有宫殿式建筑,而无城墙(苏联吉谢列夫:《古代蒙古的城市》,1965

年）。

（四）如尼文碑铭。近二十年，蒙古境内又陆续发现了若干方属于突厥回纥时代的如尼文碑铭，如：后杭爱省的布古特碑，为粟特—梵文双语碑铭，据认为是六世纪八十年代为突厥木杆可汗之弟马汗特勤建立的墓志铭（苏联克里亚什托尔内依、里甫希茨：《中央亚古代突厥、粟特碑铭的发现与研究》，1978 年）；南戈壁省的塞布莱碑铭，为粟特—古突厥文双语碑铭，大约于 744—840 年间为回纥牟羽可汗建立（苏联克里亚什托尔内依：《蒙古的碑铭学研究》，1980 年）；后杭爱省的塔里亚特碑铭，为古突厥文碑铭，据说是为回纥葛勒可汗建立的第二个石碑（蒙古新胡：“塔里亚特鄂尔浑文新碑铭”，1975 年）；中戈壁省的却林碑铭，为古突厥文碑铭，据初步考释当于 682—744 年间为突厥阿史德部一个领袖人物建立的纪功碑；布尔干省阿尔哈纳纳山铭文，为古突厥文，研究结果认为当是为唐代突厥军事首领屈达干写的纪念铭文（蒙古卡尔扎乌拜：《阿尔哈纳纳山铭文》，1980 年）。

三、蒙古人民共和国考古研究成果可能对我国考古工作有启示

包括蒙古人民共和国、我国内蒙古自治区全境以及东北之西部、新疆之北部等在内的广大地区，是我国古代上起匈奴下迄蒙古的北方诸少数民族活动的区域。大漠南北遗留下的北方诸少数民族古物，基本上是一致的。因此，蒙古人民共和国考古研究成果可能给我国考古工作者以颇多启示，似乎应引起我国考古和史学工作者的重视。

（一）为我国考古研究工作提供直接借鉴和比较研究的材料。比如，蒙古凿刻岩画与内蒙古自治区发现的阴山凿刻岩画在题材内容、凿刻技术等方面完全相仿，蒙古岩画的研究成果在许多方面可以为我国研究工作者所借鉴。再比如，苏蒙考古学者对于蒙古

境内古城型制的区分标准,对我国考古工作者也有参考价值。

(二)为我国发现新的考古遗存提供线索。从上一世纪末到本纪中,突厥——回纥如尼文碑铭在蒙古北部和与之毗邻的苏联境内不断有所发现,我国北部却一直不见这类碑铭的踪迹。大约二十年前,蒙古人民共和国在戈壁南缘的塞布莱附近发现了新的如尼文碑铭。而塞布莱位于我国内蒙古自治区额济纳旗所在地以北二三百公里处,塞布莱碑又是回纥人出击唐朝后返回故地建立的纪功碑。那么,我们似可设想,这类如尼文纪功碑或当在戈壁南缘的我国边境一侧也有遗留。这样,就为我国在内蒙古北部一带寻找和发现突厥如尼文碑铭提供了线索。

(三)补充和订正汉文史料的有关记载。比如,上面谈到,苏联考古工作者从蒙古布古特铭文中考释出突厥木杆可汗有一个弟弟名为马汗特勤,马汗特勤可能是木杆可汗之子的摄政者或与之共同执过政。这些,在汉文史籍中都无记载。再比如,阿尔哈纳纳铭文中提到了一个名叫厥——达尔罕的人,蒙古考古工作者认为他就是《突厥集史》中的屈达干。屈达干传中只记载了他的前半生活动,下落如何没有交代。现在通过阿尔哈纳纳铭文的考释,可以得知,这个在唐朝安禄山手下任过要职的突厥军队首领,后来又回到乌德犍山,到回纥时代才死去,并有人为他安葬立碑。以上例证说明,蒙古考古研究的成果,可以补正汉文史料的有关记载,从而也就为我国北方少数民族史研究提供了新资料。

(本文在收入本书时,作者未就文中提及的文章篇名和文章作者与全书进行统一,目的是为了保持本文的原貌。)

文献书目

专　著

〔蒙古〕达·迈达尔:《蒙古历史文化遗存》,莫斯科,1981 年。Майдар Д. Памятники истории и культуры Монголии. М., 1981.

〔苏联〕马·阿·戴甫列特:《苏联西伯利亚匈奴腰饰牌》,莫斯科,1979 年。Дэвлет М. А. Сибирские поясные ажурные пластины. II в. до н.э. — I в. н.э. М., 1980.

〔俄国〕彼·库·科兹洛夫:《蒙古与青海及"死城"哈拉浩特》,莫斯科,1948 年。Козлов П. К. Монголия и Амдо и мёртвый город Хара-Хото. М., 1923.

〔苏联〕谢·弗·基谢廖夫:《古代蒙古的城市》,莫斯科,1965 年。Киселёв С. В. Древнемонгольские города. М., 1965.

论　文

〔苏联〕纳·里·奇列诺娃:《关于蒙古和西伯利亚的鹿石》,载《蒙古考古论文集》,莫斯科,1962 年。Членова Н. Л. Об оленных камнях Монголии и Сибири. — Монгольский археологический сборник. М.,1962.

〔匈牙利〕伊·额尔德伊:《匈蒙考古队关于蒙古鹿石考察工作的若干总结》,载《蒙古的考古学与民族学》,新西伯利亚城,1978 年。Эрдейи И. Некоторые итоги работ Монгольско-венгерской экспедиции. — Археология и этнография Монголии. Новосибирск,1978.

〔苏联〕维·瓦·沃尔科夫:《蒙古乌兰固木古墓群》,载《蒙古的考古学与民族学》,新西伯利亚城,1978 年。Волков В. В. Улангомский могильник (по материалам раскопок 1972 г.). — Археология и этнография Монголии. Новосибирск,1978.

〔蒙古〕达·策温道尔吉:《蒙古昌德曼文化》,载《蒙古的考古学与民族学》,新西伯利亚城,1978 年。Цэвэндорж Д. Чандманьская культура. — Археология и этнография Монголии. Новосибирск,1978.

〔蒙古〕朝·道尔吉苏荣:《蒙古呼尼河畔诺音乌拉山匈奴墓发掘记》,载《蒙古考古论文集》,1962 年,新西伯利亚城。Ц. Дорожсурэн. Раскопки могил хунну в горах Ноин-ула на реке Хунн-гол (1954—1957 гг.). — Монгольский археологический сборник. М.,1962.

〔苏联〕尤·谢·格里申:《蒙古达尔罕山匈奴墓发掘记》,载《蒙古的考古学与民族学》,新西伯利亚城,1978 年。Гришин Ю.С. Раскопки гуннских погребений у горы Дархан. — Археология и этнография Монголии. Новосибирск,1978.

〔苏联〕尤·谢·格里申:《蒙古匈奴墓中发现的彩绘陶器》,载《苏联考古学》,1982 年,第 3 期。Гришин Ю. С. О находках расписных сосудов в гуннских могилах Монголии. — СА. 1982, №3.

〔苏联〕弗·阿·加里亚伊诺夫:《苏联南乌拉尔山洞中的匈奴墓》,载《苏联考古学》,1980 年,第 4 期。Гаряинов В. А. Гуннское погребение в пещере Южного Приуралья. — СА. 1980, №4.

〔苏联〕普·巴·科诺瓦洛夫:《苏联和蒙古的匈奴墓葬》,载《中世纪的西伯利亚、中央亚和东亚》,新西伯利亚城,1975 年(《东亚的历史和文化》丛书第 3 卷)。П. Б. Коновалов. Погребальные

сооружения хунну (по материалам раскопок «рядовых» могил).
— Сибирь, Центральная и Восточная Азия в средние века. Новосибирск 1975. (История и культура востока Азии. Том III.)

［苏联］普·巴·科诺瓦洛夫:《苏联南西伯利亚匈奴青铜器收集品》,载《苏联考古学》,1980 年,第 4 期。Коновалов П. Б. К коллекции хуннских бронз. — СА. 1980, №4.

［苏联］安·弗·达维多娃:《苏联匈奴文化研究的基本问题》,载《考古学与民族学问题（历史民族学）》,列宁格勒,1977 年。Давыдова А. В. Основные вопросы изучения культуры хунну. — Проблемы археологии и этнографии (Историческая этнография). Л., 1977.

［苏联］费·哈·阿尔斯拉诺娃:《苏联额尔齐斯河上游的石雕像》,载《苏联考古学》,1974 年,第 3 期。Арсланова Ф. Х. Каменные изваяния Верхнего Прииртышья. — СА. 1974, №3.

［苏联］弗·德·库巴列夫:《关于苏联东阿尔泰地区古代突厥人"围墙"的新资料》,载《西伯利亚与远东考古新发现》,1979 年,新西伯利亚亚城。Кубарев В. Д. Новые сведения о древнетюркских оградках Восточного Алтая. — Новое в археологии Сибири и Дальнего Востока. Новосибирск,1979.

［苏联］博·鲍·奥甫琴尼科娃:《苏联中央图瓦的古代突厥武士墓》,载《苏联考古学》,1982 年,第 3 期。Овчинникова Б. Б. Погребение древнетюркского воина в Центральной Туве. — СА. 1982, №3.

［苏联］谢·格·克里亚什托尔内依,弗·阿·里弗希茨:《中央亚古代突厥文和粟特文碑铭的发现和研究》,载《蒙古的考古学与民族学》,新西伯利亚城,1978 年。Кляшторный С. Г., Лившиц В. А. Открытие и изучение древнетюркских и согдийских эпиграфических памятников Центральной Азии. — Археология и этнография Монголии. Новосибирск,1978.

　　[苏联]谢·格·克里亚什托尔内依:《蒙古的碑铭学研究》,载 [蒙古]《考古文集》,1980 年,乌兰巴托。Кляшторный С. Г. Эпиграфические работы в Монголии. — Археологийн судлал. Улаанбаатар,1980.

　　[苏联]谢·格·克里亚什托尔内依:《蒙古却林古代突厥碑铭》,载《东方国家与东方民族》,第 22 辑,第二册,莫斯科,1980。Кляшторный С. Г. Древнетюркская надпись на каменном изваянии из Чойрэна. — Страны и народы Востока. Вып.22, Кн. 2, М.,1980.

　　[蒙古]萨·卡尔扎乌拜:《蒙古阿尔哈纳纳的突厥铭文》,载 [蒙古]《语言文学研究》,1980 年,乌兰巴托。Каражаубай С. Надпись на скале Арханана. — Хэл зохиол судлал. Улаанбаатар, 1980.

　　[蒙古]呼·佩尔列:《蒙古境内的契丹古城古村遗址》,载《蒙古考古论文集》,莫斯科,1962 年。Пэрлээ Х. Киданьские города и поселения на территории Монгольской Народной Республики (Х — начало XII в.). — Монгольский археологический сборник. М., 1962.

　　[苏联]埃·弗·沙甫库诺夫:《苏蒙考察队研究蒙古境内中世纪遗存小分队关于蒙古古城古村的考古调查》,载《蒙古的考古学与民族学》,新西伯利亚城,1978 年。Шавкунов Э. В. Об археологической разведке отряда по изучению средневековых памятников. — Археология и этнография Монголии. Новосибирск,1978.

译者后记

收入本书的考古译文共计 24 篇。其中绝大部分译文是译者应内蒙古文物考古工作队（现内蒙古文物考古研究所）约请翻译的，发表在该所的内部不定期刊物《内蒙古文物考古参考资料》上，翻译时间在 1979 年至 1983 年之间。只有一少部分译文发表在内蒙古社会科学院季刊《蒙古学资料与情报》和内蒙古大学蒙古史研究所内部不定期刊物《蒙古史研究参考资料》上，翻译时间在 1981 年至 1984 年之间。

此次，在将这批译文结集出版时，我按照译文所述遗存的年代顺序编排，分别归入鹿石、方形墓、匈奴墓和腰饰牌、突厥石雕像、围墙、墓葬和碑铭、古城（主要是契丹古城）各篇。前置综述篇，收入一篇文章，该文从内容来看恰是对上述各篇中所述遗存作的一个提纲挈领的综合介绍，可以视作本书的前言。

我还有十余篇有关岩画的考古译文，也是应内蒙古文物考古工作队（现内蒙古文物考古研究所）约请翻译并发表在该所《内蒙古文物考古参考资料》上的，理当作为独立的一篇即岩画篇收入本书。但是这批译文已于 2005 年收入"汉译亚欧文化名著"丛书，以《亚欧草原岩画艺术论集》为题，由中国人民大学出版社出版。故本书此次不再收入。

蒙古高原考古中发现的各类岩画，鹿石，方形墓，匈奴墓葬和腰饰牌，突厥石雕像、围墙、墓葬和如尼碑铭以及匈奴、回纥、契丹蒙古的古城古村，都是通常所说的中国北方各民族——东胡、匈奴、鲜卑、契丹、回纥、突厥、西夏、蒙古等在古代和中世纪留下的遗存。这些遗存对于研究北方民族的历史以及社会经济、生活习俗的我国历史学者具有极大学术价值。它们分布在北方少数民族活动的蒙古高原,即现今的蒙古国,俄罗斯的西伯利亚南部,我国的内蒙古、宁夏、新疆,哈萨克斯坦东部。收入本书的各篇译文谈到的发现于蒙古、俄罗斯西伯利亚和哈萨克斯坦等地的不同考古遗存,在我国境内北部、西北部、东北部省区均有发现。因此,这些译文对于我国北部、西北部、东北部考古学界的研究工作具有很高参考价值。

诚如上述,本书各篇译文译于二十世纪八十年代前后。从彼时起至今的三十余年中,用俄文发表的蒙古高原的考古论文成百上千,专著也有数十种。我当时译的也只是其时论文中的极少部分。此次正式结集时,我已年逾七旬,体力和视力只能允许我对原有译文作一些必要的修订而已,至于翻译此后发表的论文以及更具价值的专著,更无可能。

此次结集时,我还做了三项工作。第一项,我为收入每篇中的译文集中写了题记,题记中对该篇的译文内容给出提要说明。第二项,我对每篇译文章作者的简历和主要著述作了介绍。这两项工作,可为阅读本书的读者扩展相关知识提供一点空间。第三项,我编写了文献书目,置于书末。文献书目给出收入本书所有译文的汉文和俄文形式,并给出文章出处,可为读者进一步查找原文内容提供某种方便。了解一项考古资料内容,除了阅读文字,还须查看样图,附图是考古资料不可或缺的重要组成部分。收入本书的一些文章,限于篇幅,删去了附图,比如,仅《苏联西伯利亚匈奴腰饰牌》一文就删去插图 10 幅,附图 29 幅。为了弥补这一损失,建议读者登录俄文网站 http//www.yandex.ru,输入文章的俄文标题,自行查阅插图。此外,还可通过阅读原文,查证我的译文有哪些不切之处。这就是我编写文献书目的本意所在。此外,作为附录,本书收入我写于 1984 年的一篇文章《蒙古人民共和国考古工作的若干情况》。这篇文章根据我所译的蒙古国考古资料综合写成，曾在当年内蒙古社会科学院召开的全国蒙古学情报资料座谈会上宣读过，会后又经过整理，先后发表在当年的新华社《参考资料》和《参考消息》上，还在次年的《蒙古学情报与资料》上发表过。该文对30年前我所了解的蒙古国的考古界的情况以及成果做了一些粗浅介绍，算是我的翻译一得吧。

收入本书中的译文，分别译于不同时间，因此造成一些书名和作者、人名和地名的译法不统一的情况。在此次结集时，我对这些不统一之处尽量作了统一。但是，不统一之处依然可能存在。对此，我只能向读者先行表示歉意。

最后，我想向努力促成本书列入内蒙古人民出版社选题计划并顺利出版的该社编辑王静同志表示衷心谢意。随着这本译文集的出版，我的翻译和译文出版工作也将告一段落。

陈弘法

2015 年 5 月于呼和浩特